U0756145

中南地区大学出版社优秀畅销书奖

◉ 陈华平　编著

现代 公文写作与

处理教程（第二版）

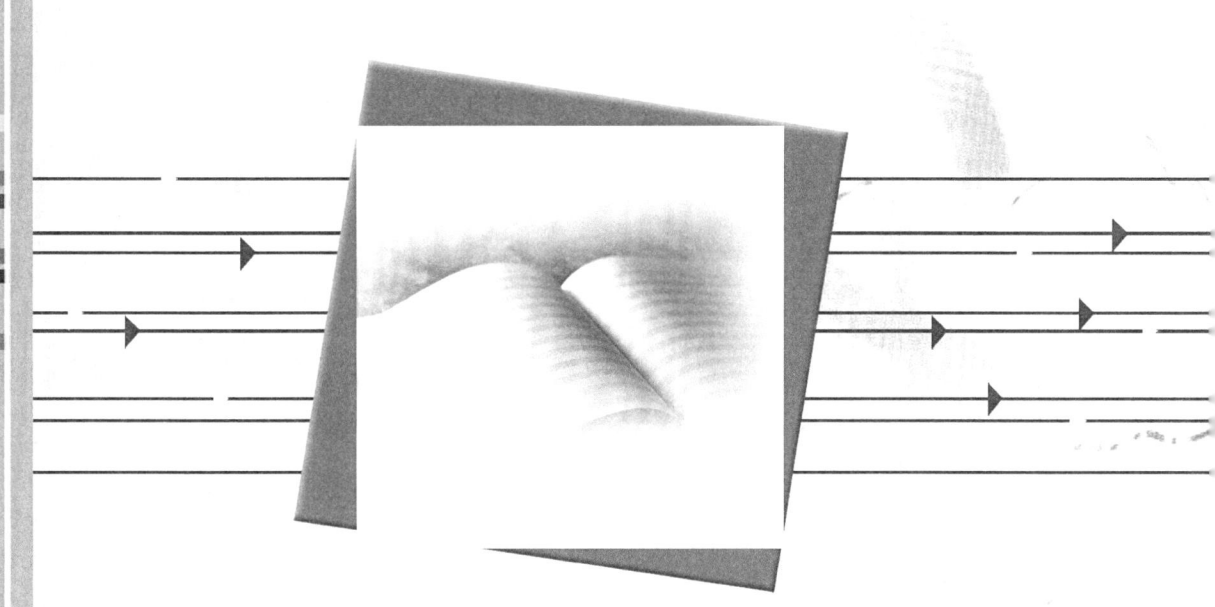

华中科技大学出版社
http://www.hustp.com
中国·武汉

内 容 简 介

本书依据国务院颁布的自 2001 年 1 月 1 日起施行的《国家行政机关公文处理办法》的规定,吸收了国内最新研究成果及其他行政公文写作各种著作及教材的优点,凝聚了作者多年的教学与公文写作的实践经验。

本书共四编二十八章,按"公文基本理论—规范性公文—事务性公文—公文处理"的主线展开。第一编"总论"详细地叙述了公文及公文写作的基础知识。第二编"规范性行政公文写作"具体讲解了《国家行政机关公文处理办法》规定的命令(令)、决定、公告、通告、通知、通报、议案、报告、请示、批复、意见、函、会议纪要等 13 种行政公文的含义、特点、种类、格式及其写作方法。第三编"事务性行政公文写作"具体讲解了工作中常用的讲话稿、计划、总结、会议记录、调查报告、简报、述职报告、公示、启事、感谢信、慰问信(电)、贺信(电)等 12 种事务性公文的含义、特点、种类、格式及其写作方法。第四编"公文处理"详细地叙述了公文处理的基础知识、发文处理程序、收文办理程序和办毕公文处置活动等内容。书中每种公文都配套范文,书后附有《中国共产党机关公文处理条例》《国家行政机关公文处理办法》等专项内容,具有很强的工具性。

本书内容精要、体系完整、格式规范、语言简洁、例文丰富,具有很强的示范性、指导性和实用性,既可作为普通高等学校、各类职业院校、各级党校及行政管理干部学校公文写作的教材,也适宜于国家公务员和机关、团体、企事业单位工作人员公文写作的指导和参考书。

图书在版编目(CIP)数据

现代公文写作与处理教程(第二版)/陈华平　编著.—武汉:华中科技大学出版社,2010.9
(2024.9重印)
　ISBN 978-7-5609-3922-3

　Ⅰ.现…　Ⅱ.陈…　Ⅲ.公文-写作-教材　Ⅳ.H152.3

中国版本图书馆 CIP 数据核字(2010)第 162113 号

现代公文写作与处理教程(第二版)　　　　　　　　　　　　　　　　陈华平　编著

策划编辑:陈培斌
责任编辑:曹　红
封面设计:刘　卉
责任校对:朱　玢
责任监印:徐　露
出版发行:华中科技大学出版社(中国·武汉)　　　电话:(027)81321913
　　　　　武汉市东湖新技术开发区华工科技园　　　邮编:430223
录　　排:武汉楚海文化传播有限公司
印　　刷:广东虎彩云印刷有限公司
开　　本:787 mm×1092 mm　1/16
印　　张:21　插页:1
字　　数:521 千字
版　　次:2024 年 9 月第 2 版第 18 次印刷
定　　价:55.00 元

第二版序言

本书自 2007 年 3 月出版以来,已先后六次印刷,受到了教育界和出版界的广泛关注,得到了广大师生和读者的喜爱和好评,2009 年 7 月本书被中国大学出版社协会评为"2007—2008 年度中南地区大学出版社优秀畅销书奖"。

近年来,公文写作的理论与实践都得到了很大的发展,尤其是党的十七大和十七届四中全会提出了改进和整治文风的要求,习近平同志在中央党校 2010 年春季学期第二批入学学员开学典礼上提出了"努力克服不良文风,积极倡导优良文风"的号召。因此,需要把党和政府对公文写作的要求和最新的成果汲取进来,并结合公文写作自身规律和特点进行修订和完善。

本次修订的具体情况如下。第一,原书的框架基本保持不变,仍为四编,但对章节进行了增加和调整。四编先后是"总论"、"规范性行政公文写作"、"事务性行政公文写作"和"公文处理";增加了当前应用广泛的一种事务性公文"公示"文种,排在本书的第二十五章,原书"章"的顺序依次顺延,至第二十八章。第二,本书更新并增加了公文例文。公文例文大都来自国务院和地方政府公报、政府网站,书中不再一一注明来源。公文例文"式样"参照《中华人民共和国国务院公报》中的公文格式"式样";同时,为方便读者学习及节省本书的篇幅,对一些公文例文进行了修饰,如一些公文例文的"发文字号"放到了标题下面,省略了一些公文例文的内容,调整了一些公文例文的格式。第三,本着与时俱进的精神,本书吸收了建设学习型社会、学习型政府、学习型政党及马克思主义文风的思想,理论联系实际地阐述了公文写作理论,按"短、实、新"的标准精选公文例文;同时,删除了一些陈旧的内容和实践中不常用的公文类型。第四,对本书部分段落、句子、词语及文字进行了修饰、加工和调整,使本书的结构更加合理、紧凑,语言风格更简洁、统一。

本书在编写、修订过程中,借鉴了同仁们的相关著作和教材,吸收了一些有价值的观点,在此特向他们表示诚挚的敬意和感谢。

由于水平有限,经验不足,时间仓促,书中难免有粗疏和不当之处,敬请专家、同行和读者批评指正。

编　者
2010 年 6 月

目　　录

第三编　事务性行政公文写作

第四编　公文处理

第一编 总 论

公文是党政机关、企事业单位和社会团体处理日常工作的重要工具。了解、熟悉并掌握公文的基础知识及公文写作的基本方法,对于提高各单位工作人员的公文写作水平,养成优良文风,进而提高办事效率和办事能力,都具有重要意义。

"总论"部分包括四章,分别是第一章"公文概述"、第二章"公文的行文关系及规则"、第三章"公文格式"和第四章"公文要素"。

"公文概述"全面阐述了公文的含义、特点、作用和分类,是全书的基础内容。

"公文的行文关系及规则"准确地阐述了公文的行文关系、行文方向、行文方式及行文规则,是公文写作与处理的原则要求。

"公文格式"简练地说明了公文的书面格式、特定格式及印制格式,并提供了公文版式式样,方便读者进行学习和模仿。

"公文要素"详细地叙述了公文的主题、材料、结构及语言四大要素,是公文写作成功的关键。

通过本编的学习,能使读者较为全面地掌握公文写作的原则、方法和基础知识,进而学以致用,并为后阶段的学习打下基础。

第一章 公 文 概 述

第一节 公文的含义及特点

一、公文的含义

公文是"公务文书"的简称,是古往今来人们在公务活动中经常使用的一种应用文书。

在古代,"公文"一词最早称为"书契"、"简牍"、"文书"、"文案",主要是指官府文书,所以又称"官书"或"官文书"。一般认为,"公文"作为一个专用名词最初见于《后汉书·刘陶传》:"但更相告语,莫肯公文。"自此,公文作为公务文书的简称而沿用至今。

公文的含义目前并无统一的规范性的表述,比较有代表性的观点有如下三种。

第一种观点认为:公文是一种文字材料。

刘春生认为,公务文书是各机关、团体、企事业单位在行使职权和日常公务活动中形成和使用的文字材料。

王桂森认为,公文是一切公务活动中使用和形成的文字材料。

第二种观点认为:公文是一种应用文。

陈功伟等认为,公文是机关团体、企事业单位等社会组织用来办理公务、具有一定格式的一种应用文。

裴传永、李晓波认为,公文是党政机关、社会团体、企事业单位以及其他社会组织行使法定职权、处理日常事务时经常使用的一种文体。

淡青认为,公务文书是用于办理公务、有一定格式要求的应用性文章。公务文书也称"机关应用文"。

第三种观点认为:公文是行政公文的简称。

柳新华认为,公文是行政机关公文的简称,是国家行政机关在行政管理过程中形成的具有法定效力和规范体式的文书,是依法行政和进行公务活动的重要工具。

刘配书、李若瑜认为,行政机关公文就是行政机关在行使法定职权、处理日常事务时使用的一种具有规范体式的文字材料。

以上观点分别从公文的内容、性质和功能等方面进行概述,具有一定的合理性,但都难以穷尽公文的所有含义,因此有必要进一步探究公文的含义。

根据人们对公文的一般认识及日常生活中公文的实际使用情况,可以从广义和狭义两方面来了解公文的含义。

从广义上讲,公文是指党政机关、社会团体、企事业单位为处理公务而形成的文字材料。广义的公文涵盖了全部通用公文和专用公文。所谓通用公文,是指党政机关、社会团体、企事业单位及其他社会组织在处理公务时普遍适用的公文,例如命令(令)、决定、通知、计划、调查报告、讲话稿等;所谓专用公文,是指在一定业务范围内,按照特定需要而专门使用的公文,例如法规公文、司法公文、外交公文、军事公文、经济公文、公关公文等。

从狭义上讲,公文是指党政机关处理公务时所使用的公文。中共中央机关处理公务时使用的公文按照中共中央办公厅1996年5月3日印发的《中国共产党机关公文处理条例》(以下简称《条例》)规范;行政机关处理公务时使用的公文按照2001年1月1日起施行的《国家行政机关公文处理办法》(以下简称《办法》)规范。党务公文的定义,按照《条例》的规定,"是党的机关实施领导、处理公务的具有特定效力和规范格式的文书,是传达贯彻党的路线、方针、政策,指导、布置和商洽工作,请示和答复问题,报告和交流情况的工具"。政务公文的定义,按照《办法》的规定,"是行政机关在行政管理过程中形成的具有法定效力和规范体式的文书,是依法行政和进行公务活动的重要工具"。可以认为,党政机关公文是指党和政府机关在处理公务和行政管理过程中所形成的具有法定效力和规范体式的公务文书,是传达贯彻党和国家的方针政策,发布行政法规和规章,施行行政措施,请示和答复问题,指导、布置和商洽工作,报告情况,交流经验等的重要工具。

现在,在行政机关,习惯上将公文、文书、文件这三个名词通用。实际上,公文、文书、文件是三个既密切联系又相互区别的概念。它们外延不同,内涵交叉。文书是指处理一切公私事务的文字材料的总称,是一个集合概念。文书既包括公务文书又包括私人文书,但只有公务文书才能被称为文件,特定意义上的文件只能是各级党政机关根据自身职权制发的具有法定效力并设有特定版头的公文(如命令、决定、通知等)。文件只是公文的一部分,公文除文件外还包括其他文字材料,如计划、总结、信件、电报等。公文和文件既可以表示集合概念又可以表示单独概念,即表示一份一份的文件或公文。同一份文字材料,既可以叫文件,又可以叫公文,还可以叫文书,但是,这样的文字材料只有在格式和内容上都符合要求时,公文、文件和文书才能作为同义词来通用,否则就是误用。文书与公文、文件是包含与被包含的关系,在被包含关系中,公文与文件可以是并列、交叉、重合关系;公文与文件又是包含与被包含关系,因此文件是公文的一部分,而公文又是文书的一部分。

二、公文的特点

公文是办理公务的应用文,除具有应用文的基本特点外,还具有自己独特的、鲜明的特点,从而区别于一般的应用文。公文的特点主要概述如下。

(一)公务性

公文的首要特点就是公务性。公务是公文产生和发展的源泉和基础,没有社会公务活动,就不可能有公文。社会公务活动的内容决定了公文的内容,公文处理、办理及解决的问题无不以公务活动的内容为核心;随着社会公务活动内容的日益增加和范围的逐渐扩大,公文在格式上也随之多样并逐渐约定俗成,不同的公文格式用于处理不同的公务活动,提高了公务活动的效率;公文所反映的意志是社会组织的意志而不是个人的意志,所发出的信息是社会组织的公务信息而非个人的私人信息,只有社会组织才用公文来解决问题。由此可见,公务性是公文的首要特性。

(二)规范性

公文的规范性是指公文具有规范的体式,即规范的体裁和格式。公文规范的体裁和格式是其区别于其他文章的显著标志。公文的体裁也可称为文体或文种,一般有规范性体裁和非规范性体裁(事务性体裁)两种划分。公文规范性体裁是指《办法》和《条例》所规定的体裁。《办法》规定的国家行政机关公文体裁主要有命令(令)、决定、公告、通告、通知、通报、议案、报告、请示、批复、意见、函、会议纪要等 13 种;《条例》规定的全国党的机关公文体裁主要有决议、决定、批示、意见、通知、通报、公报、报告、请示、批复、条例、规定、函、会议纪要等 14 种。公文非规范性体裁(事务性体裁)是指公务活动中实用性很强的惯用性体裁,主要有讲话稿、计划、总结、会议记录、调查报告、简报、述职报告、公示、启事、感谢信、慰问信(电)、贺信(电)等 12 种。

公文的格式是指公文形式结构的组织和安排,即公文在文面安排上应该有哪些结构项目、附属标记,以及这些项目与标记的位置应该如何摆放。公文格式一般有规范格式和约定格式两种。规范格式有时也称法定格式,是指由《国家行政机关公文格式》所规定的格式。公文规范格式所规定的文面一般都是由文头、正文、文尾三部分组成,而且就连版头、版面、字形、行距、尺寸以及用纸、印刷、装订等,也都有十分明确的规定,不可随意变动。约定格式是指经常年使用约定俗成的格式,这样的格式只是一种"约定",出于习惯上的要求,有一定的弹性,所以,也称为惯用格式。

公文的体式是一体的,即一种公文的体裁必须对应相应的公文格式。法定公文的文书使用法定公文格式,事务性公文文书使用约定或惯用公文格式。无论"法定"格式,还是"约定"格式,规范性是公文文书的共同要求。

(三)法定性

公文的法定性是指公文作者的法定性。公文使用的主体是单位,也就是说,只有依法成立并能以自己的名义行使权力和承担责任的组织或其法定代表人,才能充当公文的作者。党政机关、社会团体、企事业单位及其他社会组织内部不具有法人资格的下设部门,对外不能充当公文的作者。通常,在每个单位内部,有专门拟制公文的机构和个人(办公部门和文秘人员),这体现出公文的专任制文的特点,公文的执笔者称为专任制文者。公文的作者不等于专任制文者,公文作者就是单位,公文只能以单位的名义或法定代表人的名义发布;专任制文者只是单位的代言人,公文内容与执笔者个人的立场、观点没有直接联系,他只能按照单位的意图去起草,准确地把单位的意图表达出来。非法定作者无权制发公文,以假托名义伪造公文是违法行为,应当受到法律的制裁。

与公文写作者的专任性相对应,公文的受文者往往是确定的,体现出受文者的确定性。一份公文在拟制时,它的阅读对象就大体确定了,主送给谁,抄送给谁,也心中有数;即便是普发性公文,实际上也有相应的受文范围。有时,一些公文在阅读方式、阅读要求上特别注明某种具体规定,如不准摘抄或限县团级以上干部阅等规定,这是对受文者更为严格的"确定"。

(四)程序性

公文的程序性是指公文必须履行规范的程序方为合法有效。从公文的撰拟、形成到发布,必须依次经过相应的程序,否则它就不能生效。《办法》规定了制发公文的过程,具体包括草拟、审核、签发、复核、缮印、用印、登记、分发等八个程序。公文必须授权拟制,必须经办公厅(室)审核,必须经单位领导集体或领导人签发才能下达;有的公文,如行政法规、规章等,必须经法定的会议(如人代会、人大常委会或政府常务会议)讨论通过才能发布施行。公文必须用印,公文用印是单位或法定代表人行使权力和承担责任的表现,只有盖了印的公文才能生效。

(五)政治性

公文的政治性是由国家政权的性质、政党和国家机关的阶级性质,以及路线方针决定的。我国是一个人民民主专政的社会主义国家,各党政机关、社会团体和企事业单位形成和使用的公文,它的政治性必然是代表无产阶级的意志,体现工人阶级和广大人民群众的根本利益和要求,是为巩固和发展社会主义制度服务的。就目前来说,国家各党政机关、社会团体和企事业单位形成和使用的公文是为建立完善的社会主义市场经济体制、建设和谐社会和实现人民群众小康生活水平服务的,它同样具有鲜明的政治性。

(六)权威性

公文的权威性来自公文制发机关的权威性和合法地位。党政机关、社会团体和企事业单位的建立及其职责和权限,都是经过一定的领导机关正式批准,按照一定的章程、条例、法律法规等建立和合法存在的,因此,党政机关、社会团体和企事业单位都是法定的作者,它们可以根据自己的职权范围来制发公文、行使公文,这样的公文就具有法定的权威性。领导机关发布的决定、批示、批复等具有领导权威,权力机关颁布的法律、条令等具有法律权威,政府机关发布的政令、通告、批示等具有指挥权威。因此,一个机关在其法定职权范围内所行使的公文,就具有法定的权威性,在其所管辖的范围内,是不允许下级机关拒不执行的。如果下级有不同意见,可以提出来,但在上级没有作出新的决定之前,仍然应该绝对执行。

(七)时效性

公文的时效性是指公文在特定的时间期限内具有效力和过了特定的时间期限后,以及被新的公文取代后即失去效力。公文是为了解决现实中的问题和矛盾而形成和使用的法定书面工具,具有很强的针对性和时效性。一旦现实中的问题和矛盾解决了,公文的作用也随之结束了。而且经过实践的检验,发现原来的文件不够严密,或者文件针对的实际情况发生了变化,又发布了新的文件,于是原有文件的使命完成了,不再发挥现实作用。

当公文失去了这种现实的效用后,被整理归档,变成档案之后,它的现实效用就转化为历史档案的效用了。

第二节　公文的作用

公文在公务活动中具有极其重要的作用。它是传达和贯彻党和国家的方针政策、实现单位管理职能、上传下达、联系各方的工具。公文种类繁多,作用各不相同。归纳起来,公文的作用有规范和约束作用、领导和指导作用、沟通和合作作用、宣传和教育作用、依据和凭证作用、档案和史料作用等六个方面。

一、规范和约束作用

公文,尤其是法规性公文,其规范和约束作用是十分明显的。公文虽然不同于法律、法令,但可以是宪法和法律在特定范围内的延伸和补充,是重要的行为规范,是一定范围内的单位和人员行为的规范和准则。法规性公文一经制定和公布生效,就必须坚决执行和遵循。因为国家以强制力保证了它的权威,在没有修改和宣布作废之前,始终是有效的,在它有效的时间和范围内,任何单位和个人都不得违反;如有违反,就要受到处分,严重者要被追究法律责任。

二、领导和指导作用

我国的党政机关、社会团体和企事业单位都是按照民主集中制原则建立和组织起来的,在它们之间存在着内在的隶属关系,如党和国家机关的上级和下级关系,中央同地方的领导与被领导关系。在日常公务活动中,公文是上级机关对下级机关进行领导和指导的重要工具。上级机关通过下发公文对下级机关传达批示、安排计划、布置任务,要求下级贯彻执行,这就是一种领导作用;对下级机关的请示给予批复,对下级机关出现的偏差进行纠正或提出原则性要求,这就是一种指导作用。这种具有领导和指导作用的公文,多数是指上级机关对下级机关的行文,即下行文。这些行文有的是带有法规性的文件,它要求下级机关按照条文不折不扣地执行,所以,它具有领导作用。但更多的公文则是布置任务、安排工作、对某项工作提出具体要求,这类公文虽然不是法规,但对于下级的工作具有法规性质,下级机关对这类公文也要认真执行,但要结合本地区、本系统的实际情况办理,不宜照抄照转。有的上级机关发布的公文,就明确提出"可以参照执行"。所以,从这个角度看,公文又有指导作用。

三、沟通和合作作用

公文是沟通上下左右机关之间联系的纽带和桥梁。国家各类机关、社会团体和企事业单位都要通过公文来沟通情况、交流经验、联系工作、处理问题。通过公文,党和政府的各项方针政策能够及时传达到全国各地及人民群众中去,做到上情下达;同时,各下级机关也可以通过公文,如请示、报告等形式,把工作中的问题和情况及时反映到上级机关,以便得到答复和解决,做到下情上达。公文的这种上情下达和下情上达的效能就是公文的沟通作用。通过公文,没有隶属关系的不同系统或平行的同级机关之间也可联系工作、协商处理问题、相互知照情况。不相隶属的有关机关或单位可通过函、介绍信联系工作或协商处理问题,这就是公文的合作作用。不相隶属的有关机关或单位也可通过通知、通告、通报、公告等形式相互知照情况,这既是公文的沟通作用,也是公文的合作作用。

四、宣传和教育作用

党和国家的方针政策一般是以公文的形式发出的,它不仅是工作的重要依据,也是宣传教育的良好教材。运用这种公文形式向人民群众宣传党和国家的方针政策,具有很强的说服力和感召力,从而达到统一思想、提高认识、调动人民群众的工作积极性和自觉性的目的;这种公文形式也是人民群众学习、了解和掌握国家大政方针的权威渠道,从而知道可以做什么或不可以做什么,达到令行禁止的目的。公文的这种宣传教育作用,通过多种下行文得到体现,如命令、批示、通知、决定、决议等。它们中有的本身就是方针政策,有的是行政法规,有的又是重要工作任务的布置,因此,与其他媒介的作用相比,如文艺报刊、广播、影视等,尽管它在趣味性、广泛性和及时性等方面存在差距,但它的宣传教育的权威性和宣传效力是这些媒介无法比拟的。

五、依据和凭证作用

任何公文都反映了制发机关的意图,具有法定的效力,而收文机关依此作为贯彻执行或处理问题的依据,处理完毕后也就成为机关进行这项工作活动的历史记录,因而又具有凭证的作用。公文是制发机关行使职权的真实反映,上级机关所发的公文,不管是传达方针政策的决定、决议,还是发布法令、法规的条例、规定,或是指导工作的意见、批复,下级机关都必须以此为依据开展工作;下级机关所发的公文,如报告、请示等,上级机关也必须给予处理回复;平级或不相隶属的机关之间也依据来文一方的公函处理和答复问题。公文中所反映的问题或矛盾处理完成之后,相关公文就成为有关机关工作成效的真实见证。可见,公文既起到依据作用,也起到凭证作用。

六、档案和史料作用

公文的规范和约束作用、领导和指导作用、沟通和合作作用、宣传和教育作用、依据和凭证作用等五个方面的作用,可以概括为公文的现实执行效用。公文除了它的现实执行效用之外,还具有档案和史料的作用。公文是党政机关、社会团体和企事业单位公务活动的历史记录。一方面,它记录了党和国家的各个历史时期的政治、经济、军事、文化、体育、科技等方面的真实情况;另一方面,它又记录了各地区、各行业、各单位的真实工作情况,反映了真实的社会面貌。当它失去了现实执行效用后,经过整理、立卷,归入档案,就成为有价值的档案材料,是历史发展的真实记录,具有可供查考的重要价值。如:政府制定一项新的政策,为保持政策的连续性,就需要参考过去的有关公文;史学专家写某一地区的地方志,手中就需要掌握许多档案材料。这时,公文的档案和史料作用就显示出来了。

第三节　公文的分类

公文应用范围广,种类繁多,对公文进行分类不仅有利于进一步准确认识公文的含义和特点,而且也有利于规范公文的制发和处理,提高工作效率。公文分类的方法和标准多种多样,相应的公文类别也各不相同。从对公文的制发和处理具有实际利用价值出发,通常对公文按其效力、使用范围、性质作用、行文方向、收发方式、机密程度、时限要求和载体等方面进行分类。

一、按公文的效力分类

按公文的效力分类,可分为规范性公文和非规范性公文两种。这种划分可适用于所有的公文。

规范性公文,是指具有法定效力和规范体式的文书。这类公文在颁发程序、执行落实上比较规范,约束力强,下级机关必须贯彻执行。《条例》和《办法》中规定的公文就属于规范性公文。除此之外,与此处于同一层次的规范性公文,还有法律法规性公文和专用公文,如宪法、条例、办法、国书等。

非规范性公文,是指制发程序、行文格式无严格规定,约束力相对较弱的文书。它一般不具有规范性、法律法规性和专用公文的法定权威性和效力,格式灵活多样,内容比较具体,语言比较通俗、质朴,如计划、总结、调查报告等就属于此类文书。

二、按公文的使用范围分类

按公文的使用范围分类,可分为通用公文和专用公文。

通用公文,是指在党政机关、社会团体和企事业单位普遍使用的文书。它又可分为通用规范性公文和通用非规范性公文两类。通用规范性公文是指一切党政机关、社会团体和企事业单位在公务活动中经常使用的,在制发程序、执行落实上比较规范,约束力较强的文书。这类文书具有规范的体式和严格的行文规则、处理程序,一经印发即具有法律或行政法规的作用,如《条例》规定的14类公文和《办法》规定的13类公文即属此类。在公务实践中,由于行政公文的13类公文几乎包括了通用公文的所有种类,因此,一般认为通用规范性公文即规范性行政公文,有的干脆简称为通用公文。通用非规范性公文是指一切党政机关、社会团体和企事业单位在日常事务活动中形成和经常使用的,其制发程序、行文格式无严格规定,约束力较弱,实用性和事务性很强的文书。在公务活动中,由于其使用频率较高,使用范围也比较广泛,而且常以行政公文中的某一文种作为载体正式发布,因此,通用非规范性公文又称为通用性行政公文,或事务性行政公文,或普通事务文书。

专用公文,是指在一定业务范围内,按照特定需要而专门使用的公文,包括法规公文、司法公文、外交公文、军事公文、经济公文、公关公文等。这类公文要求特定的制发主体,是针对特定受文对象和特定范围而发的,格式统一并相对固定,并有严格的审签制发程序。其中,司法公文是公安、司法、检察、法院等机关按法定程序处理各种案件的过程中形成和使用的具有法律效力的公务文书,如起诉书、抗诉书、判决书、调解书、公证书、批准逮捕书和通缉令等。外交公文是外交、外事机关在涉外活动中依照法律、法规和国际惯例形成和使用的公务文书，如国书、白皮书、照会、备忘录、外交声明、最后通牒、护照等。

三、按公文的性质作用分类

按公文的性质作用分类，可分为法规性公文、指挥性公文、知照性公文、报请性公文、记录性公文。

法规性公文，是指国家权力机关和国家行政机关依据宪法规定的权限制定的法律、法令、行政法规和规章，具有明显的强制性。法规性公文一般包括命令（令）、章程、条例、规定、办法、细则等。

指挥性公文，是指向所属机关传达、贯彻党和国家领导机关的方针政策，体现领导意图，实施工作指挥的公文。指挥性公文一般包括命令（令）、决定、决议、批示、批复、意见等。

知照性公文，是指向受文机关通报情况，知照事项，要求遵守或办理的公文。知照性公文一般包括公告、通告、通知、通报、公报、函、简报等。

报请性公文，是指下级机关向上级机关报告工作，反映情况，提出建议，请示问题的公文，一般包括报告、请示等。

记录性公文，是指用于记载、归纳会议议定事项的公文，一般包括会议纪要、会议记录等。

四、按公文的行文方向分类

按公文的行文方向分类，可分为上行文、下行文、平行文。

上行文，是指下级机关向具有隶属关系的上级机关报送的公文。如请示、报告等。

下行文，是指上级机关向所属下级机关发送的或向公众公布的公文。如命令（令）、决定、决议、批示、公报、公告、通知、通告、通报、批复、会议纪要、简报等。

平行文，是指同级机关或不相隶属机关之间为协商或通知有关事项而制发的公文。如函、通知、议案等。

还有一类公文，它既可以用于上行文，又可以用于下行文，还可以用于平行文。如意见、会议纪要等。这类公文又可称为"通行文"或"泛行文"。

五、按公文的收发方式分类

按公文的收发方式分类，可分为收文和发文。

收文，是指本机关收到的其他机关（包括上级、下级和平级机关）送达的公文。

发文，是指本机关发往外机关（包括上级、下级和平级机关）的公文。

六、按公文的机密程度分类

按公文的机密程度分类，可分为秘密公文和普通公文。

秘密公文，通称密件，指内容涉及党和国家机密的公文。它只能在限定的时间、范围内传达和阅办，以确保机密的安全。密件又按涉密程度分为绝密、机密、秘密三个密级。绝密公文是指内容涉及党和国家最高一级的核心机密，或者在一定的时间内必须绝对将知情人限定在极小范围内的公文。机密公文是指内容也涉及党和国家的重要机密,对知情人和知情时间的限定仅次于绝密公文的公文。秘密公文是指内容涉及党和国家的一般秘密,对知情人和知情时间有一定限制的公文。"绝密"、"机密"、"秘密"文件应分别予以标明,并相应地标明份数序号。公文的密级不是一成不变的,时过境迁,情况发生变化后,绝密件也可能成为普通件,有的甚至可以公布。

普通公文,通称平件,按阅读范围又分为内部文件和公布文件。内部文件指文件内容虽不涉及机密,但也不对外公开发布,只在机关内部运转的文件。现行的许多文件均属此类。公布文件是指向人民群众或国内外公布周知的公文,如公告、通告、法规类的公文,以及某些重要的方针政策性文件。这些文件都不属于国家机密,而且常常通过报刊、广播、电视、张贴或口头传达,予以公布周知。

七、按公文办理的时限要求分类

按公文办理的时限要求分类,可分为常规公文和紧急公文。

常规公文,是指按正常的速度、程序制发和处理的公文,通称平件。

紧急公文,是指内容涉及重要问题,需要从快制发和处理的文书。紧急公文根据紧急程度可分为"特急"、"急件",其中电报应当分别标明"特提"、"特急"、"加急"、"平急"。特提公文是指事情特别重大,并特殊紧急,需要打破常规,随到随优先迅速处理的文书,专用于电报类公文。特急公文是指事情特别重要,情况特别紧急,需要迅速制发和处理的文书,往往以特急电报的形式发出。加急公文是指内容很重要,情况很紧急,需要马上传递办理的文书。平急公文是指内容比较重要,情况比较紧急,应该及时传递办理的文书。

八、按公文的载体分类

按公文的载体分类,可分为纸质公文和电子公文。

纸质公文,是指外在形式以各种纸张、纸板为载体的文书,是沿用时间最长、使用最普遍的文书。

电子公文,是指在计算机系统中形成、处理、传输和存储的电子文书。目前,随着电子政务的推广和普及,通过网络发送文件已成为一种新的公务活动的方式,但对电子公文的具体制发,国家还没有具体规定。《办法》在"附则"中提到了电子公文问题:"公文处理涉及电子文件的有关规定另行制定。统一规定发布之前,各级行政机关可以制定本机关或者本系统的试行规定。"

思　考　题

1. 如何理解公文的含义?
2. 公文、文件和文书之间是什么样的关系?
3. 公文具有哪些特点?
4. 公文有哪些作用?
5. 如何对公文进行分类?

第二章　公文的行文关系及规则

在公务活动中,各党政机关、社会团体和企事业单位的隶属关系不同,职权范围也不一样,因此,公文具有不同的行文关系和规则。建立正确的行文关系,遵守必要的行文规则,有助于党政机关、社会团体、企事业单位维护正常的领导和管理,避免行文混乱,防止"公文旅行",克服文牍主义,提高工作效率。

第一节　行　文　关　系

行文关系,是各级党政机关、社会团体和企事业单位之间的组织关系和业务关系在公文运行中的反映,也可以说是收发文机关之间的公文往来关系。行文关系决定行文方向,行文方向分上行、下行和平行。在具体行文中,根据行文方向和实际工作需要,可以采取不同的行文方式。

一、行文关系

党政机关、社会团体和企事业单位之间的相互关系,一般可分为同一系统上下级之间的隶属关系,上级主管业务部门与下级业务部门之间的业务指导关系,同一系统的平级机关之间以及同一机关各部门之间的平行关系,不同系统的机关、部门之间的不相隶属关系。行文单位各自的隶属关系和职权范围决定着行文关系,行文关系是行文时发文与收文单位之间关系的反映,主要有以下四种形式。

（一）上下级关系

上下级关系,即领导与被领导关系,也是一种隶属关系,不过它是指同一系统中的具有直接垂直关系的上下级机关、部门、单位之间存在的隶属关系,如国务院与国务院各部委、县政府与乡镇政府。制发公文时,上级机关、部门、单位可以直接向其所领导的下级机关、部门、单位发出领导指挥性文件,组织下级机关、部门、单位开展工作;被领导的下级机关部门、单位也可以向其直接隶属的上级机关、部门、单位请示、报告工作,便于上级机关、部门、单位了解情况、监督工作。这就产生了有上下级关系的上行文和下行文的关系。

（二）隶属关系

隶属关系,不论级别大小都在同一系统内,既包括领导与被领导关系（上下级关系）,又包括领导与间接被领导的关系。这里主要强调后一种关系。如某乡镇政府可以说是隶属于国务院或所在地的省政府,而与非所在地的省政府就不是隶属关系。如在这种关系中制发文,上级机关部门用普发性下行文,下级机关部门在特殊情况下也可越级使用上行文（但必须抄送其上一级即直接上级机关部门）。

（三）平行关系

平行关系,是指同一组织系统内级别相当的机关、部门、单位之间的关系,如省委所属各部委与省人民政府所属各厅局之间的关系。平级机关、部门、单位之间不存在隶属关系,因而在它们之间不存在领导、指挥、指导的关系,不适用指挥性、报请性公文文种,一般适用平行性的商洽性公文文种,如函,有时通知也可使用。

(四)不相隶属关系

不相隶属关系,是指非同一组织系统内的机关、部门、单位之间的关系,如此省政府与彼省政府、某省党委与某县政府之间的关系。不相隶属的机关、部门、单位之间不存在直接的职责权限的限制,它们之间可以直接行文,这种行文不分机关、部门、单位的级别高低或其大小,一律适用平行性的商洽性公文——函。

二、行文方向

行文方向是行文关系的反映,是指公文运转与传送的方向,一般分为上行、下行和平行三种。

上行,是指公文向其制发机关的上级机关运行。如某一机关要向其上级机关请示问题和报告工作,就必须使用上行的行文方向,运用请示和报告文种。

下行,是指公文向其制发机关的下级机关运行。如某一机关要实现对其下级机关的领导和监督职权,就必须使用下行的行文方向,运用命令(令)、批示、决定等文种。

平行,是指公文向其制发机关的同级或不相隶属的机关运行。这类机关之间为了协商工作或进行合作,其发文就必须使用平行的行文方向,运用函、通知或议案等文种。

还有一类公文,其运转与传送既可上行又可下行,还可平行,如意见、会议纪要等文种。这种行文方向可称为"通行"或"泛行"。

三、行文方式

行文方式,是指行文的方法和形式。行文方式多种多样,什么情况下采取什么样的行文方式都有严格的规定,不能任意而为。根据行文方向和实际工作需要,可以把行文方式分为逐级行文、多级行文、越级行文、直达行文、直接行文或者单独行文、联合行文。

(一)根据行文方向分类

1. 逐级行文

逐级行文是上行文和下行文的基本的、常用的行文方式。在上行文中,一般来说,下级机关、部门、单位应该直接向其上一级机关、部门、单位报送公文,以维护和体现正常的领导与被领导的关系。在下行文中,上级机关、部门、单位为实施对下级机关、部门、单位的领导与指导,直接向所属下级机关、部门、单位下达公文。

2. 多级行文

多级行文,是公文制发机关向其直接上级机关报送公文并与此同时将此公文呈报更高一级或几级的非直接上级机关,或者向其直接下级机关下发公文并同时将此公文发给更低一级或几级的非直接下级机关。多级行文主要在下行文中使用,即上级机关同时向所属的几级下属机关下达文件。如中共中央、国务院有许多文件同时发至县团级以上各级机关。

3. 越级行文

越级行文,是公文制发机关超越自己的直接上级机关,向更高的一级或几级的非直接上级机关报送公文,或者绕过自己的直接下级机关,向更低的一级或几级的非直接下级机关下发公文。越级行文主要在上行文中使用,即下级机关在特殊情况下,越过自己的直属上级机关向更高一级的领导机关直至中央行文,但一般情况下,下级机关不得越级行文请示问题,也不得越级抄送文件。

4. 直达行文

直达行文,是指上级机关在必要时将文件直接发至基层组织或直接传达给人民群众。这种行文,一般通过报纸、广播、电视等新闻媒体或张贴公布等方式,直接与公众见面。如中共中央的重大决策,人大、政协会议的决议、决定,国务院和省、市政府发布的行政法规及重要政策措施等,通常采用直达行文方式。

5. 直接行文

直接行文,是指公文制发机关向同一组织系统内与其级别相当的或不存在领导与被领导、指导与被指导关系的机关、单位行文。直接行文是平行文的行文方式。任何机关、部门、单位之间,不分系统、级别和地区,在相互告知事项、联系工作、商洽公务时,都可以直接行文。行文时,通常使用公函,有时也可发通知,但不能互相用请示、报告或使用指挥性公文。

(二) 根据实际工作需要分类

1. 单独行文

单独行文,是指公文的制发机关只有一个,公文的具体内容只是一个机关的独立意思表示。单独行文是一种最常见、最普遍的行文方式,在绝大多数的情况下,公文都采取单独行文的方式。

2. 联合行文

联合行文,是指公文由两个或两个以上机关联合制发,公文的具体内容是两个或两个以上机关的共同意思表示。联合行文应确是实际工作需要,因此,联合行文机关必须协商一致,协商的事项必须是在各联合行文机关职权范围之内,联合行文机关的级别必须相当,否则,不能联合行文。

第二节　行文规则

行文规则是公文制发和传送的规范性准则。遵守行文规则,对于保证公文有序运行、防止公文混乱、发挥公文的法定效用具有重要意义。《条例》和《办法》对此都有严格而明确的规定,下面以《条例》和《办法》的相关规定为依据对行文规则进行具体阐述。

一、确有必要,注重效用

《条例》第十一条规定:"行文应当确有需要,注重实效,坚持少而精。可发可不发的公文不发,可长可短的公文要短。"《办法》第十三条规定:"行文应当确有必要,注重效用。"这一原则要求公文制发机关要从实际工作需要出发来确定是否发文,不能随意发文,要讲究实际效用,以保证发文机关的权威性。同时,发文要尽可能少,做到可发可不发的公文不要发,避免"文牍主义";发文要保证质量,公文用语要精要、规范,做到可长可短的公文要短,避免"文山会海"的官僚作风。

二、按隶属关系行文

《条例》第十二条规定:"党的机关的行文关系,根据各自的隶属关系……确定。……

不得越级向上级机关行文,尤其不得越级请示问题;因特殊情况必须越级行文时,应当同时抄送被越过的上级机关。"第十四条规定:"党委各部门应当向本级党委请示问题。未经本级党委同意或授权,不得越过本级党委向上级党委主管部门请示重大问题。"《办法》第十四条规定:"行文关系根据隶属关系……确定,一般不得越级请示和报告。"隶属关系是一种管辖关系,是确定行文方向和选择文种的重要依据。按隶属关系行文,一般应当逐级行文,没有特殊情况,不要越级行文,以免上下脱节,打乱正常的行文秩序。

越级行文,主要发生在上行文中,究其原因,是某些机关、单位理解片面,以为越往高层报告、请示,越能迅速有效地解决问题。其实,这是一种误解,这只会打乱正常的行文秩序和组织关系。但"因特殊情况必须越级行文时",这说明公文法规并未绝对禁止越级行文,越级行文在某些情况下还是适用的。那么什么情况下可以越级行文呢?概括起来,主要有以下几种情形。第一,发生了严重的紧急情况,比如严重的自然灾害或严重的社会突发性事件、外敌入侵等,在这种情况下就不应当拘泥于常规(一级一级地上报),而应当越级上报,使决策部门能及时采取紧急对策;否则,就会无谓地耽误许多宝贵的时间,不利于决策部门及时采取相应的对策,从而造成某些原本可以避免的损失。第二,回复更高级别的上级机关直接需要的情况或交办事项的处理情况。第三,只有请示更高级别的上级机关才能解决问题,并且这些问题或事项与直接上级机关没有任何关系的。第四,数次请示直接上级机关而得不到答复,以致影响工作的。第五,确认直接上级机关的决策或决定有误,对其反复提出意见或建议,但是直接上级机关置之不理的。第六,报告重大喜讯的。然而,无论属于哪一种情形,越级行文时,都"应当同时抄送被越过的上级机关",这样做,可以使被越过的上级机关及时掌握有关情况,有利于今后工作的开展。

三、按职权范围行文

《条例》第十二条规定:"党的机关的行文关系,根据……职权范围确定。……党委各部门在各自职权范围内可以向下级党委的相关部门行文。党委办公厅(室)根据党委授权,可以向下级党委行文;党委的其他部门,不得对下级党委发布批示性公文。"《办法》第十四条规定:"行文关系根据……职权范围确定",第十五条规定:"政府各部门依据部门职权可以相互行文和向下一级政府的相关业务部门行文;除以函的形式商洽工作、询问和答复问题、审批事项外,一般不得向下一级政府正式行文。部门内设机构除办公厅(室)外不得对外正式行文。"第十七条规定:"须经政府审批的事项,经政府同意也可以由部门行文,文中应当注明经政府同意。"这个原则说明,党政机关的职能部门在自己的权限内,部门之间可以相互行文,也可以向下一级的党政机关的相关业务部门行文,不必报党委或政府转办。党政机关职能部门与所属下一级机关职能部门之间有业务指导关系的,可以直接行文,对所属下一级业务部门的请示、报告,应主动负责办理;对请示中涉及几个部门职权范围的事项,不能擅自处理,应协商一致后才能行文。党政机关的职能部门也可以根据党委、政府的授权和有关规定,对下一级党委、政府直接行文,答复请示事项,处理有关业务问题。职能部门需要下一级党委、政府办理的事项,必须经本级党委、政府审定批准后,才能行文下达;下级党委、政府向上级机关职能部门请示批准的事项,职能部门在自己的职权范围内以及根据授权,可以行文答复下级党委、政府。在一般情况下,各级党政机关职能部门除以函的形式商洽工作、询问和答复问题、审批事项外,不能对下级党委、政府发布批示性文件,各党政机关部门内部的职能处室除办公厅(室)外,一般不对外行文。

四、联合行文的机关应是同级机关

《条例》第十二条第四款规定:"同级党的机关、党的机关与其他同级机关之间必要时可以联合行文。"《办法》第十六条规定:"同级政府、同级政府各部门、上级政府部门与下一级政府可以联合行文;政府与同级党委和军队机关可以联合行文;政府部门与相应的党组织和军队机关可以联合行文;政府部门与同级人民团体和具有行政职能的事业单位也可以联合行文。"第十七条规定:"属于部门职权范围内的事务,应当由部门自行行文或联合行文。联合行文应当明确主办部门。"第十九规定:"部门之间对有关问题未经协商一致,不得各自向下行文。如擅自行文,上级机关应当责令纠正或撤销。"

从这个规则中可以看出,联合行文还应该注意以下事项。

(1)联合行文的机关应是同级机关。所谓同级机关,是指同一系统内的同级机关和不同系统中地位或级别相当的机关。上下级机关之间不能联合行文,地位或级别相差悬殊的非同一系统的机关也不能联合行文。

(2)联合行文应当确有必要,单位不宜过多。只有当公文的内容涉及两个或两个以上机关的职权范围时才可以联合行文,属于一个机关职权范围内的问题,就不必联合其他机关共同行文;而且,联合行文的机关也只能是与公文内容密切相关的机关,不相关或与公文内容无关的机关就不必参与联合行文。因此,联合行文的机关不宜过多。

(3)联合行文应当协商一致。当公文的内容涉及多个机关的职权范围时,相关机关就必须经过协商,达成一致后方能联合行文。如协商不一致,就不能擅自行文;如擅自行文,上级机关应当责令纠正或撤销。

(4)党政联合行文,应从严控制。必须是内容涉及党委部门与政府部门的工作,才联合行文。行文单位应是同级党政机关或部门。

(5)联合行文应该明确主办单位。行政机关联合行文,主办机关排在前;行政机关与同级或相应的党的机关、军队机关、人民团体联合行文,按照党、政、军、群的顺序排列。

五、党政分开行文

党组织与行政组织具有不同的性质和职能。党政分开行文,是指党委和行政系统应按照各自的隶属关系和职权范围行文。党政机关之间行文要分开,同级党委与政府之间不要互行指挥性、报请性公文,上下级党政机关之间更不要交叉使用上述公文文种。凡属党委工作由党委行文,凡属政府职权范围内的工作,由各级政府讨论决定并行文。属于行政方面的工作,要向政府或上级行政部门请示、报告,不应以党组织的名义向政府或行政部门报告工作。行政机关不能向党组织作批示、交任务。在向上级行政机关报告、请示时,不要不分问题的性质和内容都同时抄送给党的领导机关。

六、遵守"请示"的相关规定

《条例》第十四条规定:"向上级机关请示问题,应当一文一事,不应当在非请示公文中夹带请示事项。""请示事项涉及其他部门业务范围时,应当经过协商并取得一致意见后上报;经过协商未能取得一致意见时,应当在请示中写明。除特殊情况外,请示应当送上级机关的办公厅(室)按规定程序处理,不应直接送领导者个人。""党委各部门应当向本级党委请示问题。未经本级党委同意或授权,不得越过本级党委向上级党委主管部门请示重大问题。"《办法》第二十一条规定:"'请示'应当一文一事;一般只写一个主送机关,需要同时送其他机关的,应当用抄送形式,但不得抄送其下级机关。""'报告'中不得夹带请示事项。"第二十二条规定:"除上级机关负责人直接交办的事项外,不得以机关名义向上级机关负责人报送'请示'、'意见'和'报告'。"《条例》第十二条规定:"尤其不得越级请示问题。"《办法》第十四条规定:"一般不得越级请示和报告。"

从以上关于"请示"的规定中可以归纳出如下原则。

(1)请示应一文一事。一份请示只能提出一个要求解决的问题。如一文多事,会使上级机关批复时无从下笔,是部分批准还是全部批准,或是批准与不批准,从而可能影响工作,导致急需解决的问题得不到及时的解决。同时,还会给日后公文办理带来困难。

(2)请示应当只写一个主送机关。向上级机关请示事项,应按照谁主管就对谁行文的原则,需要同时送其他机关的,应当用抄送的形式。切不可将同一份公文报送两个或两个以上主送机关,如果这样很可能出现没有一个主送机关批复的情况,也可能出现两个或两个以上主送机关都批复而意见不一致甚至互相矛盾的情况。因此,请示只能写一个主送机关,需要同时送其他机关的,应当用抄送形式。

(3)请示不得同时抄送其下级机关。请示是请求上级机关批示,只有上级机关才有权批示。如果在上级机关批准(或不批准)之前抄送下级,不利于维护上级机关的权威与形象,还容易造成工作上的被动与混乱。

(4)请示不宜直接送领导者个人。只有是领导者个人直接交办的事项才可以在公文办理过程中请示领导者个人,否则,一律送上级机关办公厅(室)按规定程序办理。

(5)请示事项不得夹带在报告中。公文法规禁止将请示事项夹带在报告之中,这是因为上级对下级的报告不作批复,而请示是请求上级机关的指示、批准某一事件,将请示夹在报告中,就有可能被忽略,有可能延误问题、矛盾的解决,从而给工作带来被动。同时,也对公文的立卷、存档以及日后查阅都会带来麻烦。

(6)涉及多个部门的请示事项应协商一致。当请示事项涉及其他机关职权范围时,应与有关机关协商一致,如未能达成一致,须在请示中写明。多个部门共同协商解决问题,体现了相互尊重;在请示中如实地写明协商一致或不一致的情况,便于上级机关了解全面、真实的情况,从而对下级请示的事项做出更准确、更令人信服的批复。

(7)不得越级请示。一般情况下,不得越级请示问题,请示机关只能向自己的直接上级机关请示问题。这样规定是为了便于问题、矛盾得到及时的解决,避免延误时机。

七、遵守主送与抄送的规定

《条例》第十二条第一款规定:"向上级机关行文,应当主送一个上级机关;如需其他相关的上级机关阅知,可以抄送。……因特殊情况必须越级行文时,应当同时抄送被越过的上级机关。"第二款规定:"向下级机关的重要行文,应当同时抄送发文机关的直接上级机关。"第十三条规定:"受双重领导的机关向上级机关行文,应当写明主送机关和抄送机关,由主送机关负责答复其请示事项。上级机关向受双重领导的下级机关行文,应当抄送其另一上级机关。"《办法》第十八条规定:"属于主管部门职权范围内的具体问题,应当直接报送主管部门处理。"第二十条规定:"向下级机关或者本系统的重要行文,应当同时抄送直接上级机关。"第二十一条规定:"'请示'一般只写一个主送机关,需要同时送其他机关的,应当用抄送形式,但不得抄送其下级机关。"第二十三条规定:"受双重领导的机关向上级机关行文,应当写明主送机关和抄送机关。上级机关向受双重领导的下级机关行文,必要时应当抄送其另一上级机关。"

从以上规定中可以看出,确定主送机关的标准是以职权范围为依据的,属于部门职权范围内的事项,这个部门就是主管部门,主管部门就是主送机关。准确确定主送机关对于公文及时处理极为重要。因此,行文时应坚持以下原则。

(1) 一般来说,向上级机关行文,应当主送一个上级机关,不要多头主送,多头主送将会导致受文单位责任不明,互相推诿,以致贻误工作。但如果需要相关的机关阅知的,可以抄送。

(2) 受双重领导的机关上报公文,应根据内容写明主送机关和抄送机关,由主送机关负责答复请示事项。上级机关向受双重领导的下级机关行文时,应同时抄送受文单位的另一个上级机关。

(3) 向上级机关的请示,不要同时抄送同级和下级机关。因为请示事项在未批复以前,还不能有效地执行办理,过早地抄送同级或下级机关,容易造成被动。向下级机关的重要行文,可以抄送直接上级机关,使上级机关及时了解情况,予以指正。

(4) 特殊情况下越级行文时,应当抄送被越过的直接上级机关。这样规定既是对直接上级机关的尊重,也是为了让直接上级机关了解相关情况,便于问题的解决。

思 考 题

1. 什么是行文关系?它有几种形式?
2. 如何确定行文方向?
3. 如何确定行文方式?它有几种形式?
4. 行文要注意哪些规则?有什么例外?

第三章 公 文 格 式

公文格式是公文的外在表现形式,包括其各个组成部分在文中的排列顺序和标识规则,也包括用纸、排版、印刷、装订和字号等方面的要求;换言之,公文格式是公文的书面结构与公文的用纸和印制规范的统一。公文与其他文体的最大区别就在于公文格式的规范化。规范的公文格式不仅体现出发文机关的权威,而且也便于公文的阅读、传递和处理,有利于提高管理效率。《条例》、《办法》和《国家行政机关公文格式》都对公文格式做出了明确而具体的规定。下面即以上述三个法规为依据,对公文的书面格式、特定格式和印制格式进行论述。

第一节 公文的书面格式

公文的书面格式,又称"文件式"公文,是指公文全部文面组成要素的排列顺序和标识规则。《条例》第八条规定:"党的机关公文由版头、份号、密级、紧急程度、发文字号、签发人、标题、主送机关、正文、附件、发文机关署名、成文日期、印章、印发传达范围、主题词、抄送机关、印制版记组成。"《办法》第十条规定:"公文一般由秘密等级和保密期限、紧急程度、发文机关标识、发文字号、签发人、标题、主送机关、正文、附件说明、成文日期、印章、附注、附件、主题词、抄送机关、印发机关和印发日期等部分组成。"《国家行政机关公文格式》将组成公文的各要素划分为眉首、主体、版记三部分。置于公文首页红色反线(宽度同版心,即156 mm)以上的各要素统称眉首;置于红色反线(不含)以下至主题词(不含)之间的各要素统称为主体;置于主题词以下的各要素统称版记。

一、眉首

眉首,处于公文首页红色反线(宽度同版心,即156 mm)以上(约占首页的1/3),包括公文份数序号、秘密等级和保密期限、紧急程度、发文机关标识、发文字号、签发人等六个要素。

(一)公文份数序号

公文份数序号是将同一文稿印制若干份时每份公文的顺序编号。如需标识公文份数序号,用阿拉伯数码顶格标识在版心左上角第1行,采用红色号码套印。"绝密"、"机密"级公文应当标识公文份数序号,其他公文可不标识。如一份公文共印10份,其中第1份的序号应标识为"01",最后一份的序号应标识为"10"。标识公文份数序号,主要是便于机密文件的分发和回收,有利于提高受文机关和阅读者的保密责任感。如果出现泄密事件,也便于追查,从而明确责任归属。

(二)秘密等级和保密期限

秘密等级是指公文内容涉密程度的等级。涉及党和国家秘密的公文都应标明密级和保密期限。党和国家机关公文的密级分为"绝密"、"机密"、"秘密"三级。"绝密"是最重要的国家秘密,泄露会使国家的安全和利益遭受特别严重的损害;"机密"是重要的国家秘密,泄露会使国家的安全和利益遭受严重的损害;"秘密"是一般的国家秘密,泄露会使国家的安全和利益遭受损害。公文如需标识秘密等级,用 3 号黑体字,顶格表示在版心右上角第 1 行,两字之间空 1 字;如需同时标识秘密等级和保密期限,用 3 号黑体字,顶格标识在版心右上角第 1 行,秘密等级和保密期限之间用"★"隔开。标明密级的同时应标注保密期限,保密期限根据实际情况确定,一般分一年以内、一年及一年以上、长期和期限不作标注。如秘密★6 个月、机密★3 年、绝密★长期。涉及国家秘密的公文如有具体保密期限应当明确标注,否则按照《国家秘密保密期限的规定》(国家保密局 1990 年第 2 号令)第九条执行,即"凡未标明或者未通知保密期限的国家秘密事项,其保密期限按照绝密级事项三十年、机密级事项二十年、保密级事项十年认定"。

(三) 紧急程度

紧急程度是指公文办理与传递的时效性要求。党的机关紧急公文应当根据紧急程度分别标明"特急"、"加急",行政机关紧急公文应当根据紧急程度分别标明"特急"、"急件";紧急电报应当分别标明"特提"、"特急"、"加急"、"平急"。如需标识紧急程度,用 3 号黑体字,顶格标识在版心右上角第 1 行,两字之间空 1 字;如需同时标识秘密等级与紧急程度,秘密等级顶格标识在版心右上角第 1 行,紧急程度顶格标识在版心右上角第 2 行。

(四) 发文机关标识

发文机关标识又称文件名称或文件机关名称,《条例》称之为"版头"。发文机关标识由发文机关全称或规范化简称后加"文件"(或加括号注明文种名称)组成,如"国务院文件"、"中国共产党中央委员会(通知)"。对一些特定的公文可只标识机关全称或规范化简称,不加文件字样,如"函"、"命令(令)"、"会议纪要",除标识发文机关全称或规范化简称外,还应加上文种。一般来说,行政机关的重要公文特别是上报公文均应加"文件"二字。

联合行文时应使主办机关名称在前,"文件"二字置于发文机关名称右侧,上下居中排布,标注主办机关的发文字号。行政机关与同级或相应的党的机关、军队机关、人民团体联合行文,按照党、政、军、群的顺序排列,原则上使用排列在前的机关的发文字号,也可以协商确定,但只能标注一个机关的发文字号。如联合行文机关过多,必须保证公文首页显示正文,可将发文机关字号缩小,行距缩小。

发文机关标识上边缘至版心上边缘为 25 mm。对于上报的公文,发文机关标识上边缘至版心上边缘为 80 mm。发文机关标识推荐使用小标宋体字,用红色标识。字号由发文机关以醒目美观为原则酌定,但最大不能等于或大于 22 mm×15 mm。因为现行"国务院文件"的字号就是 22 mm×15 mm,其他行政机关公文的字号要小于"国务院文件",以显示国务院作为最高国家行政机关的地位。各行政机关可根据机关名称的字数的多少平均确定具体字号。

(五) 发文字号

发文字号是发文机关公文的排列顺序号,由发文机关代字、年份和序号组成。年份、序号用阿拉伯数码标识;年份应标全称,用六角括号"〔〕"括入;序号不编虚位(即 1 不编为 001),不加"第"字。如"国发〔 2010 〕1 号"的意思是国务院 2010 年 1 号文件,其中,"国发"就是国务院的机关代字,"〔 2010 〕"就是发文年份,"1 号"就是发文序号。"议案"、"批复"和"函",一般在发文机关之后加"函"字,如国务院这三种公文的发文字号便写作"国函〔 20××〕1 号"。

联合行文的发文字号,只标注主办机关的发文字号。与其他机关联合行文,原则上应使用排列在前的机关的发文字号,也可以协商确定,但只能标注一个机关的发文字号。

发文字号的位置在发文机关标识下空 2 行,用 3 号仿宋体字,居中排布;发文字号之下 4 mm 处印一条与版心等宽的红色反线。

（六）签发人

签发人是发文机关核准并签发本份公文的主要负责人或主持工作的负责人。上报的公文需标识签发人姓名,平行排列于发文字号右侧。发文字号左空 1 字,签发人姓名居右空 1 字;签发人用 3 号仿宋体字,签发人后标全角冒号,冒号后用 3 号楷体字标识签发人姓名。

如有多个签发人,主办单位签发人姓名置于第 1 行,其他签发人姓名从第 2 行起在主办单位签发人姓名之下按发文机关顺序依次顺排,最后的签发人要与发文字号同处一行平行排列;如果 3 行位置放不下,将红色反线下移,但排列顺序与原则不变,发文字号居左空 1 字和签发人姓名居右空 1 字的要求不变,应使发文字号与最后一个签发人姓名处在同一行并使红色反线与之的距离为 4 mm。

二、主体

置于红色反线(不含)以下至主题词(不含)之间的各要素统称为主体。主体包括公文标题、主送机关、公文正文、附件、成文时间、公文生效标识和附注等 7 个要素。

（一）公文标题

公文标题是公文的"眉目",是对公文内容的概括和行文目的的揭示,因此,应该准确、简单、明了地反映公文的主要内容。《条例》第八条第七款规定:"公文标题由发文机关名称、公文主题和文种组成。"《办法》第十条第六款规定:"公文标题应当准确简要地概括公文的主要内容并标明公文种类,一般应当标明发文机关。公文标题中除法规、规章名称加书名号外,一般不用标点符号。"由此可见,公文标题一般由发文机关、事由(公文的主要内容或发文目的)、公文种类三部分组成。如《教育部关于隆重庆祝 2010 年教师节有关工作的通知》,"教育部"是发文机关,"关于隆重庆祝 2010 年教师节有关工作"是事由,"通知"是公文种类。

在公务活动中,拟订公文标题时可根据实际情况作不同的处理,由此形成公文标题的四种写法。一是由发文机关、事由和公文种类组成。这是公文的常用标题,大部分公文都采用这种标题。如《国务院关于进一步推进西部大开发的若干意见》,其中的"国务院"是发文机关名称(规范化简称),"关于进一步推进西部大开发"是事由,"意见"是公文种类。二是由事由和公文种类组成,省略了发文机关名称。如《关于劳动能力鉴定有关问题的通知》,其中的"关于劳动能力鉴定有关问题"是事由,"通知"是公文种类。只有内容不太重要或机关内部公文才可采用这种省略发文机关名称的标题。凡重要公文,为体现发文机关的权威性,其标题都不应省略发文机关名称。三是由发文机关和公文种类组成,省略了事由。如《中华人民共和国国务院令》,其中"中华人民共和国国务院"是发文机关,"令"是公文种类。只有在正文极短、省略了正文内容而不影响行文目的的情况下,才能省略事由。四是只写公文种类,如《通知》。

公文标题具体写作中,概括事由极为重要。概括事由的方法习惯上采用介词"关于"和表达公文主要内容的词组组成介词词组,格式为"关于……的",作为公文种类的定语。公文种类要依据公文内容和发文目的来确定,要慎重、恰当。公文标题除法规、规章和规范性公文名称加书名号外,一般不加标点符号。

公文标题位于红色反线下空 2 行,用 2 号小标宋体字,可分一行或多行居中排布;回行时,要做到词义完整,排列对称,间距恰当。

(二) 主送机关

主送机关是指公文的主要受理机关,负责办理或答复文件中的事项。其位置在标题下空 1 行,左侧顶格用 3 号仿宋体字标识,回行时仍顶格;最后一个主送机关名称后标全角冒号,应使用全称或规范化的简称、统称。如果主送机关较多,则应按其性质、级别和有关规定或惯例依次排列,同性质或同级别的机关用顿号,不同性质或不同级别的机关之间用逗号。如《国务院办公厅关于中央企业分离办社会职能试点工作有关问题的通知》(国办发〔2004〕22 号),其主送机关的排列格式是"各省、自治区、直辖市人民政府,国务院各部委、各直属机构"。如主送机关名称过多而使公文首页不能显示正文时,应将主送机关名称移至版记中的主题词之下、抄送之上,标识方法同抄送。如"主送:各省、自治区、直辖市人民政府,国务院各部委、各直属机构"。

上行的请示性公文,如"议案"、"请示"、"批复"、"函"等,只能有一个主送机关。公布性及法规性公文,如"公告"、"通告"、"章程"、"条例"等,一般不标主送机关。下行的公文,主送机关较多的,可采用概括性的统称,如"各省、自治区、直辖市人民政府"、"各有关部门和单位"。有的公文除主送机关外,还需要让另外的机关了解其内容或协助办理有关事项,这时可以使用抄送的形式。对上级机关要用"抄报",对同级机关、不相隶属的机关或下级机关可以使用"抄送"。

(三) 公文正文

公文正文是公文的主体部分,由开头(导语)、主体和结尾三部分组成,是一份公文的核心。正文位于主送机关名称下一行,每自然段左空 2 字,回行顶格。数字、年份不能回行。用 3 号仿宋体字,每行 28 字,每页 22 行。

正文的人名、地名、数字、引文要准确。引用公文应当先引标题,后引发文字号;引用外文应当注明中文含义。日期应当写明具体的年、月、日,应当使用国家法定计量单位。文内使用非规范化简称,应当先用全称并注明简称,并注意简称在同一篇公文中必须前后统一;使用国际组织外文名称或其缩写形式,应当在第一次出现时注明准确的中文译名。

公文中的数字,除成文日期、部分结构层次序数和在词、词组、惯用语、缩略语、具有修辞色彩语句中作为词素的数字必须使用汉字外,应当使用阿拉伯数字。用数字作为结构层次序数,其顺序为:

第一层用"一"、"二"、"三"……

第二层用"(一)"、"(二)"、"(三)"……

第三层用"1."、"2."、"3."……

第四层用"(1)"、"(2)"、"(3)"……

以上次序绝对不能颠倒、随意混合使用。

（四）附件

附件是公文的附属部分,起补充说明或参考印证的作用,如文件中的报表、统计数字等。公文如有附件,在正文下一行左空 2 字用 3 号仿宋体字标识"附件",后标全角冒号和名称,附件名称后不加标点符号(如"附件:××××××")。

公文只有一个附件,只需标注其名称,不标序号。如有两个或两个以上的附件,则应在附件名称前标明序号,序号使用阿拉伯数码,举例如下。

附件:1.××××××

　　　2.××××××

附件应放在公文成文日期之后,另起一页与正文一起装订,并在附件左上角第 1 行顶格标识"附件",有序号时标识序号,如附件 1、附件 2;附件的序号和名称前后标识应一致。如附件与公文正文不能一起装订,应在附件左上角第 1 行顶格标识公文的发文字号并在其后标识附件(或带序号)。

附件并非每份公文所必需,公文是否列入附件,应根据发文时的实际情况和需要来定。公文列入了附件,则附件与公文具有同等的效力。

（五）成文时间

成文时间是指公文生效的时间。确定成文时间对公文的效力很重要,一般来说,成文时间以单位负责人签发的日期为准,联合行文的以最后签发机关负责人的签发日期为准,会议通过的以会议通过的日期为准,电报以电报发出日期为准。

成文时间直接关系到公文的效力,因此,要完整地用汉字写出年、月、日,年份中的"零"要写成"〇",如"二〇一〇年一月一日",不得用英文字母"O"或阿拉伯数字"0"代替。其位置一般位于正文右下方,具体的上下位置依印章来定,左右位置由字数来定。"命令(令)"的成文时间标识在签发人签名章下一行右空 2 字处,"会议纪要"的成文时间居右标识在红色反线之上右侧。

（六）公文生效标识

公文生效标识是表示公文生效的凭证,其表现形式为"印章",包括"发文机关印章"和"机关负责人签名章"两种形式。

公文除"会议纪要"和以电报形式发出的公文,或印制的有特定版头的普发性公文外,都应当加盖印章,否则视为无效。联合上报的公文,由主办机关加盖印章;联合下发的公文,发文机关都应当加盖印章。公文所盖的印章一定要与发文机关的名称一致,因故需用别的印章代替的,应注明"代"字。

单一机关印章。单一机关制发的公文在落款处不署发文机关名称,只标识成文时间。成文时间右空 4 字;加盖印章应上距正文 2～4 mm,端正、居中下压成文时间,印章用红色。印章文字环行排列,当印章下弧无文字时,采用下套方式,即仅以下弧压在成文时间上;当印章下弧有文字时,采用中套方式,即印章中心线压在成文时间上。

联合行文印章。当联合行文需加两个印章时,应将成文时间拉开,左右各空 7 字;主办机关印章在前;两个印章均压成文时间,印章用红色。只能采用同种加盖印章方式,以保证印章排列整齐。两印章间互不相交或相切,相距不超过 3 mm。

当联合行文需加盖 3 个以上印章时,为防止出现空白印章,应将各发文机关名称(可用简称)排在发文时间和正文之间。主办机关印章在前,每排最多排 3 个印章,两端不得超出版心；最后一排如余一个或两个印章，均居中排布；印章之间互不相交或相切；在最后一排印章之下右空 2 字标识成文时间。

特殊情况说明。当公文排版后所剩空白处不能容下印章位置时，应采取调整行距、字距的措施加以解决，务使印章与正文同处一面，不得采取标识"此页无正文"的方法解决。

（七）附注

附注一般是对公文的发放范围、使用时应注意的事项等情况的说明，如"（此件发至县、团级）"、"（文中引用数字均为国家统计局 2009 年报）"等。公文如有附注，用 3 号仿宋体字，居左空 2 字加圆括号标识在成文时间下一行。公文附注不属于公文正文内容，标注公文附注一般在公文成文日期和印章的左下方，版记的左上方，用圆括号标注。按照《条例》第八条第十四款规定："印发传达范围"加括号标注于成文日期左下方。按照《办法》第十条第五款规定："请示"应在附注处注明联系人的姓名和电话。

三、版记

版记又称版尾部分，主要由主题词、抄送机关、印发机关、印发时间、印刷份数、反线等要素组成。版记应置于公文的最后一页（即封四，亦称封底），版记的最后一个要素置于最后一行。

（一）主题词

主题词是反映公文内容特征、标示公文归属类别和文种的关键性词语。为便于计算机检索和管理文件，适应办公现代化的要求，公文应标注主题词。

主题词用 3 号黑体字，居左顶格标识，后标全角冒号；词目用 3 号小标宋体字；词目之间空 1 个字。

主题词标引来源于主题词表。主题词表分三个层次。第一层是对主题词区域的分类，如"综合经济"、"财政、金融"类等。第二层是类别词，即对主题词的具体分类，如"工交、能源、邮电"类中的"工业"、"交通"、"能源"和"邮电"等。第三层是类属词，如"体制"、"职能"、"编制"等。第二层和第三层统称为主题词，用于文件的标引。

主题词标引顺序是先标类别词，再标类属词。在标类属词时，应先标反映文件内容的词，再标反映文件形式的词。如《国务院关于加强水土保持工作的通知》，主题词先标"农业"（表类别），再标"水土保持"（表类属），最后标"通知"（表文种）。

一份文件如有两个以上的主题内容，先集中对一个主题内容进行标引，再对第二个主题内容进行标引。如《国务院关于在若干城市试行国有企业兼并破产和职工再就业有关问题的通知》，先标反映第一个主题内容的类别词"经济管理"，再标类属词"企业"、"破产"；然后标反映第二个主题内容的类别词"劳动"，再标类属词"就业"；最后标"通知"。

根据需要，可将不同类的主题词进行组配标引。如《国务院关于"九五"期间深化科学技术体制改革的决定》，可标"科技、体制、改革、决定"。

当词表中找不出准确反映文件主题内容的类属词时，可以在类别词中选择适当的词标引，同时将能够准确反映文件内容的词标在类别词的后面，并在该词的后面加"△"以便区别。如《广西壮族自治区人民政府关于进一步加快非公有制工业经济发展的意见》（桂政发〔2009〕103 号）文件"主题词：经济管理　非公有制△　政策　意见"一栏中的"非公有制"一词。

一份文件的标引,除类别词外最多不超过 5 个主题词,但也不要少于 3 个主题词。主题词位于公文尾部的横隔线之上,即成文时间的左下方以及抄送机关的左上侧,顶格写。

(二)抄送机关

抄送机关是主送机关以外的需要执行或知晓公文的其他机关,应使用全称或规范化简称、统称。

抄送机关应标注在主题词的下方,其上下用反线(与版心等宽)与主题词和印发机关隔开,形成一个栏。在两条平行线之间,要左空一格注明"抄送"二字,用 3 号仿宋体字,后边加注全角冒号,抄送机关之间用逗号隔开,回行时与冒号后的抄送机关对齐,在最后一个抄送机关后标句号。如主送机关移至主题词之下,标识方法同抄送机关。

抄送机关排列顺序一般为:上级机关排一行,党政机关、军事机关、人民团体、民主党派等排一行,人大、政协、法院、检察院等排一行,其他单位全排一行。

(三)印发机关和印发时间

印发机关是指具体主办、制发公文的部门,一般是机关的办公室(厅)或秘书(科)处。

印发时间是为了反映公文的生成时效,它一般略晚于领导签发的时间,应以公文付印的日期为准。

印发机关和印发时间位于抄送机关之下(无抄送机关的在主题词之下),占 1 行位置,用 3 号仿宋体字。印发机关左空 1 个字位,印发时间右空 1 个字位。

印发机关的名称如果字数太多,可以自行简化,以使它和印发时间只占 1 行的位置。印发时间应使用阿拉伯数字完整地标明年、月、日。如:

国务院办公厅 　　　　　　　　　　　　　　　　　2010 年 1 月 3 日印发

(四)印刷份数

印刷份数一般位于印发时间之下或在末页边缘线下,右空 3 字,用 3 号仿宋体字和阿拉伯数字标识,用圆括号括住。

(五)反线

版记中主题词、抄送机关、印发机关和印发时间等要素之下分别加一条反线,其宽度等同于版心。

第二节　公文的特定格式

《国家行政机关公文格式》规定了三种公文的特定格式,它们分别是信函式格式、命令格式和会议纪要格式。

一、信函式格式

在制发公文的实践中,经常使用一种信函式公文,用于处理日常事务的平行文或下行文。这种信函式公文与书面式公文有以下不同。

(1) 发文机关标识只用发文机关全称,不加"文件"二字。发文机关名称上边缘距上页边的距离为 30 mm,推荐用小标宋体字,字号由发文机关酌定。

(2) 发文机关全称下 4 mm 处为一条武文线(上粗下细),距下页边 20 mm 处为一条文武线(上细下粗),两条线均为 170 mm。每行居中排 28 个字。

（3）份数序号、密级、紧急程度可以放在武文线下左上角顶格（很少同时出现这三项），发文字号放在武文线右上角顶格。公文首页不显示页码。页码以放在文武线之下右下角为宜。

（4）发文机关名称及双线均印红色。两线之间各要素的标识方法均同于书面式公文格式。

二、命令格式

命令（令）可以说是国家行政机关发文的最高级形式。为维护国家政令的权威性和统一性，各级国家行政机关发布命令（令）的格式具体规定如下。

（1）命令标识由发文机关名称加"命令"或"令"组成，用红色小标宋体字，字号由发文机关酌定。

（2）命令标识上边缘距版心上边缘 20 mm，下边缘空 2 行居中标识令号（不用发文字号），即"第×号"（可用 3 号黑体字）；令号下空 2 行标识正文，中间没有反线、公文标题和主送机关。

（3）正文下一行右空 4 字标识签发人签名章，签名章左空 2 字标识签发人职务；联合发布的命令或令的签发人职务应标识全称。

（4）在签名人签名章下一行右空 2 字标识成文时间。

（5）不用抄送机关，只在抄送机关的位置标识分送机关，标识方法同抄送机关。其他要素与书面式公文相同。

三、会议纪要格式

会议纪要是建立在会议记录基础上的会议文件，适用于记载、传达会议情况和议定事项，其格式具体规定如下。

（1）会议纪要标识由"××××××会议纪要"组成，上边缘距版心上边缘25 mm，采用红色小标宋体字，字号由发文机关酌定，但一般应小于 22 mm×15 mm。

（2）会议纪要标识下空 2 行用 3 号仿宋体字居中标识发文字号，下空 1 行用 3 号仿宋体字标识发文机关和成文时间，发文机关和成文时间之下 4 mm 处印一条与版心等宽的红色反线。发文机关放在横线之上左侧，成文时间放在横线之上右侧。

（3）红色反线下空 2 行用 2 号小标宋体字居中标识会议纪要标题。标题下空 1 行为会议纪要正文，用 3 号仿宋体字，每自然段左空 2 字，回行顶格。

（4）会议纪要不加盖印章。受文单位放在公文末尾，其他要素与书面式公文相同。

第三节　公文的印制格式

公文印制格式包括用纸格式和印装格式。

一、公文用纸格式

公文的用纸格式，包括公文用纸的主要技术指标和公文用纸的幅面及版面尺寸两个方面。

公文用纸的主要技术指标要求是:纸张定量为 $60\sim80$ g/m² 的胶版纸或复印纸,纸张白度为 $85\%\sim90\%$,横向耐折度≥15 次,不透明度≥85%,pH 值为 $7.5\sim9.5$。

对公文用纸的幅面尺寸要求是:GB/T 148 中规定的 A4 型纸,其成品幅面尺寸为 210 mm×297 mm。对公文用纸的页边和版心尺寸要求是:公文用纸天头(上白边)为 37 mm±1 mm,公文用纸订口(左白边)为 28 mm±1 mm,版心尺寸为 156 mm×225 mm(不含页码)。

二、公文印装格式

公文的印装格式,包括公文的排版、制版、印刷、页码及表格等方面的标准。

公文一律采用从左至右横写、横排的格式。在民族自治地方,可以并用汉字和通用的少数民族文字,少数民族文字版的公文应按其习惯书写和排版。

公文的排版规格,《国家行政机关公文格式》规定:"正文用 3 号仿宋体字,一般每面排 22 行,每行排 28 个字。"一个基准行的距离为一个 3 号字的高度加上 3 号字高度的 7/8 倍。

公文的制版要求是:版面干净无底灰,字迹清楚无断面,尺寸标准,版心不斜,误差不超过 1 mm。

公文的印刷要求是:双面印刷;页码套正,两面误差不得超过 2 mm;黑色油墨应达到色谱所标 BL100%,红色油墨应达到色谱所标 Y80%,M80%;印品着墨实、均匀;字面不花、不白、无断划。

公文的装订要求是:左侧装订,不掉页;包本公文的封面与书芯不脱落,后背平整、不空;两页页码之间误差不超过 4 mm;骑马订或平订的订位为两钉钉锯外订眼距书芯上下各 1/4 处,允许误差±4 mm;平订钉锯与书脊间的距离为 $3\sim5$ mm;无坏钉、漏钉、重钉,钉脚平伏牢固;后背不可散页明订;裁切成品尺寸误差±1 mm,四角成直角,无毛茬或缺损。

公文的页码要求是:采用 4 号半角白体阿拉伯数码标识,置于版心下边缘之下一行,数码左右各放一条 4 号一字线,一字线距版心下边缘 7 mm。如"—1—";单页码居右空 1 字,双页码居左空 1 字;空白面和空白面以后的页不标识页码。

公文如需附表,对横排 A4 纸型表格,应将页码放在横表的左侧,单页码置于表的左下角,双页码置于表的左上角,单页码表头在订口一边,双页码表头在切口一边。

公文如需附 A3 纸型表格,且当最后一页为 A3 纸型表格时,封三、封四(可放分送,不放页码)就为空白,将 A3 纸型表格贴在封三前,不应贴在文件最后一页(封四)上。封四标识版记部分。

第四节 公文版式示样

一、公文特定格式的版式

本书各种版式仅为示意。

1. 信函版式(如图 3-1 所示)

××市人民政府办公厅

机密★1年   ×××〔2000〕×号

特急

关于×××××××××的函

××××：

  ×××××××××××××××××××××××××
××××××××××××××××××××××××××××
××××××××××××××××××××××××××××
××××××××××××××××××××××××××××
××××××××××××××××××××××××××××
××××××××××××××××××××××××××××
××××××××××××××××××××××××××××
××××××××××××××××××××××××××××
××××××××××××××××××××××××××××
××××××××××××××××××××××××××××
××××××××××××××××××××××××××××
××××××××××××××××××××××××××××
××××××××××××××××××××××××××××
××××××××××××××××××××××××××××
××××××××××××××××××××××××××××
××××××××××××××××××××××××××××
×××××××××。

(公章)

二○○○年×月×日

主题词：×× ×× ×× ××

抄送：×××,×××,××××,×××,×××,×××,×××
   ×,×××,××××。

×××××   2000 年×月×日印发

图 3-1 信函版式

2. 命令版式(如图 3-2 所示)

图 3-2 命令版式

3. 会议纪要版式(如图 3-3 所示)

0000001   机密★1 年
                                                   特急

××××会议纪要
第×号

_____   _____
××××   2000 年×月×日

关于×××××会议纪要

　　×××××××××××××××××××××
×××××××××××××××××××××××
×××××××××××××××××××××××
×××××××××××××××××××××××
×××××××××××××××××××××××
×××××××××××××××××××××××
×××××××××××××××××××××××
×××××××××××××××××××××××
×××××××××××××××××××××××
×××××××××××××××××××××××
×××××××××××××××××××××××
×××××××××××××××××××××××
×××××××××××××××××××××××
×××××××××××××××××××××××
××××××××××××××××××××××。

主题词:××　××　××　××
_____
抄送:×××,×××,×××××,×××,××××××
　　×,×××,××××。
_____
×××××   2000 年×月×日印发

图 3-3　会议纪要版式

二、一般版式

1. 公文用纸版式（如图 3-4 所示）

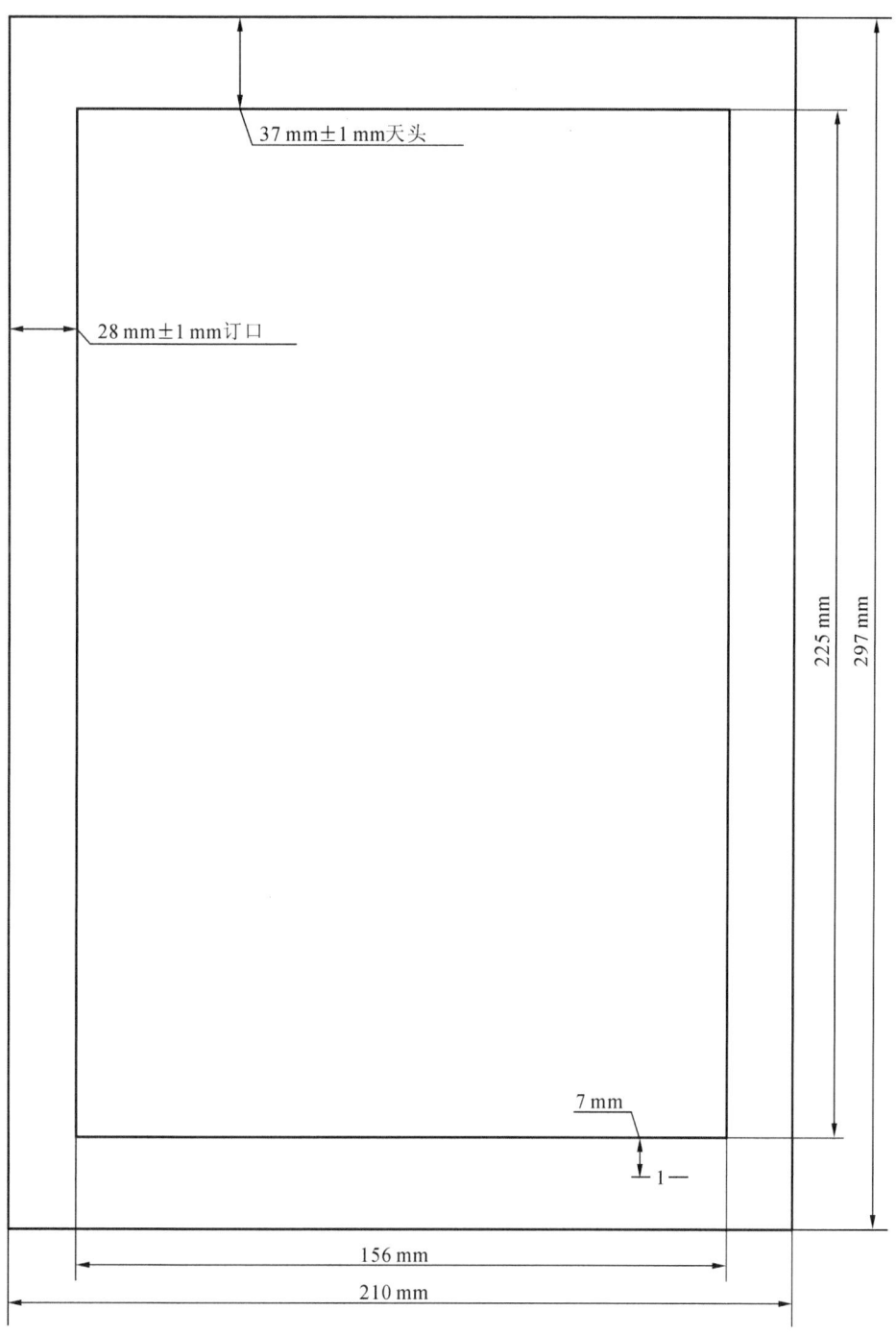

37 mm±1 mm天头

28 mm±1 mm订口

225 mm

297 mm

7 mm

—1—

156 mm

210 mm

图 3-4　A4 型公文用纸页边及版心尺寸

2. 公文首页版式(如图 3-5 所示)

0000001
机密★1 年
特急

×××××文件

×××〔2000〕×号

关于×××××的通知

×××××:
　　×××××××××××××××××××××××
×××××××××××××××××××××××××
×××××××××××××××××××××××××
×××××××××××××××××××××××××
×××××××××××××××××××××××××
×××××××××××××××××××××××××
×××××××××××××××××××××××××
×××××××××××××××××××××××××
×××××××××××××××××××××××××
×××××××××××××××××××××××××
×××××××××××××××××××××××××
×××××××××××××××××××××××××
×××××××××××××××××××××××××
×××××××××××××××××××××××××
×××××××××××××××××××××××××
×××××××××××××××××××××××××
×××××××××××××××××××××××××
×××××××××××××××××××××××××
×××××××。

图 3-5　下行文、平行文首页版式

3. 上行文首页版式(如图 3-6 所示)

秘密
特急

×××××文件

签发人:×××

×××〔2000〕×号   ×××

关于×××××的请示

×××××:
　　××××××××××××××××××××××
××××××××××××××××××××××××
××××××××××××××××××××××××
××××××××××××××××××××××××
××××××××××××××××××××××××
××××××××××××××××××××××××
××××××××××××××××××××××××
××××××××××××××××××××××××
××××××××××××××××××××××××
××××××××××××××××××××××××
××××××××××××××××××××××××
××××××××××××××××××××××××
××××××××××××××××××××××××
××××××××××××××××××××××××
××××××××××××××××××××××××
××××××××××××××××××××××××。

图 3-6　上行文首页版式

4. 公文末页版式(如图 3-7 所示)

××××××××××××××××××××××××××××。

  附件:1.××××××××××××××××××××××
     2.××××××××××××××××××××××

(××××××××××)

主题词:×× ×× ×× ××

抄送:×××,×××,××××,×××,×××××
   ×,×××,××××。

×××××   2000 年×月×日印发

图 3-7 公文末页版式

5. 联合行文公文末页版式 1(如图 3-8 所示)

××××××××××××××××××××××××
××××××××××××××××××××××××
××××××××××××××××××××××××
××××××××××××××××××××××××。

　　附件:1.××××××××××××××××××
　　　　　2.××××××××××××××××

(×××××××)

主题词:××　　××　　××　　××
抄送:×××,×××,××××,×××,××××××
　　×,×××,××××。

×××××　　　　　　　　　　　　2000 年×月×日印发

图 3-8　联合行文公文末页版式 1

6. 联合行文公文末页版式 2(如图 3-9 所示)

×××××××××××××××××××××××××××××××
×××××××××××××××××××××××××××××××
××××××××。

附件:1.××××××××××××××××××××
　　　2.××××××××××××××××××××

(××××××××××)

主题词:××　　××　　××　　××

抄送:×××,×××,×××××,×××,×××××
　　×,×××,××××。

×××××　　　　　　　　　　　2000 年×月×日印发

图 3-9　联合行文公文末页版式 2

思 考 题

1. 公文的书面格式包括哪些组成部分？它们各包括哪些内容？
2. 三种公文的特定格式有哪些具体要求？
3. 公文的印制格式有哪些具体要求？

第四章　公文要素

公文要素包括主题、材料、结构和语言。公文主题与材料构成公文的内容,公文结构与语言构成公文的形式。公文写作,既要内容正确、完整,又要形式适当、规范,做到内容与形式的完美统一。

第一节　公文主题

公文主题,亦称为公文主旨,是公文的首要和核心的要素。它是公文的灵魂,在文章中起到统率作用,它决定和制约材料的取舍、结构的安排、语言的组织和表达方式的选择,因此,正确确立主题并使之符合规范要求是写好公文的关键。

一、公文主题的概念

公文主题是公文中贯穿的基本观点、主张或意图,是公文内容的核心部分,是写好公文的关键。它是公文作者——公文制发机关在传达政策、发布命令、周知事项、汇报工作、总结经验或反映情况时,通过全文所表达出来的基本意图或主要目的。

公文的主题和一般文章的主题或中心思想有所不同。如文艺作品的主题,作者可以不直接加以阐述,而是通过对有关生活的描述艺术化地再现出来;读者也要通过作者在故事情节中所塑造的艺术形象,自己去领会作品的主题。同一篇作品,读者往往会得出各不相同的结论。公文则不同,作为党和国家公务活动中的应用文,都是出于实际的应用目的才写作和制发的。因此,作者要在公文中直截了当、清楚明白地反映主题,绝不能含糊、隐晦,让人不知所云,无所适从。公文的主题在文中的体现通常有这样几种情况:如果是以传达政策、指令或事项为主的指挥周知性和法规性文件,则表现为公文的写作目的,或者是某项方针、政策、办法的具体说明,或者是对于某个人的问题、某个事件作的结论,或者是对于某个问题的处理意见等;如果是以汇报工作、总结经验或反映情况为主的汇报性、总结性的文件,则表现为对某项工作成绩、缺点的看法,或者是对某项工作或问题的评价。公文的主题,通常是用一段文字写在前言之内,较长的公文则专门辟出章节进行阐述,有的则贯穿全文之中需归纳才行,也有的公文只体现在意见和办法之中,不作专门文字说明。

二、公文主题的特点

公文与一般文章虽然形式不一样,但都要求有一个基本观点。这个"基本观点"在不同形式的文章中有不同的叫法。在记叙文中称为"中心思想",在议论文中称为"中心观点",在说明文中称为"中心认识",在文学作品中称为"意蕴",而在公文中则称为"主题"。一件公文不论作者是谁、篇幅长短、内容多少,总有一个"主题",这个"主题"像其他文章的中心思想、中心论点、意蕴一样,也应贯穿首尾,统摄全文。但公文作为一种独立的文体,其主题也表现出自身的独特性。

（一）公文主题反映的对象是公务活动

公文主题主要通过反映公务活动表现出来，所作的判断是什么事该（不该）办，或者该（不该）如何办，或者办得什么样，它只对公务事务作出判断，一般不涉及公务事务以外的问题，也不需要塑造人物形象或进行系统的理论阐述。

（二）公文主题的表达方式比较直接

公文主题通常采用议论、说明的方式表达，偶有叙述，不需要描写、抒情。很多公文标题就说明了主题。较长篇幅的公文，篇首的导语是对全篇内容的撮要，就是主题。即使没有导语的公文，其主题也是毫不隐讳直接告诉读者的，它不像文艺作品的主题，隐含在艺术形象的塑造中，需要读者体味揣摩。

（三）公文主题有直接的社会价值

公文主题是对某项公务活动的判断，体现着决策、行动和经验。一旦人们了解了主题，即领会了公文的基本精神和基本观点，马上会采取相应的行动，由此，体现了主题的直接社会效用。这一点，同文艺作品主题通过潜移默化来感染、教育人根本不同，与议论文的中心论点直接教育人的作用也不同。

（四）一份公文只有一个主题

一份行政公文只能写一件事或一个问题，即"一文一事"，因此一份行政公文只能有一个主题，不能搞多中心。例如，下级行政机关针对某一问题向上级行政机关提出的"请示"，以及上级行政机关对此的"批复"，又如平行行政机关就某一问题进行商洽而写的"函"，在写作时必须紧紧围绕所提的问题，不能旁生枝节，离题别议。如果一篇行政公文有两个以上的主题，就可能什么也表达不清，什么目的也达不到。因此，切忌主题不明或多主题。

三、公文主题的作用

公文主题的地位和作用非常重要。如果说材料是血肉、结构是骨骼、语言是细胞，那么主题是一篇公文的灵魂。构成公文的材料、结构和语言等因素，都受主题制约、指挥，为主题服务。主题的这种地位决定了它在整个一篇公文中发挥着至关重要、不可替代的作用。

（一）决定着公文材料的选择

写好公文必须详尽占有材料，这是基本的常识。但是并不是所有的材料都适合写进公文。决定材料能不能用的标准就是主题。凡是能说明主题的材料就可以用，不能说明主题的材料，即使再好也不能用。

（二）左右着公文结构的安排

结构是公文的框架，是公文的外部表现形式。一篇公文总要有框架结构，即总要有层次段落，总要有过渡照应，总要有开头结尾，但公文的头怎样开，尾怎样结，过渡照应怎样安排，层次段落怎样划分，等等，都要根据怎样有助于表达主题而定。

（三）限定着公文语言的色彩

一般来说，公文语言必须规范、准确，具有简洁、明白、得体、流畅的风格和特点，这是公文语言的共性；但是公文语言不能也不应该是"千人一面"，而应根据文种和主题的不同在风格和特点上各有千秋。具体到一篇公文，如主题是表彰先进的，公文语言就应是热烈和富有感召力；如公文主题是批评错误行为的，其语言就应是严厉和富有威慑力。

（四）控制着公文的表达方式

公文的表达方式，主要是叙述、说明、议论三种。在公文写作中，究竟应该运用哪一种表达方式，或者应该以哪种表达方式为主、哪种表达方式为辅，这仍然要取决于主题。一般来说，如果公文的主题是反映情况、汇报事项，那么表达方式就应以叙述为主、说明为辅；如果公文的主题是部署工作、提出要求，那么表达方式就应以说明为主、议论为辅；如果公文的主题是阐明道理、剖析错误，那么表达方式就应以议论为主、叙述或说明为辅。公文写作人员不能凭借自己的个人意愿随心所欲地选择表达方式，假如不顾公文主题的基本类型和特点，该主要用叙述方式时却非要用说明，该主要用说明的方式时又非要用议论，甚至把文学创作中常用的抒情、描写的表达方式引入公文写作，这样"炮制"出来的公文必定是不伦不类、令人难以卒读。只有针对主题的特点，正确地选择和运用表达方式，形成的公文才是具有实际价值的。因此，可以说主题制约着表达方式的运用。

四、公文主题的确立

公文必须要有主题。公文写作人员在领受了公文写作任务后，首先考虑的就是主题。影响主题确立的因素很多，但主要有以下四个方面。

（一）党的路线方针政策和国家的法律法规

党政机关是整个国家机器的重要组成部分，自觉地学习和彻落实党的路线方针政策，模范地遵守国家的法律法规，是各级党政机关不可推卸的责任，同时也是它们的基本职能。各级党政机关在履行自己的职责时，必定要经常利用公文这一重要工具，而公文中的基本观点和主张具体怎样阐发，应该而且必须以党的路线方针政策、国家的法律法规为依据，也就是说，要与党的路线方针政策和法律法规保持高度一致，绝不能"出格"。此外，党和国家的政策法规在许多时候还是各级党政机关制发公文的直接依据，不少公文中甚至直接写明是根据党和国家的哪一项具体政策或法规的规定制发的。由此可见，公文主题的确立对党的路线方针政策、国家的法律法规有着显而易见的依赖性，认真学习党的路线方针政策、国家的法律法规，提高这方面的素质修养，对于做好公文主题的确立工作，具有重要的意义。

（二）有关文件精神

党和国家及上级的有关文件是公文主题确立的直接依据。公文写作具有鲜明的政治性，它直接体现党和国家的路线、方针、政策以及上级的指示精神。因此，主题的确立往往是直接依据中央和上级的精神，按照党的政策和国家的规定来考虑的。有时，甚至要在文稿中直接地、具体地写上根据中央或上级的哪个文件，本着什么精神，按照什么规定，要解决的是什么问题。所以，认真地学习、深刻地领会和全面地掌握中央和上级文件精神，对于公文主题的确立是十分重要的。当然，写作时要把中央和上级的精神与当地实际相结合，防止照搬照抄。

（三）工作实践

本地区、本部门、本机关的实际情况是公文主题确立的直接动因。各级党政机关在具体工作过程中，必然遇到一些实际问题，需要立即回答、处理、解决；或者要求制定政策，布置执行；或者要求反映情况，提供参考；或者要求进行洽商，研究办法，等等。这就是说，一篇公文主题的确立是有实际工作中的直接动因的。这就要求我们注意工作进程和不同发展阶段的特点,深入调查研究,注意掌握全面工作情况,在占有大量材料的基础上,通过去粗取精、去伪存真、由表及里的分析研究,从中总结出带有普遍性、规律性的经验和教训,从而根据不同时期党和国家的政策和现实需要,提出解决问题的正确见解。

(四) 领导意图

本级领导的意图是公文主旨确立的具体要求。党政机关所撰写的公文,其作者是法定某一机关、团体,或者是法定的某一级组织的领导人。一篇公文从产生到生效,领导者要始终负起责任来。因此,领导的意图是要担负政治责任的意图,是吃透了上级精神和了解基层情况,并使二者紧密结合的意图。拟稿者在接受公文起草任务以后,善于领会领导意图,这对公文主题的确立,是极为重要的。

五、公文主题的要求

公文和其他文章一样,不但要有主题,而且要求主题必须正确、集中、鲜明和新颖。

(一) 主题正确

主题正确是公文主题最基本的要求。所谓主题正确,就是说公文主题首先要符合国家的法律法规,符合党和政府的方针、政策,有利于党和人民的事业,经得起实践的检验;其次要符合客观实际情况,符合事物本质和社会发展规律,能够经得起历史的检验。由于公文是传达贯彻党和国家的路线、方针、法规、法令,联系和处理公务的重要工具,与党和国家的政治事务密切相关,与人民的社会生活密切相关,因此,每一篇公文的主题都要与党和国家的路线、方针、政策相一致,决不能偏离,更不能违背。这就要求写作人员必须加强政治学习,努力提高自己的马克思主义理论水平和政治水平,力求运用科学的立场、观点、方法去认识事物,理解政策;同时要实事求是,力戒报喜不报忧、夸大成绩、缩小或隐瞒问题,无原则地迎合某些人的不良作风。

(二) 主题集中

集中是提炼公文主题的一个重要原则。所谓主题集中,就是一篇公文中不仅只能有一个中心,而且还要求这个中心不能零乱和分散。为了做到主题集中,写作人员不能在一篇公文中表达太多的意思而面面俱到,不能塞进与主题无关的材料而节外生枝,不能有两个或多个中心。这就需要写作人员有较强的概括和综合能力,能够在错综复杂的事物中分析内部的必然联系,找出其重点和特点。公文一般应该坚持"一文一事"的原则,切忌内容烦冗、庞杂。

(三) 主题鲜明

主题鲜明就是说一篇公文的基本精神或观点要清楚明白,拥护什么,反对什么,要解决什么问题,要达到什么目的等,都必须一清二楚。那种模棱两可、含糊其辞的提法,是公文主题之大忌。要使主题鲜明,写作人员必须具备准确的判断能力和实事求是的胆识。对某人某事,是表扬,还是批评,对某种做法,是总结经验予以推广,还是从中吸取教训迅速制止,都要准确加以判断,表明态度,并显诸文字。

(四) 主题新颖

主题新颖就是说一篇公文的主题要在正确的基础上有所创新,有自己独到的见解。新颖的主题表现为:针对在实践中发现的新问题、新情况、新特点,提出新方法、新途径、新对策;在贯彻党和国家的方针、政策时,结合具体工作从不同角度加以阐述,使之有赏心悦目之感。当然,追求主题新颖不等于猎奇,更不能胡编乱造,脱离客观实际。

六、公文主题的表现方法

公文主题的表现方法主要有三种:一是摆事实,二是讲道理,三是直截了当地发指令、提要求、做规定等。不同种类的公务文书表现主题的方法有所不同:有的以摆事实为主,如简报和反映情况的报告;有的以说理为主,如阐明路线、方针、政策的决定、决议;有的以发指令、提要求、做规定等为主,如命令和某些通知、通告;还有的兼用上述三种方法,如某些指示、通报。

无论哪种公文,表现主题都有一个共同的要求,这就是"直述不隐",即把观点、主张、要求、目的、结论等明白、直接地说出来,而不能曲折隐晦、闪烁其词,令人捉摸不定。这使它不同于文学作品的主题表现的特点。文学作品的主题即作者的思想倾向不宜直说,而应让读者从作品所描绘的生活和塑造的形象中去领悟,这样才能给读者以赏析和联想的余地,乃至仁者见仁,智者见智,回味无穷。

公文主题在形式上有时用一个主旨句把一份公文的主题准确地概括出来。主旨句的表现方法,大体说来有以下几种。一是题目明旨,即在文件的题目中概括说明文件主题。许多规范性公文,如条例、规定等,大都采用这一方法。二是开宗明旨,即开篇便把文件的主题直接、扼要、明确而醒目地揭示出来,使读者开篇便能抓住文件要领,了解制文的目的,把握发文的意图。许多指令性公文、报请性公文等,惯于采用这一方法。三是片言居要,即主旨句放在文件内容说明的重大转折之处,进行因果分析的关键之地,有时起承上启下的过渡作用,有时起显志总结的作用。四是一线贯穿,有些文件所含的材料很多,没有一个明显的全文主旨,而是以小主旨句的形式分散于文章各部分,分散于对材料的分析综合之中,这些小主旨句的汇总升华便是全文的主题。这一方法多用于党政领导集体的定期工作报告和其他各种内容丰富而重要的公文中。

七、公文主题与标题的关系

标题是公文的名称,也称为题目,是对公文在整体上高度概括的表现。一个好的公文标题不仅能对主题起画龙点睛的作用,唤起受文者阅读的强烈兴趣和愿望,而且能提示公文的内涵,反映公文的格调,标志公文的文种。它与公文主题的关系主要有以下几种。

(一)文件标题直接揭示了公文的主题

这类标题有的概括了文件的主题,有的虽然不与文件主旨句的表述相合,却也体现了文件主题的基本精神。

(二)文件的标题揭示了公文主题的一部分内容

有些文件的主题内容常常是由若干部分组成的,如"在什么情况下"、"针对什么问题"、"所提出的意见、措施、办法"等,但文件的标题却仅揭示了这些若干内容中一两个部分。

(三)文件的标题仅提出了主题所要回答的问题

也就是说,文件的标题是一个问题,这个问题的答案,便是文件的主题。

（四）文件的标题不涉及文件的主题

并非是文件的标题都将与文件的主题有一定的关系，有的文件标题并不涉及文件的主题，如"××会议纪要"，会议的名称很可能只是一个地名，而地名与会议的主题是没有关系的。

第二节 公文材料

公文写作离不开材料。如果说主题是公文的灵魂，那么材料便是公文的血肉。材料对主题有制约作用，有什么样的材料，就可以提炼出什么样的主题。主题能否做到正确、鲜明、集中，关键取决于材料的优劣。离开了材料就形成不了公文，因此，要写好公文就必须对公文材料的概念、种类、作用、积累、选择及使用等进行认真研究。

一、公文材料的概念

公文材料，是指写作人员用来表现主题的事实和依据，包括事实现象、政策法规、上级文件、上级精神、统计数字等。

正确的主题，不是写作人员苦思冥想出来的，而是从客观实际出发，大量而详细地占有材料，通过对材料的科学分析而提炼出来的。所以没有材料，就不能确立主题，材料是公文的写作基础。但是，主题一旦形成之后，材料又是表现主题的重要依据。我们常说，道理要靠事实来表现，主题要靠材料来证明，就是针对材料在公文写作中的重要性而言的。例如，写一份工作简报或通报，往往要运用一定的具体事实、基本情况等材料来说明情况或经验、教训，或者用生动的事实，表彰和宣传先进个人的先进事迹；或者用单位及人员的错误事实和缺点，指出其应当吸取的教训，以教育下属单位和人员。

二、公文材料的种类

（一）直接材料和间接材料

直接材料又称为第一手材料，指的是写作人员在日常生活中直接获得的生活事件、社会现象、论据、知识和经验，是从观察、体验、感受、实验与调查研究中得到的。间接材料又称为第二手材料，指的是写作人员非亲身耳闻目睹的材料，是通过其他渠道，如阅读文件、查看报纸杂志、听广播、看电视等获得的。

（二）事实材料和理论材料

事实材料指的是客观具体的真实材料，例如真实的事件、具体的事物、确凿的事实、准确的数据等。理论材料指的是正确反映了客观事物的本质规律的科学原理，即一切经过实践证明了的为人们所公认的真理，例如革命领袖的经典言论、自然科学原理、定律，以及名言、警句等。

（三）主要材料、次要材料和典型材料

主要材料是指构成文件的主要内容，承担表达主题的主要任务的全部材料。它对突出文件主题起着主导作用。次要材料是指在构成文件内容时处于次要地位，对表达主题起辅助作用的，然而并不是可有可无的材料。次要材料对主题的表达起着渲染、映衬、烘托的作用。典型材料是指能够深刻地揭示事物的本质，具有广泛的代表性和强大的说服

力的材料,例如典型事件、典型数据、典型经验等。

(四)现实材料和历史材料

根据材料的时代背景或时间角度可将材料分为现实材料和历史材料。现实材料是指与公文写作人员的写作行为共有一个时代背景的材料;历史材料是指在以前的历史时期中发生和存在过的材料。现实材料与历史材料的区分是动态的和相对的,因为时空条件始终在不断地变化,目前的现实材料过上一段时间可能就会变成历史材料;再者,在不同的文种中,现实和历史的分界也不是整齐划一的,某些规范性公文中被视为现实材料的东西,在其他类别的公文(比如时效性较强的年度报告、年度计划等)中,可能就已被视为历史材料了。

(五)正面材料和反面材料

根据材料的是非角度可将材料分为正面材料和负面材料。正面材料是指与公文写作人员所倡导的观点相一致的材料;反面材料是指与公文写作人员所倡导的观点相违背的材料。正面材料可以成为解决现实问题的正确原则和主张的重要佐证,反面材料则可以当做不按照这种正确原则和主张去做因而导致失误的惨痛教训。正反材料的使用有助于增强公文的感染力和说服力,从而顺利实现公文的目标。

三、公文材料的作用

(一)材料是主题形成的依据

俗话说:"巧妇难为无米之炊。"没有材料,就不能有力地表达主题,就不能形成一篇言之有物、言之有理的公文。作者只有以材料为依据,通过摆事实讲道理来证明观点的正确性,才能写出血肉丰满、有说服力的好文章。可以说公文写作的过程,也是对材料的挑选取舍、加工利用、合理编排的过程。只有在大量的、丰富的材料基础上,经过提炼深化,才可能产生正确的、有针对性的主题。

(二)材料是表现主题的支柱

主题在文件中起着统帅材料的作用,反过来,主题还要靠典型的、有普遍意义的、有说服力的材料来加以说明和印证。如果没有这样的材料支撑主题和说明主题,主题就成了抽象的、空洞的概念。可以说,材料孕育了主题,主题是对材料的高度概括;因为有了材料,主题才得到了生长的土壤,假如没有材料,主题也无从谈起。

(三)材料是结构文章的砖石

人们常说"言有物"和"言有序"。物即文章内容材料,序即篇章法则。无材料不成文章,有材料无序也不成文章。安排文章结构,哪个先写,哪个后写,如何设计层次、如何设计段落……都是围绕着材料进行的。这如同盖房子,没有砖石木料,屋子是永远盖不起来的。

(四)材料是写作技巧发挥作用的前提

撰制公文需要掌握写作技巧,而发挥写作技巧的前提是必须具备大量的材料。没有材料,英雄就没有用武之地。

四、公文材料的积累

撰写公文必须占有大量的、充分的、丰富的材料,这些材料主要来源有以下两大途径。

（一）直接摄取材料

调查研究是直接观察摄取材料的重要途径,是写作人员有目的、有计划地使用科学方法,考察、获取及分析、整理客观信息的一种社会活动过程。

调查研究的种类很多。根据对待调研任务的情况,可以分为主动型调研和被动型调研。根据调研的范围,可以分普遍调查、非普遍调查。根据调查方法分,有开调查会、个别访查、现场调查、问卷调查、专家论证等。除此之外,还有统计调查、民意测验等。

调查研究之后,要随时把了解到的情况、问题,以及自己的认识感受分别记录下来,做好调研笔记以备后用。

（二）间接摄取材料

间接摄取材料,是指围绕着一定的写作目的,从有关文件、书本、报刊以及上级指示精神中所得到的有关材料。这些文件、书本、报刊等,一般都是其作者实践的产物,大多数还是比较科学和准确的。用这种办法可以在有限的时间内,得到大量的有用的信息材料。但是在使用时,仍应该把它们作为半成品对待,仍应该进行鉴别和加工整理。

以阅读的方式获取材料,阅读的范围要宽。目前,社会科学与自然科学相互渗透的发展趋势愈益明显,很多知识相互融合。单向阅读而不及其他,无助于更迅速地扩大自己的材料积累。

无论是直接摄取材料,还是间接摄取材料,总的原则是越多越好。要做到多(量大)、全(面广、齐全)、杂(是非、好坏、反正、美丑、主次、点面、直接与间接)统统搜集。因为只有博采,才有选择的余地。有时候撰制一篇文件,虽然仅用了几个数据、一两件事,但是没有几十个数据、几十件事情做基础,是很难选择出能恰当地表达观点的这几个数据和一两件事情的。

辛辛苦苦摄取的材料,要分门别类妥善地、科学地保存起来,便于随时查阅。

储备材料的方法很多,归纳起来,有三种:一是记忆库;二是记录库;三是小档案库。

记忆库,就是死记、强记,把材料记在脑海中。如一些常用的数据、上级有关的指示精神,本部门、本单位的近期或长远规划、任务,以及有关人员的构成、往来的单位等,都应熟记于脑海之中,做到随用随能写出、说出。

记录库,就是把摄取的材料记在笔记本里或卡片上,以便使用时随手拈来。

小档案库,指专记一些在保密范围内允许的档案资料。因为撰写文件往往要参考有关方面的档案资料,而借阅档案资料要办理一定的手续,很不方便。如若在许可的前提下,建立自己的档案库,储备一些撰制文件必须参考的有关材料及复制品,便可以节约查阅有关档案资料的时间,提高拟稿的效率。

五、公文材料的选择

搜集、积累的大量材料必须经过审查、选择、加工才能写入文章,这个过程称为选材。选材的基本原则有以下几点。

（一）选择材料要紧扣主题

一篇公文主题确立后,就要紧紧围绕主题来选择材料。主题和材料是相互依存、相互制约的。离开了材料,主题就显得空洞干瘪,没有任何价值;离开了观点,材料就像一盘散沙,什么问题也说明不了。一定要用主题统帅材料,用材料说明主题,做到主题和材料的统一。所以,在写作中,凡是能够说明和回答主题所提出的问题的材料,就使用;否则,就坚决舍弃。

(二)选择材料要真实

真实是公文材料选择的首要原则。材料的真实,一是事实本身必须真实。就是说,材料当中人和事的基本情况必须与实际情况完全相符、毫厘不爽,没有任何篡改和修饰成分。二是对事实的概括必须真实。就是说,对事实发生的原因、结果,以及促成事实发展变化的各种因素等的概括都必须与实际情况相符合,既不能搞"合理想象",更不能搞"移花接木"、"张冠李戴"。三是要能反映事物的本质和主流,并与同类事物的倾向相一致。不仅材料反映的具体事实是真实的,而且这些事实与整体面貌也要吻合,不能以偶然代替必然、个别代替整体。每个事实都能说明一定范围内的问题,或者说明局部,或者说明全局,不能将其任意扩大或缩小,否则,尽管具体事实本身是真实的,但在总体上却可能是片面的或虚假的。

(三)选择材料要典型

所谓典型性,就是能够深刻揭示事物本质,具有广泛代表性和强大说服力的材料,能够起到"以一当十"的作用。公文材料要注意典型,就是说应当把同类材料中最具有代表性、最有说服力的那些材料挑出来加以利用。典型材料具有以下两个特点:一是具有鲜明独特的个性特征,典型材料一般都是具体的、个别的,而且一般也都是新鲜的、奇特的,它应该容易被人们所接受,并能给人们留下深刻的印象;二是具有明显的共性特征,它应该体现出同一类事物的本质和规律,具有普遍意义。总而言之,典型材料是个性与共性的统一、具体性与普遍性的统一,它具有引人入胜的魅力,并由此产生强大的感染力和说服力。

(四)选择材料要新颖

所谓新颖是指符合新的形势要求,能说明当前最迫切需要解决问题的材料,能够反映当前社会政治生活中出现的新问题的材料。公文所反映的多是新的、实际的问题,其时限性和针对性很强,撰写公文一定要注意选择最新的材料。因为最新材料反映了最新情况,这些最新的情况构成了拟制文件、指导工作、反映情况的理由,而且新颖材料一般具有生动性,能发人深省,有感染力,有吸引力。公文的生命在于能及时反映和回答当前工作和生活中急需解决的实际问题。因此,写作中要注意选取那些反映客观事物发展变化趋势,反映人们工作和生活中最关心的新事物、新情况、新问题,以及具有时代特征的新经验、新思想、新成果的材料。当然,新颖并不等于完全选用新的材料。对别人已经用过的材料,巧妙地加以改造,设法变换角度,同样可以写出新意。

(五)根据文体和篇幅选择材料

不同文体对材料有不同要求。例如,调查报告、简报之类,要求记叙的部分较多,选取材料就要具体一些,要有一些动人的、有说服力的、能反映事物本质的细节;而指挥性的公文,则多用概括的、确凿的事例、数据。篇幅的长短,也是选材考虑的问题之一,因为千字的请示和万言的报告所要求材料的情况是大不一样的。

六、公文材料的使用

积累、选择材料,目的就在于使用。选择材料是门学问,使用材料更见功力。材料选择好,但不会使用或使用不当,都会影响到公文的效果。因此,必须重视公文材料的使用。

使用材料的方法因为具体情况的不同而千差万别,但仔细思考还是会发现一些共同的规律。

（一）认真核实材料

对于材料的核实工作,贯穿于材料准备过程的积累、选择、加工等各个环节。

未经核实的材料,包括情况、数字、引文等都不能用于公文。材料中的人名、地名、时间、数字等一定要准确,引文要恰当必要、文字无误、出处可靠。一旦发现疑点就要排除,否则一字之差,后果不堪设想。惟其如此,才能保证做到材料可靠,情况确实。

核实工作必须有强烈的责任心,要全方位、多角度反复进行。只有一丝不苟、不厌其烦,才能查出明显的（"低级"的）、隐蔽的（"高级"的）各种错处。当然,要核实出那些"高级"的错处,除了高度负责的精神外,还要掌握一些行之有效的操作方法和现代科学技术方法。例如,核实一个统计数字或统计图表,就不能仅仅停留在它的计算是否准确、精确度是否一致,是否能在公文中起到证明观点的作用,这些都是表面的,而更重要的是必须核实一下它的误差和真假。即:它的统计指标体系是否科学合理,是否合乎中国当代的现实,用在某一地区、某一专业或行业是否恰当,等等;它的统计口径是否恰当,是否能够涵盖种类对象的本质特征,是否与实际情况贴切相符,是否有所遗漏或隐瞒,等等。

公文材料的核实,是公文写作人员的应尽之责。领导审阅文稿,如果文稿没有明显的差错,就不会花时间去核实材料,因此,材料一旦失真,问题就大了,后果也难以预测。

（二）合理加工材料

选定材料经过核实之后,还应该对材料进行必要的加工整理,然后再用到文稿中去。实际操作中可以对材料进行以下三个方面的加工。

1. 适体剪裁加工

通读材料,删削冗赘,化长为短,变详为略,将交代过多、议论过多的无关叙述、啰嗦的废话去掉,套话、空话一律删除。丢开材料,按自己的语言风格简单地表叙出来。变换体裁角度,将描写、抒情及无必要的议论改写为叙述或说明。在表达方法上变"曲笔"为"直笔",直述不曲才适合公文体式。如某部门提供了一篇"用硬措施整治软环境"的材料,使用了"环境行不行,群众来点评"、"效益好不好,企业来投票"的观点。这种写法,作为新闻材料尚可,但作为领导讲话稿就需要进行适当加工了。

2. 合并提高加工

同一问题,散见于若干材料中,可以摘取概括,变成概述;或者保留一个"点",把其余相近似的材料综合成"面",点面结合。

同类数字,可以相加,抽取合并后变成一个综合数字。

变换新视角,提高原材料的可用性和新颖感。如某一活动,在工厂写的材料中是由于该厂资金短缺,向银行贷款后"借鸡下蛋",搞活了全厂;而在银行写的另一份材料中却是由于贷款给工厂,"放活水养肥鱼",提高了资金使用率,盘活了存款。将这两份材料放在一起,针对同一活动,从行政机关角度去分析,则是政府的宏观调控效果:银行贷款给工厂,走活了两盘棋。

3. 文字润色加工

适体剪裁、合并提高之后,再审读材料,进行文字润色,从而进一步提高材料的质量。近年来中央文件中的文字就很精炼,让人过目不忘。如"相信谁、依靠谁、为了谁","顺民意、谋民利、得民心","立党之本、执政之基、力量之源","情为民所系、利为民所谋、权为民所用"等。材料文字加工润色的作用,其用意是使其通畅,而不是哗众取宠。

(三)恰当运用材料

要根据主题表达的需要决定材料的数量。公文篇幅有长有短,制约它的因素不在于写作人员掌握材料的数量的多寡,而在于是否切合主题。有些公文,如命令(令)、决定、决议、公告等,篇幅很短,用很少的材料即可表明基本精神;有些公文,如调查报告、总结等,三言两语不足以说明观点,需要一定数量的材料加以证明。因此,摄入公文材料的数量,一定要服从主题的需要,否则,过多或过少都会影响主题的表达。要特别注意避免不看需要,以为"多多益善",使公文越写越长,主题被淹没在材料堆中。

要根据主题表达的需要决定材料的详略。公文写作中所涉及的题材很多,但在使用时绝不能平分秋色,而必须做到重点突出,详略适当。决定材料详略的关键因素不是别的,就是主题表达的需要。以调查报告文种为例:如写作目的旨在介绍经验,即应以经验方面的材料为主,应详写,而其他内容诸如基本情况、存在问题及今后意见等材料则应略写,不可喧宾夺主;如果旨在反映情况,即应以情况为主,其他略写。

要根据主题表达的需要决定材料的表现形式。材料表现形式要有利于公文作用的发挥。法规体公文,其发挥作用的范围一般较广,因而其材料往往以概括形式表现出来,要选用经过概括的材料;报告体公文要汇报有关公务活动情况,离不开具体事实材料。

第三节　公　文　结　构

公文结构的问题是公文构思中谋篇布局的内容。如果说主题是公文的灵魂,材料是公文的血肉,那么结构便是公文的骨骼。只有合理利用结构这个骨骼,主题和材料才能组合成为一个有机的整体。安排好结构,是公文写作中的一个重要环节。

一、公文结构的概念和作用

(一)公文结构的概念

公文结构是指公文内容的组合和构造。换句话说,也就是如何按照主题的需要,安排材料、组织成文的方式,比如全文分哪几个部分,每部分安排哪些内容,怎样使公文首尾一致,形成一个有机整体,等等。

公文文种不同,结构也会有所不同,但结构要为主题服务,反映事物的内部联系,体现正文的内容和发文意图。但不等于说在公文中原封不动地简单复制反映对象的原始形态和原始运动,完全抹杀写作主体在文书制作过程中的主观能动作用。事实上,多数公文经常在起笔处就点出了结论或结果,而这些在运作程序上则应排列于最后。当然,写作主体的所谓主观能动作用不是没有限制的,它的发挥余地很小,绝对不能违背客观事物的运动规律。

结构在文学创作中无定式可言,制约性意义不大;但结构在公文写作中,其意义却至关重要。它既是操作上必须遵循的某种规范,又是直观可触的文体标志。人们习惯从结构这个角度来判断公文的某种特殊性。

（二）公文结构的作用

1.便于阅读和理解

公文结构会使公文内容组织得层次分明、条理清晰、重点突出、首尾呼应、错落有致，从而为读者提供了理解文章层次和要点的"向导"，使读者能省时省力地领会公文的内容。

2.利于公文写作

如果说主题解决的是言之有理的问题，材料解决的是言之有据的问题，那么结构解决的就应该是言之有序的问题。公文结构对公文写作的帮助主要表现在两个方面：一是能将整篇公文的写作，转变成类似于"格式化式"的写作方式，利于快速写出结构合理的公文；二是能将比较无序的谋篇布局思路变成规范性较强的撰稿思路，提高公文写作人员的构思水平，从而避免犯主题不清、层次不明、逻辑不严的错误。

二、公文结构的基本内容

公文结构的基本内容包括开头和结尾、层次和段落、过渡和照应等，安排结构就是在总体结构思路的指导下，组织安排好这些环节，构成相互紧密联系的有机整体，组成条理清晰、前后连贯、首尾呼应的篇章形式。

（一）公文的开头与结尾

一篇公文中，开头与结尾，一个居前，一个殿后，地位都相当重要。

1.开头

开头是公文正文部分的起点和入笔处，又称导语，用以唤起读者注意，引导阅读。好的开头，不仅是全文思路展开的关键，而且能显示出事物发展的内在脉络，为全文定下基调。开头写好了，能突出主题，把读者紧紧抓住，又可以对下文的展示起导向的作用。开头要开门见山，一般都用直叙形式。公文的导语中要表达的主要内容是：发这个公文的目的，公文所针对的实际情况，制发该公文的重要性和必要性，公文所要解决的问题，公文的指导思想或主要内容。

公文开头没有一成不变的写作规范体式，由于文种不同，内容不同，写作人员的修养不同，写法也各不相同。但无论那一类文种，无论什么内容，在写开头的时候，都要考虑紧扣主题、吸引读者。最常见的公文开头，大致有以下几种。

（1）起因式开头。一开始先讲问题的缘起，即为什么要写这篇公文，一般使用"由于……"、"鉴于……"或"随着……"等开头。

（2）目的式开头。开宗明义，第一句就说明本文目的，一般使用"为了……"、"为……"。

（3）根据式开头。一开始先说明制作公文的依据，多用"根据"、"遵照"、"按照"等开头，即根据某公文要求，遵照上级某指示精神，按照某会议的决定等。

（4）时间式开头。一开始先点明某事、某情况的时间。有的是一开始直接写年、月、日，有的是用"近日来"、"近来"、"最近"等比较模糊的时间开头，有的则用"……之后"句式开头。

（5）引文式开头。一开始先引用公文或领导指示中的一段话作为引子或点明主题。

（6）事情式开头。即一开头就把事件、情况简明扼要地介绍清楚。

以上六种开头方式，是仅就一般情况而言的，并不是规定的公式。除此外，还有各种方式的开头。不论采用什么方式，都要根据内容的需要，只要能服从主题、引出主题、吸引读者,就是好的开头。但是就公文的种类而言,不同的公文也有些相应的习惯性的开头。比如请示,一般应首先陈述请示的原因、理由;通知一般是以"根据……"、"兹定于……"等开头。布告则是先说明发布告的原因、依据和目的。会议纪要的开头则有比较固定的格式,即依次写出会议时间、地点、主持者、出席者、列席者,有的座谈会纪要还要写明开会的原因和目的。批转、批复等多用"引文式开头"。会议简报多是"时间式开头"。调查报告开头使用最多的是先介绍调查对象的基本情况,有的也用议论开头,等等。总之,公文的开头都离不开根据、目的、原因、事件、时间等要素。至于用什么开头效果更好,确实是应该动一番脑子的。

2. 结尾

公文的结尾,又称结语,用以维护公文的完整性,使读者深刻理解写作人员的意图,为准确而有效地处理公文奠定基础,同时,也防止在正文之后被添加伪造。

结尾是全文的收束和结局。古人称为收笔。结尾和开头一样,在公文中具有重要的作用。好的结尾能让人加深印象,提高认识。从形式上说,有了结尾,公文才完美。

公文中的结尾也是多种多样的,常用的有如下几种。

(1)总结式结尾。在结尾部分对全文作出总结,概括与深化主题,帮助读者进一步理解全文。

(2)希望号召式结尾。在结尾部分提出希望,发出号召,鼓舞斗志。

(3)强调式结尾。对主题意义再次强调以引起重视。

(4)专用式结尾。有些公文的结尾写法较为固定、规范,不得随意更换其他内容。比如,请示结尾要提出肯定式要求,多用"以上请示是否妥当,请批复"、"当否,请指示"等。又如,规章性公文规定的结尾"本办法自发布之日起施行","本规定自发布之日起执行,原某某公文同时废止"。再如,意见和决定的结尾,一般要提出落实的要求,如"望各地各部门贯彻执行"、"把落实情况尽快上报"等。许多公文结尾还可以套用"特此+文种"的句式,如"特此报告(批复、函复、通知、函告)"等。

结尾的方式有多种,具体选用哪一种,也要根据实际情况而定。须要注意的是公文要善始善终,结尾部分既不能草草收场,敷衍了事,也不能当断不断,画蛇添足,拖泥带水。要做到简洁有力,恰到好处。用哪种写法,要依照公文的具体内容和体裁来定。务求同整篇公文协调,切忌故作姿态,堆砌空话废话。

(二)公文的层次与段落

一篇完整的公文是由层次和段落构成的。要说明的是,层次和段落不属于同一个系统,它们既有联系又有区别。段落是形式范畴的概念,即自然段,其行文标志是"另起一行,空两格";层次是内容范畴的概念,即意义段,没有明显的行文标志。但层次与段落之间的联系却十分密切,即层次是由段落构成的:一个层次可以是一个自然段,也可以是几个自然段;如果公文的正文只有一个自然段,那么它既是自然段,也是意义段,又充当着公文的正文。

1. 层次

所谓层次,又叫意义段、结构段,是公文在表达主题过程中形成的相对完整的思想内容单位,也是结构的基本单位。它体现了公文内容的表现次序,体现了公文内容相互间的逻辑联系,它是事物发展的阶段性、客观矛盾的各个侧面,以及人们认识和表达问题的思维进程在公文中的一个反映,也体现着写作人员在写作公文时思想展开的步骤。

层次的划分是有其客观依据的,有时按照事物发展的时间来安排层次,有时根据事物的空间来安排层次,有时按照事物的功能和特征的主次来安排层次,有时按照公文的逻辑联系来安排层次。比如写"请示",首先,请示的缘由是一个层次;其次,请示中要求上级给予解决问题的部分又是一个层次;最后是结束语。

公文的层次安排,内容丰富,形式很多,具体如何安排层次,应根据不同种类的公文的内容来决定。一篇较长的公文往往采用总分、并列、递进、因果和连贯等方式。

（1）总分式。总分式也叫主从式,是指构成公文的全部层次中,先从总体上概括内容,然后再具体分述;或先提出总的观点、主张,然后再具体说明。总和分的关系是总说为主,分说为从,总说的层次统领分说的层次,分说的层次是对总说层次的演绎和阐释,并为总的层次服务。这种方式在简报、调查报告、总结、计划、通报、报告中多以先概述后分述的形式出现。在命令、决定、通知、通告等公文中多是先交代观点,而后具体陈述主张和办法。

（2）并列式。这种安排层次的方式是从横向逻辑联系入手,把材料按其性质归类,组成层次,分别从不同方面对问题加以说明,各个层次表现为平等并列关系,以其内在联系构成有序的完整篇章。公文多用分条列项的方式表述既有联系又各不相同的内容,形成并列式层次。条例、规定、办法、细则、计划等多为这种层次。

（3）递进式。这是按照内容的逐层推进,层层加深而安排层次的一种方式,层次之间为一层深似一层的递进关系。在公文中命令、决定、决议、请示、报告、调查报告等有时采用这种方式。

（4）因果式。这是以分析事物形成和发展的原因、结果为线索安排层次的一种方式,层次间为因果关系。其中有的先说因、后说果,有的则先交代结果、后分析原因。

（5）连贯式。这是按照事物发展的自然顺序安排层次的一种方式,其中有的以时间的先后为序排列,有的以事件发展的前后进程排列,有的以空间的前后转换排列,有的以认识的过程排列。公文中采用这种方式的以时序的推进为多。如简报、报告、会议纪要等常用这种方式。这种安排层次的方式有的是单独使用,有的则交叉使用,须根据写作的具体情况而定,不应一概而论。

2. 段落

段落是构成一篇公文的基本单位,人们习惯上称为自然段。从外在形式上看,段落具有换行、空格等非常明显的标志。公文分段,其主要目的和作用是使文章眉目清楚、层次分明、易于理解,此外有些自然段还可以起到强调、转折、过渡,以及表达某种感情色彩的作用。

段落的划分要注意四点:一是单一性,即一个段落只能表达一个中心内容,不能把几个不同的内容拼凑、糅合在一起;二是完整性,即一个中心内容必须在一个段落里说清楚,而不能分散在几个段落里讲;三是连贯性,即前后段的内容要有承继关系,不能彼此脱节或用不相干的文字段落从中间打断;四是匀称性,即段落的长短划分要适度,不能长的太长、短的太短,避免给人以不太协调的直观印象。

（三）公文的过渡与照应

过渡与照应是使公文前后连贯、文气畅通的手段。要使公文上下关联、气势贯通、浑然一体,就必须学习并善于运用过渡与照应的技巧和手法。

1. 过渡

过渡是指公文层次、段落之间的衔接与转换,在公文中起着桥梁和纽带的作用,使全文浑然一体,逻辑性强。

公文写作时,在下面几种情况下一般需要过渡。一是思想内容转换时。比如叙述的人物、事件、时间、地点等发生变化时,议论的中心论点及分论点、分论点和分论点彼此之间需要转换时,说明的对象或说明的角度应该调整时,均需要适当地安排过渡。二是表达方式转换时。一篇公文自始至终使用一种表达方式的情况是较为少见的,每当行文由叙述转为议论,或由概括说明转为具体叙述时,一般都需要进行过渡。三是结构形式转换时。比如公文由总到分或由分到总的转折以及开合交替之际,也应进行适当的过渡。

常用的过渡方法主要有三种。一是词语过渡。在一些转折不大或不必特别强调转折的地方,可以借助于关联词或表示次序、方位的词语来完成过渡。常用的表示关联和转折的词语主要有不过、既然、因为、所以、虽然、但是、那么、然而、首先、其次、以上、以下、总而言之、综上所述等。二是句子过渡。在段落或层次之间,有时也用一个句子将上下文衔接起来,这样的句子就叫做过渡句。过渡句可以设在前一段的末尾,也可以放在后面一段的段首,应根据具体情况,灵活掌握。三是段落过渡。凡是两层或两段文字之间意思相隔较远,或表达方式、结构形式变换幅度较大时,可用段落来进行过渡。这种在层次和段落之间起承前启后作用的段落,叫做过渡段。

2. 照应

照应是公文内容上的前后照顾呼应。前后照应得体,公文的结构就非常紧凑,给人以清晰的感觉。

公文中常用的照应方法主有三种:一是首尾照应,让公文的开头与结尾遥相呼应,使开头说的话在结尾处得到深入的补充和强调;二是前后照应,让公文的前后内容之间互相照顾,彼此呼应,使公文的结构紧凑、主题鲜明、逻辑性强;三是题文照应,使正文与标题相照应,起到展开主题、深化主题的作用。

三、公文结构的基本要求

公文结构的安排,应当服从于和服务于公文主题表达的需要,要以正确地反映事物的内在规律和外部联系为原则,并充分注意公文法规对不同种类公文的结构安排的具体规定。在此基础上,力争达到自然、完整、严谨、连贯、匀称等要求。

(一)自然

所谓自然,就是要通过结构的各个环节,使公文的思想内容如水泻地般地自然表露出来,既不能像拼积木一样呆板教条,也不能像盲人骑瞎马一样听天由命,而必须以思想内容的顺畅表达为原则,据此安排公文的框架结构。

(二)完整

所谓完整,就是说公文的结构要主体充实、首尾俱全,形成一个有机的整体,而不能有主干不全、结构残缺的毛病。一篇公文不仅从形式上看应该是一个完整的有机体,而且在其内部还应该有一股鲜活之气贯通全体,这是一种更为崇高的境界。

（三）严谨

所谓严谨，是指公文的结构严密和谐、无懈可击。公文层次、段落的划分和安排要有内在的逻辑性，其他各个环节也要前后衔接、联系紧密，不可颠三倒四、相互脱节，更不可缺乏照应、漏洞百出。

（四）连贯

所谓连贯，就是说公文的结构要具有环环相扣、牵一发而动全身的特点。一篇公文，从开头直到结尾，起、承、转、合，尽管峰回路转，但始终就像有一根红线在牵引着一样，围绕着主题而动，不游离于主题之外。

（五）匀称

所谓匀称，就是说公文在层次和段落等的安排上长短、大小比较协调，并且既不头重脚轻，也不帽小鞋大，具有形式上的整体美、和谐美。

第四节 公 文 语 言

语言是人类交际、交流思想的重要工具，它有口语和书面语言两种形式。语言是构成文章的最基本要素，任何写作都离不开一定的语言，都要受到语言的制约，公文写作也不例外。公文语言属于应用语体，既要体现公文语言庄重、准确、朴实、精练、严谨、规范的特点，又要符合现代汉语语法、修辞、逻辑等方面的规范。学习和掌握公文语言的特点及其运用方法，对于提高公文写作水平具有十分重要的意义。

一、公文语言的特点

公文语言是体现公文特色的规范化语言。准确、简洁、庄重、规范是公文语言的基本要求。

（一）准确性

公文语言的最基本特征是准确贴切，它要求用词准确、造句恰当、句与句之间逻辑关系紧密，使阅读者一看就懂，不致产生误解。准确是公文的生命。如果用语不准确，轻者浪费人力物力，达不到公文写作的目的，重者贻误工作，甚至造成无法估量的损失。

要使公文语言做到准确无误，要注意以下几点。

（1）概念准确，避免歧义。要表达准确的思想，必须有准确的语言。因此，公文语言要求概念准确，不能产生歧义，不能模棱两可。产生歧义是公文写作的大忌。因为公文或是直接向上级反映汇报情况，或是直接传达上级有关规定，要求下级照办，因此，每字、每词、每句都要求准确无误，不能产生歧义。要避免产生歧义，一是词的内涵同所要表达的意图完全一致；二是对词的外延要作明确而适当的限制。对外延有了明确限制才会做到无懈可击，内涵与用意完全一致才不会产生歧义。

（2）措词得体，防止误用。措词要得体，就应当和所写的行政公文的体例相符。报喜祝捷要热烈欢快，颁布政策法令应庄重严肃，批驳错误观点要有理有力，提出希望要求应平和委婉等。比如，请示性行政公文，用语要谦恭，讲究礼貌，结尾多使用"望"、"请"、"给予指示"等，以表示下级对上级的尊重。不能用"必须如何"那样很硬、很大的口气。要做到措词得体，一是要认真分辨词类，了解其语法特征，否则，选用时就容易产生错误；二是要精心辨析词义。例如,公文中在讲到收获时常常用到"成绩"、"成果"、"成效"、"成就",这几个词就是同义词。它们的基本意义一样,但在分量上和重点上就不相同。"成绩"一般用于工作或学习中取得的具体收获,如"他在期末考试中取得了优良成绩"。"成果"则用在事业中取得了较大些的收获,如"我们的劳动取得了丰硕的成果"。"成效"则重于功效、效果,如"他们研制的新农药,杀灭稻田害虫很有成效"。"成就"是指事业上取得了很大的成绩,如"我国的开放改革事业取得世界瞩目的成就"。

(3)把握分寸,褒贬适当。汉语某些词语所包含的意义基本相同,但其感情色彩却不尽相同。有的词表达了说话者对该事物的肯定赞许的感情,有的词表达了说话者对同一事物的否定贬斥的感情,含有贬义。因此,用词要把握分寸,防止褒贬失当。赞扬或贬斥某一行为,所用词语超出或没达到应有的程度,叫做褒贬失当,也就是分寸不对。比如,某人在困难的条件下完成了一项具体任务,如果通报表扬时说取得很大的成就,就属于评价过高。反之,如果把我国第一次发射通信卫星试验成功,仅仅说成社会主义现代化建设中的一个不小的成绩,则属于对它的意义估计不足。如果把"错误"说成"罪行",就是混淆了问题性质;而"错误极其严重,应当进行批评"之类的行文,则属于错误程度与采取措施不相称,处置不当。这些都属于分寸不适、褒贬失当。

(4)前后照应,杜绝矛盾。公文用语,不仅所选用的语言要与文体相一致,而且讲究语言的连贯性,即前后照应,杜绝矛盾。公文的前面部分是肯定性用词,后面就不能用否定性词语。反之,公文的前面部分是否定性用词,后面就不能用肯定性词语。比如,表扬性质的公文,所用的词语就应全是褒扬性质的,不能又出现贬义词语,如果这样就会影响公文的效果和先进人物的形象,达不到公文的目的。要前后照应,一是要做到公文语言与文体相一致;二是要做到公文用词的词类性质相一致;三是公文语气要前后呼应,一篇公文不允许出现几个语气,否则就会产生自相矛盾,导致公文的权威受损。

(5)细心检查,排除错漏。公文写作过程中,要对拟定的公文进行细心的检查,排除错漏。公文中的错漏现象多种多样,概括起来,可以分为两类。一类是粗心所致。比如起草公文过程中,前面说"下边分四点来说",可实际上只说了三点,或者出现了第五点;前面说"一方面",后头找不到"另一方面"。有时是失之毫厘,差之千里。比如漏掉一个"不"字,意思就截然相反了。引用数字时多了一个"零"或少了一个"零",相差就是十倍;如果把"十万"错成"十",则是万倍之差。属于粗心造成的错漏,经过认真检查,不难发现并且加以纠正。另一类错漏是由于思考不严密、分析不细致所致。比如有断语而缺少必要的情况和应有的分析推导,或者列举了情况、数字而没有接着加以论证。

(二)简洁性

公文语言必须简洁明快,达到"言简意赅"、"词约事丰"的目的。"意赅"是明确,"事丰"是信息量大。但前提是用字必须要少,即"言简"或"词约"。不能下笔千言,离题万里;不能冗杂烦琐,拖泥带水;不能含糊晦涩,模棱两可;不能堆砌辞藻,花里胡哨。

要做到公文语言的简洁,主要有以下几点。

(1)开门见山,直陈其事,不要兜圈子,玩文字游戏,说空话、套话。

(2)使用规范化公文用语,不用小说、诗歌那样的文学语言。可适当使用习惯语和文言词语,但不得使用夸张、双关、隐喻等修辞方法。

(3)使用规范化简称。要使公文中的简称合乎规范化的要求,一是要注意约定俗成,即凡是已经固定下来并广为人知的简称,比如"中共中央","中纪委"、"中组部"、"中宣部"等,可以在公文中直接使用。二是要先全称后简称,即凡是不为人们周知或只在特定的地域、特定的人群中得到认可和使用的简称,在首次使用时必须用全称,同时注明简称。

(4)多用陈述句、祈使句,少用描写句、疑问句或感叹句。

(5)慎用多义词,避免使用容易产生歧义的词语。如"大约"、"类似"、"也许"、"大致尚可"、"据不完全可靠的判断"等模棱两可的词语。

(三)庄重性

公文语言必须文雅庄重,严肃认真,不能油腔滑调,胡吹瞎侃。对上级机关的公文,词语要谦虚恭敬,诚挚恳切,体现出对上级的尊敬。给下级的公文,词语要肯定明确,平易朴实。给平级机关的公文,词语要温和体贴,多用商量的语气。颁布政令的,词语要庄重;提出批评的,词语要严肃。根据公文的阅读对象不同,在语言上要准确把握,用语得体。

具体说来要注意几下几点。

(1)注重客观性。公文是代表党政机关发言的,在写作中不能带有任何个人的情绪和感情色彩。叙述时要客观、公正,说明时要明快、平易,议论时要中肯、求实,总之一切都应当是客观的和公正无私、实事求是的。

(2)使用书面语。书面语是在口语的基础上加工而成的书面交际语言。它不仅比口语精确、严密,而且能给人以郑重其事的感觉。如"改革开放后,农民的钱包一年比一年胀,日子越过越好,就像吃甘蔗由尾吃到头越吃越甜"。这是口语,要把这样的意思写入公文,得改为"改革开放后,农民的收入年年增加,生活越过越幸福"。这是书面语言。显然比口语显得端庄、郑重。

(3)使用专用语。公文专用语是人们在长期的公文写作实践中形成和使用的相对固定而十分简洁的语言,它已基本规范化、定型化,具有含义的确定性。它在准确、严谨地表述公文内容及格式的同时,还能自然地增强简明、庄重的主体风格。

(四)规范性

公文有自己的一套专用的语言,在全国具有标准性、规定性和统一性。各级党政机关必须遵照中共中央、国务院的统一规定,说"普通话",不说"地方话",也不能各自为政,各用各的表述方法和表达习惯。公文语言的规范性首先要使用规范的现代书面语,其次还要注意以下几个方面。

(1)要使用规范的文字,不写错别字,不用不规范的简化字。

(2)要使用规范的词语,尤其是具有特定含义的专用词语。不生造词语。不用半文半白、生捏硬拼的词语。

(3)要正确使用标点符号。

(4)要按国家标准使用汉字数字和阿拉伯数字。

二、公文语言的词汇

写作机关公文必须使用规范性的书面词汇,切勿使用口语词汇、方言土语、俏皮话、歇后语、谚语、网络语言和生编硬造的词语。广大机关工作人员在长期的公文写作实践中摸索和积累了许多相对固定的简洁而又严密的公文常用词汇,在撰写公文时应当充分地使用。

（一）称谓语

称与对方有关的事物常用"你"，如"你省"、"你部"。如是平行文则宜用敬辞"贵"，如"贵部"、"贵局"、"贵市"、"贵会"、"贵社"、"贵公司"、"贵单位"等。

称与自己有关的事物常用"我"、"本"，如"我省"、"我部"、"我局"、"本公司"、"本会"等。

公文中间接称呼有关的人或单位常用"该"，如"该同志"、"该人"、"该地区"、"该单位"等。

（二）起首语

对下级机关或人民团体来文有所批复时，起首常用"关于《……的报告》收悉"、"关于……的电文已悉"等。

《通知》常用"为了……"开头。

（三）承启语

在公文的缘由表述完毕后，常用"为此，特作如下通知"、"特此命令你们"等领起下文。

（四）结尾语

结尾语是各类公文正式结尾时表收束、强调、祈请等的用语，可用"以上各项，望各地遵照执行"、"请结合本地区、本部门实际情况，认真贯彻执行"、"是否有当，请予批复"、"当否，请批示"、"请予审批"、"以上报告如无不妥，请批转各地、各有关部门执行"。

三、公文用词的特殊性

公文用词的特殊性，是指公文有一套较常用的专用词语，这些词语用起来能体现公文的严肃性和准确性。

开头用语有："按照"、"为了"、"根据"、"鉴于"、"依照"、"据查"、"关于"、"报告悉"、"电悉"、"奉"、"查"、"前奉"、"据"、"……报称"、"……电称"、"制定"、"特派"、"任命"、"兹聘"、"派"、"惊悉"、"阅悉"、"谨悉"等。

结尾用语有："望"、"请"、"特此函告"、"为盼"、"是否可行"、"当否"、"请批示"、"祈请批复"、"盼回复"、"望遵照执行"、"特此通知"、"请批转……执行"、"特此布告"、"此复"、"此致"、"谨呈"、"谨报告"、"特此电陈"、"此令"、"此批"、"此布"、"此令"、"为荷"等。

过渡用语有："为此"、"为此……特……"、"对比……"、"为……"、"结合……"等。

称谓用语有："贵省"、"贵局"、"该地区"、"我市"、"我县"、"本镇"等。

表时间的模糊词语有："最近"、"近期"、"适当时候"、"现在"、"将来"、"曾经"、"同时"、"有时"、"一直"等。

表范围的模糊词语有："有关"、"各部门"、"乡（县、市、省）内外"、"国内外"、"左右"、"上下"等。

表条件的模糊词语有："在可能的情况下"、"在……情况下"、"在……基础上"、"符合一定条件"、"在特殊情况下"等。

表数量的模糊词语有："许多"、"多数"、"广大"、"某些"、"一些"、"个别"、"部分"等。

表程度的模糊词语有："很"、"一般"、"更加"、"进一步"、"基本上"、"显著"、"一定……"、"较"等。

表频率的模糊词语有："经常"、"不断"、"有时"、"反复"、"再三"、"多次"、"偶尔"等。

四、公文写作常用词语

在长期的公文写作实践中,由于行文关系和处理程序的需要,公文逐渐形成了一套常用的专用词语,现简要介绍如下。

A

[按期] 按照规定的期限。

[按时] 依照规定的时间。

[按语] 发文单位批转或转发公文时所做的说明或提示。

[按照] 依照;据此办理。

[案卷] 分类保存以备查考的文件。

B

[颁] 发布;颁发。多用于庄严、隆重的场合。

[颁布] 公布。多用于公布重要的法律、规定、条例、命令等。如"颁布法令"、"颁布奖惩条例"。

[颁发] 发布;授予。多用于领导机关发布重要文件或向有关单位或人员授奖。如"本条例自颁发之日起执行"、"颁发奖章和奖金"。

[颁行] 颁布施行。

[报呈] 用公文向上级报告。如"报呈上级备案"。

[报告] ① 用书面或口头的形式向上级做正式陈述;② 用书面或口头的形式向上级所做的正式陈述。

[报经] 上报并已经得到。如"报经上级同意"。

[报批] 呈报上级机关请求批准。如"履行报批手续"。

[报请] 用书面报告向上级机关请示或请求。如"报请上级批准"。

[报送] 向上级呈报。

[备案] 向主管机关报告事由存案以备查考。如"此事已报上级备案"。

[备查] 准备好文件、案卷、图表等以供查考。如"存档备查"。

[本] 自己方面的。可用于机关、团体和个人的自称,也可用于文件自身。

[本拟] 本来打算。

[本应] 本来应该。如"本应从严惩处,但念其⋯⋯"。

[比照] 比较对照(已有的做法或同一范畴的规章制度处理)。

[濒于] 临近;接近(多用于坏的情况)。如"濒于破产"、"濒于绝望"。

[并经] 并且经过。

[不啻] 不止;如同。

[不法] 不守法的;违法的。如"不法分子"、"不法行为"。

[不日] 要不了几日;几天之内。

[不失为] 还可以算得上;称得上。如"这样处理,不失为一种好办法"。

[不时] 随时。如"不时之需"。

[不宜] 不适宜。如"不宜操之过急"。

[不予] 不准许;不给。

〔布置〕 对工作、活动做出具体的安排。

〔部署〕 安排、布置(工作或活动)。

C

〔参见〕 同"参看"。

〔参看〕 读一篇文件时参考另一篇。

〔参与〕 参加进去共同进行。

〔参阅〕 同"参看"。

〔参照〕 参考并仿照。如"参照执行"。

〔参酌〕 参考实际情况,加以斟酌。如"参酌处理"。

〔草拟〕 起草和撰拟。如"草拟文件"。

〔查〕 清点;了解;调查;清查。

〔查办〕 查明犯罪事实或错误情节加以处理。如"严加查办"、"撤职查办"。

〔查对〕 清查核对。如"业经查对,正确无误"。

〔查复〕 核查后做出答复。

〔查禁〕 检查并禁止。

〔查究〕 调查并追究;检查追究。如"对此须认真查究"。

〔查收〕 检查后收下。

〔查询〕 调查询问。

〔查照〕 提请对方注意文件内容并按照文件内容办事。如"希查照办理"。

〔抄报〕 把有副本或抄件的公文除主送机关及首长外,报送需要了解情况的上级机关和首长。

〔抄发〕 把有副本或抄件的公文除主送机关及首长外,下发给需要了解文件内容的下级机关或人员。

〔抄送〕 把有副本或抄件的公文送交平行机关、单位或个人。

〔成例〕 现成的例子和办法。如"援引成例"。

〔成文〕 用文字固定下来的;成为书面的。

〔呈报〕 用公文报告上级。如"呈报省政府批准"。

〔呈请〕 用公文向上级请求或请示。如"呈请核示"。

〔承蒙〕 受到(客套话)。如"承蒙指教"、"承蒙恩准"、"承蒙热情招待,不胜感激"。

〔纯系〕 纯粹是。如"纯系无中生有"、"纯系无理取闹"。

〔此〕 这个。如"在此基础上"、"此议不妥"。

〔此布〕 在这里宣布。多用于布告的结尾。

〔此复〕 就这样答复。用于批复或函复的结尾处。

〔此令〕 就这样命令。用于命令的结尾处。

〔此批〕 中央或地方机关,对人民团体呈送的报告有所批复时,用此语为终结。

〔此状〕 颁发任命状或奖状时用"此状"作为终结语。

〔存案〕 在有关机关登记备案。

〔存查〕 保存起来以备查考。如"交财务处存查"。

〔存档〕 把已经处理的公文、资料归入档案,供以后查考。

〔存疑〕　把疑难问题暂时搁置起来不做处理。如"此事存疑,留待后决"。

D

〔大〕　超过一般的;十分;很。

〔大力〕　很大的力量;用很大的力量。如"大力支持"。

〔大有〕　很有。如"大有余地"、"大有……之势"。

〔待〕　等待。

〔当即〕　当时;立即;马上就。

〔当否〕　是不是恰当合适。

〔电悉〕　通过电报(电话)了解到。

〔定〕　规定的;不可移动和变更的。

〔定案〕　案件、方案等做最后的决定。

〔定夺〕　对事情做可否与取舍的决断。如"此事待讨论后再行定夺"。

〔定于〕　决定在。

〔定予〕　一定给予的。

〔动〕　行动;动作;行为。也做"往往"解释。

〔动议〕　会议中临时的建议。如"紧急动议"。

〔动辄〕　动不动就。

〔度〕　(量词)次。

〔敦〕　诚恳。

〔敦促〕　诚恳地催促。

〔敦聘〕　诚恳地聘请。

〔敦请〕　诚恳地邀请。如"敦请届时光临指导"。

E

〔讹误〕　(文字、记载)错误。

〔而〕　有三种用法:一是连接语意相承的成分;二是连接肯定和否定互相补充的成分;三是插在主谓语之间,起"如果"的作用。

F

〔发布〕　宣布(命令、指示等)。

〔凡〕　凡是。

〔反之〕　与此相反。

〔非经〕　除非经过。

〔废〕　废止的;不再使用或不再生效的。

〔废弛〕　政令、法纪等因不执行或不被重视而失去约束作用。

〔废除〕　取消、废止(法令、制度、条约等)。

〔废止〕　取消、不再行使(法令、制度等)。

〔废置〕　认为没有用而搁置一边。

〔奉〕　接受。用于下级接受上级的指示、命令。

〔否〕　不;不行。

〔复核〕　复查核对。

〔附件〕 指随同主要文件一同制定的文件,是随同主要文件一同发出的有关文件或物品。

G

〔该〕 指示词,指上文说过的人或事。

〔概〕 大略、大概;一律。

〔概用〕 一律用。

〔稿〕 指外发公文的未定稿、草稿。

〔稿本〕 公文形成前所产生的各种文稿,如草稿、讨论稿、修改稿、送审稿等。

〔根据〕 依据。用于公文的开端。

〔公布〕 公开宣布,让大家都知道。多用于政府的法律、命令、文告及团体、单位的通知事项。

〔共识〕 指双方或多方在某一问题上的共同认识。

〔关于〕 具有指示性的介词,多与名词组成偏正词组用作公文题目。

〔光临〕 敬辞,称宾客来到。用于请柬、邀请信的末尾处。如"敬请光临"、"欢迎光临指导"。

〔规程〕 对某种政策、制度、正确做法和程序所作的分章分条的规定。

〔规定〕 对某一事物的方式、方法、数量、质量所作的决定。

〔规范〕 约定俗成或明文规定的标准。

〔规格〕 指质量的标准,如大小、轻重、精密度、性能等。

〔规约〕 经相互协议规定下来共同遵守的条款。

〔规则〕 规定后给大家遵守的制度和章程。

〔贵〕 敬辞,称与对方有关的事物。多用于单位、团体或国家。

〔果系〕 果然是。如"经调查核实,果系张某所为"、"经查此事果系误传"。

H

〔还须〕 还必须。

〔函〕 信件。如"公函"、"来函"。

〔函复〕 用信函答复。如"所拟可否,盼速函复"。

〔函告〕 用信函报告或告诉。如"特此函告"。

〔核〕 仔细地对照和考查。

〔核拨〕 审核后拨发。

〔核定〕 审核决定。

〔核对〕 审核查对。

〔核减〕 审核后决定减少。如"核减行政经费10％"。

〔核实〕 审核查实。

〔核销〕 审核后报销。

〔核准〕 审核后批准。如"该计划业经市政府核准"。

〔后经〕 后来经过。

〔互动〕 为解决某一问题,双方或多方采取实际行动。

〔会签〕 指与文件内容有关的主管部门负责人共同在发文稿上签注意见和姓名。

［会同］ 同有关方面会合在一起。

［汇总］ 多指资料、数据、表格、文件等汇集到一起。

J

［基于］ 根据。如"基于以上理由"。

［即可］ 就可以。

［即日］ 当天。如"本条例自即日起施行"。

［即席］ 在集会或宴会上（当场）。如"即席讲话"、"即席赋诗一首"。

［亟］ 急迫。

［鉴］ 审察；仔细看。

［鉴别］ 辨别。

［鉴戒］ 可以使人警惕的事情。如"引为鉴戒"。

［鉴定］ 对人或事的优劣做评价。

［鉴于］ 觉察到；考虑到。

［见］ 放在动词前用来表示"对我怎么样"。

［见复］ 答复（我）。

［见谅］ 原谅（我）。如"敬希见谅"。

［校订］ 对照可靠的材料复核公文中的疑误之处。

［接］ 接到。

［接办］ 接过来继续办下去。

［接管］ 接收并管理。

［接洽］ 联系洽商。

［届时］ 到时候。表示预定时间准时做某事。如"请届时参加"。

［谨］ 敬辞，表示敬重、郑重的意思。

［谨电］ 恭敬地电告。如"欣闻……，谨电致贺"。

［谨启］ 恭敬地陈述。如"×××公司谨启"。

［谨悉］ 恭敬而慎重地了解到。如"来函谨悉"。

［惊悉］ 知道了（这个消息）十分震惊。如"惊悉×××同志病逝"。

［经］ 经过。

［径］ 直接。

［径报］ 直接报送。如"有关材料请径报市政府办"。

［径向］ 直接向。如"此事宜径向县劳动人事局反映"。

［径与］ 直接同。如"请径与市人才中心联系"。

［径自］ 自己直接（行动）。如"该公司未经批准，径自开展人才招聘活动"。

［就］ 靠近；从事。

［就地］ 在原地。如"就地解决"、"就地安置"。

［就绪］ 已经安排好。如"大会筹备工作已全部就绪"。

［就学］ 从事学习。

［就业］ 从事某项职业。

［具名］ 在文件上签名。

［据］　根据;依据。

［据此］　按照这个。

［决定］　对如何行动做出主张。

［决算］　根据预算执行的结果而编制的会计报告。

［决议］　经过一定会议讨论通过的决定。

［均］　全;都。

［均经］　全部经过。

［均须］　都必须。

［均应］　全都应该。

K

［考察］　实地观察;调查了解。

［考查］　用一定的标准来检查衡量。

［可否］　可不可以。

［恳请］　诚恳地邀请或请求。如"恳请拨冗出席"、"恳请原谅"。

L

［滥用］　超过规定范围地使用。如"滥用职权"、"行文不得滥用方言"。

［累计］　层层相加,加起来计算。

［立案］　在主管机关注册登记、备案。

［立即］　立刻。

［列举］　一个一个地举出来。

［列席］　参加会议有发言权而没有表决权。

［聆听］　"听"的文言词。多用于下级对上级、晚辈对长辈。如"聆听教诲"。

［另行］　另外进行(某种活动)。如"另行通知"、"另行规定"。

［令行禁止］　有令则行,有禁则止。多用于下行公文的要求之中。

［履行］　实践自己答应做或应该做的事情。如"履行诺言"、"履行手续"。

［论处］　判定处分。如"依法论处"、"按违反政纪行为论处"。

M

［免］　去掉;除掉。如"免去"、"免职"。

［面洽］　当面接洽。如"面洽公事"、"详情请与来人面洽"。

N

［能否］　是否能够。

［拟订］　草拟。如"拟订计划"、"拟订方案"。

［拟稿］　起草文稿。

［拟经］　打算经过;准备经过。

［拟于］　打算在。

［挪用］　将专项款移作他用。如"挪用公款"。

P

［批驳］　书面否决下级的意见和要求。

［批复］　对下级来文的批示答复。

［批件］　带有上级批示的文件。

［批示］　上级对下级来文批注意见。

［批阅］　(领导人)阅读文件并加注批语。

［批转］　把下级来文批示转发给其他单位执行和参阅。

［批准］　上级对下级的意见表示同意。

［破案］　查清涉及法律的事件。

Q

［期］　① 等待;盼望。② 日期;预定的时日。如"定期"、"按期"。

［期于］　希望达到;目的在于。

［启动］　原指机器、设备开始运转。在社会生活中则指某项工作或活动开始进行。

［启用］　开始使用(印章)。

［讫］　完结;截止。

［迄今］　到现在。

［洽商］　接洽商谈。如"洽商有关事宜"。

［签订］　订立协议、合同、条约并签字。

［签发］　主管负责人对公文文稿签署发稿意见。

［签收］　收到公文信件后,在送件人的发文簿上签字,表示文已收到。

［签署］　在公文上正式签字。

［签章］　在文件上签名盖章。

［签注］　在文件上批注意见。

［切］　切实;务必。

［切记］　牢牢地记住。

［切切］　① 千万;务必。如"切切不可忘记"。② 用于布告、条令等末尾,表示叮咛。如"切切此布"。③ 恳切;迫切。如"切切请求"。

［切实］　切合实际,实实在在。如"制定切实可行的措施"。

［切勿］　千万不要。如"切勿等闲视之"。

［清册］　详细登记有关项目的册子。

［清查］　彻底检查。

［清点］　清理查点。

［清稿］　① 把文稿誊清。② 誊清了的稿子。

［清样］　最后一次校改后的校样。

［请柬］　邀请书,俗称"请帖"。

［请示］　向上级请求指示。

［请予］　请给予。属请求性用语。如"请予审批"、"请予批示"。

［顷］　不久以前。

［顷奉］　刚才接到。多用于下级对上级。如"顷奉上级指示"。

［顷接］　刚才接到,多用于平行机关或个人之间。如"顷接来函"。

［顷闻］　刚才听到。如"顷闻×××同志不幸病逝"。

［确系］　确实是。如"经查证,此案确系错判"。

R

〔任〕 担负;使用。

〔任免〕 任命和免职。如"任免名单"。

〔任命〕 下命令任用。如"任命×××为公安局副局长"。

〔任用〕 委派人员担任职务。如"量才任用"。

〔任期〕 担任职务的规定期限。如"任期五年,连任不得超过两届"。

〔日程〕 按日排定的行事程序,如"议事日程"、"工作日程"等。

〔日内〕 最近的几天里。如"大会将于日内举行"。

〔日前〕 几天前。

〔冗〕 ① 多余的。如"裁减冗员"。② 繁忙的事。如"希拨冗出席"。

〔如期〕 按照预定的日期。如"该项任务业已如期完成"。

〔如上〕 如同上面所叙述或列举的。如"特报告如上"。

〔如下〕 如同下面所叙述或列举的。如"特提出如下意见"。

S

〔三令五申〕 再三地命令和告诫。多用于批评某种错误倾向的通知、通报等公文中,属强调语气。

〔删〕 去掉文中的某些字句。

〔删除〕 删去。

〔删改〕 删削并改动。如"原稿个别地方做了删改"。

〔删节〕 删去文中可有可无或比较次要的部分。

〔缮写〕 抄写。

〔尚望〕 还希望。如"尚望贵局大力支持"。

〔商〕 与……商量。如"×××问题请商人事局解决"。

〔商定〕 协商确定。

〔商讨〕 商量讨论。

〔上报〕 向上级报告。

〔申报〕 用书面向上级或有关部门报告。

〔审定〕 审查决定。

〔审订〕 审查修订。

〔审发〕 审查发出。

〔审改〕 审查修改。如"审改文稿"。

〔审核〕 审查核定。

〔审批〕 审查批示。如"报请上级审批"。

〔审修〕 对文稿审阅修改。

〔审阅〕 审查阅读。如"审阅报告"。

〔施行〕 实施执行。多用于公布法令规章的生效时间。如"本条例自公布之日起施行"。

〔实施〕 实行。用法同施行。

〔事〕 事情;事项。

　〔事宜〕　事情的安排和处理。

　〔事由〕　本件公文的主要内容。

　〔试行〕　试验推行。

T

　〔特〕　特地。常用于公文开头与主体之间的过渡。如"特做如下决议"、"特决定如下"。

　〔特此〕　特别为此事；专为此事。一般多用于通知、通报、报告等文件的结尾处。如"特此报告"、"特此通知如下"、"特此决定"。

　〔特予〕　特地给予。

　〔提案〕　向会议提出的议案。如"截至今天,本次大会收到提案×××件"。

　〔提请〕　提出要求或议题,请会议或上级研究讨论,做出决定。如"提请上级批准"、"提请大会讨论通过"。

　〔提要〕　从全文中提出要点。

　〔体会〕　体验领会。

　〔体式〕　文件的格式。

　〔条款〕　(条目)规章、制度、契约的条目。

　〔条例〕　由国家制定或批准的规定某些事项或某一机关的组织、职权等法律文件,也包括团体制度的章程等。

　〔听取〕　听,多用于听意见、听反映、听报告、听汇报等。如"大会先后听取了一府两院的报告"、"认真听取群众的意见和反映"。

　〔通报〕　① 动词,指上级机关把工作情况或经验教训用书面形式通告下级单位。如"现将情况通报如下"、"特予通报表扬"。② 名词,文件的名称之一,即上级机关通告下级机关的文件。如"此事性质恶劣,后果严重,宜发通报予以严肃批评"。

　〔通病〕　指一般都有的缺点。

　〔通告〕　① 动词,普遍地通知。② 名词,普遍通知的文告,文件的名称之一。

　〔妥否〕　是不是恰当。

W

　〔完稿〕　脱稿。

　〔玩忽职守〕　工作极不负责或严重失职。

　〔望〕　希望;盼望。

　〔望即〕　希望立即。多用于下行文,属期望性用语。如"望即着人调查,并报结果"。

　〔为〕　为了。

　〔为此〕　为了这个。

　〔为荷〕　感谢受到你们帮助。如"请予大力协助为荷"。

　〔为盼〕　希望受文者按来文要求去办。多用于函、通知、介绍信末尾处。如"请速予批复为盼"。

　〔为使〕　为了使得。

　〔为要〕　是重要的。多用于下行文,提醒下级单位务按文件规定办理。如"望认真研究,妥善解决为要"。

〔为宜〕　是妥当或适当的。

〔为止〕　截止;终止。

〔文稿〕　文件的草稿。

〔未经〕　没有经过。

〔务〕　务必。文件中常用的有"务请"、"务希"、"务祈"、"务求"、"务期"、"务使"等。

〔务必〕　必须;一定。主要用于下行文,属指令性用语。

〔务须〕　一定;必须。

〔勿〕　表示禁止或劝阻。

X

〔希即〕　希望立即。

〔希予〕　希望给予。

〔悉〕　① 全;都。② 知道。

〔系〕　是。如"纯系"、"显系"、"果系"、"确系"。

〔细则〕　有关规章制度、措施办法的详细规则。

〔下达〕　向下级传达或发布(命令、指示、意见)。

〔下不为例〕　下次不能援例,表示只通融这一次。有提醒警告作用。如"必须严加查处,决不搞下不为例"。

〔现〕　现在;此刻。

〔限于〕　限定在;局限在某一范围之内。

〔详悉〕　详细地知道。

〔行〕　① 做或实行。② 将要。

〔行文〕　发公文给(某个或某些单位)。如"行文各地"。

〔须〕　须要;必须。

〔须即〕　必须立刻。

Y

〔严〕　严格。

〔严办〕　严厉查办。

〔严防〕　严格防范。

〔严加〕　严格加以。

〔严谨〕　严密谨慎。

〔严禁〕　严格禁止。

〔严守〕　严格遵守。

〔严重〕　程度深,影响大,情势危急。如"问题严重"、"后果严重"、"表示严重关切"。

〔业经〕　已经。如"业经呈报在案"。

〔业已〕　已经。如"业已调查属实"。

〔业于〕　已经在。

〔一并〕　合在一起。多在两件以上的事情、问题或文件需要合并处理时用。

〔一经〕　只要经过。

〔宜〕　① 合适。② 应当。多与"不"字结合,用在否定式上。

〔已悉〕　已经知道。

〔以〕　用;拿。

〔以便〕　用在下半句话的开头,表示有了上半句所说的条件,下半句的目的就容易实现。

〔以此〕　用这个。如"以此推算"。

〔以儆效尤〕　儆,使人觉悟。效尤,学坏样子。为了使人觉醒,不跟着干坏事。

〔以利〕　以便有利于。如"发扬成绩,纠正错误,以利再战"。

〔以免〕　用在下半句话的开头,表示前半句话的目的是使下文所说的结果不至于发生。

〔以期〕　用在下半句话的开头,表示以此希望。如"再接再厉,以期全胜"。

〔以致〕　用于下半句话的开头,表示下面的结果是由上述的原因所带来的。

〔以至〕　表示在时间、数量、范围上的延伸或扩大。

〔以资〕　用来作为。如"特发此状,以资鼓励"。

〔亦须〕　也必须。如"对……亦须关注"。

〔议案〕　提交会议讨论的建议。

〔议程〕　会议进行的程序。

〔议题〕　会议讨论的题目。

〔引为〕　引来当做。如"引为骄傲"、"引为教训"。

〔引以为戒〕　将过去的事情作为教训和警戒。

〔印鉴〕　留供核对的印章底样。

〔印信〕　公章。

〔应〕　应该。

〔应即〕　应该立即。

〔应届〕　本届。如"应届毕业生"。其对义词是"往届"。

〔应将〕　应该把。

〔应邀〕　接受邀请。

〔应以〕　应该用。

〔应于〕　应该在。如"此项工作应于六月底前完成"。

〔应予〕　应该给予。如"应予鼓励"。

〔用〕　使用。

〔于〕　在。

〔与会〕　参加会议。如"与会代表"。

〔予〕　给予。

〔逾期〕　超过规定期限。如"逾期未复者,视为同意"。

〔援引〕　引用。

〔援用〕　引用。

〔阅悉〕　看过并知道。如"来函阅悉"。

〔越级〕　越过直属的上级直接到更高的上级。

〔运作〕　进行工作或开展活动。如"运作方式"。

Z

[在案] 已经记录在档案中,可以随时查考。如"记录在案"。

[暂行] 暂时实行。如"暂行规定"、"暂行条例"。

[责成] 指定专人或机构负责(办理)。如"责成市公安局迅速破案"。

[责令] 命令专人或机构负责(办理)。如"责令有关部门查清案情"。

[摘由] 摘录公文的主要内容以便查阅(因为公文的主要内容叫事由)。

[展期] 把预定的日期往后推迟。如"报考工作展期至3月底结束"。

[章程] 书面写定的组织规程或办事条例。

[照办] 依照办理。如"碍难照办"。

[照此] 按这样(去办)。如"同意所拟,望照此办理"。

[正本] 文件的正式文本。

[值] 遇到;碰上。

[指令] 上级对下级所做的指示和命令。

[指示] 上级对下级说明处理某项问题的原则和方法;也指上级指示下级的具体文件。

[指正] 指出错误,使之改正。

[致] 给予。

[制定] 定出。如"制定宪法"、"制定学会章程"。

[制订] 创制拟定。如"制订方案"、"制订工作计划"。

[制度] 要求遵守的办事规程或行为准则。如"工作制度"、"学习制度"。

[衷心] 出自内心。如"表示衷心的感谢"、"衷心拥护"。

[专此] 专门在这里。用于报告的结尾处。如"专此报告"。

[追查] 追问调查。如"追查责任"、"追查到底"。

[准予] 准许。如"准予毕业"。

[兹] 现在。如"兹定于6月8日召开国家公务员招考工作新闻发布会"。

[兹将] 现在将。如"兹将(二〇〇六年工作计划)送上,请审批"。

[兹介绍] 现在介绍。如"兹介绍×××等同志前往贵局……"。

[兹就] 现在对。如"兹就……问题,提出如下建议"。

[兹派] 现在委派。

[兹因] 现在因为。

[兹有] 现在有。如"兹有我局副局长×××等同志前往贵处联系……事宜,请接洽"。

[自行] 自己进行。如"自行办理"、"自行解决"。

[总结] 把一段的工作、学习或思想中的各种经验教训或情况,分析研究之后所作出的指导性的结论。如"年终总结"、"工作总结"。

[总则] 规章条例最前面的概括性条文。

[遵从] 遵照并服从。如"遵从上级指示"、"遵从决议"。

[遵行] 遵照实行或执行。如"即请批示,以便遵行"。

[遵照] 依照;按照。如"遵照执行"。

五、公文语言的表达方式

公文的基本功能是说理办事,开展公务活动。要发挥公文的这些功能,公文除了具备明确的主题、充足的材料、合理的结构和准确的语言外,还必须正确地运用表达方式。表达方式是写作主体将内容传达出去的具体方式。不同文体,在传达内容时要求不同,方式也不一样,这就有了与要求相适应的各种不同的表达方式。在公文写作中,常用的表达方式主要有三种,即叙述、议论和说明。但具体到某一篇公文,也可能采取其他方式或同时使用多种表达方式。因此,掌握公文语言的表达方式是提高公文写作水平的重要环节。

(一)叙述

叙述是一种叙说、介绍人物经历和事物发展过程的表述方式。在公文写作中,叙述的基本功能是用来介绍公务活动情况,交代相关的问题和原委,常用于调查报告、汇报等文体的写作。叙述常用两种人称(也就是立足点的问题),一种是主观的第一人称,另一种是客观的第三人称;但具体到一篇公文中,通常只用一个人称,主观或客观,不能主客观混用。叙述按时间顺序可以分为顺叙、倒叙、插叙、补叙和分叙,常用的叙述方式只有顺序、倒序和插叙。

1. 顺叙

所谓顺叙,就是按照事情发展的顺序来叙述,从发生、高潮到结局一脉相承,层次段落和事物发展过程基本一致。叙述的优点是能够客观地再现人物的行为进程或事件发展变化的脉络,可以把事情讲述得有头有尾,来龙去脉交代得非常清楚,合乎人们的认识事物的习惯,易于给人留下鲜明而深刻的印象。

运用叙述要求清楚完整,不求悬念迭出;要求明白晓畅、一看便知为成功,而以变幻莫测、跌宕起伏为失败。所以公文中的大部分叙述都是顺序。

2. 倒叙

所谓倒叙,就是把事件的结局或最突出、精彩、富有吸引力的文段,提到前面叙述,然后再从事件的开头顺叙下来的表达方式。倒叙的优点是能突出重点,给人以鲜明、强烈、集中的印象,但如运用不好,就成了故弄玄虚。由于受主题和材料的限制,公文一般较少采用倒叙的表达方式,仅在事故通报、调查报告等通用性公文中使用。

3. 插叙

所谓插叙,就是在原来的叙述进程中,暂时中断一下,插入另一段叙述,插叙完后再接着原先叙述的线索继续进行下去。有些时候,事情是千头万绪、非常复杂的,要想把所有的内容都贯穿在一条线索上,有条不紊地进行叙述,实施起来非常困难,这时候就需要中断原来的线索,插入对另一个事件的交代或对另一种事物的介绍。插入的内容叙述完毕后,还要回到原来中断的地方继续叙述下去。插叙的优点是可以使公文内容充实,使人们的认识更加深化,但必须注意不能插叙与主题无关的内容,搞成节外生枝,把读者思路搞乱。公文一般较少采用插叙的表达方式,仅在工作报告、讲话稿之类的通用性公文中使用。

4. 补叙和分叙

所谓补叙,就是整个事件进程叙述完了之后,再补充交代一下个别地方的表达方式。所谓分叙,就是对同一时间内发生在不同地方或单位的事件,先叙述一件再叙述另一件的表达方式。这两种方式在公文中都用得不多。

叙述的基本要求如下。一是语言要概括。公文主要是说理,为说理而叙事。因为叙述不是目的,所以叙述不必过细,而要概括叙述。二是交代要明白。任何事物都是由时间、地点、人物、事件、原因、结果等要素构成的,叙述一定要清清楚楚,层次井然,并考虑前后照应,首尾一贯。三是详略要得当。事件内容有主次之分,叙述就应有详略之别。要根据主题表述的要求,该详则详,该略则略,不能把每一事件的每一个方面都一一列出,使公文啰啰唆唆、拖泥带水。

(二) 议论

议论是阐明事理、发表见解、表明观点的一种表达方式,它的主要目的是以理服人。议论的特点是运用概念、判断、推理的思维手段来议事论理,在许多情况下,它与叙述常被结合起来使用,此即所谓的夹叙夹议。公文中的议论与其他写作活动中的议论有所不同,它一般不要求理论上的深入性、系统性、完整性,而是要求议论的针对性、要害性和明确性。在公文写作中,议论是一种运用相当广泛的表达方式。

1. 议论的三要素

议论有三个要素:论点、论据和论证。一般而言,这三个要素都是不可缺少的。

论点就是公文写作人员的观点、主张和看法,是论据所要证明的对象。论点回答的"是什么"的问题,因此,论点必须明确、鲜明、深刻和具有针对性。论点有中心论点和分论点之分。在一篇公文中,中心论点就是主题,分论点则是各个层次的中心意思及各个自然段的段旨。中心论点和分论点的关系是纲和目的关系。分论点是中心论点的从属论点、下位论点,各个分论点分别从不同的角度证明中心论点,是中心论点的具体展开。

论据是议论中所使用的材料,用来证明论点的理由和依据。论据回答的是"为什么"的问题,因此,论据必须可靠、充实和典型。论据分为事实论据和理论论据。事实论据包括各种事实材料、统计数据等,理论论据包括经典论著、科学定理、格言成语等。

论证是用论据来证实论点正确的过程。论证要回答的是"怎么样"的问题,因此,论证要求以理服人、有的放矢,有严密的逻辑性,做到无可辩驳。

论点、论据和论证是公文"议论"中不可分割的三个因素,它们分别回答了"是什么"、"为什么"和"怎么样"的问题。它们之间的关系是:论点是主题和统帅,论据是支柱和基础,论证是方法,也是论点和论据之间的逻辑联系。论点和论据必须统一,相互依存,但论据不会自动去证明论点,二者之间的关系只有靠内在的逻辑关系才能真正建立起来,所以,论证就显得十分重要。

2. 议论的方法

公文中议论的方法也就是论证的方法,论证主要是指立论。一般来说,公文中常用的议论方法有例证法、引证法、比照法和因果推论法等四种。

例证法就是以事实为论据,通过列举事实来证明论点的一种方法。这是一种最容易为读者接受、最具有说服力的方法,也是议论中采用最多的论证方法。

引证法就是以观念材料为论据,通过引用经典论著、科学定理、格言成语等来证明论点的一种方法。由于引用的内容大多具有很高的权威性,因此,这种论证具有极强的说服力。引证可以直接引证,也可以间接引证,但无论哪种引证,都必须尊重原文原意,不能断章取义,要确保引证内容的精神实质,以体现论证的严谨性和严肃性。

　　比照法就是把相同或相反属性的事物和一个事物的不同侧面列举出来,经过对照或比较得出自己观点的议论方法。这种方法可以具体化为类比和对比。类比是指性质和特征相同或相似的事物之间的比较和对照。对比是指将性质和特征截然相反的两个事物放在一起进行比较和对照。比照法的优势在于,判断事物是非分明、界限清晰,长于区分事物之间的细微差别,具有强烈的说理效果。

　　因果推论法就是由原因推导结果,或反过来由结果推导原因的论证方法。因果关系是存在于世间万物运动规律中的基本关系。运用因果推论法,由因及果或由果溯因,这在公文写作中是很简单、很实用的议论方法,具有不可替代的作用和价值。

　　事实上,在公文写作中,纯粹的议论是不多的。议论常与叙述紧密结合在一起,表现为"夹叙夹议"的方式。夹叙夹议就是一边摆事实,一边讲道理。运用这种方式时要注意两个问题:其一,叙述要真实、典型,议论要中肯、精辟;其二,事实与道理要和谐一致,防止出现事大理小或事小理大的错位现象。

　　(三) 说明

　　所谓说明,就是用简练的语言对事物的状态、性质、特征、成因、关系、结构等进行解释的表达方式。它常用来解说事物和阐明事理,是公文写作中最核心的表达方式,常与叙述和议论结合在一起使用。说明与叙述的区别是,叙述侧重于事物的动态,说明侧重于事物的静态。说明与议论的区别是,议论侧重于事理的揭示,说明侧重于事物的状写,即使面对的是事理,说明采取的也经常是解释或定义的方式。

　　说明的方法非常多,常用的包括定义说明、举例说明、比较说明、分类说明、数字说明、引证说明、解释说明。

　　1. 定义说明

　　定义说明,就是用简明扼要的语言揭示事物的本质属性,从而给人以一个明确的概念。运用定义说明,首先要纵向找到"属",即准确地找出被定义对象的上位概念;其次要横向找到"种差",即准确地找出被定义对象与同类事物或事理之间的差异。如,抽象劳动是隐藏在商品中无差别的人类劳动。这个定义中,"属"是人类劳动,"种差"是隐藏在商品中,从而与物化的具体劳动相区别。在下定义时,要使定义与被定义的事物在外延上相等。

　　2. 举例说明

　　举例说明,就是通过列举事例来揭示诸种事物的共同特征。举例说明能使人通过实例来认识和理解抽象的、难以理解的规律或复杂的事物(过程),具有形象化和具体化的特点,有助于增强公文的启发性和说服力。

　　3. 比较说明

　　比较说明,就是通过对不同事物的相互比较来揭示诸种事物的内在联系与区别。比较可以是同类事物之间的比较,也可以是异类事物之间的比较,还可以是同一事物自身不同时期情况的比较。通过比较,能给读者留下鲜明的印象。

　　4. 分类说明

　　分类说明,就是把被说明的事物,按照一个统一的标准划分为若干类别,然后逐类加以说明。分类说明最关键的是必须科学地制定分类标准并予以严格执行。这种说明方法常见于法规性公文。

5. 数字说明

数字说明,就是运用数字和数据,从数量上对事物的情况和特征加以说明。数字说明非常直观,可以使人一目了然。

6. 引证说明

引证说明,就是运用权威性的材料来说明事物。权威性材料包括经典论著或科学定理或格言成语等。它与举例说明的区别是:举例说明的目的是为了"说明"而非证明,而引证说明的目的正好是为了"证明"。

7. 解释说明

解释说明,就是对事物或事理的某一方面加以解说,也称诠释说明。解释说明与定义说明的区别是:定义说明必须准确揭示事物或事理的本质特征,而解释说明根据表达需要,只要能概括一部分特征即可;定义说明在形式上表现为标准的判断句,而解释说明除去自然行文,可以用括号或破折号对解释内容作出特别标志。两者具有互补性。在不需要下定义或下定义有困难的情况下,可以考虑使用解释说明。解释说明的使用率高于定义说明。

思　考　题

1. 公文主题的概念和特点是什么？如何确立公文主题？
2. 如何选择公文材料？
3. 公文结构的内容有哪些？
4. 公文语言的表达方式有哪些？

第二编 规范性行政公文写作

规范性行政公文是通用规范性公文的一种，或简称行政公文，是《办法》中规定的公文，它是行政机关在行政管理过程中形成的具有法定效力和规范体式的文书，是依法行政和进行公务活动的重要工具。规范性行政公文写作除具有公文写作的一般特点外，还具有自身的几项特点。

（一）写作的受命性

规范性行政公文写作是受命写作，写作人员一般较少有主动写作的愿望，大多是按照领导的意图，或依照决策层和全体成员的意愿，在机关单位负责人的授意下进行"遵命"写作。行政公文写作过程中，表述什么观点，运用什么材料，提出什么建议，发出什么请求，都是受制于授意者的，必须"代机关立言"。写作时不能自作主张，抒发己见，随意铺排，任意发挥，这些要求都是由写作的受命性所决定的。

（二）目的的专指性

规范性行政公文写作的目的是专一的，有特定明确的指向。撰写行政公文，有的是为了传达机关意图和领导的指示，有的是为了反映情况、汇报工作，有的是请求事项、表达意愿，有的则是为了沟通信息、加强联系，有的是为了交流经验、明确做法，还有的是记载史实、以便查考，等等。

（三）读者的确定性

任何文体都有一定的读者对象。规范性行政公文则有特定的读者，其中规范性公文的读者十分明确，要用"主送机关"、"抄送机关"、"阅读范围"等项目加以确定。

（四）撰稿的集体性

规范性行政公文写作是一个集体参与的过程。从写作情况看，有些重要文稿多由集体讨论，某个人执笔，写出初稿后在一定范围内征求意见，再由领导审阅定稿。有些简单文稿虽然是由个人执笔单独完成，但最终也要经过有关人员审核。不论是哪一种形式，都不是一个人单独完成的。而从规范性行政公文的产生过程看，一份行政公文往往由一人或数人写出初稿，由秘书部门加以审核，有的文稿还要有关部门会审，然后送有关领导审批，最后由机关主要负责人签发。

（五）格式的程式性

规范性行政公文要实现其功用，必须用一种相对固定的规范程式。如果行政公文体式日新月异、千变万化，不仅写作起来十分困难，其印发、办理也会十分不便，很难在现实生活中发挥作用。行政公文有特定的体裁格式，国务院对行政公文的格式和发文稿纸等都规定了国家标准，这除了维护行政公文的严肃性外，还能起到方便起草、方便处理，有利于采用计算机来实现公文制作与传输的自动化、现代化，能有效地保证行政公文的高质量和行政公文写作的高效率。

本编对《办法》中规定的 13 种行政公文如命令（令）、决定、公告、通告、通知、通报、议案、报告、请示、批复、意见、函、会议纪要等分别从含义、特点、格式、种类及其写作方法等方面进行讲解,每种公文都配套例文加以分析,便于读者了解和掌握公文的格式和公文的写作方法与技巧。

第五章 命令(令)

第一节 命令(令)概述

一、命令(令)的含义

命令又称令,是国家行政机关及其领导人发布的带有强制性、领导性、指挥性要求的公文。它适用于依照有关法律规定发布重要的行政法规和规章,宣布施行重大的强制性行政措施,任免、嘉奖有关人员等。

这里的"依照有关法律规定",主要是依照《宪法》和《地方各级人民代表大会和地方各级人民政府组织法》等法律法规。"国务院可以根据宪法和法律,规定行政措施,制定行政法规,发布决定和命令";"各部、各委员会根据法律和国务院的行政法规、决定、命令,在本部门的权限内,发布命令、指示和规章";"县级以上地方各级人民政府依照法律规定的权限",可以"发布决定和命令";乡、民族乡、镇人民政府"执行本级人民代表大会的决定和上级国家行政机关的决定和命令,发布决定和命令"。这些对各级政府和行政机关使用命令的具体权限的说明,仅用"依照有关法律规定"8个字,相当简括和原则。

命令(令)属于指挥性的下行公文。它集中地反映领导机关的指挥意图,要求下级机关认真执行,因而是一种庄重严肃、果断干脆、具有法定权威性和强制性的文种。

二、命令(令)的特点

由于命令(令)是依照有关法律规定发布的,因而它具有以下鲜明的特点。

(一) 强制性

所谓强制性,是说命令(令)具有最强的制约性,它一经发布,有关下级机关和人员必须无条件地服从和执行,不能讨价还价。要做到"令行禁止",不允许延误、干扰甚至违抗,否则将受到应有的惩罚。

(二) 庄严性

所谓庄严性,是说命令(令)使用时,十分审慎,不能随意制发,也不能朝令夕改。一方面,它是"依照有关法律规定"而制定和发布的,具有某种法律的权威效力,极为庄重严肃;另一方面,它的内容相当严肃,绝不允许变通、更改,因此文字准确、简洁,语气决断有力,结构严谨周密。

(三) 权威性

所谓权威性,是说命令(令)是权力威望的体现。这一方面是它的发布机关级别规格高,一般由国家行政机关或权力机关发布,社会团体、企事业单位不能使用;另一方面是法随令出,是对法律、法规的确认,因此它具有很高的权威性。

(四)载体性

在多数情况下,命令充当着法规性文件公布的载体,两者构成复合文体,"法"由"令"确认,"令"因"法"而具体化。如《中华人民共和国国务院令》(第 571 号)同《中华人民共和国审计法实施条例》构成复体令文。

(五)专用性

对令的使用,主要是国家的权力机关、行政机关和军事机关。

第二节 命令(令)的格式

命令的格式一般由标题、发文字号或令号、正文、落款组成。

一、标题

命令(令)的标题有以下三种组成形式。

(1) 由"发文机关+事由+文种"组成,多为行政令、嘉奖令所用,如《江西省人民政府关于对江西省三大重点工程建设先进单位和先进个人的嘉奖令》。

(2) 由"发文机关+文种"组成,多为发布令所使用,如《中华人民共和国国务院令》。

(3) 由"事由+文种"组成,如《中国人民解放军驻澳门特别行政区的命令》。

二、发文字号或令号

行政令、嘉奖令一般列发文字号,发布令只列令号。一般有两种格式:一是国家领导人令文,以签署命令的领导人在任期内发令顺序进行编号,位于标题的正下方,如国务院总理温家宝签署的"第 571 号"令;二是国家行政机关令文,按行政机关规定的发文顺序编排,或是令文序号,如"文化部令第 47 号",或是按行政公文发文字号,如"国函〔2007〕47 号"。

三、正文

命令(令)绝大多数不标注受令者的名称,这是因为没有受令界限,甚至是对全体公民的。有少数命令(令),特别是嘉奖令等,应明确标注受令者名称,如《江西省人民政府关于对江西省三大重点工程建设先进单位和先进个人的嘉奖令》(赣府字〔2007〕54 号),主送机关即为"各市、县(区)人民政府,省政府各部门"。

命令(令)的正文一般由行令缘由、命令事项、执行要求三部分组成。

行令缘由即正文开头,是发布命令(令)的原因、目的、根据、意义。要求写得简略精要,给人以紧迫感。目的在于引起受令方面的高度重视,增强执行命令(令)的自觉性。

命令事项,即正文主体,以准确肯定的语言写出决断性、强制性的规定或措施。除嘉奖令需对嘉奖对象的主要事迹和精神做中肯的分析、评价外,一般只写硬性规定或措施,而不作分析议论。这部分可以分条、列项写,也可以一段到底,应视内容需要而定。

执行要求,即正文结尾,是对命令事项的补充说明或对受命者所提出的希望、要求、嘱咐。要与命令事项紧接、呼应。有些命令(令)可以不写执行要求。

四、落款

落款包括发文机关和发文时间。

发文机关即发布命令(令)的机关或主要领导人姓名,以负责人名义发布的,应在其名字前冠以职务名称。

发文时间即签发或发布命令(令)的时间。一般来说,签发或发布的日期即为生效日期。发布令的发布日期、会议通过日期、生效(施行)日期不一致时,应分别标明。

第三节　命令(令)的分类

命令(令)按其适用范围和作用,可以分为发布令、行政令、嘉奖令、授勋令、任免令等。

一、发布令

发布令是依照有关法律规定,发布行政法规和规章时所使用的命令(令)。1998年5月31日国务院办公厅通知,国务院发布行政法规(条例、规定、办法等),由国务院总理签署"国务院令";经国务院批准,国务院各部门(含部、委、行、署、直属机构、国家局)发布行政法规,由部门主要领导人签署发布令。省市(包括全国人民代表大会授权的市)以上人民代表大会及其常务委员会所通过的法律,市以上政府机关制定的行政法规如细则、条例、办法等,都可以用命令(令)来发布。

发布令均为复体令文,法随令出。发布令正文写法比较简单,同被公布的某一法律、法令等合体组合成令文,两者缺一不可。一般由颁布对象、颁布依据、颁布决定、执行要求等四部分组成。

[例文1]

中华人民共和国国务院令
第 571 号

《中华人民共和国审计法实施条例》已经2010年2月2日国务院第100次常务会议修订通过,现将修订后的《中华人民共和国审计法实施条例》公布,自2010年5月1日起施行。

总　理　温家宝
二〇一〇年二月十一日

《中华人民共和国审计法实施条例》(略)

[例文2]

中华人民共和国司法部令
第 118 号

《司法部关于修改〈香港特别行政区和澳门特别行政区律师事务所与内地律师事务所联营管理办法〉的决定》已经2009年9月1日司法部部务会议审议通过,现予发布,自2009年10月1日起施行。

部　长　吴爱英
二〇〇九年九月一日

《司法部关于修改〈香港特别行政区和澳门特别行政区律师事务所与内地律师事务所联营管理办法〉的决定》(略)

〔例文3〕

广东省人民政府令
第143号

《广东省农村五保供养工作规定》已经2009年11月25日广东省人民政府第十一届44次常务会议通过，现予发布，自2010年3月1日起施行。

省长 黄华华

二〇一〇年一月二十日

《广东省农村五保供养工作规定》（略）

二、行政令

行政令是国家行政机关发布施行重大强制性行政措施时所使用的命令（令）。行政令不带附件，由标题和正文组成。正文一般分为三个部分：命令缘由（依据）、命令内容、执行要求。最后的签署要写出发令机关领导人的职务名称和姓名。地方行政机关极少使用行政令。

〔例文4〕

中华人民共和国国务院令
第546号

1951年8月8日政务院公布的《城市房地产税暂行条例》自2009年1月1日起废止。自2009年1月1日起，外商投资企业、外国企业和组织以及外籍个人，依照《中华人民共和国房产税暂行条例》缴纳房产税。

1987年2月6日国务院批准，1987年2月24日交通部、财政部发布的《长江干线航道养护费征收办法》自2009年1月1日起废止。

1992年5月15日国务院批准，1992年8月4日交通部、财政部、国家物价局发布的《内河航道养护费征收和使用办法》自2009年1月1日起废止。

总理 温家宝

二〇〇八年十二月三十一日

三、嘉奖令

嘉奖令，是用于嘉奖作出突出贡献的有功单位和个人时所使用的一种命令（令）。嘉奖令正文基本由三个部分组成：概括叙述事件经过并简要分析议论；嘉奖决定；提出号召或希望或勉励。落款不签署发令机关领导人的职务名称和姓名。

〔例文5〕

江西省人民政府
关于对江西省三大重点工程建设先进单位和先进个人的嘉奖令
赣府字〔2007〕54号

各市、县（区）人民政府，省政府各部门：

近年来，全省上下坚持以邓小平理论和"三个代表"重要思想为指导，全面落实科学发展观，认真按照省委、省政府的决策部署，积极组织实施了一批省重点工程建设项目。特别是江铜集团30万吨铜冶炼、黄金埠电厂2台65万千瓦机组和丰城电厂2台66万千瓦机组三大重点工程建设规模大、投资强度大、拉动作用大。各参建单位弘扬艰苦奋斗、团结拼搏、开拓创新的精神，精心组织、科学施工、严格管理，各有关市县政府和当地群众顾全大局、积极支持、热心服务，取得了工程质量优、建设速度快、综合效益好的喜人成绩。为表彰先进,激励斗志,省政府决定,对上述三大重点工程建设中作出突出贡献的江西铜业集团、黄金埠电厂、丰城电厂等16个先进单位和马天禧、胡秋华、董武荣等30名先进个人予以嘉奖。

希望受到嘉奖的单位和个人,再接再厉,戒骄戒躁,发扬成绩,锐意进取,努力为全省经济又好又快发展作出新的贡献。各地、各部门、各企业要以受嘉奖的先进单位和先进个人为榜样,更加紧密地团结在以胡锦涛同志为总书记的党中央周围,继续解放思想,坚持改革开放,推动科学发展,促进社会和谐,为在新的起点上实现江西崛起的新跨越而努力奋斗,以优异成绩迎接党的十七大胜利召开。

附件:江西省三大重点工程建设先进单位和先进个人名单

二〇〇七年九月十四日

四、授勋令

授勋令,是用于表彰在工作中发挥重要作用和取得突出成绩的有功人员或集体时使用的一种命令(令)。正文一般由三个部分组成:事迹简述及评价、授勋决定、提出号召或期望目的。

授勋令一般由国家行政机关首长签署。落款签署国家行政机关首长的职务名称和姓名。

[例文6]

国务院 中央军委关于授予福建省
公安边防总队宁德市支队三都边防派出所
"爱民固边模范边防派出所"荣誉称号的命令

国函〔2007〕47号

公安部:

福建省公安边防总队宁德市支队三都边防派出所全体官兵牢记全心全意为人民服务的宗旨,坚持立警为公、执法为民、爱民固边、强边富民,忠实履行职责使命,出色地完成了各项公安边防保卫任务,为辖区经济发展和社会稳定作出了突出贡献。

三都边防派出所始终把维护边境地区安宁和促进辖区经济社会发展放在首位,努力做到"经济发展到哪里,保障工作就跟进到哪里;治安热点在哪里,管理工作就跟进到哪里;人民需要在哪里,服务工作就跟进到哪里",创造性地开展公安边防工作,创建了全国第一个海上"110"、第一个海上"120"、第一个海上法律服务中心、第一个海上希望工程基金。1998年以来,该派出所共破获刑事案件152起、治安案件624起,抓获各类重大案犯236名;为群众办实事、做好事3740余件,抢救遇险船只1520余艘、遇险群众6400余人次,挽回经济损失1.2亿多元。该派出所的突出事迹赢得了社会广泛赞誉,1998年以来,该派出所先后87次受到表彰,荣立集体一等功1次、三等功2次;2001年被公安部评为"人民满意公安基层单位",党支部2003年被福建省委评为"全省先进基层党组织",2003年至2005年连续3年被公安部评为"一级公安派出所",2003年至2006年连续4年被共青团中央、公安部授予"全国青年文明号"荣誉称号,2005年被中央宣传部、中央文明办、民政部、解放军总政治部评为"全国军民共建社会主义精神文明先进集体",2006年被公安部评为"全国公安机关基层基础建设示范单位"。为表彰先进,弘扬正气,国务院、中央军委决定,授予福建省公安边防总队宁德市支队三都边防派出所"爱民固边模范边防派出所"荣誉称号。

国务院、中央军委号召全体公安民警、武警官兵和全军指战员向三都边防派出所学习。学习他们忠于党、忠于祖国、忠于人民的政治本色,学习他们牢记宗旨、一心为民、爱民固边、强边富民的高尚情操,学习他们乐于奉献、不计得失、视国家和人民利益高于一切的优秀品质,学习他们恪尽职守、奋发有为、开拓创新、勇攀高峰的进取精神。全体公安民警、武警官兵和全军指战员要以他们为榜样,在以胡锦涛同志为总书记的党中央坚强领导下,认真学习邓小平理论和"三个代表"重要思想,牢固树立和落实科学发展观,继承和发扬我党我军优良传统,不断提高队伍的整体素质和战斗力,圆满完成党和人民赋予的各项任务,为全面建设小康社会、构建社会主义和谐社会作出新的更大的贡献。

国 务 院 总 理　温家宝

中央军委主席　胡锦涛

二〇〇七年五月十五日

五、任免令

任免令是国家行政机关或领导人对下级人员任命或免职使用的一种公文,一般用来任免国务院正副总理及部长级以上的干部。任免令的标题、令号、落款等与发布令相同,其写法简单,一般写出任免依据、时间、任免人姓名、任免人职务即可,是命令(令)行文中最简洁的一种类型。

[例文 7]

中华人民共和国主席令

第 78 号

根据中华人民共和国第十届全国人民代表大会常务委员会第三十次会议于 2007 年 10 月 28 日的决定:

免去周永康兼任的公安部部长职务;

任命孟建柱为公安部部长。

中华人民共和国主席　胡锦涛

二〇〇七年十月二十八日

[例文 8]

中华人民共和国国务院令

第 558 号

依照《中华人民共和国澳门特别行政区基本法》的有关规定,根据澳门特别行政区第三任行政长官选举委员会选举产生的人选,任命崔世安为中华人民共和国澳门特别行政区第三任行政长官,于 2009 年 12 月 20 日就职。

总　理　温家宝

二〇〇九年八月十日

此外,还有撤销令、指挥令、否决令、通缉令、特赦令、戒严令、动员令等,其中后三种令只有国家主席或政府首脑才有权发布。

第四节　命令(令)写作的基本要求

(一) 结构要完整

按照令文结构形态的要求,从标题、令号到落款、时间,正文中从命令缘由、命令事项到执行要求,要完整准确。命令事项中的各种因素、各个方面,尽列其中。

(二) 表达须准确

在内容的表述上,要体现出事项的主次及其内在关联,使之具有逻辑性。在语言的运用上,要准确简明,语气庄严郑重,肯定确切,斩钉截铁,毫不含糊,充分体现命令(令)的权威性、强制性。

(三)篇幅宜精短

对法随令出的复体令文而言,前面的令文仅为几句话,两三行字,基本要素清楚即可。单体令文文字相对多些,更要注意文字精练,篇幅短小。在这一点上,令文同其他行政公文还是有所区别的。

(四)适用要规范

命令(令)具有法定的强制性和严肃性的特点,因而在使用上必须慎重,掌握它的适用范围,规范它的使用。撰写命令(令)时,一定要斟酌是否确需发布命令(令),不能越权发布命令(令),如党的机关甚至群众团体以命令(令)行文是不对的,因为它是行政公文;一般事项也不能用命令(令)行文,如果使用,就显得不够严肃。

(五)密令要保密

一般命令(令)都是向社会公众公开,以达到令行禁止的目的。但对于秘密命令(令),则必须注意保密,以免泄密而使国家遭受损失。同时,对于紧急命令(令),要迅捷地传达出去,以增强命令(令)的权威性和强制性。

思 考 题

1. 命令(令)的含义与特点是什么?
2. 命令(令)的格式包括哪些内容?
3. 命令(令)的类型有哪些?
4. 命令(令)的写作有哪些基本要求?

第六章 决　　定

第一节 决 定 概 述

一、决定的含义

决定是行政机关(部门)对于某些重要事项或重大行动做出决策和安排,是各级行政机关、社会团体、企事业单位经常使用的、具有规定性和领导性的规范性公文。它适用于对重要事项或者重大行动做出安排,奖惩有关单位及人员,变更或者撤销下级机关不适当的决定事项。

决定属于法规政策性的决策性下行文种,当主管行政机关对其职权范围内的重大事务做出特别部署和安排,要求本行政机关或有关单位、人员遵照执行时,常以决定行文。因此,决定是具有很强约束力的规范性公文。

决定在贯彻执行党和国家路线方针政策,落实上级机关的要求或重要会议精神及表彰先进惩处落后等方面具有十分重要的作用。它有利于统一思想、协调工作、树立楷模、指引方向,因而使用范围比较广泛,除国家行政机关以及党、人大、军队机关外,企事业单位乃至人民团体都可以使用"决定"这一文种。

二、决定的特点

决定具有以下特点。

(一)具有权威性和规定性

决定是下行文,一般由政府机关制发,要求下级机关贯彻执行,因此,具有权威性和规定性。一般来说,机关级别越高,使用决定的频率也就越多,单位级别比较低的就很少使用这个文种。

(二)具有指导性和全局性

决定记载与传达党和国家领导机关对重要事项和重大行动的决策,具有一定的理论性、政策性、指导性,而且一般不是局限于某个部门,行文有一定的普遍性。

(三)具有稳定性和长远性

决定对于重要事项做出的决策,一般要在相当长的时间内发挥作用,是各级部门工作的指导方针。

第二节 决 定 的 格 式

决定的格式一般由标题、主送机关、正文和落款四部分组成。

一、标题

决定的标题一般由发文机关、事由、文种三要素组成,有两种形式:由"发文机关名称

＋事由＋文种"组成,如《国务院关于加强市县政府依法行政的决定》(国发〔2008〕17 号);由"事由＋文种"组成,如《关于实施上海市 2009 年—2011 年环境保护和建设三年行动计划的决定》(沪府发〔2009〕11 号)。

二、主送机关

决定的主送机关要视决定的内容和行政公文发放的范围来决定。少数决定不标明特定的受文者。

三、正文

正文一般包括开头、主体和结尾三部分。决定的篇幅随内容而定。

开头又称决定缘由,要写明发布决定的背景、根据、目的、意义,接下来常用过渡词语,如"经会议研究决定"、"为此,特做如下决定"、"现做出如下决定"等。

主体又称决定事项,针对决定缘由提出任务、措施、方案、要求等,篇幅较长的要用小标题,使人容易抓住各层次的中心,便于理解和执行。

结尾又称执行要求,一般比较简单,多以提出希望号召或执行要求结尾。也可对决定事项的内容加以补充或强调,以加深人们对决定事项的认识理解,提高执行效力。

四、落款

落款标注发文行政机关(印章)和发文时间;发文时间置于落款之后,也有的发文时间列于标题之下,居中排列。

第三节　决定的类型

一、重要事项或重大行动的决定

对重大事项或重要工作做出部署或变更、撤销下级机关不适当的决定事项。

正文先说明做出决定的原因、根据和目的,再写明决定事项的性质、工作任务、开展工作的步骤及措施。结构上多用分段方式。最后提出贯彻执行的具体要求。

［例文 1］

国务院关于加强市县政府依法行政的决定

国发〔2008〕17 号

各省、自治区、直辖市人民政府,国务院各部委、各直属机构:

党的十七大把依法治国基本方略深入落实,全社会法制观念进一步增强,法治政府建设取得新成效,作为全面建设小康社会新要求的重要内容。为全面落实依法治国基本方略,加快建设法治政府,现就加强市县两级政府依法行政做出如下决定:

一、充分认识加强市县政府依法行政的重要性和紧迫性

(一)加强市县政府依法行政是建设法治政府的重要基础。

……

(二)提高市县政府依法行政的能力和水平是全面推进依法行政的紧迫任务。

……

二、大力提高市县行政机关工作人员依法行政的意识和能力

（三）健全领导干部学法制度。

......

（四）加强对领导干部任职前的法律知识考查和测试。

......

（五）加大公务员录用考试法律知识测查力度。

......

（六）强化对行政执法人员的培训。

......

三、完善市县政府行政决策机制

（七）完善重大行政决策听取意见制度。

......

（八）推行重大行政决策听证制度。

......

（九）建立重大行政决策的合法性审查制度。

......

（十）坚持重大行政决策集体决定制度。

......

（十一）建立重大行政决策实施情况后评价制度。

......

（十二）建立行政决策责任追究制度。

......

四、建立健全规范性文件监督管理制度

（十三）严格规范性文件制定权限和发布程序。

......

（十四）完善规范性文件备案制度。

......

（十五）建立规范性文件定期清理制度。

......

五、严格行政执法

（十六）改革行政执法体制。

......

（十七）完善行政执法经费保障机制。

......

（十八）规范行政执法行为。

......

（十九）加强行政执法队伍建设。

......

（二十）强化行政执法责任追究。

......

六、强化对行政行为的监督

（二十一）充分发挥社会监督的作用。

......

（二十二）加强行政复议和行政应诉工作。

……

(二十三)积极推进政府信息公开。

……

七、增强社会自治功能

(二十四)建立政府行政管理与基层群众自治有效衔接和良性互动的机制。

……

(二十五)充分发挥社会组织的作用。

……

(二十六)营造依法行政的良好社会氛围。

……

八、加强领导,明确责任,扎扎实实地推进市县政府依法行政

(二十七)省级政府要切实担负起加强市县政府依法行政的领导责任。

……

(二十八)市县政府要狠抓落实。

……

(二十九)加强市县政府法制机构和队伍建设。

……

(三十)完善推进市县政府依法行政报告制度。

……

其他行政机关也要按照本决定的有关要求,加强领导,完善制度,强化责任,保证各项制度严格执行,加快推进本地区、本部门的依法行政进程。

上级政府及其部门要带头依法行政,督促和支持市县政府依法行政,并为市县政府依法行政创造条件、排除障碍、解决困难。

国务院

二〇〇八年五月十二日

[例文 2]

关于实施上海市 2009 年—2011 年环境保护和建设三年行动计划的决定

沪府发〔2009〕11 号

各区、县人民政府,市政府各委、办、局:

为更好地贯彻落实科学发展观和党的十七大提出的"建设生态文明"的要求,切实把环境保护、节能减排作为推进经济发展方式转变的重要抓手和突破口,全力创建国家环境保护模范城市,以良好的生态环境迎接 2010 年上海世博会,促进上海经济社会又好又快发展,现就实施上海市 2009 年—2011 年环境保护和建设三年行动计划(简称"第四轮环保三年行动计划")作出如下决定:

一、抓住世博契机,争创全国一流,加快建设资源节约型环境友好型城市

今后三年,是上海"迎世博、办世博"的重要时期,也是上海加快实现"四个率先"、加快推进经济发展方式转变的攻坚阶段。各级政府要切实把环境保护纳入政府综合决策,围绕"以人为本、治本为先、城乡一体、争创一流"的总体要求,以污染减排和改善环境质量为核心,坚持污染防治与生态保护并举,更加突出源头预防;坚持基础设施建设和体制机制完善并举,更加突出机制创新;坚持中心城区与郊区并举,更加突出消除城乡环境差异。全面完成国家下达的污染减排任务,优先解决老百姓最关心最直接最现实的环境问题,基本建成完善的环境综合决策支撑体系、环境基础设施体系和环境管理体系,努力创建国家环境保护模范城市,使上海的环境保护继续走在全国前列。

二、突出治本为先,城乡一体,全力推进七大领域的环境保护和建设

(一)加快完善污水处理系统,全力保障饮用水安全以保障饮用水安全为目标,加快建设青草沙水源地,推进郊区集约化供水,基本形成"两江并举、多源互补"的饮用水源格局。以完善污水处理系统为重点,继续推进污水处理厂和配套收集管网的建设,进一步提升全市污水处理能力和水平。

……

（二）更加注重复合型污染控制,深入推进大气污染治理

在强化控制传统污染因子的同时,推动大气污染治理与保护逐步向控制复合型污染深化。大气污染物减排从二氧化硫向氮氧化物拓展,完成全市所有燃煤电厂机组的烟气脱硫,同时启动燃煤电厂氮氧化物控制工作。

……

（三）着力推进固体废物减量化资源化无害化,有效缓解噪声污染问题

进一步加快生活垃圾收集、转运和处置设施建设,优化处理处置结构,实现市区生活垃圾集装化密闭运输,垃圾渗滤液基本做到达标处理排放。同时,完善一般固体废物和危险废物安全处置系统。

……

（四）加快产业结构优化调整,完善工业区环境管理体系

聚焦郊区工业"三废"污染问题,以结构调整为主线,加快重点区域环境综合整治和淘汰环保劣势企业,按照规划完成吴泾工业区环境综合整治任务,启动杭州湾北岸化工石化集中区域产业、城镇规划调整和金山卫地区化工集中区域环境整治,推进宝山大场、奉贤塘外、金山第二工业区等区域的污染企业或生产线结构调整。

……

（五）以点带面推进循环经济和清洁生产,促进经济发展方式的转变

按照"减量化、再利用、再循环"的原则和"先试点,后推广"的思路,大力推进各个领域的循环经济和清洁生产。

……

（六）加大农村环境保护力度,逐步缩小城乡环境差异

结合社会主义新农村建设,加快发展生态农业和循环农业,采取种养结合、畜禽粪尿还田、化肥农药减量等措施进一步削减农村面源污染。

……

（七）发挥绿色世博示范效应,加快生态型城市建设

按照"低碳世博"的理念,建设环境友好型世博园区。在世博园区展示节能减排最佳实践,推广使用清洁能源和技术,推行"零排放"公共交通,倡导绿色出行和绿色参观,发挥"绿色世博"的示范和带动作用。

……

三、健全环保责任体系,进一步完善工作推进机制

按照"条块结合,以块为主"的原则,不断完善市和区县环境保护和建设协调推进委员会工作机制,进一步强化专项工作组组长单位牵头制和责任单位负责制,更好地落实责任和形成合力。进一步落实环境质量行政首长负责制,完善环境绩效考核机制和环境问责制度,切实把环境保护指标纳入各级政府领导班子和领导干部考核体系,并将考核结果作为干部选拔任用和奖惩的依据之一,评优创先活动实行环境保护"一票否决"。推进企业环保诚信体系建设,督促企业自觉承担环保社会责任。

四、深入开展环境宣传教育,进一步增强全社会环保意识

强化"环境保护,人人有责"的公民意识,结合创建国家环境保护模范城市,积极推进绿色学校、绿色社区等创建工作,通过多种形式的宣传教育手段和引导措施,把清洁生产、绿色消费、绿色生活落实到每个单位、每个家庭,促进全社会牢固树立生态文明的观念。进一步健全信息公开制度,创新和完善公众参与机制,强化社会舆论监督作用,形成全社会关心重视环境保护、自觉参与环保实践的良好氛围。

五、创新环保政策机制,综合运用各种手段推进环境保护

进一步强化污染源头预防,完善战略和建设项目环境影响评价制度,从规划和决策源头严格环境准入,协调、处理好经济发展与环境保护的关系。进一步加大环保投入力度,重点向污染减排、环境质量改善、环境监管能力建设等方面倾斜。进一步强化经济政策引导,通过市场激励、排污收费、排污交易和以奖代补等经济手段,着力完善"污染者付费,生产者回收,开发者保护,得益者补偿"的环境经济政策体系。进一步强化环境法治,加强饮用水源保护、辐射环境、污染防治等领域的立法研究,通过区域与行业限批、限期治理和联合执法等手段,严厉打击各类违法行为。同时,进一步强化环保科技支撑,开展前瞻性环境问题研究和环保实用技术攻关。

六、加强组织领导,确保环境保护工作取得实效

各级政府要切实加强对环境保护工作的领导,坚持"三重三评"(即在全面推进中重治本、综合治理中重机制、资金投入上重实效,环境保护的成效让市民评判、社会评价、科学数据评定)的原则,明确责任,聚焦力量,组织推进好第四轮环保三年行动计划的实施。各有关部门要加强规划统筹、行业指导和跨行业、跨部门的协调与合作;各区县政府要结合实际,创造性地开展环境保护与生态建设;各责任单位要按照计划节点,加快推进各项工作,确保环境保护和建设取得实效。

上海市人民政府

二〇〇九年二月二十三日

二、奖惩性决定

对有突出贡献的集体、个人或造成重大事故及有严重违纪行为的人员做出奖励或惩戒的决定。

正文先写奖励或惩戒的缘由、主要事迹或主要错误,再写决定的事项,最后提出希望或号召。

[例文 3]

国务院关于表彰全国民族团结进步模范集体和模范个人的决定

国发〔2009〕37 号

各省、自治区、直辖市人民政府,国务院各部委、各直属机构:

2005 年全国民族团结进步表彰大会以来,全国各族人民在党中央、国务院领导下,积极投身改革开放和社会主义现代化建设的伟大实践,各地区、各行业涌现出一大批认真贯彻执行党和国家民族政策,为巩固和发展平等、团结、互助、和谐的社会主义民族关系,促进少数民族和民族地区经济社会发展作出重要贡献的模范集体和模范个人,他们是推进我国民族团结进步事业的优秀代表。为彰显模范集体和模范个人的先进思想和模范事迹,促进我国民族团结进步事业的发展,进一步激励全国各族人民为夺取全面建设小康社会新胜利、开创中国特色社会主义事业新局面而努力奋斗,国务院决定授予 739 个集体"全国民族团结进步模范集体"荣誉称号,授予 749 人"全国民族团结进步模范个人"荣誉称号。希望受到表彰的模范集体和模范个人,珍惜荣誉,再接再厉,继续在改革开放和社会主义现代化建设中发挥模范表率作用,为民族团结进步事业作出新的更大贡献。

全国各族人民要以民族团结进步模范为榜样,学习他们热爱祖国、维护民族团结和国家统一的崇高品质,学习他们和睦相处、和衷共济的优良品德,学习他们积极进取、甘于奉献的高尚风格,学习他们求真务实、开拓创新的奋斗精神。要更加紧密地团结在以胡锦涛同志为总书记的党中央周围,高举中国特色社会主义伟大旗帜,以邓小平理论和"三个代表"重要思想为指导,深入贯彻落实科学发展观,紧紧围绕"共同团结奋斗,共同繁荣发展"的民族工作主题,全面贯彻执行党和国家的民族政策和民族法律法规,坚持和完善民族区域自治制度,开拓进取,扎实工作,为夺取全面建设小康社会新胜利,实现中华民族的伟大复兴而努力奋斗。

国务院

二○○九年九月二十六日

三、任免性决定

对机构的增设或撤销,比较重要的人事安排做出的决定。一般用来任免副部长以下各级机关领导干部。

任免性决定的篇幅很短,结构也很简单,在正文中写明任免依据和任免的内容或者只写明任免内容。

［例文4］

中国证券监督管理委员会

关于授权各派出机构审核基金管理公司设立分支机构的决定

（二○○八年十二月十九日）

为进一步贯彻落实《证券投资基金监管职责分工协作指引》(证监基金字〔2005〕113号),适应市场发展变化的需要,中国证监会决定授权各派出机构审核基金管理公司设立分支机构事项。

自2009年1月1日起,基金管理公司在中国境内(不包含香港、澳门、台湾地区)申请设立分支机构,由分支机构拟设立地中国证监会派出机构依法受理并做出相关行政许可决定。分支机构拟设立地中国证监会派出机构应在做出相关行政许可决定之日起5个工作日内将核准情况报告中国证监会。

第四节 决定写作的基本要求

（一）采用合适的结构形式

决定的结构形式取决于决定的内容。决定内容不同,其结构形式也就不一样。因此,要写好决定,首要的是确定决定的内容,然后采用与内容相适应的结构形式。一般来说,知照性的决定,由于是解决具体问题的,内容单一,文字简短,所以,大都是一气呵成,不分段落,多采用“篇段合一”的结构形式。部署指挥性决定,主要是传达部署对某一具体重要工作或行动的决策意见,往往要首先交代一下决策的背景与依据,故要在篇头处做文字撮要表达,然后再写决策的具体内容与要求,为了表达清楚和便于执行,多采用分条列项的方法,条与条之间是并列的逻辑关系,这样的结构形式叫做“撮要分条式”。法规政策性的结构形式基本有两种:一是“分部分”的结构形式,即把全文划分为几个大的层次,层次与层次并列,各自相对独立,涉及重大问题、确立大政方针的决定,大都采用这种结构;二是“分条列项”的结构形式,把全文分为若干条条,一条为一个独立的意思,条下列项,与法律、法规的写法很相似,适用于规范人们社会行为一类的决定。表彰或处分性决定,一般是采用“分列自然段”的写法,先用一段文字介绍被表彰或受处分对象的基本情况,再用一段或数段写明表彰或处分的依据,然后写表彰或处分的决定,并就此提出希望、要求或发出号召。

（二）掌握恰当的表达方式

写法规政策性、部署指挥性的决定,由于内容比较复杂,在表达方式上应当以说明为主,适当结合议论,说明文字用来表达决定的具体内容、事项与要求,而议论文字通常写于全文和每一部分、每一层次、每一段落之首,用来明确篇旨和段旨,起到表明观点、点出主旨的作用。表彰或处分性决定,更多的是使用说明文字,议论性文字使用得偏少,只是在讲到事情的性质、意义或影响时才涉及议论文字。

（三）运用准确的语言词汇

撰写决定必须紧紧把握发文主旨和会议中心议题，做到行文简洁，用语准确。决定中的观点一定要鲜明，文字要严谨、精练和准确无歧义，切忌模棱两可、含糊不清和令人费解。语言表达重在统一思想认识，做出行动安排，提出行动要求，便于下级机关及群众遵照执行。

（四）选用客观真实的材料

决定中的材料包括理论依据和事实依据。这些材料一定要真实客观，具有可信度。一是决定的内容一定要实事求是，符合实际情况，切不可凭杜撰和空想来罗列材料。二是决定的内容，必须符合党和国家的方针、政策、法律、法规或组织章程，不能出现违反现行法律法规和政策的内容。三是决定一定要注意到政策的连续性。新的决定应该是过去同类文件的继续和发展，要能够对社会发展和社会进步等起到促进作用。

（五）规范文体的适用

决定是权威性较强的文种，因此，在使用中一定要规范。要避免小题大做，人为地强调某件事的重要性，滥用"决定"行文，把本来一般事项或行动升格为重要事项或行动，失去了公文的严肃性。要避免随意误用，把本来可以用"通报"表扬、批评的事项，写进"决定"；只有在有关法规、规章及条例、条令中有明确规定的奖惩事项，才可用"决定"行文。此外，一般性的表扬先进、批评错误的决定用"通报"。

思　考　题

1. 决定的含义与特点是什么？
2. 决定的格式包括哪些内容？
3. 决定的分类有哪些？
4. 决定写作的基本要求有哪些？

第七章 公 告

第一节 公 告 概 述

一、公告的含义

公告是向国内外宣布重要事项或法定事项的行政公文。它有广泛的公开性,是普发性公文。公告多由国家级领导机关发布,某些法定机关、被授权的部门也可发布公告,基层机关不能制发公告。

公告作为一种公文文种,与《现代汉语词典》中对公告的释义"向公众发出的通告"有所不同。作为公文的"公告",有明确而特定的含义,它是向国内外宣布重要事项或法定事项,庄重严肃,切忌滥用。

二、公告的特点

(一)公开性

公告是通过新闻媒体(报纸、电台、电视台)公开向国内外宣布的,其目的就是让国内外周知,无须保密。

(二)广泛性

公告的广泛性一是指范围广泛,有必要让国内外所有公众了解的事项,其影响遍及世界范围。二是指对象广泛,公告没有特定的对象,发公告的机关与被告知对象一般没有隶属关系,对象不受身份、职业的限制,面向国内外的公众。三是指发布方式广泛,公告一般在报纸上公布,或通过广播、电视等现代传媒发布。

(三)庄重性

公告宣布的事项分量重大,性质突出,庄严凝重,为全世界所关注,需要郑重知照,其内容和形式都是庄重而严肃的。具体表现在两个方面。一是公告发布机关级别很高,一般由国家最高权力机关和管理机关如全国人民代表大会及其常务委员会,国务院及其各部门,根据授权可发布公告的如新华社,以及各省、直辖市、自治区人民代表大会及其常务委员会等。二是内容涉及重要事项或者法定事项,如颁布宪法,公布国家领导人的重大国事活动和外交活动,公布国家主要领导人的健康状况,发布国家重大科研成果以及发射洲际导弹等。由于发布机关级别很高,内容又十分重要,因此必然体现出庄重和严肃性。

(四)单一性

公告的用法是"一文一事",不能将几件事放在同一公告中宣布。

(五)限定性

公告只能由全国人大及其常委会、国务院、中央军委、最高人民检察院、最高人民法院、财政部、外交部等单位制发,基层单位及其领导人不能使用。有时国家也可以授权某些部门,如海关、新华社等发布公告,如"新华社授权公告"。

第二节　公告的格式

公告的格式由标题、正文和落款三部分组成。

一、标题

公告的标题有以下四种形式。

(1) 由"发文机关＋事由＋文种"组成。如《中国银行业监督管理委员会关于〈中华人民共和国外资银行管理条例实施细则〉公布后有关问题的公告》(银监发〔2006〕82 号)。

(2) 由"发文机关＋文种"组成。如《中华人民共和国国务院公告》。

(3) 由"事由＋文种"组成。如《关于证券市场交易结算资金监控系统有关事项的公告》(证监会公告〔2010〕6 号)。

(4) 由文种"公告"组成。

如果同一事件连续公告,则依次编制文号,在标题之下标注"第×号"等;同一事件只发一次公告的,则不用文号。

二、正文

公告和其他文种的最大不同是没有主送机关。一般公文的阅读范围有限,无论是上行文还是下行文,都有主送机关,而公告则不同,它要知照的是国内国外所有的人,只需在新闻媒介上刊播就行了。

公告的正文分为开头、主体和结尾三部分。

(1) 开头。概括地写出发布公告的目的、根据或原因。多数公告全文短小,引据部分用一二句说明即可;有的公告篇幅大些,引据部分所用文字可根据实际需要行文,还可用"现公告如下"引起下文。

(2) 主体。写清何时、何地、何机关做出何种重大决定,或发生了什么重大事件。如果事情简单,可以不分段落,一气呵成;如果事项繁多,则可以分条列项,逐次写出。

(3) 结尾。常以规范性词语"特此公告"、"现予公告"结束全文。篇幅短小的公告也可以不写结尾。

三、落款

标明发布公告机关的全称。标题中出现发文机关名称的也可不写落款。成文时间可以写在文尾,也有居中标在标题下用圆括号括起的。重要的公告还可标明发布地点。

第三节　公告的分类

根据内容、作用和发布机关的不同,公告可以分为以下四类。

一、要事性公告

这是国家行政机关向国内外宣布重大事件、重要事项的公告,内容可以是政治、军事、经济等方面的。

[例文 1]

中华人民共和国国务院公告

（2008 年 5 月 18 日）

为表达全国各族人民对四川汶川大地震遇难同胞的深切哀悼,国务院决定,2008 年 5 月 19 日至 21 日为全国哀悼日。在此期间,全国和各驻外机构下半旗志哀,停止公共娱乐活动,外交部和我国驻外使领馆设立吊唁簿。5 月 19 日 14 时 28 分起,全国人民默哀 3 分钟,届时汽车、火车、舰船鸣笛,防空警报鸣响。

[例文 2]

中国银行业监督管理委员会
关于《中华人民共和国外资银行管理条例实施细则》公布后有关问题的公告

银监发〔2006〕82 号

国务院已于 2006 年 11 月 11 日公布《中华人民共和国外资银行管理条例》（以下简称《条例》）,《条例》将于 2006 年 12 月 11 日起施行。为配合《条例》的施行,中国银监会于 2006 年 11 月 24 日公布了《中华人民共和国外资银行管理条例实施细则》（以下简称《细则》）。现就《条例》、《细则》施行的有关事项公告如下:

一、自 2006 年 12 月 11 日起,取消对外资银行经营人民币业务的地域和客户对象限制。外资银行可以按照《条例》的相关规定,将人民币业务服务对象扩大至中国境内公民;外资银行在中国境内经营人民币业务没有地域限制。

二、已获准经营非外商投资企业人民币业务的外国银行分行,无须批准,在更换营业执照后,可将业务范围扩大至吸收中国境内公民每笔不少于 100 万元人民币的定期存款。具体操作程序是,外国银行报送由其董事长或者行长（首席执行官、总经理）签署致中国银监会主席的函,外国银行分行凭中国银监会出具的确认函办理营业执照变更手续。其他外国银行分行可按照《条例》、《细则》的规定申请经营《条例》第三十一条规定的人民币业务。外商独资银行、中外合资银行可按照《条例》、《细则》的规定申请经营《条例》第二十九条规定的人民币业务。

三、《条例》施行前设立的外商独资银行、中外合资银行、外国银行分行的注册资本或者营运资金未达到《条例》、《细则》规定的,在维持现有客户对象、业务范围不变的情况下,现有注册资本或者营运资金可以保持不变。如发生变更股东、扩大客户对象或者业务范围、增设网点等情形之一的,应当按照《条例》、《细则》有关注册资本或者营运资金的规定增资。

四、外国银行分行改制的由其总行单独出资的外商独资银行以及《条例》施行前设立的外商独资银行、中外合资银行应当于 2011 年 12 月 31 日前符合《中华人民共和国商业银行法》第三十九条第（二）项"贷款余额与存款余额的比例不得超过 75％"的规定。

五、外国银行分行改制的由其总行单独出资的外商独资银行以及《条例》施行前设立的外商独资银行、中外合资银行应当于 2009 年 12 月 31 日前符合《中华人民共和国商业银行法》第三十九条第（四）项"对同一借款人的贷款余额与商业银行资本余额的比例不得超过 10％"的规定;在宽限期内,外商独资银行、中外合资银行对一个企业及其关联企业的授信余额最高不得超过其资本的 25％。《条例》施行前原外国银行分行已经签约的、并转入外商独资银行的贷款可以在合同期内不适用于此项规定。

六、外国银行分行改制的由其总行单独出资的外商独资银行,应当按照中国银监会的规定,建立独立、完整的计算机信息管理系统。未能建立独立、完整的计算机信息管理系统的,应当在获准开业后两年内符合法规要求。

七、《条例》、《细则》施行后,外国银行代表处适用于《条例》、《细则》,不再适用于 2002 年 6 月 13 日中国人民银行公布的《外资金融机构驻华代表机构管理办法》。外商独资银行、中外合资银行不得设立代表处,《条例》施行前设立的外商独资银行代表处、中外合资银行代表处的监督管理参照《条例》、《细则》执行。外国银行将其在中国境内分行改制为外商独资银行的,该外国银行在中国境内已经设立的代表处可以保留不变,已经设立的总代表处应当在改制后的外商独资银行开业时完成关闭手续。其他外国银行总代表处应当在 2007 年 6 月 1 日前关闭,其职能转入该外国银行在中国境内被指定为管理行的外国银行分行。

八、《条例》施行前设立的为社会服务的非企业集团内独资财务公司、合资财务公司应当尽快完成转制或者关闭手续。中国银监会对其存续期间的管理参照《条例》、《细则》中有关外商独资银行、中外合资银行的规定执行。

九、中国银监会根据《条例》、《细则》的相关规定受理外资银行各项申请。外资银行在《条例》施行前提出的申请仍然有效,但需要按照《条例》、《细则》的有关规定补充相关资料。

十、《条例》施行前外国银行在中国境内同时设有外商独资银行和外国银行分行,或者同时设有中外合资银行和外国银行分行的,应当参照《条例》、《细则》的有关规定以及中国银监会的要求,调整在中国境内营业性机构的形式。

十一、外资银行尚未达到《条例》、《细则》新修订的其他有关监督管理规定的,应当在 2007 年 8 月 1 日前符合规定。

二○○六年十一月二十四日

二、法定性公告

这是用以向国内外宣布法定事项或颁布宪法、法律、法规而使用的公告。

[例文 3]

中华人民共和国全国人民代表大会公告

《中华人民共和国宪法修正案》已由中华人民共和国第十届全国人民代表大会第二次会议于 2004 年 3 月 14 日通过,现予公布施行。

中华人民共和国第十届全国人民代表大会第二次会议主席团
二○○四年三月十四日于北京

[例文 4]

中华人民共和国工业和信息化部公告
工产业〔2009〕第 44 号

根据《汽车产业发展政策》等有关规定,工业和信息化部制定了《新能源汽车生产企业及产品准入管理规则》,现予以发布,请有关单位遵照执行。

本规则自 2009 年 7 月 1 日起施行。本规则施行后,与本规则不一致的,以本规则为准。

工业和信息化部
二○○九年六月十七日

《新能源汽车生产企业及产品准入管理规则》(略)

三、政策性公告

凡国家行政机关向国内外发布方针、政策,均用此类公告。

[例文 5]

关于证券市场交易结算资金监控系统有关事项的公告
证监会公告〔2010〕6 号

为保护投资者合法权益,保障客户资金安全,我会决定建立证券市场交易结算资金监控系统(以下简称监控系统),授权中国证券投资者保护基金公司(以下简称保护基金公司)负责监控系统的建设、维护和日常管理工作。相关各单位要充分认识建设监控系统的重要性和紧迫性,保质、保量、按时完成监控系统建设和应用工作。现就有关事项公告如下:

一、关于监控系统外部测试阶段工作安排。监控系统外部测试将于 2010 年 3 月 1 日启动,经研究,确定中信建投证券有限责任公司、信达证券股份有限公司、安信证券股份有限公司为测试公司。上述 3 家证券公司应于 2010 年 4 月根据监控系统接口规范及数据传送指引完成传送系统的开发,完成链路测试、传输测试等联合测试准备,同时协调本公司指定商业银行同步完成相关工作。

二、关于监控系统试运行阶段工作安排。监控系统试运行将于 2010 年 7 月 1 日启动,注册地在北京的 16 家证券公司应于 2010 年 6 月根据监控系统接口规范及数据传送指引完成传送系统的开发,完成链路测试、传输测试等联合测试准备,同时协调本公司指定商业银行同步完成相关工作。

三、关于监控系统全面推广应用阶段工作安排。监控系统将于 2010 年 9 月 1 日开始全面推广应用,所有证券公司应于 2010 年 8 月底根据监控系统接口规范及数据传送指引完成传送系统的开发,完成链路测试、传输测试等联合测试准备,同时协调本公司指定商业银行同步完成相关工作。

四、各证监局负责督促辖区证券公司按期、保质落实监控系统建设任务。到期不能按要求报送数据的证券公司,将视为不符合报送信息准确、及时、完整的监管要求,由各证监局对相关证券公司采取相应的监管措施;保护基金公司定期报告证券公司落实监控系统建设的情况,作为分类评价的依据。

五、各证监局应协助证券公司督促指定商业银行按期、保质落实监控系统建设任务。对到期不能按要求报送数据、影响客户资金监控数据完整性的商业银行,监管部门将采取相应监管措施,各证券公司应建议客户将存管资金转移到已加入监控系统的商业银行。

六、保护基金公司负责制定并发布实施监控系统接口规范、数据报送须知等技术规范指引,及时提供给各证券公司和指定商业银行,并负责外部测试、试运行及全面推广应用的具体协调和组织工作。各相关单位应予以积极支持、配合。

中国证券监督管理委员会

二〇一〇年二月二十三日

[例文 6]

海关总署关于公布海关特殊监管区域有关管理事宜公告

总署公告〔2010〕22 号

为配合海关总署 2010 年第 10 号公告(以下简称 10 号公告)的实施,现将海关特殊监管区域有关管理事宜公告如下:

一、对已经被整合到国务院新批准设立的综合保税区或保税港区内的出口加工区、保税物流园区、保税区或保税物流中心,且已按照综合保税区或保税港区模式验收运作的,区(中心)内企业(包括双重身份企业)应按照保税港区或综合保税区企业编码规则重新设置企业编码(即经营单位十位数编码中的第 5 位为"6"),企业的类别维持不变,《注册登记证书》做相应变更;对已整合纳入综合保税区或保税港区,但尚未按照综合保税区或保税港区验收运作的,区(中心)内企业经营单位十位数编码保持不变,待验收运作后再按照上述规定进行变更。

二、自 2010 年 4 月 1 日起,企业按照《海关特殊监管区域进出口货物报关单、进出境货物备案清单填制规范》(见附件)填制相应单证,《海关总署关于增列海关监管方式代码和明确出口加工区进出境货物备案清单填制要求的通知》(署通〔2000〕747 号)同时废止。

三、自 2010 年 7 月 1 日起,海关对进出综合保税区、保税港区的货物实行电子账册(电子账册第一位标记代码为"H",以下简称 H 账册;减免税货物对应电子账册第六位标记代码为"D",以下简称 HD 账册)管理。海关在 2010 年 6 月 30 日前完成建立电子账册和导入数据等前期工作。

四、对 2010 年 6 月 30 日前已按照综合保税区或保税港区模式运作的保税物流中心,海关自 2011 年 1 月 1 日起对其进出境货物实行电子账册管理,海关在 2010 年 12 月 31 日前完成建立 H 账册、HD 账册和数据导入等工作。对于 2010 年 6 月 30 日之后纳入综合保税区或保税港区的保税物流中心,海关在综合保税区或保税港区验收后 6 个月内实行 H 账册、HD 账册管理,并完成建立 H 账册、HD 账册和数据导入等工作。

五、目前,部分已验收运作的保税港区、综合保税区,其进出境货物沿用了保税区管理模式下的监管方式代码"1234"、"2025"、"2225",为了保证平稳过渡,上述3个监管方式代码可以在保税港区、综合保税区继续并行使用至2010年6月30日,海关将在2010年7月15日前完成其报关单(备案清单)的结关手续。从2010年7月1日起保税港区、综合保税区企业不再使用保税区管理模式下的监管方式代码"1234"、"2025"、"2225"填报。

六、对于上述情况,在建立H账册和数据导入等工作中,监管方式代码"1234"项下进出区的货物比照监管方式代码"5034"项下进出区货物结转到H账册。在2010年7月1日前以监管方式代码"2025"、"2225"申报进出区的减免税货物,海关仍按原模式监管,不纳入HD账册管理。

特此公告。

附件:海关特殊监管区域进出口货物报关单、进出境货物备案清单填制规范

二○一○年三月三十日

海关特殊监管区域进出口货物报关单、进出境货物备案清单填制规范(略)

四、任免性公告

向国内外宣布人员职务任免事宜,采用此类公告。这类人员多系国家领导人,如国家主席和副主席。

[例文7]

中华人民共和国全国人民代表大会公告

第1号

第十届全国人民代表大会第三次会议于2005年3月13日选举胡锦涛为中华人民共和国中央军事委员会主席。

现予公告。

中华人民共和国第十届全国人民代表大会第三次会议主席团
二○○五年三月十三日于北京

第四节　公告写作的基本要求

(一)公告使用要规范

公告一般通过报纸、广播、电视等新闻媒体公布,不采取张贴形式。公告不用发文字号,也不列主送机关与抄送机关。公告由于发布机关级别特别高,涉及的内容又是国家重要事项或者法定事项,具有庄重性,因此不要随意制发,切忌滥用。

(二)公告用语要简练准确

公告的庄重性要求公告的语言要"文简而事白"、"文简而事丰",用词要简练准确,不宜过多地陈述意义,也不宜用夸张、比喻一类修辞手法,语气要较为平和,显示公告语言的庄重性。

(三)公告主题要集中正确

公告主题的集中性,是指要围绕一个基本观点来写,绝不可脱离主题而言它;要尽量避免多个观点在公告中出现,影响公告的严肃性和权威性。公告主题的正确性是指公告必须符合实际、符合党和国家的最高利益,符合人民的根本利益,符合历史发展的总趋势。公告面向国内外发布,涉及面广,影响大,因此,公告写作尤其要反复斟酌,谨慎行文。

（四）公告事项要准确具体

公告中的事项是公告内容的具体指向,是晓谕天下做什么和怎样做的。因此,要求事务部分务求准确,不能模棱两可、含混不清,务求具体,具有可操作性,不能笼而统之,只讲大概如何。

思　考　题

1. 公告的含义与特点是什么?
2. 公告的格式包括哪些内容?
3. 公告的分类有哪些?
4. 公告写作有哪些基本要求?

第八章 通 告

第一节 通告概述

一、通告的含义

通告是行政机关或企事业单位在一定范围内向人民群众或机关团体公布应当遵守或周知的事项时使用的行政公文。它有较强的专业性,多在特定范围内使用。

通告是属于法规性、政策性、知照性的公布性下行文种。从某种意义上讲,可以说通告是一种公开的直接面向群众的通知。通告的内容可以是某些政策法令方面的事项,也可以是一些十分具体的事务性事项。各级国家行政机关、团体、企事业单位都可发布通告。在实际工作中,往往是省级以下县级以上国家行政机关用得较多,一般来说,常在两种情况下使用通告:一是公布政策法令时使用;二是向社会公众公布应遵守事项的具体事务时使用。

二、通告的特点

通告是使用频率较高的文种。具体来说有以下特点。

（一）广泛性

所谓广泛性:一是指它的内容的广泛性,大到国家的政策法规,小到具体的换发牌照,都可以使用通告;二是指它使用对象的广泛性,从国家领导机关到基层地方政府都可使用通告;三是受文对象的不特定性,通告通常不是以文件形式下发到各有关机关和领导人,而是通过张贴、广播、电视、报纸、互联网等大众传播媒介,直接与广大人民群众接触,传播范围相当广泛。因此,"通告"通常不列特定的受文对象,但个别也会列受文对象。

（二）专业性

通告多在特定的范围内使用,用来公布一些具体专业事务或政策法规,往往涉及专业知识和专业术语。

（三）强制性

有些通告涉及的事项要求普遍遵守,如法规政策的通告就具有强制性和约束性,如果违反,将受到处罚。

第二节 通告的格式

通告的格式由标题、正文和落款三部分组成。

一、标题

通告的标题格式有以下四种。

(1) 由"发文机关＋事由＋文种"组成。如《北京市人民政府关于 2008 年北京奥运会开幕式当天放假的通告》。

(2) 由"发文机关＋文种"组成。如《国家粮食局通告》。

(3) 由"事由＋文种"组成。如《关于清理北京市社区街巷长期停放废旧汽车的通告》。

(4) 只写文种"通告"。

二、正文

通告的正文包括开头、主体、结尾三部分。

（一）开头

开头也称缘由，是发布通告的原因、根据，说明为什么发此通告。写通告要开门见山，简单明了，有的只有一句话。应该注意的是法规性通告必须写清法律法规依据，所列依据必须紧扣通告内容，不能牵强附会，否则通告就没有说服力。缘由的后面承启用语常用"通告如下"、"特作如下通告"等。

（二）主体

主体，即通告的具体事项或规定。要求写明通告事项的内容，内容比较简单、单一的，可不分条写；如果内容比较多，则应分条列项地写。总的要求就是要便于有关单位或个人了解和遵守。

（三）结尾

结尾也叫结语，一般为"特此通告"之类的用语，以示强调，提起注意。有些通告干脆不用结语，干净利落。

通告是对公众的，一般不用写抬头。

三、落款

落款包括署名和日期。

标题已有发文机关，并在标题下署上了日期的，可不用落款。如果标题没有发文机关，也没有日期，则落款处必须署上发文机关名称和日期。

第三节　通告的分类

根据内容和作用的不同，通告分为政策性法规通告和周知性通告两类。

一、政策法规性通告

在一定范围内，针对某一方面问题公布政策法规性或规范性意见，并提出相应要求，使行政机关、单位和个人广为周知并强制遵守。

［例文 1］

国家粮食局通告

国粮通〔2004〕3 号

《中央储备粮代储资格认定办法实施细则》已经国家粮食局局长办公会讨论通过，现予发布，自 2004

年12月1日起施行。

特此通告。

国家粮食局

二○○四年十一月二十三日

《中央储备粮代储资格认定办法实施细则》(略)

[例文2]

关于清理北京市社区街巷长期停放废旧汽车的通告

目前,北京市部分废旧汽车在社区、街巷胡同长期停放,不仅占用了公共资源,影响了道路畅通和城市环境,更是存在很多安全隐患。为了给市民群众提供更加便利和舒适的生活环境,依据《中华人民共和国道路交通安全法》、《报废汽车回收管理办法》、《物业管理条例》、《北京市市容环境卫生条例》和北京市居住小区机动车停车管理相关规定,现就有关事项通告如下:

一、请车辆停放人在本通告发布之日起7日内,自行清理长期停放于社区、街巷两侧的废旧汽车;逾期不清理的,城管执法机关将会同有关部门对相关车辆实施集中存放。

废旧汽车集中存放场所和车辆清单(http://www.bjcg.gov.cn/zt/fjqc/t20090602_259164.htm)详见首都之窗网站公告栏目。

二、已被通告的车辆,在通告期间,车辆停放人持有车辆权属证明等有效材料接受调查的,经属地城管执法机关会同有关部门核准后,不予集中存放。

相关车辆达到国家规定报废标准的,不得上道路行驶。车辆所有人应当及时将车辆交售给机动车回收企业,由机动车回收企业将报废的机动车登记证书、号牌、行驶证交公安机关交通管理部门注销。车辆所有人名下如果存在报废车辆,在未完成报废手续前,公安机关交通管理部门不予办理新购机动车注册登记。

三、通告期间届满,对已实施集中存放、无人认领的废旧汽车,城管执法机关在会同有关部门对车辆所有人和车辆基本情况核查后另行处理。其中,对涉及走私、盗抢、套牌、欠缴养路费的车辆,由有关部门严厉查处。

四、各有关单位和个人应当顾全大局、严格自律,积极配合政府部门做好社区、街巷长期停放废旧汽车的清理工作。

本通告自发布之日起施行。

北京市城市管理综合行政执法局

北京市公安局公安交通管理局

北京市住房和城乡建设委员会

二○○九年六月三日

二、周知性通告

只在向一定范围内的群众公布遵守事项的具体事务时使用,仅要求有关行政机关、单位和个人广为周知和遵照执行,多是一些一般性的事务性事项。

[例文3]

北京市人民政府关于2008年北京奥运会开幕式当天放假的通告

京政发〔2008〕37号

2008年8月8日晚8时,将举行第29届夏季奥林匹克运动会开幕式。经国务院批准,除保障国事活动、城市运行等必要的工作岗位外,在京中央和国家机关、企事业单位和社会团体,北京市机关、企事业单位和社会团体,8月8日放假一天;本市行政区域内其他社会组织,可根据实际情况自主安排。

为让全市人民分享奥运的欢乐,放假前各有关单位要及早做好准备,妥善安排各项工作,保证社会生产生活正常进行。希望广大市民进一步增强"平安奥运"意识,绿色出行,自觉维护社会公共秩序,展现良好的文明素质和精神风貌。

特此通告。

二○○八年八月五日

[例文 4]

关于阿房宫公园及市阿房宫养老公寓城市综合改造项目征地拆迁工作的通告

市政告字〔2009〕29 号

阿房宫公园及市阿房宫养老公寓城市综合改造项目是我市将要实施的民生项目。该项目的实施,对提高全市养老服务水平,打造城市宜居环境具有十分重要的意义。为确保项目顺利实施,现就项目征地拆迁有关事项通告如下:

一、阿房宫公园及市阿房宫养老公寓城市综合改造项目范围:西三环以东,阿房一路以南,西户铁路以北,红光路东凹里段南北两侧,涉及张万村、石家村、贺家村、东凹里村等。具体范围以规划定点图及测量成果表为准。由未央区政府组织实施征地拆迁工作。

二、在征地拆迁过程中,暂停办理房屋及其附属物的新建、改建、扩建及改变房屋的使用性质等手续,并停止新建、改建、扩建行为;暂停核发营业执照。不得突击种植苗木,抢栽、抢种的不予补偿。

三、阿房宫公园及市阿房宫养老公寓城市综合改造规划红线控制范围内,凡未经有关部门批准建设的建(构)筑物均属违法建设,所有人应积极服从项目建设需要,自本通告发布之日起,无条件自行组织拆除,并在规定时限内拆除完毕,不得干扰、阻挠正常的拆迁工作,否则将依法予以处理。

四、阿房宫公园及市阿房宫养老公寓城市综合改造规划控制红线范围内的单位、组织和个人要顾全大局,积极支持项目建设。相关街道办事处、村委会要与有关部门和单位密切配合,共同做好征地拆迁动员及组织实施工作。

五、阿房宫公园及市阿房宫养老公寓城市综合改造征地拆迁工作,接受群众、社会的监督,如发现违法事实,请公民、法人及其他组织向政府有关部门反映。举报电话:029—86264439。

西安市人民政府

二○○九年九月三十日

第四节 通告写作的基本要求

通告庄重严肃,应用广泛,要写好通告还要注意以下要求。

一、熟悉有关政策法规

通告虽是任何单位在自己职权范围内发布,但不能任意发布。撰写者只有熟悉有关政策和法规,把有关政策和法规作为行文依据,才能使通告具有行政约束力。

二、语言要简明准确

通告的事项,要写得简明准确,不能含糊不清,否则就难以使一定范围内的有关单位和人员遵守或周知。

三、内容要通俗易懂

由于通告专业性较强,可以适当运用专业性的名词术语,但要通俗易懂,让人们容易理解。此外,通告包含有请求理解、配合和支持的意思,因此措辞口气要较为和缓。

四、注意与公告的区别

通告与公告都是告知性公文,都有公开、广泛等共同特点,但它们也有明显的区别。

(一)内容轻重不同

公告的内容通常是重要事项或法定事项。通告内容的重要程度一般比不上公告,而且多是业务工作方面的。因此,通告的使用频率要比公告高得多。

(二)告知对象不同

公告的告知对象是广泛的,是"向国内外宣布";通告的告知范围就小得多,为社会各有关方面。

(三)发文机关不同

通告的内容是一般事项,所以发文单位比较广泛。党政机关、企业事业单位、人民团体都可发布通告。公告的发文机关级别较高,多由国家机关发布。相比之下,通告的发文机关要比公告广泛得多。

(四)发布方式不同

一般来说,公文是用文本形式印发的,而公告、通告的发布形式比较特殊,如公告还可用登报、广播的形式。通告,除可用文本形式印发外,还可张贴或登报。

思 考 题

1. 通告的含义与特点是什么?
2. 通告的格式有哪些?
3. 通告的分类有哪些?
4. 通告写作有哪些基本要求?

第九章 通 知

第一节 通 知 概 述

一、通知的含义

通知是批转下级机关的公文,转发上级机关和不相隶属机关的公文,传达要求下级机关办理和需要有关单位周知或者执行的事项,以及任免人员时使用的一种公文。

通知具有传达、指示、部署、知照、转发批转公文等多方面作用,主要是下行文,但也可在同级行政机关、不相隶属行政机关之间作为平行文使用,是一种使用范围较广、频率较高、较为灵活的公文。

两个以上机关就同一事项发出的通知称为联合通知。需要上级单位了解通知内容时,可用抄报的形式告知。通知对受文者有较强的约束力和强制性,因此,政策性要强,规定的事项要写得明确、具体,应采取的办法、措施也要写得切实可行,以便下级单位贯彻执行。

二、通知的特点

(一) 指导性

通知可用于平行文,但多数是用于下行文,不用于上行文(需报上级的可用抄送方式)。凡不适宜使用命令、指示形式安排任务、布置工作的,可采用通知,以达到安排工作、布置任务的目的。因此,它的指导性是明显的。

(二) 广泛性

通知的使用范围很广泛。在内容方面,大到全国性的重大活动安排部署,小到机关内部的日常事务,都可使用通知。在发文机关方面,不受发文机关与受文者的级别限制,上至最高的行政机关,下至基层单位,都可以使用通知,对下级机关、不相隶属的机关、广大群众也可使用通知。可以说,在所有公文中,通知是使用频率最高、适用范围最广的一种。

(三) 时效性

通知只能在一定的时间内产生效力,有些需要注明,如要求受文者在规定的时间内完成;有的不需注明,大家自会明白,如召开会议的通知,谁都清楚一旦会议结束,其效力自然消失。

(四) 周知性

通知属于发布性公文,即知照文告。通知用于传达信息、告知事项,或要求办理、遵照执行,因此,具有周知性。但它针对的对象是有特定范围的,一般限于有关单位有关人员,所以又叫它"限知性"公文。

(五) 不确定性

通知在行文方向上具有不确定性。通知多为上级机关向下级机关的行文,因此属于下行文。但在平级单位和不相隶属单位之间，必要时也可用通知行文，这时通知具有平行性。具有平行性的通知不带指导性，只表述告知性内容。

第二节 通知的格式

通知的格式一般由标题、主送机关、正文和落款四部分组成。

一、标题

通知的标题格式有以下三种组成形式。

（1）由"发文机关＋事由＋文种"组成。如《食品药品监管局关于印发〈医疗器械应急审批程序〉的通知》（国食药监械〔2009〕565号）。

（2）由"事由＋文种"组成。如《关于召开视频培训动员会暨汛期地质灾害防治管理知识培训班的通知》

（3）只写文种"通知"。

根据特殊情况和具体需要，在文种"通知"前，加程度词，如"联合通知"、"紧急通知"、"补充通知"等。

如是印发、批转、转发性通知，则应在标题中标明是"印发"或"批转"或"转发"。

在拟制转发性通知的标题时，要注意标题过长过繁的问题，如《××市人民政府办公室转发〈××省人民政府办公厅转发〈国务院办公厅关于贯彻执行国务院"关于解决企业社会负担过重的若干规定"中有关问题的通知〉的通知〉的通知》，这种标题，这是形式主义、文牍主义病症并发的典型表现，要注意克服。克服的办法有两种：一是在"转发"二字后面，直接采用第一发文机关的标题名称，如《转发国务院〈关于解决企业社会负担过重问题的若干规定〉的通知》；二是不采用"关于……关于"和"通知……通知"的句式，而在标题中直接概括文件的基本观点，如《转发国务院"关于解决企业社会负担过重问题"文件的通知》。

二、主送机关

主送机关即受文对象，它可以是一个，也可以是几个，还可以是所有下属单位。书写位置在第二行或第三行，顶格写，主送单位后边加冒号。通知的主送单位，一般有两种写法。一种是主送单位一个或两三个，这种情况，可将几个单位的名称全部写上。另一种是主送机关很多，属于普发文件，这种情况采用概括的写法，如国务院发文可写成"各省、自治区、直辖市人民政府，国务院各部委、各直属机构"，省政府发文可写成"各市、地人民政府，省直各厅局"等。

三、正文

通知的正文，因种类不同，在格式和写法上有所差别。一般由通知缘由、通知事项、执行要求三部分组成。

（一）通知缘由

说明发通知的原因、目的或根据。一般以简明扼要的文字写发该通知的原因、必要性,然后用承启用语"特作如下通知"、"现将有关事项通知如后"、"特紧急通知如下"等转入通知事项部分。

（二）通知事项

主要部署工作任务,阐述工作意见、措施、办法以及需要注意的问题。一般以分段式或分条列项写,要求写得具体明确,条理清楚,以便下级贯彻执行。

（三）执行要求

是正文的结尾。一般以"以上通知,望认真执行"、"特此通知,请认真贯彻执行"、"本通知自发布之日起实行"等惯用语结尾。

四、落款

落款包括发文行政机关(印章)和成文日期。一般应标注发文机关名称,并在下一行写上发文日期。也有的通知在标题中标注了发文机关,可只标注日期,而不再标注发文机关。

第三节　通知的分类

从性质和内容上划分,通知大体可以分为发布性通知、转发性通知、批转性通知、指示性通知、知照性通知、会议通知、任免通知和一般性通知等几类。

一、发布性通知

这类通知在国家机关发布(或废止)有关法规和条例、规定、办法、实施细则等规章和发布有关重要文件时使用。这类通知的正文一般都比较简短而精练,由制订原因、被发布(或废止)文件的名称和执行要求等三部分组成。被发布(或废除)的文件通知以通知附件的形式一并下达给有关单位执行。

[例文 1]

食品药品监管局关于印发《医疗器械应急审批程序》的通知

国食药监械〔2009〕565 号

各省、自治区、直辖市食品药品监督管理局(药品监督管理局):

为有效预防、及时控制和消除突发公共卫生事件的危害,确保突发公共卫生事件应急所需医疗器械尽快完成注册审批,我局组织制定了《医疗器械应急审批程序》,现印发给你们,请遵照执行。

食品药品监管局

二〇〇九年八月二十八日

《医疗器械应急审批程序》(略)

二、转发性通知

这类通知一般是对上级机关、同级机关或不相隶属机关发来的公文,需要下属单位知晓或执行时使用。转发性通知的正文通常由转发公文的名称、转发要求两部分组成,有时还有对被转发公文的评议和转发的目的,甚至还可以根据实际制定一些贯彻措施和补充规定。被转发文件一定要作为通知的附件发给受文者。这类通知的受文单位一般是下属单位,所以往往不用受文机关名称。

[例文 2]

国务院办公厅转发中国残联等部门和单位
关于加快推进残疾人社会保障体系和服务体系建设指导意见的通知

国办发〔2010〕19 号

各省、自治区、直辖市人民政府,国务院各部委、各直属机构:

中国残联、教育部、民政部、人力资源和社会保障部、卫生部、中央宣传部、发展改革委、科技部、司法部、财政部、住房和城乡建设部、交通运输部、工业和信息化部、文化部、人民银行、扶贫办《关于加快推进残疾人社会保障体系和服务体系建设的指导意见》已经国务院同意,现转发给你们,请结合实际,认真贯彻执行。

国务院办公厅

二〇一〇年三月十日

《关于加快推进残疾人社会保障体系和服务体系建设的指导意见》(略)

三、批转性通知

批转性通知和转发性通知一样,是将公文转达有关单位执行贯彻的一种通知。只不过转发性通知是在转达上级机关、同级机关或不相隶属机关的公文时使用。批转性通知是批准下级机关的公文,再转发给下级机关或有关单位贯彻执行时使用。所以"转发"和"批转"是两种不同的概念,在写通知时切不可混用。批转性通知的正文一般由批准转发公文的内容和执行要求两部分组成。未经"同意"或"批准"的公文不能批转,可用"批复"等形式处理。如公文在"批转"时有增加的内容时,就用较具体的"批准通知"发布,批转的文件随"批准通知"附送。

[例文 3]

国务院批转发展改革委等部门
关于抑制部分行业产能过剩和重复建设引导产业健康发展若干意见的通知

国发〔2009〕38 号

各省、自治区、直辖市人民政府,国务院各部委、各直属机构:

国务院同意发展改革委等部门《关于抑制部分行业产能过剩和重复建设引导产业健康发展的若干意见》,现转发给你们,请认真贯彻执行。

为应对国际金融危机的冲击和影响,党中央、国务院审时度势,及时制定和实施了扩大内需、促进经济增长的一揽子计划。按照"保增长、扩内需、调结构"的总体要求,出台了钢铁等十个重点产业调整和振兴规划,在推动结构调整方面提出了控制总量、淘汰落后、兼并重组、技术改造、自主创新等一系列对策措施,各地也相继出台了一些扶持产业发展的政策措施。目前,政策效应已初步显现,企业生产经营困难情况有所缓解,产业发展总体向好。但从当前产业发展状况看,结构调整虽取得一定进展,但总体进展不快,各地区、各行业也不平衡。不少领域产能过剩、重复建设问题仍很突出,有的甚至还在加剧。特别需要关注的是,不仅钢铁、水泥等产能过剩的传统产业仍在盲目扩张,风电设备、多晶硅等新兴产业也出现了重复建设倾向,一些地区违法、违规审批,未批先建、边批边建现象又有所抬头。

对于部分行业出现的产能过剩和重复建设,如不及时加以调控和引导,任其发展,市场恶性竞争难以避免,经济效益难以提高,并将导致企业倒闭或开工不足、人员下岗失业、银行不良资产大量增加等一系列问题,不仅严重影响国家扩大内需一揽子计划的实施效果和来之不易的企稳向好的形势,而且将错失利用国际金融危机形成的市场形势推动结构调整的历史机遇。

各地区、各部门要根据本通知精神,切实把思想和行动统一到党中央、国务院的决策部署上来,认真贯彻落实科学发展观,进一步增强大局意识、责任意识和忧患意识,在保增长中更加注重推进结构调整,坚持产业政策导向,严格执行环境监管、用地管理、金融政策和项目投资管理有关规定,将坚决抑制部分行业产能过剩和重复建设作为结构调整的重点工作抓紧抓好。要大力发展符合市场需求的高新技术产业和服务业,把握好调整的方向、力度和节奏,切实转变经济发展方式,提高经济发展的质量和效益,促进经济社会全面协调可持续发展。

国 务 院

二〇〇九年九月二十六日

《关于抑制部分行业产能过剩和重复建设引导产业健康发展的若干意见》(略)

四、指示性通知

指示性通知通常是上级机关对下级布置任务、指示和安排时使用。这类通知的内容一般较具体,不宜用"命令"或"指示"等文种发布。所以其篇幅一般较长,且有较详细的条文。这是一种下行文,有较强的约束力。其正文通常由通知原由、通知内容和执行要求等三部分组成。

[例文 4]

国务院办公厅关于继续深入开展"安全生产年"活动的通知

国办发〔2010〕15 号

各省、自治区、直辖市人民政府,国务院各部委、各直属机构:

2009 年,各地区、各部门和各单位认真贯彻落实党中央、国务院的重要部署,组织开展了"安全生产年"活动,积极推进安全生产执法、治理和宣传教育行动(以下简称"三项行动"),加强安全生产法制体制机制、安全保障能力和安全监管监察队伍建设(以下简称"三项建设"),安全生产工作取得新的进展。但是,全国安全生产形势依然严峻,非法违法、违规违章问题仍然十分严重,安全生产基础仍然薄弱,安全管理不严不实等问题在一些地方和单位还比较突出。为进一步加强安全生产工作,经国务院同意,现就继续深入开展"安全生产年"活动有关事项通知如下:

一、总体要求

深入贯彻落实科学发展观,坚持安全发展理念,继续深入开展"安全生产年"活动,以预防为主、加强监管、落实责任为重点,深化"三项行动"和"三项建设",促进各类生产安全事故继续下降,有效遏制重特大事故的发生,实现全国安全生产形势持续稳定好转。

二、突出预防为主,着力做好事故防范

(一)完善事故防范制度。

……

(二)深化安全专项整治。

……

(三)推进煤矿瓦斯防治和整顿关闭。

……

三、突出加强监管,继续严厉打击非法违法生产经营行为

(一)加强监督检查。

……

(二)加大执法力度。

……

四、突出落实责任,严格安全问责制度

(一)严格落实企业安全生产主体责任。

……

（二）严格落实地方各级政府安全监管责任。

......

（三）严格落实部门安全监管职责。

......

（四）严格安全目标责任考核。

......

五、加强宣传教育和队伍建设，提高人员安全素质

（一）继续开展安全培训教育。

......

（二）加强安全宣传工作。

......

（三）加强安全监管监察队伍建设。

......

六、加强安全基础工作，不断提高安全保障水平

（一）加大安全投入。

......

（二）坚持"科技兴安"战略。

......

（三）加强企业安全生产规范化建设。

......

（四）做好应急救援工作。

......

（五）完善法律法规和政策措施。

......

七、加强组织协作，推进安全生产综合治理

（一）完善协调联动工作机制。

......

（二）加强安全生产工作的组织实施。

......

国务院办公厅

二〇一〇年二月十五日

[例文5]

国务院办公厅关于切实解决企业拖欠农民工工资问题的紧急通知

国办发明电〔2010〕4号

各省、自治区、直辖市人民政府，国务院各部委、各直属机构：

最近在一些地区接连发生因企业特别是建设领域企业拖欠农民工工资引发的群体性事件，严重影响社会稳定。党中央、国务院对此高度重视，要求各地区、各有关部门和单位加大工作力度，切实解决企业拖欠农民工工资问题。经国务院批准，现紧急通知如下：

一、各地区、各有关部门要进一步统一思想认识，从维护社会稳定大局的高度，把解决企业拖欠农民工工资问题作为当前一项重要而紧迫的任务抓紧抓细，确保各项措施落到实处。按照属地管理、分级负责、谁主管谁负责的原则，进一步明确地方各级人民政府和有关部门的责任，省级人民政府负总责。

......

二、深入开展农民工工资支付情况专项检查，切实维护农民工的合法权益。地方各级人民政府要在

普遍检查的基础上,集中力量重点解决建设领域企业拖欠农民工工资问题。要抓紧组织对本行政区域内所有在建工程项目支付农民工工资情况逐一排查,发现拖欠工资问题或欠薪苗头及时督促企业妥善解决;对反映投诉的建设领域工资历史拖欠问题,也要认真加以解决。

……

三、督促企业落实清偿被拖欠农民工工资的主体责任。各类企业都应依法按时足额支付农民工工资,不得拖欠或克扣。建设工程承包企业追回的拖欠工程款应当优先用于支付被拖欠的农民工工资。

……

四、加大力度解决建设领域拖欠工程款问题。对于政府投资的工程项目已拖欠的工程款,要由本级政府限期予以清偿;涉及拖欠农民工工资的,先行垫付被拖欠的工资。对于房地产开发等项目已拖欠的工程款,要督促建设单位限期还款;涉及拖欠农民工工资的,先行垫付被拖欠的工资;对不具备还款能力的项目,可采取资产变现等措施筹措还款资金。

……

五、加快完善预防和解决拖欠农民工工资工作的长效机制。地方各级人民政府及有关部门要抓紧完善企业工资支付的法规和政策,建立健全企业劳动保障守法诚信制度、工资支付监控制度,完善工资保证金制度,强化劳动保障监察执法,切实保障农民工工资按月足额支付。

……

六、地方各级人民政府要进一步健全应急工作机制,完善应急预案,及时妥善处置因拖欠农民工工资问题引发的群体性事件,坚决防止事态蔓延扩大。

……

各省(区、市)人民政府要在春节前组织开展专项督查,人力资源和社会保障部会同解决企业工资拖欠问题部际联席会议成员单位进行重点督查。对监管责任不落实、工作不到位以及政府投资工程项目拖欠工程款导致拖欠工资问题引发严重群体性事件的,要对直接责任人员和有关领导实行责任追究。

国务院办公厅

二〇一〇年二月五日

五、知照性通知

向有关单位告知某件事件,交代有关事项,不需要办理或执行时,使用知照性通知。这类通知一般在公布机构成立(或撤销)启用印章或重申机关的职权范围等时使用,行政约束力较弱。

[例文 6]

国务院关于设立国务院食品安全委员会的通知

国发〔2010〕6号

各省、自治区、直辖市人民政府,国务院各部委、各直属机构:

为贯彻落实食品安全法,切实加强对食品安全工作的领导,设立国务院食品安全委员会,作为国务院食品安全工作的高层次议事协调机构。现将有关事项通知如下:

一、国务院食品安全委员会的主要职责

分析食品安全形势,研究部署、统筹指导食品安全工作;提出食品安全监管的重大政策措施;督促落实食品安全监管责任。

二、国务院食品安全委员会的组成人员

主　　任:李克强　国务院副总理

副主任:回良玉　国务院副总理

　　　　王岐山　国务院副总理

委　　员：尤　权　国务院副秘书长

刘铁男　国家发展改革委副主任

张来武　科技部副部长

李毅中　工业和信息化部部长

黄　明　公安部副部长

王　军　财政部副部长

……

三、国务院食品安全委员会的办事机构

国务院食品安全委员会设立国务院食品安全委员会办公室，具体承担委员会的日常工作。

国务院

二○一○年二月六日

六、会议通知

会议通知是常见的通知类型，以召开某次会议的有关事项为内容，一般包括会议名称、主持单位、会议内容、起止时间、参加人员、会议地点、报到事宜及有关要求等。具有保密性质的会议，其通知的内容可作部分省略。会议通知必须提前发布，发布的形式视受文范围而定，可通过报纸等发布，也可通过函发，甚至直接在黑板上发布。通知的时效性最强，函送时一般要注明"会议通知，即到即送"、"紧急"等字样。

[例文 7]

关于召开视频培训动员会暨汛期地质灾害防治管理知识培训班的通知

各省、自治区、直辖市国土资源厅（国土资源环境厅、国土资源局、国土资源和房屋管理局、房屋土地资源管理局），计划单列市国土资源行政主管部门，新疆生产建设兵团国土资源局，各派驻地方的国家土地督察局，中国地质调查局及部其他直属单位，部机关各司局：

为深入学习实践科学发展观，进一步解放思想，改革创新，探索符合科学发展观要求的干部培训工作的新路，提高培训效率，降低培训成本，方便培训对象，解决工教和工学矛盾，国土资源部决定改变以往传统举办培训班的形式，除中组部委托举办的市长研讨班等特定班次外，部办其他培训班则充分利用部视频会议系统举办。经研究，决定召开视频培训动员会暨汛期地质灾害防治管理知识培训班。现就有关事项通知如下：

一、会议和培训时间

2008 年 5 月 14 日（星期三），会议及培训时间为一天。

二、会场安排

（一）主会场

设在北京国土资源部机关 B103 会议室。

（二）分会场

设在各省（区、市）国土资源厅（局）视频会议室，有条件的市、县国土资源局视频会议室可设分会场。

三、参加人员

（一）主会场

1. 国土资源部部领导；

2. 部机关各司局、中国地质调查局及部其他直属单位、国家土地督察北京局领导各 1 人；

3. 地质环境司、人事教育司、中国地质调查局水环部、中国地质环境监测院等有关人员；

4. 部分在京新闻单位记者。

（二）各省（区、市）分会场

1. 各省（区、市）国土资源厅（局）、计划单列市国土资源行政主管部门、新疆生产建设兵团国土资源局、各派驻地方的国家土地督察局领导各1人。

2. 各省（区、市）国土资源厅（局）、计划单列市国土资源行政主管部门、新疆生产建设兵团国土资源局职能处室负责同志各1人。

3. 各省（区、市）国土资源厅（局）、计划单列市国土资源行政主管部门、新疆生产建设兵团国土资源局人事教育主管处室的工作人员，厅（局）地质灾害防治管理人员和技术人员，包括地质环境处和省地质环境总站等人员。

4. 相关省地质灾害多发的市、县的基层管理人员和技术人员，具体参加培训人员由省（区、市）厅（局）根据实际情况确定，不具备视频会议条件的市、县可以由相关省（区、市）国土资源厅（局）组织到省（区、市）分会场参加培训。

四、会议议程和培训议程安排

第一阶段，由国土资源部党组成员王某某同志主持视频培训动员会并做讲话，请参会人员全体参加；第二阶段，开始汛期地质灾害防治管理知识培训，请地质灾害防治管理人员和技术人员参加。

1. 5月14日上午9:00—9:30，国土资源部党组成员王某某主持视频动员会并讲话；

2. 5月14日上午9:40—12:00，国土资源部地质环境司司长姜某某讲解地质灾害防治管理工作，答疑及互动交流；

3. 5月14日下午14:00—15:50，中国地质环境监测院副总工程师刘某某讲解地质灾害监测预警，答疑及互动交流；

4. 5月14日下午16:00—17:00，请山西、浙江、福建、湖南、四川、陕西（发言顺序）等省做经验交流发言；

5. 5月14日下午17:00—17:20，国土资源部地质环境司副司长柳某做培训班小结。

五、有关事项

山西、浙江、福建、湖南、四川、陕西等省交流经验在各自分会场发言，发言时间不超过10分钟。请各省（区、市）国土资源厅（局）负责落实当地分会场和参会人员，并将各单位参加会议人员的姓名、职务于5月13日12:00前报国土资源部人事教育司。

联系人：×××、×××

联系电话：010—66558511、66558315

传真：010—66558510、66558316

国土资源部信息中心负责会议视频网络的连通，将于5月12日上午8:00时开始联调。

部视频系统联系人：×××

联系电话：010—66558662、66558121

国土资源部办公厅

二〇〇八年五月八日

七、任免通知

任免通知是上级机关任免下级机关的领导人或上级机关的有关任免事项需要下达，而不宜用任免命令时使用的一种公文文种。通常用来任免机关一般干部和基层领导干部。这种通知写法比较简单，正文一般由任免事由和任免内容两部分组成。任免内容要简明具体，任免人员的姓名和具体职务要写清楚，如是上级机关或党政会议做出的任免决定，通知时应写明文件依据。

[例文 8]

关于澳门特别行政区第三届政府陈丽敏等 10 人任职的通知

国人字〔2009〕90 号

澳门特别行政区政府：

依照《中华人民共和国澳门特别行政区基本法》的有关规定，根据澳门特别行政区第三任行政长官崔世安的提名，国务院 2009 年 11 月 23 日决定，任命澳门特别行政区第三届政府下列主要官员和检察长：

任命陈丽敏(女)为行政法务司司长；

任命谭伯源为经济财政司司长；

任命张国华为保安司司长；

任命张裕为社会文化司司长；

任命刘仕尧为运输工务司司长；

任命冯文庄为廉政公署廉政专员；

任命何永安为审计署审计长；

任命白英伟为警察总局局长；

任命徐礼恒为海关关长；

任命何超明为检察院检察长。

国 务 院

二〇〇九年十一月二十三日

八、一般性通知

除上述各类通知外，还有关于一般事项的通知，叫做一般性通知。这类通知用途较广，一般由基层单位发布，通知内容比较单一、具体。

[例文 9]

广东省交通厅关于规范机动车驾驶培训教练车标识的通知

粤交运〔2009〕770 号

(自 2009 年 8 月 11 日起施行)

各地级以上市交通局(委)：

为保障道路交通安全，进一步加强对教练车的有效监管，规范机动车驾驶培训的教学行为，根据《机动车驾驶员培训管理规定》(交通部令 2006 年第 2 号)有关规定，结合本省实际，经商省公安厅、省工商局达成一致，省政府法制办审查同意，决定统一规范全省机动车驾驶培训教练车的标识。具体事项通知如下：

一、教练车标识说明

教练车辆按不同车型分顶、中、底三部分，分别喷涂银色、枣红、橘黄三种颜色，车辆前、后粘贴(或喷涂)"教练"字样。具体是：

(一)教练车的顶部(即车身玻璃窗以上部分，包括倒车镜外壳)，统一喷涂银色；车辆保险杠以上至车顶以下中间部分，统一喷涂枣红色；车辆保险杠(车灯以下)部分，统一喷涂橘黄色。色标号及各种车型的效果图见附件。

(二)轿车型教练车在发动机盖居中位置，统一粘贴(或喷涂)"教练"两个白色黑体字，字体大小为 30 cm×30 cm；发动机内置型教练车(平头车)，统一在前挡风玻璃下方居中合适位置粘贴(或喷涂)"教练"两个白色黑体字，字体大小为 25 cm×25 cm。各型教练车的尾部，统一粘贴(或喷涂)具有荧光效果的"教练"两个白色黑体字，字体大小为 18 cm×18 cm。

（三）教练车的左右前门外表统一喷涂驾培机构的简称、标志与当地行业管理部门的监督电话。具体由各地级以上市交通主管部门（道路运输管理机构）规范统一。

二、方法步骤

（一）清理登记。为了维护教练车标识的严肃性，确保全省驾培行业教练车标识规范统一，请各地级以上市交通主管部门于 2009 年 8 月 31 日前对辖区内驾培机构的教练车进行一次清理登记，对照驾培机构所属教练车的档案、实车，逐一进行核对，符合条件的教练车准予登记备案。

（二）确定教练车标识色版及字样标准。各地级以上市交通主管部门按照本通知要求，确定标识图样色版、字样及验证标准，并于 2009 年 8 月 31 日前公告辖区内各驾培机构。

（三）驾培机构自主选择喷涂企业标喷教练车标识。各驾培机构按照交通主管部门确定的标识图样色版、字样及验证标准，可在当地自主选择喷涂企业对已经交通主管部门登记备案的教练车标喷标识，并接受交通主管部门对教练车标识的验证。

标喷教练车标识工作于 2009 年 12 月 31 日结束。

（四）通报公安交警部门。各市交通主管部门于 2009 年 12 月 31 日前将已取得教练车标识的教学车辆相关数据资料通报当地公安交警部门。

三、其他事项

（一）教练车标识效果图，可登录"广东交通公众网"（www.gdcd.gov.cn）或"广东省道路运输管理信息网"（www.gdcd.gov.cn/dlys）查阅。

（二）标喷教练车标识所需费用，由驾培机构自行解决。

附件：广东省教练车标识效果图

广东省交通厅

二〇〇九年八月十一日

广东省教练车标识效果图（略）

第四节　通知写作的基本要求

通知虽是应用广泛的一种文种，但并不意味着很容易写，要写好通知必须把握以下要求。

（一）要讲求实效，切忌滥发通知

"通知"使用频率较高，滥用情况也时有所见。一是超越职权范围，给不相隶属的机关发文。如某市工商行政管理局给在该市的高等院校（包括中央部属和省属院校）发通知，限定某月某日到该局开会，并要带上指定的材料。这实际是越权的行为，有什么事要商洽，发个函就可以了。二是混淆公文与事务文书的界限，如有的把向公众告晓的"启事"等写成"通知"。三是不分上下左右随意发通知。"通知"属下行文，主送单位是下级机关，平行或不相隶属的机关需要了解的，可用"抄送"形式，对上级不能下"通知"。四是有时与"通告"混淆，把有些本应是"通告"的写成通知，或者反过来。因此认真辨析"通知"与"通告"是很有必要的。从受文对象看，"通知"的对象一般是机关，"通告"的对象是社会公众。从行文要求看，"通知"要求周知或执行，"通告"则主要是要求遵守或周知。从公文的意义上看，"通告"的事项具有普遍意义，而"通知"的事项只局限于受文机关的知照或执行，是"限知性"公文。由于发布通知是要求所属机关单位贯彻执行或周知的，其目的在于指导和推动工作的深入开展，因此，要特别注意发布的必要性，讲求实效，严禁随意滥发，严格控制发文的数量，做到量度适中。实践中，有些机关不分巨细，逢事必发"通知"，以致过多过滥,有损通知的严肃性。因此,必须明确行文的目的,明确通知的内容、写作范围和对象、针对什么问题、解决什么问题,有针对性地写好通知。

(二)要具体明确,切忌抽象含糊

发布通知是为了解决实际问题并且需要贯彻执行的,因此,在写作时必须做到主旨明确,要求具体,结构严谨,用语通畅,令人一目了然。同时,在内容上必须符合党和国家的方针政策以及上级机关的文件指示精神,还要合乎本地区、本部门的实际情况。否则,就会从根本上损害通知的质量和效用。

(三)要表述准确,突出中心

通知的内容要表述准确,突出中心,以便遵照执行或周知。表述准确,首先就是要对受文单位的名称必须书写规范,或全称,或采用规范性的简称,不得乱造名称或使用不规范的简称。其次要详细说明通知的有关情况,应该执行的具体事项,以及有关的时间、地点、条件等,要做到周密、准确,以便受文单位遵照执行。突出中心,就是要抓住主要内容,抓住主要内容是写好通知的关键,只有这样,才能在面对不同种类、不同规范样式的通知时,能做到重点突出,详略行当,条理清晰,逻辑严密。

(四)要及时行文,切勿延误

通知行文一定要迅速及时,以便下级单位抓紧安排,必要时可用"紧急通知",否则会延误工作,造成不必要的损失。对重要事项的通知,不仅要及时,而且要用"重要通知"的文体样式,以达到行文的目的。

思 考 题

1. 通知的含义与特点是什么?
2. 通知的格式包括哪些内容?
3. 通知的分类有哪些?
4. 通知写作要注意哪些基本要求?

第十章 通 报

第一节 通报概述

一、通报的含义

通报是国家行政机关、企事业单位和社会团体把工作情况、经验教训、典型事例及有教育、指导、规范意义的事件向下级或公众发布的周知性公文。适用于表彰先进，批评错误，传达重要精神或者情况。

通报可以是下行文，也可以是平行文。通报用于公布一般具有普遍意义的典型事例、成功的经验和失败的教训，借以教育机关工作人员和人民群众，以先进为榜样，以错误为借鉴，改进工作，提高工作效率。与通知一样，通报具有传达和告知的作用，能沟通消息和情报。

二、通报的特点

（一）引导性和警戒性

表彰先进的通报，对被表彰单位是一种鼓舞、激励；对其他单位是一种教育，引导其找出差距，学先进，体现出引导的作用。对后进单位是一种鞭策，激励它们学习先进，迎头赶上，体现出鼓舞的作用。对较严重的错误倾向或错误做法予以批评，以示警戒，其目的是让人们知道错误，认识错误，吸取教训，改正错误，引以为戒。

（二）沟通性和交流性

传达情况的通报，及时向所属机关和单位通报重要的工作情况和进度，有利于彼此沟通情况、交流信息，推动工作全面开展，避免工作失误。

（三）典型性和真实性

无论是表彰通报还是批评通报，事例都应当是具有典型意义的，具有普遍性、代表性，又有个性和新鲜感的事实，而非一般性的事迹或错误。同时，这些典型性的材料还要具有真实性。通报的任何情况、事实都必须是真实的，不能有差错，更不能编造假情况。因此，通报的材料必须对正反两方面的整理材料都要进行认真核实，做到准确无误，没有水分。

第二节 通报的格式

通报的格式一般由标题、主送机关、正文和落款四部分组成。

一、标题

通报标题一般由发文机关、发文主题、文种组成，有时也可省略发文机关。具体有以下三种方式。

（1）由"发文机关＋事由＋文种"组成。如《福建省人民政府关于表彰全省安全生产监管监察系统先进单位和先进个人的通报》(闽政文〔2010〕61 号)。

(2) 由"事由＋文种"组成。如《关于对近期几起建筑施工安全事故和工程质量问题的通报》(建质电〔2010〕3 号)。

(3) 只写文种"通报"。

二、主送机关

主送机关即通报的受文机关。

通报一般是上级机关为了使下级机关知道某一方面工作的经验、教训或重要情况而制发的,这种情况下,应有主送机关。有时为了扩大影响,通报也通过登报、张贴等形式发布,这时可不写主送机关。

三、正文

一般按开头(通报缘由)、主体(通报事项)和结尾(决定要求)等内容及其顺序进行框架设计和安排材料。

开头即通报缘由部分。其基本写法是:一般在开头简明扼要地概括出全文的主题,勾画出一个总体轮廓。如果是传达上级重要精神的通报,要概括介绍重要精神的来源和基本内容;如果是传达重要情况,则扼要介绍这一情况的发生时间、覆盖面及其性质、影响等;如果是表彰通报或批评通报,要交代出单位或人物的基本情况,表明发文机关的基本态度。

主体即通报事项部分。它是通报全文的重点和核心,应写明需要表彰或批评和需要传达的重要政策精神的事实。开门见山、简明具体地交代事情的经过、主要情节与结果,并在写清事实的基础上分析事情发生的背景、主客观原因,进而提炼经验或教训。

结尾即决定要求部分。应提出或推广或戒防的要求或希望,以求得到落实。表彰性和批评性的通报,应写明组织结论与予以表彰或处理的决定,同时提出对表彰或批评对象与读者的希望、要求。为了防范和杜绝类似错误发生,批评性通报的结尾处,通常要有针对性地提出防范的措施或规定。传达性通报一般不写决定要求。

四、落款

落款包括发文机关和发文时间。在正文右下方标注发文机关名称,加盖印章,并在其下行标注发文时间。

第三节　通报的分类

按通报的性质和内容,大致可分为以下四类。

一、表彰性通报

用于表扬先进人物和先进集体的事迹,总结成功的经验,宣传好的典型,树立榜样,推动工作。这类通报篇幅通常较长,可以分节叙述通报的主要内容和目的。正文一般由通报事由、通报事项、总结出来的经验以及表彰决定等几部分组成,有时也有对受文者的原则要求。

[例文1]

福建省人民政府

关于表彰全省安全生产监管监察系统先进单位和先进个人的通报

闽政文〔2010〕61号

各设区市人民政府,省人民政府各部门、各直属机构,各大企业,各高等院校:

近年来,全省安全生产监管监察系统在省委、省政府的领导下,深入贯彻落实科学发展观,认真贯彻落实党中央、国务院和省委、省政府关于加强安全生产工作的一系列部署,坚持安全发展理念,坚持"安全第一、预防为主、综合治理"的方针,认真履职,严格监管,狠抓落实,扎实工作,推进了安全生产各项工作的深入开展,涌现出一批先进单位和先进个人。

为表彰先进、弘扬正气,进一步调动广大安全生产监管监察系统人员的积极性,省政府决定对福州市晋安区安全监管局等60个单位和洪鼎铮等120名个人予以表彰。希望受到表彰的先进单位和先进个人,珍惜荣誉,谦虚谨慎,戒骄戒躁,再接再厉,为促进全省安全生产形势进一步稳定好转再立新功。

全省安全生产监管监察系统的广大干部职工要以受表彰的先进单位和先进个人为榜样,努力工作,勇于创新,为加快海峡西岸经济区建设创造更加良好的安全生产环境。

附件:1.全省安全生产监管监察先进单位名单(60个)(略)

　　　2.全省安全生产监管监察先进个人名单(120名)(略)

福建省人民政府

二〇一〇年二月二十五日

二、批评性通报

用于批评错误、通报事故或反面典型,归纳教训、教育他人引以为戒的通报,称为批评性通报。这类通报的正文结构同表彰性通报相似,但通常通报事项的具体叙述较略,内容以议论为主,突出结论和对受文者的要求。

[例文2]

国务院办公厅关于内蒙古自治区人民政府

制止违规建设电站不力并酿成重大事故的通报

国办发〔2006〕55号

各省、自治区、直辖市人民政府,国务院各部委、各直属机构:

2004年以来,国务院多次要求各地区采取积极有效措施,坚决制止电站项目无序建设。但内蒙古自治区人民政府未能认真贯彻执行国家有关政策和规定,在制止违规建设电站方面工作不力,违规建设的丰镇市新丰电厂发生重大施工伤亡事故。为保证中央方针政策和宏观调控措施得到落实,增强宏观政策的公信力和执行力,防止类似事件再次发生,经国务院同意,现将有关情况通报如下:

一、经调查,内蒙古自治区违规建设电站情况十分严重,其规模高达860万千瓦。新丰电厂属于内蒙古自治区有关部门越权审批、有关企业违规突击抢建的项目之一。内蒙古自治区违规建设的有关电站项目被国家有关部门责令停止建设后,自治区人民政府没有按国家要求认真组织清理,有效加以制止,致使一些违规电站项目顶风抢建、边建边报、仓促施工,最终酿成2005年7月8日新丰电厂6死8伤的重大施工伤亡事故。

……

二、新丰电厂违规建设并发生重大伤亡责任事故,是一起典型的漠视法纪、顶风违规并造成严重后果、影响极坏的事件。目前事故有关责任人和责任单位已受到党纪政纪处分,触犯法律的已由司法机关依法处理。

……

三、内蒙古自治区人民政府没有认真领会和严格执行国家宏观调控政策和电力体制改革规定,未从全局高度认识电站盲目布局、无序建设的危害性,对国家宏观调控的全局性、重要性和严肃性缺乏深刻认识,按程序办事的意识不强,这是内蒙古自治区违规建设电站总量较大、无序建设得不到有效制止的重要原因。为严肃政纪,现对内蒙古自治区人民政府予以通报批评,所有违规电站项目一律停止建设,认真进行整顿。内蒙古自治区人民政府要以此为鉴,提高认识,切实整改。

四、各地区、各部门都要从这起事件中吸取教训,引以为戒。要牢固树立和全面落实科学发展观,切实增强全局观念,认真贯彻执行中央各项宏观调控政策措施,坚决维护中央宏观调控的权威性,加强纪律,确保政令畅通。对有令不行、有禁不止并造成严重后果的行为,要依法依纪追究责任。

国务院办公厅
二○○六年八月十八日

三、传达性通报

这类通报用以传达重要精神或者情况,指出工作的重点或必须关注的问题,通常情况下,它包括现状或基本情况、当前带倾向性的问题、今后工作的重点和要求。

[例文3]

关于对近期几起建筑施工安全事故和工程质量问题的通报
建质电〔2010〕3号

各省、自治区住房和城乡建设厅,北京市住房和城乡建设委,上海市、天津市城乡建设交通委,重庆市城乡建设委,新疆生产建设兵团建设局:

近期,云南、江苏、安徽、上海等地区先后发生几起建筑施工安全事故和工程质量问题,有的给国家和人民生命财产造成了重大损失,有的造成了很坏的影响。现将有关情况通报如下:

2010年1月3日,云南昆明新机场配套引桥工程施工现场,施工人员在浇筑混凝土时,模板支撑体系发生坍塌,造成施工作业人员7人死亡、8人重伤。该工程建设单位是云南新机场建设集团,施工单位是云南建工市政建设有限公司,监理单位是云南城市建设监理有限公司,劳务分包单位是吉林松原市宁江区诚信劳务有限公司。

2010年1月9日,江苏扬州邗江区彩弘苑二期7#楼工程施工现场,施工人员在卸料平台上转运钢管时,卸料平台发生坍塌,造成施工作业人员3人死亡。该工程建设单位是扬州金阳光房地产开发有限公司,施工单位是南通华硕建筑发展有限公司,监理单位是江苏润扬项目管理有限公司。

……

我部领导对近期发生的几起建筑施工安全事故和质量问题高度重视,作出重要批示,要求尽快查明原因,并依法严肃查处有关责任单位和责任人,有关地方要及时上报事故原因和处罚情况。

目前正处于冬季施工期,春节和"两会"也将临近,为吸取上述事故、问题的教训,切实做好建筑安全生产工作,确保工程质量安全,现提出以下要求:

一、认真做好春节及"两会"期间建筑安全生产工作

各地要高度重视做好春节及"两会"期间的建筑安全生产工作,认真贯彻落实党中央、国务院关于加强安全生产工作的指示精神,切实担负起政府安全生产监管主体责任,认真履行安全生产监管职责。要督促指导建设、施工、监理单位等工程建设的各方主体,认真履行安全生产主体责任,加强对在建工程项目的安全生产管理,确保各项安全管理制度和安全措施落实到位,预防和控制建筑施工伤亡事故的发生,确保建筑安全生产形势的稳定。

二、加大对危险性较大的分部分项工程的督查力度

各地要认真贯彻落实《危险性较大的分部分项工程安全管理办法》的要求,督促指导施工企业加强对高支模、深基坑、起重吊装、拆除工程等危险性较大的分部分项工程的安全管理工作,严格按照有关要求编审安全专项施工方案并按照方案实施。需要专家论证的,必须严格按照有关程序组织专家论证,确保建筑生产安全。

……

三、切实加强质量安全培训教育工作

各地要高度重视对施工作业人员、三类人员和特种作业人员的质量安全教育培训。要重点加强对农民工的质量安全教育培训,切实提高其安全生产意识和操作技能;要切实加强对三类人员的安全教育培训,提高安全管理水平和安全管理能力;要按照《特种作业人员安全管理规定》的要求,加强对特种作业人员的培训和考核,促使其熟练掌握关键岗位的安全技能。

……

四、严格落实工程质量责任

各地要建立各负其责、齐抓共管的工程质量约束机制和质量责任追究制度,有效保障工程质量。一是严格落实各方主体的质量责任。明确建设单位对工程质量负全面责任,勘察、设计、施工、监理等单位和质量检测、施工图审查等有关机构按照法律规定和合同约定对工程质量承担相应责任。二是严格落实监管部门的监管责任。

……

五、严肃查处建筑安全生产和工程质量违法违规行为

各地要按照《国务院安委会办公室关于集中力量深入开展打击安全生产非法违法行为专项行动的通知》要求,继续深入开展打击建筑施工领域安全生产违法违规行为,要重点打击以下违法违规行为:一是未办理立项、土地、规划、招投标、质量安全监督、施工许可等手续,擅自从事施工活动的;二是无资质及超越资质范围承包、违法分包、转包工程的;三是抗拒质量安全执法,拒不执行政府及建设主管部门下达的停工整改指令的。

各地要进一步提高认识、加强领导,采取切实有力措施,针对本地区建筑安全生产和工程质量实际,积极做好预警防范工作,有效遏制建筑施工安全事故和工程质量问题,确保工程质量和建筑安全生产形势的持续稳定好转。

住房和城乡建设部

二〇一〇年一月十四日

四、事项性通报

这类通报一般在传达情况、沟通消息、互通情报时使用。又分专题通报和综合通报两种。专题通报是指就一件事件、一个情况的演变过程进行概括和叙述,综合通报则是就几个方面情况或一段时期事情进展的概括和分析。这类通报的撰写比较灵活,关键要抓住重点,突出本质。这类通报注重对开展工作的指导或提供参考的作用,一般不下结论,只是以事实说明问题。

[例文 4]

国家安全监管总局 国家煤矿安监局

关于华晋焦煤有限责任公司王家岭矿"3·28"透水事故的通报

安监总明电〔2010〕13 号

各产煤省、自治区、直辖市及新疆生产建设兵团安全监管局、煤矿安全监管部门和煤炭行业管理部门,各省级煤矿安全监察机构,司法部直属煤矿管理局,有关中央企业:

2010 年 3 月 28 日,华晋焦煤有限责任公司王家岭矿发生透水事故。事故发生时井下共有 261 人作

业,截至目前已确认 108 人安全升井,尚有 153 人被困井下,有关方面正在全力组织抢救。

事故发生后,党中央、国务院高度重视,胡锦涛总书记、温家宝总理和张德江副总理立即作出重要指示,要求采取有力措施,调动一切力量和设备,加大排水力度,千方百计抢救井下人员,严防发生次生事故。受胡锦涛总书记、温家宝总理委派,张德江副总理紧急赶赴事故现场,指导抢险救援工作并作出全面部署。国家安全监管总局、国家煤矿安监局以及山西省委、省政府主要负责同志率员及时赶赴现场组织指导抢险救援工作。

位于山西省境内的王家岭矿是中国中煤能源集团公司与山西焦煤集团公司合资组建的华晋焦煤有限责任公司投资开发的基建矿井,设计生产能力 600 万吨/年,于 2006 年 12 月开工建设,计划于 2010 年 10 月建成投产,由中国中煤能源集团公司第一建设公司 63 处碟子沟项目部施工。事故发生在该矿 20101 工作面回风巷掘进头,初步分析是掘进过程中导通老空区而引发透水事故。事故暴露出的主要问题是:该矿施工过程中存在违规违章行为,未严格执行《煤矿防治水规定》(国家安全监管总局令第 28 号),掘进工作面探放水措施不落实;劳动组织管理混乱,为了赶工期、赶进度,当班安排 14 个掘进队同时作业,作业人员过度集中,且领导干部带班制度不落实;施工安全措施不落实,工作面出现透水征兆后,没有按照规定及时撤人和采取有效应对措施;隐患排查治理不力,特别是今年 3 月份以来 20101 工作面回风巷多次发现巷道积水,但一直未能采取有效措施消除隐患。

这起事故是今年以来发生在国有大矿的第二起严重透水事故,也是发生在基建矿井的又一起严重透水事故,再次暴露出部分在建矿井安全生产责任落实不到位、安全管理不严格、隐患排查治理不认真等突出问题。为认真贯彻落实党中央、国务院领导同志重要指示精神,深刻吸取事故教训,切实加强煤矿安全生产工作,切实落实各项安全生产责任和措施,有效防范和坚决遏制煤矿重特大事故,特提出以下要求:

一、统一思想、提高认识,切实增强做好煤矿安全生产工作的责任感和紧迫感

各地区、各部门和煤矿企业要认真学习和贯彻落实中央领导同志关于加强安全生产工作的一系列重要指示精神,充分认识搞好煤矿安全生产工作的极端重要性和当前安全生产形势的严峻性,认真贯彻落实全国安全生产电视电话会议精神和《国务院办公厅关于继续深入开展"安全生产年"活动的通知》(国办发〔2010〕15 号)要求,进一步统一思想和行动,切实抓好煤矿安全生产各项工作。要高度重视基建矿井的安全生产工作,进一步增强做好煤矿防治水工作的紧迫感和责任感,严格落实矿井防治水责任制,切实落实防治水的法规标准和各项措施,坚决防范煤矿重特大水害事故。

二、加强领导、突出重点,立即组织开展在建项目和矿井水害隐患排查专项行动

各地区、各部门和煤矿企业要立即行动起来,周密安排部署,认真开展一次为期 3 个月的煤矿水害隐患排查专项行动。这次专项行动的主要内容为"五查":一查基建、整合矿合法性,特别是证照、手续是否齐全有效,施工及监理队伍资质是否符合规定。二查矿井各生产系统是否合理可靠,特别是井巷和主要硐室施工顺序是否合理,供电、通风、瓦斯、防排水等安全工程和设施是否优先建设。三查企业安全生产责任制是否落实到位,特别是防治水机构、制度是否健全,领导干部现场带班制度是否落实。四查矿井水文地质基础资料是否齐全,煤矿周边、采掘作业面附近老空区积水情况是否清楚。五查矿井防治水设施、探放水设备是否齐全到位,矿井防治水措施是否完善并落实到位。煤矿企业要制定专项行动工作方案,开展自查自改,查出的隐患要立即采取有效措施及时治理,5 月底前将本企业隐患排查治理情况报地方有关煤矿安全监管部门和驻地煤矿安全监察机构。各级煤矿安全监管部门和监察机构要制订工作方案,突出工作重点,督促检查煤矿企业水害隐患排查专项行动的落实情况,对逾期未进行排查和隐患未彻底治理的矿井要责令停工、停产整顿直至关闭。

三、按照有关法律法规,严格落实矿井防治水措施

各地区、各部门和煤矿企业必须高度重视煤矿防治水工作,认真落实《煤矿防治水规定》,坚决做到"五严格":一是严格落实水文地质各项基础工作,做好矿井水文地质调查和水害预测预报工作。凡水文地质情况不清楚的,必须采取措施查明水害情况,在水害情况未查明前,严禁进行采掘活动。二是严格落实探放水有关规定。凡煤矿井田范围内及周边区域存在老空区的,采掘工程施工前必须认真分析水情,要制定探放水措施,坚持有掘必探,否则不得掘进。三是严格执行安全教育培训的相关规定,提高职工对矿井水害的防范意识、灾害辨识知识及自我保护能力,未经培训、考核合格的,不得上岗作业。四是严格落实发现突水征兆后及时撤人的规定。凡发现矿井有滴水、淋水、渗水、煤壁挂汗等突水征兆时,要立即撤出井下所有人员,查明原因,采取措施,消除水患后方可恢复生产或施工。五是严格落实领导干部带班制度和规定。带班领导干部必须与工人同下同上,干部不跟班、作业现场安全状况无保障的,工人有权停止作业。

四、强化安全责任,落实基建矿井防治水安全管理措施

要加强对基建矿井防治水工作的管理,坚决做到"五落实":一是落实建设单位安全责任。建设单位要全面负起安全管理职责,对项目施工相关单位进行统一协调管理,对防范水害等重大灾害负总责,对施工安全进行严格监督。二是落实施工单位安全责任。施工单位要切实承担起施工过程中的安全生产主体责任,健全和落实各项防治水的规章制度,严格现场安全管理。三是落实监理单位安全责任。监理单位要强化对施工过程中的安全监理责任,对专项施工方案进行严格审查,对存在水害等安全隐患的,必须要求施工单位立即进行整改,并向建设单位通报。四是落实安全生产投入,保证安全设施做到"三同时",落实灾害的超前防治。五是落实隐患排查治理制度,做到隐患及时发现、及时得到治理。

五、中央企业、国有大矿要切实加强煤矿安全生产管理

各煤矿企业特别是中央企业、国有大矿要认真贯彻落实党的安全生产方针,正确处理好安全与生产、安全与效益、安全与发展的关系,切实做到"五加强":一要加强对安全生产工作的领导,健全机构、明确责任,全面抓好所属单位的安全生产管理。二要加强对矿井基本建设项目的管理,进一步明确项目建设、施工、生产过程中的各项安全生产责任,对建设项目安全生产实施全过程有效控制。三要加强基建施工队伍的管理,强化岗位培训,全面提高职工队伍素质。四要加强安全生产现场管理和技术管理,及时发现和处理作业现场的安全生产隐患,完善各项安全技术措施。五要加强应急管理体系建设,进一步完善应急预案并定期演练,提高企业有效应对各类生产安全事故的应急处置能力。

六、进一步加强煤矿安全监管监察工作

各级煤炭行业管理、煤矿安全监管部门和煤矿安全监察机构要按照有关法律法规的规定,切实履行职责,加强对煤矿的安全监管监察,对非法违法建设行为要依法严厉打击,对基建矿井存在边设计、边报批、边建设、边生产和不按设计施工的,要坚决予以制止,并依法查处。对发生事故的要按照"四不放过"和"依法依规、实事求是、注重实效"的原则,严肃追究有关人员责任。要重点加强对基建矿井防治水工作的监管监察,当前要将矿井水害隐患排查专项行动落实情况作为监管监察工作的重点内容,进而全面推进煤矿安全生产工作。

请各级煤矿安全监管部门迅速将本通报转发到辖区内所有煤矿企业,并督促抓好落实。

国家安全生产监督管理总局

国家煤矿安全监察局

二〇一〇年三月三十日

第四节 通报写作的基本要求

通报写作要掌握以下几点要求。

(一) 事实要真实准确

通报中引用的事实要真实、准确。因此,通报的内容要反复核实,要做到确凿可靠,既不夸大,又不缩小,不能有任何虚假的成分。这就要求对通报表彰、通报批评的事项都要十分慎重,来不得半点马虎、虚假。否则,会影响到通报的号召力或惩戒作用。

（二）事例要有典型性

写通报要站在全局的高度，放眼整体利益，所通报的事例要有典型性，具有普遍意义，要考虑对全局的指导作用，对广大人民群众有一定的教育意义。因此，通报中所提炼的事例要有一定的分量，不可一般化；对那些鸡毛蒜皮缺乏典型意义的人、事，不要动不动就发通报，否则就失去了通报的价值。

（三）行文适时恰当

通报要注重时效性，抓准时机，发当其时，不能时过境迁才发布。否则，拣陈芝麻和放马后炮，通报就失去了时效性和新鲜感，也就失去了它的指导和教育作用。通报的表达方式要恰当，以叙述为基干，兼有议论。但是通报中的议论分析，要严谨精当，分寸适度。对被表彰的人、事，不要人为地拔高；对被批评的人、事，不要"无限上纲"。有些情况通报，议论不宜太多。

（四）注意与其他文种的区别

"通报"这一文种在使用中容易与相关文种混淆。如同是表彰先进，有时用"命令（令）"，有时用"决定"，有时用"通报"；同是批评错误，有时用"决定"，有时用"通报"；同是需要周知的事项，有时用"公告"，有时用"通告"，有时用"通知"，有时用"通报"。因此认真辨析相关文种，对准确地选用"通报"十分重要。

关于表彰先进。"命令（令）"是嘉奖有关单位与人员，被嘉奖的单位与人员必须是在全国或在一个大的区域内具有重大影响的先进典型，一般都需授予荣誉称号。"决定"是奖惩有关单位与人员，其中的奖励事项事迹应是比较突出的，在全国或某一地区、某一系统内具有较大影响，但不一定授予荣誉称号。"通报"所表扬的先进则属于一般性的典型。

关于批评错误。需要使用"决定"惩戒有关单位和人员的，其错误或过失都是比较严重的，具有一定的普遍意义和教育作用，而用"通报"批评错误，其错误或事故，虽然也有一定影响，但毕竟是有一定限度的，所以发通报，主要目的是要引起警惕。

关于周知事项。使用"公告"的，主要是向国内外宣传重要事项或者法定事项，而且偏重于向国外宣布，所宣布的事项，一是重要，二是法定。使用"通告"，主要是向社会各有关方面公布应当遵守或者周知的事项，其中"周知"的对象是社会各有关方面，事项本身也是比较重要的，在全国、某一地区或某一系统内具有一定的普遍意义。使用"通知"，是上级机关告知下级机关和人员，带有一定的指令性，周知的事项是具体的，是不可不知的，如干部任免的通知等。使用"通报"，对重要精神或者情况，重在传达，以使有关单位和群众知晓，一般不具有指令性。

思 考 题

1. 通报的含义与特点是什么？
2. 通报的格式包括哪些内容？
3. 通报的分类有哪些？
4. 通报写作要注意哪些基本要求？

第十一章　议　　案

第一节　议案概述

一、议案的含义

议案是各级人民政府按照法律程序向同级人民代表大会或人民代表大会常务委员会提出并需大会列入议程，进行讨论、审议和决定的议事原案，属于报请类公文。适用于各级人民政府按照法律程序向同级人民代表大会或人民代表大会常务委员会提请审议的事项。

议案是各级人民政府使用频率较高的一个文种，其内容所涉及的范围极广，诸如国民经济社会发展计划和财政预算、决算问题，以及政治、经济、科技、卫生、文化教育、体育等方面的重大事项。这些重大事项通过议案这一载体提出，充分体现了政府的决策意图，进一步加强了政府与同级人民代表大会或其常委会之间的联系，从而做到依法行政，提高行政工作的效率和质量。尤其重要的是，议案需要通过相应的法律程序获得批准，它既是人民代表大会或其常委会行使法律监督职责的体现，同时又是使各级人民政府的决策更加趋于科学和合理的重要保证。经审查通过的议案，具有较强的法律效力。

二、议案的特点

（一）议案的专用性

这里有两层意思，一是使用议案文种提出议案的机关，只能是各级人民政府，其他政府部门无权使用议案文种。《全国人民代表大会组织法》第九条规定："全国人民代表大会主席团、全国人大常委会、全国人大各专门委员会、国务院、中央军事委员会、最高人民法院、最高人民检察院，可以向全国人民代表大会提出属于全国人民代表大会职权范围内的议案；一个代表团或者三十名以上的代表，可以向全国人民代表大会提出属于全国人民代表大会职权范围内的议案。"《地方各级人民代表大会和地方各级人民政府组织法》第十四条规定："地方各级人民代表大会举行会议的时候，主席团、常务委员、各专门委员会、本级人民政府或县级以上的地方各级人代会代表十人以上联名，可以向本级人代会提出属于本级人代会职权范围内的议案。"据此，可以看见，议案只能由具备议案提出权的机关和人民代表提出，而属于机关提出的这部分议案，则包括人大机关、检察机关、法院机关以及政府机关，而以政府机关的使用最为多见，其他机关或部门不能使用。从这一点说，议案文种在制作主体上具有明显的特定性。二是议案只供同级人民代表大会或人大常委会受理和审议使用。《宪法》和有关法律规定，国务院（即中央人民政府）向全国人民代表大会或者全国人民代表大会常务委员会提出议案；地方各级人民代表大会举行会议的时候，本级人民政府可以向本级人民代表大会提出议案；县级以上的地方各级人民政府可以向本级人民代表大会常务委员会提出议案。

（二）议案内容涉及职权范围的规定性

依照《宪法》和有关法律规定,各级人民政府提出的议案必须是属于本级人民代表大会或人大常委会职权范围内的有关事项。不属于本级人大或人大常委会职权范围内的事项,或者是《宪法》赋予各级人民政府职权范围内的事项,不能作为议案提出。

（三）提出议案和审议议案的法律程序性

提出议案和审议议案都要依照法律程序进行。《全国人民代表大会议事规则》第二章"议案的提出和审议"第二十一条规定,国务院向全国人民代表大会提出的议案,由主席团决定列入会议议程。《全国人民代表大会常务委员会议事规则》第二章"议案的提出和审议"第十二条规定,国务院向全国人大常务委员会提出的议案,由委员长会议决定提请常务委员会会议审议,或者先交有关专门委员会审议、提出报告,再决定提请常务委员会会议审议。

《地方各级人民代表大会和地方各级人民政府组织法》第十七条规定,地方各级人民代表大会举行会议的时候,本级人民政府向本级人民代表大会提出的议案,由主席团决定提交人民代表大会会议审议,或者并交有关的专门委员会审议、提出报告,再由主席团审议决定提交大会表决;第四十二条规定,县级以上的地方各级人民政府向本级人民代表大会常务委员会提出的议案,由主任会议决定提请常务委员会审议,或者先交有关的专门委员会审议、提出报告,再提交常务委员会会议审议。

议案必须在规定的截止日期内提交人民代表大会或人大常委会,各级人民政府向本级人民代表大会或人大常委会提出的议案,必须由政府首长签署。

（四）行文对象的单一性

议案不是普发性公文,它只能由法定机关依照法定程序向同级人民代表大会或者人民代表大会常务委员会提交,而不能向其他任何部门和单位行文。这就是说,议案文种在行文对象上具有明显的单一性。

（五）生效标识的特殊性

这是议案文种在形式上的一个重要特征,突出表现为其生效标识必须体现机关第一行政首长的署名,且不加盖机关公章。例如国务院的议案由国务院总理署名,省政府的议案由省长署名,依此类推,别人不能替代,这一点是很特殊的。因为在一般情况下,单一机关制发的公文在结尾生效标识处只标识成文时间并加盖公章,而议案无需这样做。

第二节　议案的格式

议案一般由标题、主送机关、正文、落款、附件等五部分组成。

一、标题

议案的标题有以下两种表现形式。

（1）一般采用标准式标题,由"发文机关＋事由＋文种"组成。如《国务院关于提请审议〈中华人民共和国劳动合同法（草案）〉的议案》。

（2）另一种是不完全标题,即由"事由＋文种"两要素组成。如《关于提请审议我市统筹城乡综合配套改革工作情况报告的议案》（渝府函〔2008〕197号）。

议案标题中的事由部分必须有"提请审议"字样。

二、主送机关

议案的主送机关即某级人民政府的同级人民代表大会或人大常委会。用全称或规范化简称,只能写一个。如"市人大常委会"或"市人大"。

三、正文

正文是议案的核心内容部分。一般分提请审议的缘由(开头)、提请审议的内容(主体)、提请审议的要求(结尾),属因果式结构。

正文开头写提请审议的缘由,包括提请此议案的内容根据、意义或目的,为获得批准奠定基础。

正文主体写提请审议的内容事项,篇幅可长可短。如内容较多,可以分段写,也可以以序数分条列项写。要求一份议案只能阐述一个事项,解决一个问题,既不能一事几案,也不能一案几事。一般来说,议案提出的要求审议的事项内容在文中只是其名目,其真正审议的对象是随议案附上的法律、法规等文件本身。

正文结尾写提请人代会或人大常委会审议的要求,如"请审议决定"、"请予审议"、"现提请审议,并做出批准的决定"、"现提请审议"等。

四、落款

议案落款必须由同级政府首长签署,署名前冠以职务,不能盖政府机关的公章,成文时间即行政首长签发的日期。

五、附件

议案附件是根据正文需要附上的材料,即需要具体审议的法律、法规(草案)和重大政策性文件。议案的主要作用是引出作为审议对象的附件内容。有些议案事项直接写明在正文中,则可以没有附件。附件的标题注明在正文下方,落款前左方。

第三节　议案的分类

根据议案的内容和用途,政府议案主要有以下几种类型。

一、法律、法规案

法律、法规案包括提请全国人民代表大会或人大常委会审议的关于法律的议案和修改法律的议案,以及关于地方法规的议案。

[例文1]

国务院关于提请审议《中华人民共和国劳动合同法(草案)》的议案

全国人民代表大会常务委员会:

为了规范用人单位与劳动者订立和履行劳动合同的行为,保护劳动者的合法权益,促进劳动关系和谐稳定,劳动保障部会同有关部门经过广泛征求意见,在总结我国劳动合同制度实践经验的基础上,拟订了《中华人民共和国劳动合同法(草案)》。这个草案已经国务院常务会议讨论通过,现提请审议。

国务院总理　温家宝
二○○五年十一月二十六日

《中华人民共和国劳动合同法(草案)》(略)

二、重要事项案

重要事项案即各级人民政府向本级人民代表大会或人大常委会提出的,属于本级人大或人大常委会职权范围内的有关政治、经济、科技、教育、卫生、体育等方面的重大事项的议案。

[例文 2]

关于提请审议我市统筹城乡综合配套改革工作情况报告的议案

渝府函〔2008〕197 号

市人大常委会:

市人民政府同意《关于我市统筹城乡综合配套改革工作情况的报告》,现提请审议,并委托市发展改革委主任杨庆育向市三届人大常委会第七次会议报告。

重庆市人民政府市长　×××
二○○八年十一月十八日

《关于我市统筹城乡综合配套改革工作情况的报告》(略)

三、机构改革、变动案

这里指的是各级人民政府向本级人民代表大会或人大常委会,提请审议属于本级人大或人大常委会职权范围内的有关政府机构改革、变动的议案。

[例文 3]

关于提请审议《南平市生态市建设总体规划纲要(草案)的议案》

南政综〔2010〕8 号

市人大常委会:

为了推进海峡西岸经济区绿色腹地建设,实现闽北可持续发展,构建社会主义和谐社会,南平市按照国家生态市考核标准和福建生态省建设要求,从全市实际出发,编制了《南平市生态市建设总体规划纲要(草案)》,提出生态市建设的基本理念和发展思路,明确各阶段的目标任务、建设内容和工作措施。该草案已经市人民政府第四十四次常务会议讨论通过,现提请审议。

南平市人民政府市长　×××
二○一○年一月十四日

四、人事任免案

这属于本级人民代表大会或人大常委会职权范围内的有关人事任免事项的议案。

[例文 4]

嘉兴市南湖区人民政府关于提请×××任职的议案

南政发〔2008〕63 号

区人大常委会:

根据《中华人民共和国地方各级人民代表大会和地方各级人民政府组织法》第四十四条第十款的规定,提请:×××任嘉兴市南湖区人民政府副区长。

请予审议。

嘉兴市南湖区人民政府区长　×××

二〇〇八年十月二十一日

五、批准条约案

批准条约案指国务院向全国人大或全国人大常委会提请审议批准国际条约、协定等议案。按法律规定，须经双方议会批准，方可生效。

[例文 5]

国务院关于提请审议批准《中华人民共和国和马耳他关于刑事司法协助的条约》的议案

国函〔2009〕145 号

全国人民代表大会常务委员会：

《中华人民共和国和马耳他关于刑事司法协助的条约》已由我国外交部副部长李金章与马耳他司法和内政部部长卡梅罗·米夫苏德·鲍尼奇分别代表本国于 2009 年 2 月 22 日在马耳他首都瓦莱塔签署。

《中华人民共和国和马耳他关于刑事司法协助的条约》是中马双方经过友好谈判达成的。这一条约的内容符合我国法律的基本原则和司法实践，符合我国的利益和实际需要。这一条约的批准和生效，有利于促进中马两国在司法领域的合作，有利于促进两国友好合作关系的进一步发展。

国务院同意《中华人民共和国和马耳他关于刑事司法协助的条约》。现提请审议并请作出批准的决定。

国务院总理　温家宝

二〇〇九年十二月二十三日

《中华人民共和国和马耳他关于刑事司法协助的条约》(略)

六、国民经济和社会发展计划与财政预(决)算案

各级政府在履行行政管理职责时，要做出许多决策，其中一部分就要采取议案的形式。议案的内容涉及多方面工作，诸如执行本级行政区域的国民经济和社会发展计划与财政预算、决算问题。

[例文 6]

光泽县人民政府关于 2009 年县本级财政预算调整方案(草案)的议案

光政综〔2009〕136 号

县人大常委会：

年初 3 月 18 日召开的县十五届人大三次会议通过 2009 年财政预算后，为了应对国际金融危机，进一步拉动内需，保持经济平稳较快发展，国务院决定由财政部代理地方政府发行 2009 年地方政府债券 2000 亿元。其中上级财政测算安排我县地方政府债券额度为 4250 万元，债券期限为 3 年。根据《中华人民共和国预算法》、《中华人民共和国各级人民代表大会常务委员会监督法》等相关规定，现将 2009 年地方政府债券收支纳入预算管理后县本级财政预算调整方案(草案)如下：

一、预算收入调整情况

南平市财政局《关于下达 2009 年地方政府债券转贷资金的通知》(南财预〔2009〕22 号)文件，下达我县 2009 年地方政府债券 3750 万元；南平市财政局、南平市水利局《关于下达 2009 年水利工程建设地方政府债券转贷资金的通知》(南财建〔2009〕63 号)文件，下达我县西溪右岸防洪堤地方债券 500 万元。根据福建省财政厅《转发财政部关于印发〈2009 年地方政府债券预算管理办法〉的通知》(闽财预〔2009〕20 号)文件，债券转贷收入应纳入同级预算管理，因此，应调增"地方债券收入"4250 万元。

二、预算支出调整情况

根据南财预〔2009〕22 号《关于下达 2009 年地方政府债券转贷资金的通知》及南财建〔2009〕63 号《关于下达 2009 年水利工程建设地方政府债券转贷资金的通知》文件,地方政府债券收入相应安排中央新增投资项目配套支出 4250 万元,具体项目为:城市污水管网项目 3000 万元,乌君洲廉租房项目 600 万元,西溪右岸防洪堤项目 500 万元,幸福楼廉租房项目 142 万元,农村户用沼气项目 8 万元。

三、收支平衡调整情况

按上述方案,经调整后的县本级财政总收入为 30094 万元,与年初预算 25844 万元对比增加 4250 万元,相应安排县本级一般预算支出 22331 万元,地方债券项目支出 4250 万元,上解支出 917 万元,援川经费专项上解支出 96 万元,补助乡镇支出 2500 万元。调整后预算收支相抵,当年财政收支平衡。

特此议案,提请县人大常委会审议。

光泽县人民政府县长 ×××

二〇〇九年十一月六日

第四节 议案写作的基本要求

在行政公文中正式增设"议案",是健全和完善我国社会主义法制的需要。虽然议案的应用范围不广,仅仅限于各级人民政府和同级人民代表大会或人大常委会,各级政府职能部门、社会团体、企事业单位不能单独行文,但它又是不可缺少的。在实际撰写议案时,应掌握以下几点要求。

(一)标题要醒目

议案标题要醒目,使人一目了然,特别是事由要写得十分明确。

(二)正文要规范

议案正文虽有种种写法,也可长可短,但提请审议的缘由、事项内容、请求三个层次要井然有序,要有规范性。

(三)一案一事

议案内容应单一明了,一份议案只写一件事,不要写两件或数件事。要坚持"一案一事"的原则。这是由议案自身所具有的上行文性质决定的,它一方面要由法定机关依照法律程序提出,另一方面要由人民代表大会或其常委会审查批准,这种提请与审批的关系要求议案所涉及的内容必须而且只能是一案一事,这是一条重要原则。否则,势必导致纷乱芜杂,臃肿膨胀,直接影响提请审议目的的顺利实现。

(四)切实可行

议案所涉及的内容一般是带有全局性的重大事项,政策性很强。因此,在撰写过程中,必须严肃认真,一丝不苟。要深入实际进行调查研究,广泛听取人民群众的意见和要求,切实做好政策、法规和有关情况等方方面面的材料准备工作,以确保所提议案的正确性、合理性和可行性。

(五)注意议案与提案的区别

"议案"与"提案"不同,其中议案用于各级人民代表大会或人民代表大会常务委员会,而提案则用于基层的企事业单位职工代表大会,是会议代表提交会议讨论的事项,属于会议的日用文件,代表个人、群体向大会提出要求讨论、审查、转交有关部门处理或参照;议案在提请大会审议通过后,具有较强的约束力和法律效力,而提案不具有法定的效力。

（六）准确合理

议案要注意用语的准确合理。由于议案是向同级人民代表大会或人民代表大会常务委员会提交，其提交对象是国家权力机关，属上行文，审议与否，通过与否，均需由大会作出决定。因此，在语言表达上必须做到准确恰当，字斟句酌，笔笔中的，并要切合上行文的语体特点和风格。要着重体现出一种"提请"的姿态，语气要中肯，否则就会有损于议案的质量和效用，使提请审议的愿望落空。同时，议案的语言要简明扼要，主题要概括集中，切忌拖泥带水；要有针对性，防止脱离提请审议事项的其他废话出现。

（七）要适时提交

议案要适时提交，即要在大会主席团宣布或决定的截止时间以内，将议案送交大会审查委员会，逾期再提议案，就会失去其应有的效用。同时，议案的使用要严格履行法定程序，由有议案提出权的机关或符合法定人数的代表，按照规定的格式向国家和地方权力机关，即人民代表大会及其常委会提出。议案被正式列入会议议程后，提案机关还要向会议提供有关资料，并向会议提供关于议案的说明材料。

思 考 题

1. 议案的含义与特点是什么？
2. 议案的格式包括哪些内容？
3. 议案的分类有哪些？
4. 议案写作要注意哪些基本要求？

第十二章　报　　告

第一节　报　告　概　述

一、报告的含义

报告是向上级机关汇报工作、反映情况、答复上级机关的询问或要求时使用的一种陈述性上行文。报告属于使用频率较高的陈述性上行文,适用范围广,是上下级之间沟通情况、协调工作的重要行政公文。它使上级行政机关能够及时了解下情,掌握下级行政机关的工作情况,听取下级行政机关对某方面工作的意见或者建议,从而更好地指导下级行政机关正确贯彻执行党的路线、方针、政策,避免被动,争取主动,减少工作中的失误。

二、报告的特点

(一)内容的综合性

报告是13种公文中综合性最强的,报告的内容可以是一文一事,还可以是一文多事,涉及的面较广,篇幅也相对较长。

(二)时间的不定性

报告的制发不受时间的限制,事前可以报告计划和设想,事中可以报告进展情况,事后可报告已完结的事项。行文可根据实际情况随时进行,文于事具有相对的滞后性,因此有"事前请示,事后报告"的说法。

(三)行文的单向性

报告是上行文,目的是向上级机关提供信息、反映情况,一般不需要上级机关的答复,属于单向行文。

(四)写法的陈述性

报告一般不做理论的阐述和重要性的议论。报告的目的是向上级机关反映情况,其主要手段就是陈述,能叙述清楚,就算得上一篇合格的报告。

(五)沟通性

报告虽是最常用的上行文,但对下级机关来说,它是"下情上传"的主要手段,以此取得上级领导的理解、支持、指导,减少和避免工作上的失误;对上级机关来说,通过报告获得信息,了解下情,成为决策、指导和协调工作的重要依据。尤其是报告中向上级机关"提出意见和建议",对于调动下级机关出主意、想办法的工作积极性,推行上级机关决策的科学化和民主化,具有重要意义。

第二节　报告的格式

报告的格式包括标题、主送机关、正文和落款四部分组成。

一、标题

报告的标题主要有以下两种形式。

（1）采用"发文单位＋事由＋文种"三者齐全的标准式标题。如《国务院关于今年中央政府投资安排及实施情况的报告》。

（2）省略发文单位，只有"事由＋文种"组成的标题。如《关于建立天津鸟类环志中心的报告》。

二、主送机关

报告的主送机关，即发文机关的直属上级领导机关。

三、正文

报告的正文分为开头、主体和结尾三部分。

（一）开头

开头要先交代发文的原因和目的，概述主要内容和结果，然后用过渡词语"现将有关情况报告如下"或"为此，提出以下意见"等来承上启下。

（二）主体

主体部分要叙述报告的具体内容，如内容单一，可分自然段叙述；若内容较多，可分条列项，逐条叙述并考虑加小标题。对于工作报告，应先写做了哪些工作、取得了哪些成果，然后概括出基本经验，再写存在的主要问题和下一步工作意见。对于问题报告，侧重写问题状况及其来龙去脉，分析问题产生的原因，说明其后果，并提出解决问题的方法和措施。对于答复报告，则应强调针对性，紧紧围绕上级机关的询问和要求，写清问题，表明态度，提出意见。

（三）结尾

结尾处一般使用公文的专用语"请审阅"、"特此报告"，建议性报告可用"以上报告如无不妥，请批转××××执行"。

四、落款

落款标注发文机关（印章）和成文时间。

另外，根据需要，报告可在附注处写上联系人姓名及联系人电话。

第三节　报告的分类

报告的种类很多，按不同的标准，可作不同的分类。

一、报告按内容分类，可分为工作报告和情况报告

（一）工作报告

工作报告用于向上级汇报工作情况或上级交办的任务的完成情况。其目的主要是为了让上级了解下级的工作情况和动向、掌握全局、指导工作，建立上下级之间的正常工作

关系。有的政策性和业务性较强的机关部门,工作报告还要形成一系列制度。工作报告又可分为例行工作报告和专题工作报告两种。例行工作报告主要用于定期向上级机关或人大汇报本机关、本部门职权范围内的工作情况,最常见的是年度工作报告和工作总结报告等。

［例文1］

国务院关于今年中央政府投资安排及实施情况的报告

——2009年10月28日在第十一届全国人民代表大会常务委员会第十一次会议上

国家发展和改革委员会主任　张平

全国人民代表大会常务委员会:

受国务院委托,我向全国人大常委会报告今年中央政府投资的安排及实施情况,请予审议。

一、落实中央政府投资开展的主要工作

去年第四季度以来,为有效应对国际金融危机的冲击,中央及时把保持经济平稳较快发展作为经济工作的首要任务,实施了积极的财政政策和适度宽松的货币政策。11月份以后,又迅速出台了进一步扩大内需、促进经济平稳较快增长的十项措施,提出了总额4万亿元的两年投资计划,其中,中央政府新增投资1.18万亿元,并把它作为应对危机促进经济平稳较快发展一揽子计划的重要内容。经十一届全国人大二次会议审议批准,今年中央政府投资总额为9080亿元,其中,新增中央政府投资4875亿元。为落实好中央的决策,执行好十一届全国人大二次会议的决议,管好用好中央政府投资,各地区各部门迅速行动,密切配合,开展了大量富有成效的工作。

(一)突出投资重点,科学选择项目。

……

(二)强化组织协调,加快工作进度。

……

(三)完善配套政策,推进制度创新。

……

(四)严格项目管理,确保资金安全。

……

(五)加强监督检查,提高投资效益。

……

二、中央政府投资的具体安排和实施情况

经十一届全国人大二次会议批准,2009年中央政府投资总额9080亿元,资金的主要来源是:中央基建投资3676亿元,车购税专项投资860亿元,中央灾后重建(基金)投资1300亿元,中央财政其他公共投资1593亿元,中央政府性基金1651亿元。

……

经过各地区各部门的积极努力,中央政府投资项目进展顺利,管理不断加强,资金使用比较规范,项目建设在确保工程质量和施工安全的前提下加快推进。截至8月底,已下达中央政府投资7170亿元,占今年投资总额的79%。

保障性安居工程方面,基本建成廉租住房27万套、开工建设126万套,新增租赁住房补贴54万户。实施煤矿棚户区民房改造10万户、采煤沉陷区民房治理12.9万户和国有林区棚户区改造15.7万户,改造完成国有农垦危旧房3.1万户。建成游牧民定居房2.4万套,试点地区改造完成农村危房18.5万户。

农村民生工程和农村基础设施方面,解决了2278万农村人口饮水安全问题,建成农村沼气项目247万户、农村公路20万公里、农村各级变电站361座、线路10.3万公里。

……

重大基础设施建设方面,建成 8 个高速公路项目、3 个国防交通项目、2 个进藏公路整治项目,实施沿海港口航道及防波堤建设项目 22 个、全国内河航道建设项目 62 个,长江干线、西江干线、京杭运河、鸭绿江西水道等航道通航条件得到改善。

……

卫生、教育等社会事业建设方面,基本建成 1.1 万个基层医疗卫生服务项目、3000 多个基层计划生育服务和重点中医院项目,改造农村初中校舍面积近 400 万平方米,建成中等职业学校校舍 152 万平方米、特殊教育学校 24 万平方米,建成乡镇综合文化站 2500 多个。

节能减排、生态环境建设方面,新增污水日处理能力 518 万吨、垃圾日处理能力 1.6 万吨,铺设管网 1.3 万公里;形成 669 万吨标准煤的节能能力,新增节水能力 1.31 亿吨、循环利用废物能力 288 万吨以及铬渣处理能力约 33 万吨;新增年 COD 削减量 25 万吨,完成营造林近 3800 万亩。

……

灾后恢复重建方面,四川、甘肃、陕西三省灾后恢复重建项目已开工 2.96 万个、竣工 1.67 万个,完成投资 5050 亿元,占规划总投资的 50.5%。

……

总之,在党中央、国务院的正确领导下,在全国人大常委会的悉心指导下,经过各地方各部门的共同努力,中央政府投资项目的总体情况是好的,在保增长、调结构、促改革、惠民生中发挥了重要作用。一是有力地促进了经济企稳回升态势的形成和发展。

……

三、下一步工作的主要考虑

在坚定不移地落实中央扩大内需政策措施的同时,我们也清醒地认识到,目前在中央政府投资管理方面仍存在一些亟待解决的问题,突出表现是:个别地方推进中央投资项目建设的大局意识和力度还需加强,实施责任也要进一步细化,工作效率还需要进一步提高;个别地方为了多争取中央补助资金,没有充分考虑当地政府承受能力,编制的建设规划过大、任务过重,部分地方配套资金的筹措仍困难较大,没有集中力量保重点,影响了中央政府投资项目配套资金的落实;少数项目管理不够规范,没有严格执行建设程序,没有按规定使用建设资金,一些地方在项目设计方案论证、建设规划落实、征用土地手续、施工单位资质、施工质量管理等方面也存在一些不够完善的问题;个别地方由于配套资金不到位和前期工作准备不充分,项目建设进展较慢,中央项目建设进展不平衡,仍有少数项目没有按时开工。此外,在如何更好地发挥中央政府投资的引导作用、促进民间投资加快发展、进一步优化投资结构等方面,也有许多需要改进的地方。下一步,我们要围绕解决上述问题,重点抓好六方面工作:

(一)加快推进中央政府投资项目建设,确保及时发挥效益。

……

(二)采取多种有效措施,积极落实配套资金。

……

(三)严格各项管理制度,加大监督检查力度。

……

(四)鼓励和引导民间投资,进一步扩大中央投资的带动效应。

……

(五)保持合理投资规模,继续优化投资结构。

……

(六)着力推进制度创新,健全投资管理长效机制。

……

管好用好中央政府投资使命光荣、任务艰巨、责任重大。我们要在以胡锦涛同志为总书记的党中央领导下,全面贯彻党的十七大精神,坚持以邓小平理论和"三个代表"重要思想为指导,深入贯彻落实科学发展观，以对国家、对人民高度负责的精神，进一步做好中央政府投资管理工作，确保资金安全，提高投资效益，为促进经济平稳较快发展作出新的贡献。

（二）情况报告

情况报告用于向上级反映客观存在的情况和问题，如某一时期群众的思想动态、某一事件或灾难的情况等，也可答复上级的询问和要求。情况报告和专题工作报告的作用差不多，主要是为了让上级机关了解和掌握有关情况及动向。所不同的是，情况报告的内容比工作报告更具体，更有特定的意见。情况报告往往是就某一突发情况、某一问题或某一项工作、某一次会议的一部分事项向上级提出报告。情况报告突出工作中的"情况"，工作报告则注重工作的"全过程"。情况报告的正文一般由报告的事由和报告内容两部分组成。报告内容则通常由目前工作的形势、工作中出现或存在的问题、解决问题的措施和今后的意见等组成。

情况报告也可分综合性情况报告和专题性情况报告两种。综合性情况报告是对某一情况的各方面进行报告；专题性情况报告是对某一情况的单方面进行报告，也称为答复性报告，这类报告较为单纯，即上级询问什么就答复什么，专题专报，不节外生枝。

[例文 2]

天津市市容和园林管理委员会关于清融雪工作的报告

津容环〔2009〕5 号

市政府办公厅：

12 月 20 日晚，我市突遇暴雪，市区平均降雪量为 10 毫米，个别区域降雪量达 11.7 毫米，为 50 年一遇。市清雪指挥部及时启动预案，全市立即开展清融雪工作，至 12 月 24 日，清雪工作基本结束，现将有关情况报告如下。

一、清融雪工作基本情况

20 日 17 时，市清雪指挥部接气象台"夜间阴有小雪转多云"预报信息后，总指挥只升华、副总指挥王敬威、王宗涌和相关工作人员到岗，随即下发清融雪 1 号令，要求各区及相关单位做好清融雪准备工作。晚 20 时 50 分部分地区开始降雪，市清雪指挥部立即发布第 2 号令，要求各区迅速开展融雪。20 日晚 23 时气象台发布道路结冰黄色预警信号，市清雪指挥部随即下发第 3 号令，要求首先对桥梁、涵洞、快速路、主干道路融雪除冰。21 日凌晨零时 30 分降雪越来越大，实际降雪量已远超中雪，在未获得气象台实时预报信息情况下，市清雪指挥部根据雪情变化发布第 4 号令，要求各区紧急动员社会力量清融雪。至 21 日早晨 6 时，完成了市区 38 座大型桥梁和 40 条主干道路的融雪作业。

21 日上午，只升华总指挥召开清融雪工作紧急会议，对全市清融雪工作进行全面部署，要求全面动员、调集一切力量抗击暴雪。在会议精神的鼓舞下，全市掀起清融雪高潮，动用市区所有清融雪设备，包括洒水车 90 余台、铲车 100 余台、推雪板 50 余台、撒布机 20 余台、运输车 120 余台进行清融雪作业。

……

22 日上午，市委办公厅下发动员全市参与清雪工作的通知，市清融雪指挥部相继发布第 6 号、第 7 号清融雪令，要求充分利用中午光照足、气温高的有利时机，继续发动社会力量和环卫专业部门，进一步加大对桥梁涵洞、快速路、主干道路和重点地区清融雪作业，同时向次支道路延伸。

……

23 日，市委、市政府组成联合督查组到市清雪指挥部检查工作，分 6 组深入各区督查清融雪进展情况，市内各主干道路积雪清运已基本完成，次支道路完成 70% 以上。

24 日，主干道路残雪清理全面完成、次支道路积雪清运基本完成，工作重点转向里巷道路和居民区，清融雪重点工作基本告竣。

此次暴雪虽达灾害等级，但经过全市上下昼夜奋战，合力克难，未对全市生产、生活特别是道路交通造成灾害性的影响。

二、主要经验及存在的不足

此次暴雪突降,对我市清融雪工作是极大考验。按照兴国、升华同志的指示,我们组织各区县和有关部门认真分析总结,回顾四昼夜 96 小时清融雪工作,主要收获和问题是:

(一)主要收获

1. 领导重视。雪情就是命令,各级领导立即就位,部署任务,推进工作。升华副市长进驻清雪指挥部一线指挥,现场督查,协调解决问题。市委、市政府通过督查组转达了对一线作业人员的慰问。各区和各部门的党、政领导亲自部署任务,主管领导靠前指挥。

……

2. 指挥得力。市、区两级指挥系统运行顺畅、快捷,指令下达迅速,信息反馈及时。相关部门按照清雪指挥部的统一部署,各司其职,相互协作,密切配合。

……

3. 专业队伍充分发挥了骨干作用。在清融雪工作中,市容环卫部门专业队伍始终是清融雪工作的冲锋队和主力军。

……

4. 有关部门积极参与。此次清融雪工作,部队、机关、各部门按照任务分工积极参与了清雪活动,对清雪工作给予极大支援。新闻媒体及时发布清雪信息,跟踪报道清雪动态,营造了良好的舆论氛围。

(二)存在问题

从客观方面讲,存在降雪量大、气温低、气象信息把握不准、清雪设备不足等不利因素;从主观方面讲,我市近 20 年未下大雪,因此应对大暴雪的心理准备不足、社会力量发动不够充分等。

1. 应对大(暴)雪专业设备、设施能力不足。

……

2. 社会力量发动不足。

……

3. 媒体作用发挥不足。

……

三、几点建议

1. 尽快修订相关法规。

……

2. 进一步完善清融雪工作机制。

……

3. 增加清融雪设备的投入。

……

4. 加强教育引导,构建志愿者参与的平台。

……

目前,已进入冬季最寒冷时期,市清雪指挥部已做好充分准备,以确保及时圆满完成清雪工作。

二〇〇九年一月五日

[例文 3]

海口市人民政府办公厅
关于《关于英国 TESCO 乐购公司在海口投资事》办理情况的报告

海府办〔2009〕282 号

市委办公厅:

转来的《关于英国 TESCO 乐购公司在海口投资事》(陈书记 8 月 31 日批示件)收悉。市政府很重视,9月1日,徐敏生副市长做了批示:"韶雄同志阅,主动联系,跟踪服务。"9月3日,市商务局主动与柏林先生联系,并就英国 TESCO 公司在海口投资相关事宜做进一步的沟通,还对《关于英国 TESCO 乐购公司在海口投资事》一文中提到的海南富信房地产公司及龙昆南 42 亩地块的情况进行了解。市商务局将继续保持与柏林先生的联系,并做好跟踪服务。

特此报告。

二〇〇九年十月九日

二、报告按性质分类,可分为综合报告和专题报告

(一) 综合报告

综合报告用于全面反映一个地区或一个单位的工作情况,它要全面汇报工作的过程、做法、成绩和经验、缺点或体会等。它的最大特点是具有综合性。这类报告与工作总结相似。

[例文 4]

重庆市涪陵区畜牧兽医局关于报送 2009 年工作总结的报告

区政府:

2009 年,在区委、区政府的领导和市农委的指导下,我局认真宣传贯彻落实中央、市、区相关工作会议精神,紧紧围绕转变畜牧生产方式、推动项目建设和狠抓"三大安全"为重点,以实现畜牧业增产和农民增收为目标,狠抓专项工作的落实。通过全系统干部职工的共同努力,圆满完成了全年各项工作任务,全区畜牧兽医工作取得了较好成绩。现将全年工作总结报告如下:

一、畜牧业生产保持稳定增长,全面完成各项工作目标任务

2009 年全局围绕"两增两保两提高"的工作目标(增加生产总量,增加农民收入,确保动物重大疫病、畜产品质量和养殖健康生态"三大安全",确保畜产品有效供给,提高畜产品质量,提高畜牧业经济效益),牢固树立科学发展观,坚持数量与质量、保护与发展、当前与长远并重的原则,以项目建设和品牌畜牧业建设为抓手,以畜牧业标准化生产和种养结合生态循环健康养殖模式为基础,以适度规模养殖和结构调整为主导,以机制创新和依法治牧为动力,推进全区畜牧产业发展步伐,促进了全区畜牧业持续健康发展。全年出栏生猪 76.35 万头(增长 6%)、牛 1 万头(增长 18%)、山羊 1.53 万只头(增长 12.81%)、禽兔 563.31 万只(增长 6.64%),分别完成全年目标任务的 103.7%、100%、106.6%和 106%,全面完成了区委、区政府下达的各项目标任务。

二、采取的主要措施及成效

2009 年全区畜牧兽医工作紧紧围绕畜牧生产结构调整、畜牧兽医三大安全、信访维稳等重点,主要抓了以下工作:

(一)强力推进依法治牧,"三大安全"成效显著

认真宣传贯彻落实"三法五条例",使全区的动物重大疫病安全、畜产品质量安全和健康养殖生态安全取得了显著成绩。

一是动物重大疫病防控有力,确保了全区清净无疫。

……

二是加大了畜产品质量安全督查,全年无畜产品质量安全事故发生。

……

三是积极扶持引导种养结合的健康养殖模式,全区畜禽养殖生态安全形势进一步好转。

……

(二)加大引导、扶持、推广力度,畜牧业生产水平进一步提高

一是畜禽良种工程扎实推进,促进畜牧业提质增效。

……

二是规模养殖进一步发展,标准化水平明显提高。

……

三是龙头企业和合作经济组织加快发展,组织化程度提高,龙头企业的带动力增强。

……

(三)突出抓好项目建设,增强畜牧业发展后劲

一是按照区委、区政府提出的"项目攻坚年"的要求,抽调骨干力量,组建项目办公室,落实机构、人员、经费,明确工作职责任务,全力抓好畜牧业发展项目工作。

二是抓好畜牧项目的争取和实施。按照重庆建设国家现代畜牧业示范区的要求和上级资金投入方向,组织编制了一批项目,全力向上级部门争取和对外招商。

……

三是抓好重点项目建设。

……

(四)全面完成企业改革,确保信访稳定工作

企业改革和稳定一直是我局的主要工作之一,全年围绕改革信访稳定重点抓了三项工作。

一是全力做好珍溪食品公司的关闭工作。

……

二是聚全局之力,确保了2009年度信访稳定工作目标任务的完成。

……

三是积极妥善处理企业改革有关遗留问题,努力搞好移民后扶工作。

……

(五)深入开展机关建设,作风面貌明显好转

一是坚持思想政治工作,加强干部队伍建设。

……

二是认真落实领导干部和部门党风廉政建设责任制,全力推行阳光作业,努力营造了高效、廉洁、勤勉的工作氛围和机制。

三是认真开展了爱国卫生、综合治理、计划生育、文明单位、小区建设和扶贫济困等工作,使"双文明"建设得到了全面加强。

总体上讲,我区畜牧业内部结构不断优化,优质畜禽比例不断提高,畜牧业产业化进程加快,畜牧业的发展对农村经济发展和农民增收的贡献越来越大。但在发展中还存在以下主要问题:一是畜牧生产安全形势严峻。由于畜禽养殖面大户多,生产管理水平较低,加之当前动物疫病复杂、畜牧生产投入品监管困难和养殖污染的不可避免性,使我区动物卫生安全、畜产品质量安全和养殖生态安全面临十分严峻的形势。二是畜牧体系建设不完善,严重影响正常的工作秩序和全体畜牧兽医职工工作积极性的调动。

……

总之,一年来,在各级党委、政府的高度重视和强有力的领导下,经过畜牧系统广大干部职工团结努力,艰苦奋斗,我区畜牧兽医工作取得较好成绩。2010年,我们决心在区委、区政府和上级主管部门的领导下,进一步扎实努力工作,为把我区畜牧兽医工作推上一个新的台阶而努力奋斗。

二〇一〇年三月二十七日

(二)专题报告

专题报告用于汇报某一工作、某一件事、某一方面内容,它的最大特点是内容专一而集中,既可以写情况、事故、经验,也可以写失误、提出建议等。答复问题、材料报送的报告也可归入此类。

[例文5]

海口市人民政府

关于我市新增中央投资项目建设存在问题及整改情况的报告

海府函〔2009〕220号

中央扩大内需促进经济增长政策落实第十四检查组:

贵组11月4—5日对我市新增中央投资项目进行了专项检查,指出了若干的问题,我市高度重视,针对存在的问题,迅速组织召开专题会议,研究并部署相关整改工作,同时要求相关部门要以此次迎检工作为契机,及时开展自查自纠,并组织整改。此次,检查组抽查了琼山区廉租房、美兰区廉租房、江东垃圾转运站、玉凤水库除险加固工程、市中医院、医疗废弃物处置中心六个项目,其中,琼山区廉租房、江东垃圾转运站、玉凤水库除险加固工程、市中医院、医疗废弃物处置中心五个项目在建设过程中存在需要说明、整改的问题。现将整改情况报告如下:

一、琼山区廉租房项目

问题一:土地用地手续只有《关于海口市琼山区人民政府申请廉租房项目临时使用土地问题的复函》。

产生问题的原因:我市已将琼山区郑村项目土地农转用报批手续材料报省政府,但由于农转用手续需时较长,根据海南省国土环境资源厅《关于切实保障供地促进我省保障性住房建设的通知》(琼土环资用字〔2008〕27号)(见附件一之附件1)精神,对于项目选址确需进行土地利用总体规划调整的保障性住房项目用地,可在办理土地利用总体规划调整手续的同时,申请办理土地征用、转用审批手续,并先行开展征地拆迁补偿前期工作,加快土地取得进程。我市国土部门于2009年3月27日出具上述文件,同意该项目临时使用32.75亩土地(其中廉租房用地18.6亩,道路用地14.15亩),并开展征地拆迁等前期工作。

整改情况:市国土部门正在加紧协调省厅尽快批准农地转用手续。在该手续完善后,及时给用地单位办理用地产权证明。除郑村以外,我市其他廉租住房项目均已取得土地证(见附件一之附件2)。

问题二:项目概算及初设尚未批复;招标采取了概算加下浮综合费率的方式。

产生问题的原因:中央检查组第一轮检查后,我市通过自查发现廉租房项目部分存在超面积问题,立即组织整改,要求琼山区廉租房项目重新修改设计,造成项目初设及概算修编审批滞后;为了加快建设进度,我市决定参照政府投资项目特事特办的原则按下浮率开展廉租房项目招标工作(见附件一之附件3),廉租房采用下浮率招标,并在招标文件及施工合同中明确以政府部门审批的概算为基数和中标下浮率的换算来控制,并严格按审计部门审定的工程结算支付工程款。

整改情况:至11月9日,琼山区博雅廉租住房项目已完成初步设计及概算审批手续(见附件一之附件4);郑村廉租住房项目中,新建620套的初步设计及概算已审批(见附件一之附件4);另新增200套(见附件一之附件5)因涉及部队光缆迁移(见附件一之附件6)滞后,未确定设计方案,至今未出图纸,造成概算未审查。

问题三:郑村项目于2009年8月10日开工,该项目上报概算10626万元,其中工程造价为8822万元,至检查日完成耗料采购100万元,累计完成投资额(预付款)1468万元。监理单位的监理月报不能准确反映工程进度情况;博雅项目2009年7月28日开工,总概算2400万元,完成实物工程量220万元,累计完成投资430万元。

产生问题的原因:郑村项目为新征用地,博雅项目为征收企业用地,手续较多(用地涉及部队光缆至今未迁移,因此,虽然已进场施工但进度缓慢),且为解决我市自查发现的部分超面积问题,需调整设计,也造成开工滞后。

整改情况:我市已要求琼山区科学调整施工计划,加紧协调项目建设中存在的难点问题,加强施工现场管理,确保进度并按时保质完成廉租房建设任务。郑村项目代建单位已责成监理单位补齐监理月报(见附件一之附件7)。

问题四：发改部门未具体分解该项目投资计划，和琼山区博雅廉租房项目一并下达投资计划，两个项目 2008—2009 年投资计划 6473 万元，其中中央 1473 万元，市配套 5000 万元；资金到位 3973 万元，其中中央 1473 万元，市配套 2500 万元；财政部门（区）共付项目单位两个项目多级财政资金 3400 万元，其中政府开行贷款拨入 2000 万元，政府其他配套与中央资金混合下达 1400 万元，无法分清投资比例。

整改情况：我市已分别对琼山区郑村和博雅两个项目下达新的投资计划。其中，郑村新建 620 套，中央资金 972.3 万元，地方配套 1000 万元；郑村新增 200 套，中央资金 255 万元，地方配套 500 万元；博雅新建 180 套，中央资金 245.7 万元，地方配套 1000 万元。目前已拨付到琼山区代建单位的中央资金 900 万元，分别为郑村新建 620 套 700 万元、博雅新建 180 套 200 万元；地方配套资金 2500 万元，分别为郑村 1500 万元、博雅 1000 万元（见附件一之附件 8、9）。

问题五：项目未专账核算，郑村与博雅项目混合核算；用部分中央资金支付了红线外（项目红线）的征地拆迁款（用地 18.6 亩，付费 32 亩）。

产生问题的原因：关于“混合核算”问题，由于我市下达廉租房建设项目资金计划是以区为单位下达的，未将琼山区郑村与博雅两个项目分别下达，也未分中央资金和地方配套资金，造成琼山两项目资金混合，无法分项目核算，代建单位也未将中央和地方配套资金独立设账。

关于“用部分中央资金支付了项目红线外的征地拆迁款”问题，因琼山区郑村项目征地时需一并征用道路绿化用地，但由于中央和地方财政资金共在一个账户，造成此笔款项未分清属哪类资金开支。

整改情况：琼山区廉租房项目代建单位已按市发改委重新下达的名称和金额，对郑村和博雅两个项目独立立项核算。其中，已拨付到琼山区代建单位的中央资金 900 万元，分别为郑村新建 620 套 700 万元、博雅新建 180 套 200 万元；地方配套资金 2500 万元，分别为郑村 1500 万元、博雅 1000 万元。两个项目支出的前期费用也按立项名称和建筑面积分摊进行调账处理。并引以为戒，要求各区对其廉租房项目财务账册进行清理，严格将中央资金与地方配套资金分账核算（见附件一之附件 10）。

二、江东垃圾转运站项目

问题一：项目的工程设计直接委托问题。

情况说明：工程设计由省政务中心公开招标，因报名的单位不足三家，经报省垃圾处理设施建设单位领导办公室批准，同意由市环卫局直接发包该项目的工程设计（琼垃圾办函〔2009〕10 号），符合招标法律程序（见附件二之附件 1）。

问题二：项目的工程监理直接委托问题。

情况说明：该项目批准总投资 3443.08 万元，但工程费用仅 2697.49 万元，其他费 745.59 万元，土建费 934.13 万元，设备投资占大部分。市环卫局仅和监理公司签订土建监理合同，合同约定监理费 23.35 万元，根据《中华人民共和国招标投标法》及相关细则规定，监理费用金额在 50 万元以下的可直接委托监理单位（见附件二之附件 2）。

三、玉凤水库除险加固工程

问题一：项目的前期工作中未办理环境评定报告。

整改情况：根据中央检查组的反馈意见，市环保局已于 11 月 11 日出具该项目的环境评定报告（见附件三之附件 1）。

问题二：建设单位项目管理部的人员补助发放标准的依据问题。

整改情况：根据主管部门市水务局的相关会议纪要精神，已对项目管理部人员补助发放标准进行调整（见附件三之附件 2）。

问题三：财务记账尚未规范。

整改情况：根据中央检查组的反馈意见，已按财务基建记账规范关于基建户记账的要求健全基建账户。

问题四：工程进度缓慢。

整改情况：业主单位将加强与镇政府的协调，解决部分尚未处理的坝脚下游青苗问题，同时协调水库管理部门,按计划加快降低水位,认真组织,加快工程进度,保证大坝主体工程按时施工,确保于本月完成施工临建道路建设,保证大坝防滤棱体与坝体土方填筑按时施工。另外,组织参建各方合理调整施工计划,确保在明年汛期前完成项目的主体工作。

四、市中医院项目

问题一:未完善项目优化设计和预算增加投资后相关的监理和施工招标手续。

情况说明:根据市政府 2008 年第 187 期市长办公会议纪要精神,鉴于该项目是在原概算审批后进行的施工及监理招标,为了工程建筑的延续,加快工程进度,保证工程质量,同意原施工单位及监理单位继续施工及监理(见附件四之附件 1)。

问题二:未完善项目优化设计和预算增加投资后的施工许可证手续。

整改情况:市建设部门已按优化后的预算审批的建安费 12680 万元变更施工许可证(见附件四之附件 2)。

五、医疗废弃物处置中心项目

问题:征地工作尚未完成。

产生问题的原因:由于对项目环境影响存在质疑,项目用地所在村村委会反对项目在该地建设。

整改情况:目前已发布了征地公告,辖区政府、相关职能部门及业主单位将积极做好村民思想工作,加大征地工作力度,争取年底开工建设。

特此报告。

二○○九年十一月十二日

[例文 6]

关于建立天津鸟类环志中心的报告

津林政〔2009〕94 号

国家林业局:

天津作为东亚—澳大利亚候鸟迁徙重要通道和栖息地,每年有数千万只候鸟途经、栖息本地,鸟类资源非常丰富。为进一步了解掌握我市鸟类资源状况,有效开展候鸟迁徙规律、野生鸟类疫源疫病监测,加强野生鸟类执法检查、公众宣传教育,根据《鸟类环志管理办法(试行)》规定,我局在天津大黄堡湿地自然保护区管理处建立了天津鸟类环志中心,由天津市野生动植物保护管理站进行管理,为我市鸟类保护、科学研究、公众宣传、制定保护措施等方面提供科学保障。

特此报告。

天津市林业局
二○○九年四月二日

三、报告按要求分类,可分为呈报报告和呈转报告

(一) 呈报报告

呈报报告是向上级机关直接汇报工作、反映情况的报告,或答复上级机关的询问,不要求上级机关批转。呈报报告中主要是汇报性报告,它是定期、不定期地或单一地将本机关一个时期、一个阶段的工作进展情况、问题和经验教训以及今后所作打算等,汇报给上级。政府工作报告、述职报告也是呈报报告。

[例文 7]

重庆市涪陵区发改委
关于 2009 年农产品成本收益变动的分析报告

重庆市物价局:

按照市局农产品成本调查工作的要求,近期,我委顺利完成了我区农产品调查点焦石镇永丰村、李

渡经济开发区均安村、马武镇民协村 10 户农户 2009 年度种植的中籼稻、小麦、玉米、青菜头、蚕桑的产量、产值、成本调查工作，以及饲养生猪的产量、产值、成本调查工作，并对农户登记的数据进行了审核、汇总。与去年同期相比，中籼稻产量、产值减少，玉米产量、产值增加，小麦持平，青菜头产量、产值增加，桑蚕茧产量、产值增加，散养生猪、小规模生猪产量、产值减少。

一、我区农业生产基本情况

据有关部门统计，2009 年我区农作物播种总面积 1436820 亩，较上年增长 0.38％。粮食播种面积 850800 亩，同比减少 3.95％。其中：水稻播种面积 480765 亩，同比增长 0.36％；小麦播种面积 60465 亩，同比下降 2.39％；玉米播种面积 309570 亩，同比下降 1.67％。

······

二、调查品种单位成本收益情况

（一）产量、产值变化情况

1. 粮食类

三种粮食（水稻、小麦、玉米）平均亩产 337.8 公斤，同比减少 12.4 公斤，下降 3.54％。其中：水稻亩产 441.4 公斤，同比减少 42.70 公斤，下降 8.80％；小麦亩产 164.2 公斤，同比持平；玉米亩产 407.80 公斤，同比增加 5.5 公斤，增长 1.4％。

······

2. 青菜头

青菜头亩产 3094.40 公斤，同比增加 450 公斤，增长 17％。亩产值 911.44 元，同比增加 223.89 元，增长 32.56％。

增产的主要原因是得力于我区政府大力支持。近年来，政府每年拿出 100 万元，为旱市涪陵青菜头种子买单，免费供菜农种植；区内外企业和个人运销涪陵青菜头可获 20 元/吨的补贴。

3. 桑蚕茧

桑蚕茧平均亩产 100.5 公斤，同比增加 12.20 公斤，增长 13.80％。平均亩产值 1527.18 元，同比增加 420.83 元，增长 38.04％。

产量增加的主要原因是由于我区政府大力的支持。比如，蚕茧实施收购价补贴，补贴达 100 万元；提高了收购价格，2009 年我区的蚕茧收购均价为 16 元左右；全区对蚕种的补贴达 55.8 万元，并对养蚕农户有 8 元/张的补贴；养蚕保险，市财政补贴 7.3 万元，区财政补贴 5.8 万元；桑园流转补贴 7.3 万元，每亩 1000 元。

4. 生猪类

农户散养生猪平均头重 111.20 公斤，同比减少 2.40 公斤，下降 2.10％；每头平均产值 1143.51 元，同比减少 455.14 元，下降 28.47％。小规模饲养生猪 114.20 公斤，同比减少 2.6 公斤，下降 2.20％；每头平均产值 1189.66 元，同比减少 483.73 元，下降 28.91％。

（二）生产成本普遍增长

其主要原因是我区劳动日工价比去年有所提高。据区统计局的数据，我区劳动日工价由去年每亩 13.10 元，提高到今年每亩 17.70 元。

1. 中籼稻生产成本增长

2009 年平均每亩生产成本 585.33 元，同比增长 18.43％。其主要原因是农药费增加，机械作业费增加，人工成本增加，化肥费减少。

（1）2009 年平均每亩化肥费 62.36 元，同比下降 47.42％。其原因是这 3 个调查点 12 户农户的土地比较肥沃，化肥用量少，化肥费减少。

（2）2009 年平均每亩农药费 43.01 元，同比增加 286.43％。其原因是我区调查点受卷叶虫害，致使农药费比去年有所增加。

（3）2009 年平均每亩人工成本 310.28 元，同比增加 32.10％。

2. 玉米生产成本增加

2009 年平均每亩生产成本 583.63 元,同比增长 34.09%。其主要原因是人工成本增加,化肥费增加。

(1) 2009 年平均每亩化肥费 193.16 元,同比增长 31.51%。

(2) 2009 年平均每亩人工成本 307.45 元,同比增加 30.24%。

3. 青菜头生产成本增加

青菜头亩平生产成本 566.25 元,同比增加 104.76 元,增长 22.70%。其中物质与服务费用189.95元,同比减少 3.38 元,下降 1.75%。人工成本 376.30 元,同比增加 108.14 元,增长 40.33%。

4. 蚕茧生产成本增长

蚕茧亩平生产成本 1330.93 元,同比增加 306.53 元,增长 29.92%。其中物质与服务费用 159.37 元,同比减少 36.45 元,下降 18.61%。人工成本 1171.56 元,同比增加 342.98 元,增长41.39%。

5. 仔猪价格下降导致生猪生产成本大幅度减少

农户散养生猪头平生产成本 1241.97 元,同比减少 193.06 元,下降 13.45%。其中:物质与服务费用 1003.90 元,同比减少 170.57 元,下降 14.52%;人工成本 238.07 元,同比减少 22.49 元,下降 8.63%。物质与服务费用减少的主要因素是仔猪价格下降。每头仔猪平均 406.98 元,同比减少 138.13 元,下降 25.34%。

小规模饲养生猪头平生产成本 1092.48 元,同比减少 341.89 元,下降 23.84%。其中:物质与服务费用 909.87 元,同比减少 382.80 元,下降 29.61%;人工成本 182.61 元,同比增加 40.91 元,增长 28.87%。每头仔猪平均 378.58 元,同比减少 234.82 元,下降 38.28%。

(三)平均售价的变化

除水稻、青菜头、蚕茧价格上涨外,其他品种受国际、国内市场价格下降的影响,均有不同程度的降低。

水稻每 50 公斤平均出售价格 89.01 元,同比增加 2.34 元,增长 2.7%。

小麦每 50 公斤平均出售价格 77.14 元。

玉米每 50 公斤平均出售价格 80.75 元,同比减少 2.01 元,下降 2.43%。

青菜头每 50 公斤平均出售价格 14.73 元,同比增加 1.73 元,增长 13.30%。

蚕茧每 50 公斤平均出售价格 732.62 元,同比增加 133.15 元,增长 22.21%。

散养生猪每 50 公斤平均出售价格 502.97 元,同比减少 189.68 元,下降 27.38%;小规模饲养生猪每 50 公斤平均出售价格 511.77 元,同比减少 195.73 元,下降 27.67%。

(四)收益情况

青菜头、蚕茧受价格上涨因素的影响,收益大增加;其他品种受市场价格下降和成本增加的双重影响,今年收益较去年有大幅度下降。

水稻平均净利润 109.20 元,同比减少 196.84 元,下降 64.32%;小麦平均净利润－128.75 元;玉米平均净利润 21.68 元,同比减少 182.93 元,下降 88.15%。

青菜头平均净利润 225.19 元,同比增加 32.4 元,上涨 16.82%。

蚕茧平均净利润 76.25 元,同比增加 27.57 元,上涨 56.64%。

散养生猪头平净利润－98.46 元,同比减少 262.08 元,下降 160.18%。中规模生猪头平净利润 97 元,同比减少 141.84 元,下降 59.34%。

三、当前农村存在的问题

(一)农村基础设施和农业生产条件改善的投入严重不足

……

(二)农产品粗放生产,加工能力低

……

（三）劳动力素质低阻碍农业生产发展

……

四、建议

（1）加强宏观调控，加大对农业生产资料价格的监管力度，稳定化肥、农药、种子价格。

（2）发挥我区农村"价格监督站"的作用，建立健全农村农副产品信息体系，加大政府对"三农"扶持政策的宣传力度，及时帮助和指导农民种植需求大、风险小、收益高的农副产品，增加农民收益。

（3）对农业和农村产业结构进行全面的优化升级。……

（4）充分发挥区域比较优势，促进优势农产品发展。要大力发展特色农业、生态农业，把优势农产品做大做强，尽快形成区域性主导产业和支柱产业。同时要集中力量培植农业的名优品牌，积极举办关于特色农产品的招商会，真正发挥我区已有特色产业的优势。

二○一○年三月三日

（二）呈转报告

呈转报告是向上级机关呈送，建议批准并转发有关地区或有关部门执行或参照执行的报告。一般由上级机关以批转通知的形式发文。

[例文 8]

国务院批转煤电油运和抢险抗灾应急指挥中心
关于抢险抗灾工作及灾后重建安排报告的通知
国发〔2008〕6 号

各省、自治区、直辖市人民政府，国务院各部委、各直属机构：

国务院同意煤电油运和抢险抗灾应急指挥中心《关于抢险抗灾工作及灾后重建安排的报告》，现转发给你们，请认真贯彻执行。

2008 年 1 月中旬以来，我国经历了一场历史罕见的低温雨雪冰冻灾害，持续时间长，影响范围广，危害程度深。在党中央、国务院的领导下，各地区、各部门和广大干部职工、人民解放军、武警官兵及公安民警，按照"保交通、保供电、保民生"的工作要求，奋起抗灾，顽强拼搏，取得了重大的阶段性胜利。

目前，救灾和灾后重建任务仍十分繁重，抗击低温雨雪冰冻灾害斗争由应急抢险抗灾转入全面恢复重建阶段。各地区、各部门要继续加强领导，精心组织，早谋划、早部署、早启动，统筹人力、物力、财力，尽快恢复重要基础设施，尽快恢复工农业生产，尽快安排好受灾群众生活，尽快恢复正常的生产生活秩序，努力把这场灾害造成的损失减少到最低程度，奋力夺取抗灾救灾斗争的全面胜利，确保国民经济平稳运行，确保社会和谐稳定，为实现全年经济社会又好又快发展创造条件。

国 务 院
二○○八年二月十五日

关于抢险抗灾工作及灾后重建安排的报告

现将雨雪冰冻灾情、抢险抗灾工作进展情况以及下一阶段工作安排意见报告如下：

一、我国经历了一场历史罕见的低温雨雪冰冻灾害

从 1 月 10 日到 2 月 2 日，我国南方地区先后出现四次大范围低温雨雪冰冻过程。这次灾害性天气正值春运高峰，持续时间长、影响范围广、危害程度深，多数地区为 50 年一遇，部分地区为百年一遇。全国有 19 个省（区、市）不同程度受到影响，其中湖南、贵州、江西、广西、湖北、安徽、浙江 7 省（区）最为严重。持续低温雨雪冰冻天气造成多种灾害并发，给人民群众生命财产和工农业生产造成重大损失，正常生产生活秩序受到极大影响。

（一）电力设施严重损毁。

……

（二）交通运输一度严重受阻。

......

（三）电煤供应告急。

......

（四）农业生产遭受重大损失。

......

（五）灾区工业企业大面积停产。

......

（六）灾区群众生活受到严重影响。

......

二、抗灾救灾斗争取得重大的阶段性胜利

面对突如其来的罕见灾害，在党中央、国务院正确、坚强、具体的领导和指挥下，各地区、各部门广大干部群众紧紧围绕"保交通、保供电、保民生"的总体要求，顽强拼搏，奋起抗灾；各级领导干部深入一线，靠前指挥；共产党员不畏艰险，冲锋在前；人民解放军、武警官兵迅速出动，全力以赴；社会各界同舟共济、众志成城，全力投入抗灾救灾攻坚战。目前，抗灾救灾取得了重大的阶段性胜利。

（一）在"保交通"方面，抢通道路攻坚战取得决定性胜利，全国交通运输恢复正常。

......

（二）在"保供电"方面，抢修电网和抢运电煤攻坚战取得重大进展，节前灾区居民用电基本恢复的目标如期实现。

......

（三）在"保民生"方面，受灾群众生活得到及时安置，灾区市场基本稳定。

......

（四）在"保交通、保供电、保民生"的工作中，人民解放军、武警部队和广大公安民警作出了重大贡献。

......

（五）在抢险抗灾应急保障方面，有关部门和单位发挥了重要作用。

......

（六）在抢险抗灾对内对外宣传报道方面，把握了正确的舆论导向。

......

三、全力做好下一阶段恢复重建工作

全国抢险抗灾工作取得了重大的阶段性胜利。但是，近期部分地区仍有低温雨雪冰冻天气，春运旅客返程高峰已经开始；尚未修复的电网施工条件仍十分恶劣，融冰过程中还可能出现新的倒塔断线；随着电网恢复正常运行和工农业恢复生产，电力需求增加，电煤供应可能再次出现紧张；农业受到重创，绝收面积多，恢复生产难度大；冰雪融化过程中容易引发山体滑坡等次生灾害；受灾群众口粮青黄不接时间延长，倒塌房屋重建需要一个过程。救灾和灾后恢复重建的任务仍十分繁重，思想丝毫不能麻痹，工作丝毫不能放松。下一阶段，抗击雨雪冰冻灾害斗争将由应急抢险抗灾转入全面恢复重建工作，要早谋划、早部署、早启动，统筹人力、物力、财力，尽快恢复重要基础设施，尽快恢复工农业生产，尽快安排好受灾群众生活，尽快恢复正常的生产生活秩序，努力把这场灾害造成的损失减少到最低程度，奋力夺取抗灾救灾斗争的全面胜利，确保经济平稳运行，确保社会和谐稳定，为实现全年经济社会又好又快发展创造条件。重点做好以下工作。

（一）抓紧修复基础设施。

......

（二）尽快恢复农业生产。

......

（三）加强煤电油运保障。

……

（四）妥善安排受灾群众生活。

……

（五）着力防治次生灾害。

……

这次灾害造成的损失巨大,灾后重建任务十分繁重。灾区各级人民政府要继续加强领导,进一步核实受灾情况,科学编制灾后恢复重建规划,精心组织实施。国务院有关部门要认真履行职责,加强指导。要继续发挥人民解放军和武警部队在灾后重建中的重要作用。应急指挥中心要加强协调,督促检查。灾后恢复重建资金要通过企业自筹、银行贷款、保险赔付、财政支持等多渠道筹集。坚持自救为主、政府支持,地方为主、中央补助。中央财政重点支持重灾地区、重点领域和生活最困难的群众。

各地区、各部门都要认真反思这次持续低温雨雪冰冻灾害暴露出的矛盾和问题,总结抢险抗灾的经验教训,不断提高突发事件的应急处置能力。

国务院煤电油运和抢险抗灾应急指挥中心

二○○八年二月十三日

第四节　报告写作的基本要求

报告写作没有一成不变的格式,因此,应视实际内容需要而定。在写作中,必须掌握以下几点基本要求。

（一）报告事项要客观真实

报告事项要客观真实,指报告中所反映的问题和汇报的情况,必须实事求是,尤其是典型事例与统计数字要十分精确,不能有"水分"和虚假浮夸的成分,不能欺瞒上级领导。因为报告是上级机关了解情况、制定政策、处理问题的依据,情况不确凿就会给工作带来失误甚至重大损失。

（二）报告内容重点要突出

各类报告的内容都要突出重点。专题性报告,一事一报,始终围绕一项工作、一个问题陈述,中心明确;即使综合性报告,反映的是全面工作情况,也要求主次分明,简繁适度,有点有面,重点突出,不能事无巨细、主次不分,盲目地堆砌材料。

（三）报告要及时

报告的主要任务是供上级了解情况。所以,向上级汇报工作、反映情况、提出意见或建议以及答复询问等,一定要及时。如果时过境迁再向上级报告,就失去报告的意义。

（四）报告要叙述有序

撰写报告要讲究陈述的有序性,做到有条有理,层次井然,逻辑严密。报告一般用陈述的方法来写,写作时一要据实直陈,直截了当,叙事简要,不讲空话套话,不用曲笔;二要先后有序,注意表达的条理性和逻辑性。

（五）报告不得夹带请示事项

《办法》第二十一条规定:"'报告'不得夹带请求事项。"这是因为报告属于陈述性公文,不要求上级回复,以免报告与请示两种公文混同不分。报告是上行文,主送机关是有隶属关系的直接上级,一般不允许越级上报,在紧急情况下越级上报时,事后也要向直接上级报告。

思 考 题

1. 报告的含义与特点是什么?
2. 报告的格式包括哪些内容?
3. 报告的分类有哪些?
4. 报告写作要注意哪些基本要求?

第十三章　请　　示

第一节　请　示　概　述

一、请示的含义

请示是下级机关或个人请求上级给予指示、批准、答复、帮助、解决、审核事项或问题时使用的请求性公文。适用于向上级机关请求指示、批准。它的相对文种是批复。

请示与报告相比,有其特殊的用途,最明显的特点是请示有要求上级机关批复的具体内容,并必须得到上级机关回复。因此,一些属于自己权限范围内可以解决和处理的问题、情况,不应以请示的公文形式上送,有必须让上级机关了解和知道时,可以报告的形式上报,以免造成责任不清或增加不必要的办事环节,降低机关工作效率。另一方面,对于一些重大工作和问题,或是工作中出现的新问题、新情况需要慎重处理时,一定要向上级机关和业务主管部门请示,切勿自行其是,越权办理,以免犯政策性、业务性错误。

二、请示的特点

（一）目的性

请示的目的性极强,专门用于向上级反映困难、提出要求。把本机关权限范围内无法解决或无力解决的,请求上级机关给予支持、帮助和明确批示的请示,只能发往固定的上级机关,使其批复。不能把请示抄送下级机关。

（二）前置性

请示所反映的内容、涉及的事项一般来说都是即将发生或将要遇到的,行文一般在事前进行。下级机关只有得到上级批复后才能处理有关事项,不能一边报送请示,一边自作主张处理,更不能先斩后奏。

（三）单一性

请示必须坚持"一事一请示"的原则,不能搞"一文多事"。不能越级请示,也不要多方请示,即使受双重领导的机关,也只能确定一个主送机关,另一个采用抄送的形式。

（四）时效性

有了疑难问题和本级机关不能解决的困难,需要上级及时答复和帮助解决,才写作请示。这就要讲究时效性。如果行文不及时,势必贻误工作,造成损失。

第二节　请示的格式

请示格式由标题、主送机关、正文、落款和附注五个部分组成。

一、标题

请示的标题格式包括发文机关、事由和文种三要素,具体说来有以下两种格式。

(1) 由"发文机关＋事由＋文种"组成。如《四川省林业厅关于上海世博会大熊猫展示活动有关事宜的请示》(川林〔2009〕270 号)。

(2) 由"事由＋文种"组成。如《关于提请审定〈贵阳市人民政府关于加强中心城区机动车停车场规划建设和使用管理意见〉的请示》(筑府法〔2008〕27 号)。

请示的标题,其事由不能写得含糊其辞或笼统抽象,而要明确标明请求批示(批准)的问题是什么。

二、主送机关

主送机关是指请示报送的主管机关,一般为垂直主管上级机关。

三、正文

请示的正文包括请示的事由、请示的事项和请示的要求三部分。

(一) 请示的事由

请示的事由或起因,在正文的开头先撰写。它是请示正文的重要构成部分。因为所请示的事项,能否得到上级单位的指示批准、同意或解决,关键在于本部分的理由是否充分,是否言之有据。因此在撰写请示时,往往在这里用心构思,力求写好请示的原因。要写好原因须做到抓住实质,切中要害。如果缘由比较复杂,不能为简要而简单化,必须讲清情况,举出必要的事实、数据,实事求是,具体而明白。

(二) 请示的事项

请示的事项或建议的事项指请求上级机关批准、帮助、解答的具体事项,是正文的关键部分。请示的事项要符合国家法律、法规,符合实际,具有可行性和可操作性,因此,请示要写得具体、明确,切忌笼统、含糊,如果请示的事项比较复杂,则要分清主次,分条分项撰写。请示的事项不能出现不明确、不具体的情况,也不能把缘由、事项混在一起写。否则,容易使上级不得要领,不明白下级要求解决什么情况。

(三) 请示的要求

请示的要求也就是请示正文的结尾。为使请示的事项得到答复,发文机关一定要提出要求。请示的要求一般是固定格式的请求语。如"当否?请批示","以上意见是否妥当,请指示"或"以上意见如无不妥,请批转有关单位执行","以上请示,请批复"等。

四、落款

落款包括发文机关(印章)和成文时间。发文机关要加盖公章,时间写在发文机关(印章)下一行。

五、附注

为了方便联系,及时解决问题,应在附注处注明联系人和联系电话。

第三节　请示的分类

根据请示的性质和内容不同,大体可分为事项性请示、请求性请示和建议性请示等三类。

一、事项性请示

事项性请示一般是请求指示的"请示",在向上级机关询问有关事项和陈述有关问题并要求上级机关答复时使用。具体地说,事项性请示一般在处理下列请求事项时使用:

(1)对国家的法律法令,党和政府的方针政策,以及上级机关发送过来的一切公文内容不甚了解或有疑问,需要上级机关或拥有公文解释权的机关的明确答复才能办理的事项;

(2)工作中发生或发现的新的重大问题,本机关单位权限内没法处理或处理时无章可循或根据有关规定难以处理的事项;

(3)某些工作涉及其他有关单位和部门,而且在同有关单位反复协商仍有意见分歧,无法统一,需要上级机关裁决后才能办理的事项;

(4)受上级机关委托,处理非本机关或部门职权范围内的事项;

(5)其他需要向上级机关陈述并需要具体答复的事项。

[例文 1]

关于提请审定《贵阳市人民政府关于加强中心城区机动车停车场规划建设和使用管理意见》的请示

筑府法〔2008〕27 号

市政府:

按照 2007 年 11 月 9 日市政府道路交通"畅通工程"专题会议要求,根据有关法律、法规和规章,结合我市实际,我办起草了《贵阳市人民政府关于加强中心城区机动车停车场规划建设和使用管理意见》(以下简称《意见》),在征求市直有关部门和相关区人民政府的意见和建议并进行修改后,于 2007 年 12 月 11 日将《意见》报送市政府。市政府办公厅又将《意见》征求了中心城区交通整治工作领导小组成员单位和相关区人民政府的意见和建议。共有市城管局等 18 个单位和云岩等 3 个区人民政府反馈了意见和建议,除市林业绿化局等 6 个单位和 1 个区人民政府无修改意见外,其余单位和相关区人民政府均提出了具体的修改意见和建议。

按照市政府的要求,我办再次对照有关法律、法规和规章,结合实际,对各单位提出的修改意见和建议进行认真研究,吸纳了市建设局、市城管局、市公安局、贵阳警备区后勤部、南明区人民政府等提出的部分修改意见和建议,并对《意见》的相关内容进行了调整和反复修改。其余的修改意见和建议,有的已在《意见》中体现;有的不宜在《意见》中规范和进行细化;有的在相关规定中已有规范;还有部分意见,如财政、土地部门提出的有关收费等建议,我们认为不利于鼓励、支持停车场的建设管理和为投资者提供优惠政策,为此,对这部分修改意见和建议未予以采纳。现再次将修改后《意见》提请市人民政府审定。

妥否,请批示。

附:《贵阳市人民政府关于加强中心城区机动车停车场规划建设和使用管理意见》及其起草说明。

贵阳市法制办公室

二○○八年三月二十八日

《〈贵阳市人民政府关于加强中心城区机动车停车场规划建设和使用管理意见〉及其起草说明》(略)

[例文 2]

关于要求申报在我市建立国家钨与稀土产品质量监督(赣州)检验中心的请示

赣市府字〔2007〕36 号

国家质量监督检验检疫总局:

赣州位于江西南部,简称"赣南",现辖 18 个县(市、区)和一个经济技术开发区,国土面积 3.94 万平方公里,约占全省面积的1/4,人口850万,约占全省人口的1/5,是江西省最大的行政区,同时也是著名的革命老区。

赣州有色金属矿产资源非常丰富,享有"世界钨都"、"稀土王国"的美誉。目前全市已探明钨、离子型稀土保有储量分别为50万吨和46.89万吨,居全国之首。其中:高品质钨矿保有储量约占全国同类型矿的70%,世界的60%;离子型稀土远景储量940万吨,占全国离子型矿产储量的40%;钨产品生产加工和稀土分离冶炼能力,约占全国的60%,成为全国钨、稀土加工冶炼的主产区和集散地。

近年来,我市依托资源的比较优势,努力发展壮大钨、稀土产业。2006年全市规模以上钨企业销售收入超过全国三分之一,达109.64亿元,税利达16.2亿元,成为我市首个产值、销售收入超百亿元的产业集群。稀土企业销售收入达37.6亿元,利税4.7亿元,奠定了我市钨、稀土产业在全国的重要地位。我市从事钨、稀土产业的专业人才储备丰厚,江西理工大学、赣州冶金研究所等院所,拥有一批具有国际、国内领先水平的专业技术人才,并且有较强的理论和实践经验。2004年,我市争取了钨和稀土的国家标准起草权,并已完成了起草工作,这标志着我市已占领了这两类产品的标准制高点和主动权。此外,我市就建立国家钨与稀土产品质量监督(赣州)检验中心做了大量的前期准备工作。自2006年初起,我市就从相关部门抽调工作人员,组建"筹备办公室",开始申报建立"国家钨与稀土产品质量监督(赣州)检验中心"相关工作;组织了有关部门先后专程赴广东、吉林、黑龙江等地学习考察。同时,还在赣州经济技术开发区专门划拨了40亩土地用于该项目建设,我市还将在资金等方面对该项目的建设积极支持。今年初,我市"两会"召开期间,建设钨与稀土检验中心成为人大代表和政协委员普遍关注的热点项目,我市拟将该中心列入"十一五"重点建设项目。

鉴于此,我市恳请国家质量监督检验检疫总局同意在赣州立项建立"国家钨与稀土产品质量监督检验中心",并在资金、技术等方面给予大力扶持,以支持和帮助老区经济社会发展。

妥否,请批复。

赣州市人民政府
二○○七年三月七日

[例文3]

关于申请冬春灾民生活救济款的请示
苏政民〔2009〕256号

省民政厅、财政厅:

今年以来,我市因突发性强对流天气、"莫拉克"台风影响,共发生局地自然灾害20次(处),受灾人口达24.55万人(次),倒损房屋1.9万间,直接经济损失4.04亿元(其中居民家庭财产损失4900万元)。特别是太仓、昆山、常熟等地,在8月初相继遭受了70年未遇的特大暴雨侵袭,受灾居民和经济损失的数量都相对较大。

灾情发生后,我市委、市政府及灾区党委、政府及时组织开展抗灾救灾和生产自救工作,对受灾居民予以生活救助和精神抚慰,努力将灾害损失降到最低限度。到目前为止,已投入灾民生活救助和灾后重建资金近千万元,但仍有较大的资金缺口。而且,为了确保受灾居民能够与当地群众一起迎接新年,切实维护社会稳定,还需要在新年元旦、春节期间对灾民进行生活救济,体现党和政府的关怀和社会主义大家庭的温暖。为此,特向省民政厅、财政厅申请冬春灾民生活救济款300万元。

特此请示。

苏州市民政局 苏州市财政局
二○○九年十二月十一日

[例文4]

四川省林业厅关于上海世博会大熊猫展示活动有关事宜的请示
川林〔2009〕270号

省人民政府:

省政府 2009 年第 36 次常务会决定:"同意省政府、国家林业局和上海市政府联合主办上海世博会大熊猫展示活动。"为落实省政府决定,我厅积极参与前期准备工作。经三方协商,上海世博熊猫展览宣传活动新闻发布会和开幕式将分别于 2009 年 12 月 17 日、2010 年 1 月 20 日在上海举行。现就前期工作开展情况和有关事项请示如下:

一、前期工作开展情况

(一)考察大熊猫展示场馆

我厅于 9 月派工作组前往上海,与国家林业局大熊猫保护管理办公室、上海市林业局就上海世博会大熊猫展示活动的具体事项进行了深入研究,商定了相关准备工作计划,实地考察了上海动物园和上海野生动物园的大熊猫展示场所,并就场馆的笼舍布局、消毒降温、安监保卫以及户外活动设施的设计和建设提出了意见。

(二)甄选参展大熊猫个体

组织卧龙中国保护大熊猫研究中心甄选了汶川地震后出生的"平平"、"安安"、"韵韵"、"佑佑"、"汉媛"、"壮妹"、"奥运"、"武阳"、"闽闽"、"阿灵"十只亚成体大熊猫,并已取得国家林业局的行政许可。10月下旬,上海市政府尹弘副秘书长率队到我省考察了赴沪大熊猫,对选出的 10 只世博大熊猫表示满意。

(三)提供大熊猫展览宣传素材

为展示大熊猫故乡的良好形象,宣传我省在大熊猫保护繁育、地震灾后大熊猫保护、大熊猫栖息地恢复重建等自然生态方面所取得的成就,按照《2010 年上海世博会大熊猫展示活动总体方案》,组织、提供了文字、图片、影像等方面的宣传资料。

二、有关事项的请示

(一)恳请省政府领导出席开幕式

2010 年 1 月 20 日,即上海世博会倒计时 100 天,计划在上海举行大熊猫展示活动开幕式,届时上海方面将邀请省政府领导出席开幕式。恳请省政府领导代表四川省政府出席开幕式,我厅主要负责同志陪同前往。

(二)恳请省政府新闻办负责同志出席新闻发布会

2009 年 12 月 16 日上午在上海市林业局召开工作会议,具体商讨大熊猫展示活动筹备及新闻宣传工作;2009 年 12 月 17 日下午在上海市政府新闻发布厅举行 2010 年上海世博会大熊猫展示活动联合新闻发布会,新闻统发稿由上海准备。上海方邀请国家林业局宣传办、保护司、四川省政府新闻办、省林业厅、卧龙保护区管理局参加。恳请省政府安排省政府新闻办负责同志出席上海三方工作会议和新闻发布会,我厅由一名副厅长带队参加。

(三)恳请省政府或办公厅领导出席欢送仪式

2010 年 1 月 5 日,上海世博会大熊猫启运当天,为体现我省对上海世博会的大力支持并借助上海世博会平台宣传四川,我厅拟举行上海世博会大熊猫欢送仪式,恳请省政府或办公厅领导出席。

妥否,请批示。

四川省林业厅
二〇〇九年十一月三日

[例文 5]

赣州市交通局关于瑞金市兴建一级客运汽车站的请示

赣市运字〔2009〕20 号

省道路运输管理局:

瑞金是"红色故都"、"共和国摇篮"和红军长征出发地。323、206、319 三条国道贯通该市东西南北,在厦蓉高速、济广高速、向莆铁路建成通车后,瑞金将形成双"十"字枢纽型的高速公路网。厚重的红色文化底蕴,优美的自然风光及显著的交通区位优势,使瑞金正成为赣南东部和赣闽边际区域人流、物流、资金流、信息流的交汇中心。目前,瑞金市承接八方来客的重要载体是 20 世纪 90 年代初设计建造的二级汽车客运站,站场面积小,功能不全,已远远不能适应瑞金的经济社会发展需要。为进一步改善瑞金的交通条件,加快全国著名红色旅游城市建设步伐,瑞金市拟在瑞金城北大岭脑(南昌方向)新建汽车客运站,根据规划测量和设计,该项目按一级A类标准设计,占地面积39999.6平方米,总投资5000万元,请省局按有关规定予以立项审批。

妥否,请批示!

赣州市交通局

二〇〇九年三月十七日

二、请求性请示

请求性请示一般是请求批准的"请示",在向上级机关请求给予批准某一事项时使用。这类请示通常内容单一、篇幅简短,只要写清请示的原因和事由即可。对于这类请示,上级机关的答复也通常很简单,只要明确表示同意或不同意即可,不用再作其他指示和解释。具体来说,请求性请示通常在处理下列事项时使用:

(1) 上级机关明确规定必须经其批准后才能办理的事项;

(2) 因情况特殊,难以执行现有规定,需要变通处理,有待上级机关批准的事项;

(3) 在自己的工作权限内拟采取新的重大措施,或拟对原来的工作措施办法作较大变动,希望得到上级机关同意或认可的事项;

(4) 其他需要向上级机关请求批准同意的事项。

[例文 6]

关于要求解决我市扶贫救灾项目资金的请示

赣市扶办字〔2009〕10 号

省扶贫和移民办:

7月2日由于受中低层切变影响,我市各地普降大到暴雨,局部地区出现特大暴雨,遭遇了入夏以来强度最大的一次降雨过程。大余县是有气象纪录以来降雨量最多的一次。由于降雨集中,江河水位急剧上涨,导致山洪迅猛爆发,我市除全南县外,其他18个县(市、区)均遭受了不同程度的灾害,其中大余、崇义、南康、信丰、赣县属重灾区,灾区人民群众生命财产受到了巨大损失。为减少洪涝灾害的损失,做好抗灾救灾工作,尽快抓好损毁项目的修复,帮助群众尽快恢复生产,特要求省扶贫和移民办解决扶贫项目资金3200万元。

一、灾情

这次因暴雨袭击造成我市182个乡镇140.5万人受灾,死亡2人(南康市),失踪4人(大余县2人、崇义县1人、于都县1人),紧急转移安置灾民17.15万人;农作物受灾面积4.4万公顷,成灾面积1.99万公顷,其中农作物绝收面积3782公顷,毁坏耕地1270公顷,倒塌房屋3.6万间,涉及农户7767户,损坏房屋7.8万间,因灾造成全倒房3860户;因灾死亡大牲畜2831头。因灾冲毁乡村公路路面和路基935余公里,冲毁桥梁290余座,毁坏水陂、水圳3653处等。灾害给我市造成的直接经济损失24.4亿元,其中农业直接经济损失7.76亿元。

我市170个贫困乡镇有160多个受灾,1047个重点村受灾村达670个,其中8个重点县重点村134个。全市重点村因灾造成直接经济损失达7.6亿元,其中重点县重点村4.88亿元。如崇义县4个重点乡7个重点村均受灾,受灾人口17600人,倒塌房屋1203间,转移安置受灾群众2837人,农作物受灾面积601公顷,直接经济损失达9000多万元。库区乡镇受灾人口23000人,倒塌房屋618间,转移安置受灾群众2005人,农作物受灾面积480公顷,直接经济损失1.03亿元。全市重点村受灾人口43.6万人,其中贫困人口2.5万人,重点县重点村28.1万人,其中贫困人口1.6万人;全市因灾返贫人口达7万人,其中重点村2.2万人,重点县重点村1.4万人。

二、请求

鉴于我市灾情严重,受灾县财力又较弱,为确保灾民生活救济和灾区恢复重建工作顺利开展,特向省扶贫和移民办提出以下请求:

一是请求给予扶持扶贫重点村农业生产恢复资金 800 万元;

二是请求给予扶持扶贫重点村水毁项目修复资金 800 万元;

三是请求给予扶持扶贫重点村道路桥梁修复资金 1600 万元。

三、措施

为认真抓好扶贫救灾资金项目的组织实施,确保扶贫救灾项目早实施、早到位、早竣工,如期发挥效益,我们将采取以下有力措施。

1. 加强领导,高度重视。积极组织和动员扶贫乡村干部群众开展灾后重建,坚持把抗灾救灾、帮助群众发展生产作为当前一项中心工作,认真抓实抓好抓出成效。

2. 实事求是,核实灾情。积极组织力量,深入扶贫重点村灾情第一线,认真搞好调查摸底登记工作,如实申报因洪灾造成的水毁项目,确保扶贫项目资金用在最需要的地方。

3. 精心组织,严密实施。为使扶贫救灾项目早实施、早完工,应切实做好扶贫救灾项目的组织实施工作,确保扶贫项目发挥最佳经济效益、社会效益和扶贫效益。

4. 严格财政纪律,确保资金安全。严格按照财政扶贫资金报账制的管理规定,管好用好扶贫救灾资金,杜绝挤占挪用扶贫救灾资金现象的发生,确保财政扶贫救灾资金安全有效运行。

特此请示,请批示。

赣州市扶贫办
二〇〇九年七月八日

[例文 7]

关于建议批准沈井村等 14 个村庄规划的请示

厦翔建〔2009〕35 号

翔安区人民政府:

我区马巷镇的沈井村、内官村、后滨村、何厝村、边村、前庵村、内村、同美村、西炉村和内厝镇的后田村、官路村、锄山村、前村、霞美村共 14 个村(社区)的村庄规划,已按有关规定由镇政府组织编制,并经村民代表会议讨论同意和区规划分局技术审查通过。根据 2008 年 1 月 1 日起施行的《中华人民共和国城乡规划法》第二十二条"乡、镇人民政府组织编制乡规划、村庄规划,报上一级人民政府审批。村庄规划在报送审批前,应当经村民会议或者村民代表会议讨论同意"的规定,上述村庄规划已具备审批条件,现汇总上报区政府研究,建议予以批准实施。

妥否,请批示。

附件:1. 马巷镇人民政府关于报批沈井等 9 个社区村庄规划的请示

     2. 内厝镇人民政府关于报批后田等 5 个村村庄规划的请示

厦门市翔安区建设局
二〇〇九年五月三十一日

附件 1. 马巷镇人民政府关于报批沈井等 9 个社区村庄规划的请示(略)

附件 2. 内厝镇人民政府关于报批后田等 5 个村村庄规划的请示(略)

[例文 8]

海口市人民政府
关于报审中共琼崖第一次代表大会旧址保护规划的请示

海府报〔2009〕63 号

省政府:

根据《中华人民共和国文物保护法》等文物保护法律法规的要求,为进一步做好全国重点文物保护单位中共琼崖第一次代表大会旧址的保护、展示和利用工作,充分挖掘我市宝贵的红色旅游文化资源,为海南国际旅游岛建设增添新的人文景观,我市组织编制了《中共琼崖第一次代表大会旧址保护规划》,近日获得国家文物局的审核批复和省政府政务服务中心行政审批许可。

根据《全国重点文物保护单位保护规划编制审批办法》第十七条的有关规定,现将《中共琼崖第一次代表大会旧址保护规划》呈上,请予审定。

二○○九年十一月十四日

[例文 9]

镇雄县环保局关于请求返还煤炭排污费的请示

镇环字〔2008〕44 号

县人民政府:

今年市环保局下达我县的排污费征收任务为 80 万元。根据《昭通市环境保护局关于全市排污费征收解缴工作情况的通报》(昭环发〔2008〕38 号)文件要求,市局将把排污费征收工作纳入各县区环保工作的年终考核内容,并实行排污费征收完成情况问责制,各县区环保局务必于 6 月 30 日前入库解缴全年排污费任务数的一半,即我局必须解缴 40 万元。为此,我局采取有力措施,加大排污费征收力度,争取 6 月 30 日前征收排污费 10 万元;另请求县人民政府及时划拨煤炭排污费 30 万元,以确保全县上半年排污费征收任务圆满完成。

妥否,请批示。

附件:昭通市环境保护局关于全市排污费征收任务解缴工作情况的通报

镇雄县环保局
二○○八年六月十三日

《昭通市环境保护局关于全市排污费征收任务解缴工作情况的通报》(略)

三、建议性请示

建议性请示在向上级机关要求批转、转发本单位关于某项工作的系统设想、安排或处理意见时使用。这种请示在其性质和写法上都同建议性报告相似,但建议性报告提出的建议仅供上级机关参考,上级机关不一定需要批复。建议性请示则具有请求答复的要求,上级机关不论批准与否,都应该给予明确的答复。因此,写这类请示时特别应注意建议的内容确系工作中亟待解决的问题、亟须答复的意见。建议性请示的时效性、针对性和可行性都应该比建议性报告要强,通常在形势紧迫、问题严重或某些现象需要处理和澄清、某些工作需加强时使用。有时该请示的上级机关以批转通知的形式转发该请示并要求各地遵照执行。

[例文 10]

关于要求审定《赣州市进一步提升行政服务中心建设水平工作方案》的请示

赣市行管办字〔2009〕14 号

市政府:

根据市领导关于对《江西省提升行政服务中心建设水平实施方案的通知》(赣府厅发〔2009〕62 号)的

批示精神,我办结合我市行政服务中心工作实际,代拟了《赣州市进一步提升行政服务中心建设水平的工作方案》(附后),并征求了部分市直单位意见。现呈请审定,如无不妥,请批转各地、各部门执行。

　　附件:赣州市进一步提升行政服务中心建设水平工作方案

赣州市行政服务中心

二〇〇九年五月十一日

《赣州市进一步提升行政服务中心建设水平工作方案》(略)

第四节　请示写作的基本要求

　　请示是上行文,在写作中要注意以下要求。

(一)一文一事

　　请示写作在一事一文,即在一个请示中只能提出一件请求批准的事项,或者一个请求解决的问题,否则上级机关不好答复。

(二)单头请示

　　请示只能主送一个上级领导机关或者主管部门。如果需要,可以抄送有关机关。这就可以避免出现推诿、扯皮的现象。

(三)不越级请示

　　行政机关都有一定的权限,上下级行政机关之间也有一定的分工和职责范围,因此,在请示时,一般要逐级向上请示。如果因特殊情况或紧急事项必须越级请示时,要同时抄送越过的直接上级机关。除个别领导直接交办的事项外,请示一般不直接送领导个人。

(四)不抄送下级

　　请示是上行公文,请示中的意见在未被批准之前并不生效,所请示的事项也常有不予以批准的。如果同时抄送下级行政机关,会造成不应有的混乱,甚至造成工作上的被动。因此,行文时不得同时抄送下级以免造成工作混乱,更不能要求下级执行上级机关未批准和批复的事项。

(五)注意与报告的区别

　　请示与报告在行文中常被混用,因此,有必要对两者进行区别。一是两者的行文目的不同。请示一般要求上级机关给予直接的答复,即批复;报告则主要是下情上呈,不要求批复。即便希望上级转发的报告,也不要求上级机关予以答复,而只是请求批转有关单位知照。二是两者的行文时间不同。请示必须在事前行文,待上级予以指示或批准(即批复)后,才能按上级的要求进行工作或处理有关问题,不允许"先斩后奏"。报告则可根据实际情况随时行文,事前、事中、事后均可。三是两者的行文内容不同,请示主要写带有迫切性的、需要上级机关指示和批准的事项;报告则主要着眼于汇报工作、反映情况、提出建议或回复询问。了解了这些区别,就不会将"请示"与"报告"相混淆了。

思　考　题

　　1. 请示的含义与特点是什么?

　　2. 请示的格式包括哪些内容?

　　3. 请示的分类有哪些?

　　4. 请示写作要注意哪些基本要求?

第十四章　批　　复

第一节　批复概述

一、批复的含义

批复是上级行政机关对下级行政机关呈报的请示给予正式答复的公文。

批复是上级机关针对下级机关来文中请求指示、批准的事项，给予明确的答复。因此，批复与请示是正式行政公文中唯一一对相互对应的文种。

批复是被动行文。它是应下级机关来文的请求而行文；没有下级机关来文请求，上级机关就不能、不必和不该批复。相反，如果上级机关对下级机关的请示不予及时批复，那么，上级机关就是失职，就要承担由此产生的后果或责任。

批复属于指挥性、决定性的下行公文，不可与知照性公文中的复函混为一谈。一些业务主管部门对另一部门来函请求批准事项，业务主管部门应以"复函"行文，不宜以"批复"行文。

二、批复的特点

批复是一种批答、回复性公文，它的主要特点有以下几点。

（一）发文的针对性

批复是针对某一具体事项的请示而做出的，不要涉及别的问题，一事一批复。它只主送呈报请示的行政机关，如需其他机关知悉，可用抄送或批转的形式。

（二）意见的决断性

批复要有根据地、负责任地明确表示出对请示的内容同意与否，批准或不批准，原则上同意或批准等，表意要准确，态度要鲜明，不允许模棱两可、态度暧昧。

（三）效力的权威性

上级机关所作的批复，往往体现上级机关的意图和权威，能够解决或审批下级机关请示事项或问题。请示一经批复，请示单位必须严格遵行。

（四）内容的单一性

批复既然是针对请示，那么请示是一文一事，批复也就自然是一请示一批复了。批复是一事一批，因此批复大多篇幅短小，语言简练。

第二节　批复的格式

批复的格式一般包括标题、主送机关、正文和落款等四部分组成。

一、标题

批复的标题模式一般采用公文标题常规写法，由"发文机关＋事由＋文种"组成。略有不同的是,批复往往在标题的主要内容一项中,明确表示对请示事件的意见和态度,如《国务院关于同意天津新技术产业园区更名为天津滨海高新技术产业开发区的批复》,其中"同意"两字就是用来表明态度和意见的。如果不批准请求事项,标题中可以不出现态度和意见,到正文中再表态。如果是答复请求指示的批复,也无须在标题中表态。

二、主送机关

主送机关单一,只送呈报请示的机关。

三、正文

批复的正文由开头、主体和结尾三部分组成。

(一) 开头

开头也就是批复依据。主要涉及两个方面:一是对方的请示,二是与请求事项有关的方针政策和上级规定。对方的请示是批复最主要的论据,要完整引用请示的标题并加括号注明其请示的发文字号,例如"你会《关于建立融资性担保业务监管部际联席会议有关问题的请示》(银监字〔2009〕82 号)收悉,现批复如下"。上级有关的文件和规定是答复请示的政策和理论依据,可表述为"根据××××关于××××的规定,现作如下答复"。必要时,可标引文件名、文件编号和条款序号。如果下级请示的事项在上级文件和规定中找不到依据,这样的文字便不需出现了。

(二) 主体

主体也就是批复事项。针对下级请示所发出的指示,做出的批准决定,以及补充的有关内容,都属于批复事项。如果内容复杂,可分条表述,但必须坚持一文一批的原则,不得将若干请示合在一起用列条的方式分别给予答复。如同意请示事项,必要时并可作某些指示;如若不同意,则应简要阐明理由。批复内容文字简练,不作议论。

(三) 结尾

结尾即执行要求。对下级执行批复的要求可写在结尾处,文字要精练。一般以规范性词语,如"特此批复"、"专此批复"、"此复"等结束全文。

有的正文结束后,附有附件,附件的具体内容一般放在全文结尾处。

四、落款

落款要标注发文机关印章和发文时间。

第三节　批复的分类

批复只针对下级行政机关的请示而行文,从批复的内容上可分为审批性批复、决定性批复和指示性批复。

一、审批性批复

审批性批复是针对请示行政机关提出的问题经审核后所作的批示性答复。如对增设机构、增加编制、追加经费等事项,需要从工作实际出发,对所请示的内容进行论证审核,依据有关政策规定作出审批性答复,明确表示同意、部分同意或不同意等清晰的意见。

[例文 1]

国务院关于武汉市城市总体规划的批复

国函〔2010〕24 号

湖北省人民政府:

你省《关于审批〈武汉市城市总体规划〉(2006—2020 年)的请示》收悉。现批复如下:

一、原则同意修订后的《武汉市城市总体规划(2010—2020 年)》(以下简称《总体规划》)。

二、武汉市是湖北省省会,国家历史文化名城,我国中部地区的中心城市,全国重要的工业基地、科教基地和综合交通枢纽。《总体规划》实施要以科学发展观为指导,坚持经济、社会、人口、环境和资源相协调的可持续发展战略,统筹做好武汉市城乡规划、建设和管理的各项工作。要按照合理布局、集约发展的原则,推进经济结构调整和发展方式转变,大力发展高新技术产业,不断增强城市综合实力和可持续发展能力,完善公共服务设施和城市功能,逐步把武汉市建设成为经济繁荣、社会和谐、生态良好、特色鲜明的现代化城市。

三、重视城乡统筹发展。在《总体规划》确定的 8494 平方公里的城市规划区范围内,实行城乡统一规划管理。主城区要依托“两江交汇、三镇鼎立”的自然格局,逐步完善汉口、武昌、汉阳的功能,促进一体化发展。要加快卫星城镇发展,依托主要交通干线,建成以主城区为核心的多轴、多中心、开放式的城市空间布局,防止城市无序蔓延。要按照城乡统筹发展的要求,根据市域内不同地区的条件,有重点地发展基础条件好、发展潜力大的建制镇,优化村镇布局,促进农业产业化和农村经济快速发展。

四、合理控制城市规模。到 2020 年,主城区城市人口控制在 502 万人以内,城市建设用地控制在 450 平方公里以内。根据《总体规划》确定的城市空间布局,积极引导人口的合理分布,避免主城区人口过度集聚。根据武汉市资源、环境的实际条件,坚持集中紧凑的发展模式,切实保护好耕地特别是基本农田。重视节约和集约利用土地,合理开发利用城市地下空间资源。

五、完善城市基础设施体系。要加快公路、铁路、水运和民航等区域性交通基础设施建设,改善交通运输条件,充分发挥武汉市的全国重要交通枢纽功能。进一步加强长江航道港口规划建设和运营管理,切实发挥长江中游航运中心的作用。建立安全畅通的步行与自行车交通系统,坚持公共交通优先原则,大力发展绿色交通,减少交通能耗。加强城市综合交通枢纽的规划和建设,促进城市对内与对外交通系统的协调和衔接。统筹规划建设城市供水水源、给水、排水和污水、垃圾处理等基础设施。重视城市防灾减灾工作,加强重点防灾设施和灾害监测预警系统的建设,建立健全包括消防、人防、防洪和防震等在内的城市综合防灾体系。

六、建设资源节约型和环境友好型城市。城市发展要走节约资源、保护环境的集约化道路,坚持节流、开源、保护并重的原则,节约和集约利用资源,贯彻落实《国务院关于武汉城市圈资源节约型和环境友好型社会建设综合配套改革试验总体方案的批复》(国函〔2008〕84 号)精神。依靠科技进步,积极开发新能源,大力发展循环经济,切实做好节能减排工作。坚持经济建设、城乡建设与环境建设同步规划,严格按照规划提出的各类环保标准限期达标。按照节能减排目标,明确责任主体,落实工作措施,严格控制高耗能行业的发展,强化工业、交通和建筑节能,加强城市环境综合治理,严格控制污染物排放总量,提高污水处理率和垃圾无害化处理率。加强水资源保护,严格控制地下水的开采和利用,提高水资源利用效率和效益,建设节水型城市。加强对污染源的控制,保护好长江、汉江、严西湖等水体和沉湖湿地等自然保护区,九峰等森林公园,东湖等风景名胜区。

七、创造良好的人居环境。要坚持以人为本,创建宜居环境。统筹安排关系人民群众切身利益的教育、医疗、市政等公共服务设施的规划布局和建设。将廉租住房、经济适用住房和中低价位、中小套型普通商品住房的建设目标纳入近期建设规划,确保城市保障性住房用地的分期供给规模、区位布局和相关资金投入。根据城市的实际需要,稳步推进城市和国有工矿棚户区改造,提高城市居住和生活质量。

八、重视历史文化和风貌特色保护。要统筹协调发展与保护的关系,按照整体保护的原则,切实加强对城市传统风貌和格局的保护,严格控制建筑的高度、体量、色彩和形式。重点保护好江汉路及中山大道等历史文化街区,加强对武昌起义旧址、周恩来故居等文物保护单位及其周围环境的保护。维护好武汉市"江、湖、山、城"的自然生态格局,突出江河交融、湖泊密布的城市风貌特色。

九、严格实施《总体规划》。城市建设要实现经济社会协调发展,物质文明和精神文明共同进步。城市管理要健全民主法制,坚持依法治市,构建和谐社会。《总体规划》是武汉市城市发展、建设和管理的基本依据,城市规划区内的一切建设活动都必须符合《总体规划》的要求。要结合国民经济和社会发展规划,明确实施《总体规划》的重点和建设时序。城乡规划行政主管部门要依法对城市规划区范围内(包括各类开发区)的一切建设用地与建设活动实行统一、严格的规划管理,切实保障规划的实施,市级城市规划管理权不得下放。要加强公众和社会监督,提高全社会遵守城市规划的意识。驻武汉市各单位都要遵守有关法规及《总体规划》,支持武汉市人民政府的工作,共同努力,把武汉市规划好、建设好、管理好。

武汉市人民政府要根据本批复精神,认真组织实施《总体规划》,任何单位和个人不得随意改变。你省及住房和城乡建设部要加强对《总体规划》实施工作的指导、监督和检查。

国 务 院

二〇一〇年三月八日

[例文 2]

国务院关于同意天津新技术产业园区更名为天津滨海高新技术产业开发区的批复

国函〔2009〕25 号

天津市人民政府:

你市《关于天津新技术产业园区更名为天津滨海高新技术产业开发区的请示》(津政报〔2009〕2 号)收悉。现批复如下:

同意将"天津新技术产业园区"更名为"天津滨海高新技术产业开发区"。

国 务 院

二〇〇九年三月五日

二、决定性批复

决定性批复是针对所请求的内容经认真分析研究所作出的决策性答复。如对下级行政机关在工作中产生分歧意见作出仲裁性答复,对下级行政机关没有预见到的困难或因特殊情况难以执行统一规定等作出的决定性答复,明确表明对某一事项的态度。

[例文 3]

国务院关于同意建立融资性担保业务监管部际联席会议制度的批复

国函〔2009〕50 号

银监会:

你会《关于建立融资性担保业务监管部际联席会议有关问题的请示》(银监字〔2009〕82 号)收悉。现批复如下:

同意建立由银监会牵头的融资性担保业务监管部际联席会议制度。联席会议不刻制印章,不正式行文,请按照国务院有关文件精神,认真组织开展工作。

附件:融资性担保业务监管部际联席会议制度

国 务 院

二〇〇九年四月二十二日

《融资性担保业务监管部际联席会议制度》(略)

[例文 4]

湖北省人民政府关于同意省政府咨询委员会部分委员和领导成员调整的批复

鄂政函〔2009〕157 号

省政府咨询委员会:

《关于省政府咨询委员会部分委员和领导成员调整的请示》(鄂咨委〔2009〕2 号)收悉。现批复如下:

一、同意按《省政府咨询委员会章程》规定,对部分委员进行届中调整,尹光志、汤民淮、张端品、杜哲兴、陈荣秋、罗辉同志因年龄和工作变动,不再担任省政府咨询委员,增聘王文章、王学雷、王德工、付新平、严官金、胡思勇同志为省政府咨询委员。

二、余立国同志因工作变动不再担任咨询委员会副主任职务,王顺华同志因工作分工调整不再担任咨询委员会秘书长职务。根据工作需要,经省长李鸿忠同志提名,严官金同志为咨询委员会副主任人选,王德工同志为咨询委员会秘书长人选,请按《省政府咨询委员会章程》规定,提交省政府咨询委员会全会通过产生。

湖北省人民政府

二○○九年七月十一日

三、指示性批复

指示性批复不仅仅是对请示行政机关的答复,而且是对管辖系统所作的指示。这类批复在一定范围内具有较普遍的指导意见,但又与指示不同。指示是直接由上级行政机关依据工作实际情况"主动"而发的,而指示性批复是针对下级行政机关的"请示""被动"而发的。由于下级机关提请答复的内容具有普遍意义,原本对"请"作"复"的批复就放宽了适用面。

[例文 5]

关于非居民企业取得 B 股等股票股息征收企业所得税问题的批复

国税函〔2009〕394 号

上海市国家税务局:

你局《关于大众交通(集团)股份有限公司向 B 股非居民股东派发股利涉税问题的请示》(沪国税际〔2009〕49 号)收悉,现批复如下:

根据《中华人民共和国企业所得税法》及其实施条例规定,在中国境内外公开发行、上市股票(A 股、B 股和海外股)的中国居民企业,在向非居民企业股东派发 2008 年及以后年度股息时,应统一按 10%的税率代扣代缴企业所得税。非居民企业股东需要享受税收协定待遇的,依照税收协定执行的有关规定办理。

税务总局

二○○九年七月二十四日

第四节　批复写作的基本要求

一、注意与其他文种的区别

(一) 注意批复与批示的区别

批复和批示两者之间从含义到内容、形式上都有很大的区别。

(1) 批复是一种公文,是针对下级请示性公文内容而作出答复的文件,批示则只是一种文字材料,是有关负责人在处理机关工作时作出意见、决定和具体安排的书面文字。批示不仅可以在处理请示时使用,还可以在处理其他公文时使用,甚至在处理机关日常工作时也常使用。

(2) 批复的内容对受文者有较强的约束力和强制性,批示的内容对受文者往往只有一种知照或参考的使用。

(3) 批复是一种专用性很强的下行公文,批示则是在处理公文或其他公务中的一个程序形式。也就是说,批复是一种带有权威性和约束力的公文,批示是一种还未形成公文的文字。比如,下级机关发来请示时,受文机关的领导人可以用"批示"把文件分送给有关部门或有关人员承办,承办人员拟制的公文稿须通过审核、签发等程序后,才成为"批复"。因此,批示可能是有具体意见和要求的文字,也可能是没有具体意见的文字,常常作为一道程序或一个必经的环节在办理公务中起转达的作用。因此,现行的《办法》中,没有把批示列为正式的公文文种。有时机关负责人的"批示"较为明确、具体,承办人员没有什么需要补充时,也可以把"批示"的内容作为"批复"的内容,但应按处理公文的规定和要求以批转性通知的形式发布。有些批示确需原文传达给下级机关阅读时,可用"参考"、"参阅"等形式发布。

(二) 注意批复与指示、通知的区别

批复也不同于指示、通知等一类公文。指示、通知等是上级机关主动制发的,批复则是被动制发的,内容和受文单位都是有针对性。所以撰写批复时应一个请示一个批复,不涉及请示以外的其他事项。批复的内容是下级机关处理问题、进行工作的依据,所以要明确答复,当行则行,当止则止,不能含糊其辞、模棱两可,以免贻误工作。有的批复不单要态度明确,还要有具体要求,涉及其他机关部门时,则要将原请示和报告附在批复后面,以便有关单位知道请示的内容和遵照批复办理。

(三) 注意与批转性通知的区别

因为"批复"是针对"请示"的,而且"请示"要求一事一文,所以"批复"都是比较具体的,亦一事一批复。"批转性通知"是就下级来文所报告的事项或提出的意见对所有有关的下级提出要求,变成了上级机关的指示或意图。从文件结构看,"批复"是上级对下级请示事项的回复,发文时不再附"请示"原文,只标明来文字号和标题即可,而"批转性通知"则是要将来文一并转下去的。从批复的内容看,"批复"具有专向性,即一事一批,简洁明确;批复中有时也可提出一些要求,但一般对非请示单位不产生直接影响,也不必仿行遵办。而"批转性通知"的批语,则具有广泛的指导意义,不单是对被批转文件的答复,而且也是对所有受文单位的要求。

(四) 注意批复与函复的区别

虽然批复和函复都是答复问题,表明意见,但批复针对的是下级机关的请求;函复针对的是平级或不相隶属的机关的来函,属于商洽或者问询性质的问题,也不像批复那样具有指令性。在批复下级机关的请求时,如果认为下级机关的请求事项具有普遍意义,可以加上按语转发有关单位执行或参照执行,这就变成了批转性通知,而不是批复。

二、行文要有针对性

批复是针对下级上报的"请示"而制发的,因此,它们的内容必须与后者所提的要求与陈述的情况紧紧相扣。在写批复时,首先要引请示的来文时间、标题和发文字号,这样就使来往的两个文件自然联结在一起;然后根据所提请审批的事项,亮明态度,做出或同意、或不同意的表示,凡属同意一般不必再写理由。

批复的行文对象是来文请示的单位,中间转报的"请示",批复时应行文给转报的机关,不可越过转报机关将批复主送给被转报的单位,也就是说批复不可越级行文。当批复的内容具有普遍指导意义拟抄送给其他下属单位时,也只是抄送给直属的下一级机关,一般不再扩大。

批复应坚持一文一项的原则,假若一个单位的数份请示或数个单位同一内容的请示是在同一个办公会议上审批的,也应坚持一文一事、分别"批复",而不应在一份"批复"中包括数份请示的内容。

三、灵活运用结构形式

要根据批复内容的不同及文字的多少,采用不同的结构形式。

核准性和答复性的"批复",多采用篇段合一的形式,即通常只有一段文字,这一段就是一篇。指示性的"批复",多采用撮要分条的形式,即先写一个独立的开头,用非常简明的文字说明批复的缘由和依据,表明态度;然后再分条进一步提出要求。

四、回复要迅速及时

"请示"与"批复"是一对文种的必然组合,也就是说,有一份"请示"就应有一件"批复"。在实际工作中我们时常看到,有的"请示"上报后,由于上级不同意请示的内容,所以就没有下"批复";对于采用口头请示的内容,也没有下"批复",而是采用口头说明情况的办法予以解决,这种办法不可取。按照办文规则,不管请示的事项同意与否,都应明文做出批复,而且要及时做出回复。因为下级是在遇到无法解决的问题时制发请示的,如不及时答复,必然造成损失。在具体工作中对请示件的批复可分为即时办复和限时办复两种,就是对简单明确的请示事项,收文之日立即批复,对比较复杂的、需要经过研究的请示事项,在一定期限内批复。但一定要防止久议不决、拖延批复和不批复。

思　考　题

1. 批复的含义与特点是什么?
2. 批复的格式包括哪些内容?
3. 批复的分类有哪些?
4. 批复写作要注意什么?

第十五章　意　见

第一节　意见概述

一、意见的含义

意见是对重要问题提出见解和处理办法的公文。它的使用范围很广,任何行政机关、职能部门或个人都可以使用,适用于对重要问题提出见解和处理办法。

意见所涉及的内容必须是"重要问题"。所谓重要问题,应当是当前工作中所遇到的涉及全局性、方针政策性的重大事项和主要问题,特别是新问题。对"重要问题"不仅要有所"见解",而且要有"处理办法"。"见解"就是对问题先要做出全面中肯的分析,提出自己的看法和观点,然后在分析认识的基础上,拿出切实可行的解决办法和措施。只提出问题,而对问题的分析轻描淡写、对问题的解决含糊其辞,一切全凭上级去拿主意、想办法,是"意见"写作最忌讳的。

意见在一般情况下只有建议性质,这样的"意见"是指来自于下级的,一经上级批转或批准,即从建议性转化为指导性和约束性,可以说是报请性的呈转公文。另一种来自于上级机关的"意见",虽然文种名称叫"意见",这里的本质含义已不再是参谋建议的性质,而是有了"指示"性。目前在实际工作中这种来自于上级的"意见"大有增多的趋势,它有利于促进机关作风的民主化,增强机关公文的公关意识。

二、意见的特点

(一) 行文的多样性

意见可用于上行文、平行文和下行文。

作为上行文,应按请示性公文的程序和要求办理,上级机关对报送来的"意见"要做出处理或给予答复。作为平行文,主要是提出意见供对方参考。作为下行文,公文中对贯彻执行有明确要求的,下级机关应遵照执行;无明确要求的,下级机关就可以参照执行。

(二) 效力的多用性

不同内容及不同行文方向的意见,其效力是不尽相同的。有些意见是具有指导、规范作用的,有些意见是具有参考、建议作用的,有些意见是具有批评、警戒作用的,有些意见是具有评估、鉴定作用的。

第二节　意见的格式

意见的格式由标题、主送机关、正文和落款等四部分构成。

一、标题

意见的标题由发文机关名称、事由、文种等构成,一般有以下两种格式。

（1）由"发文机关＋事由＋文种"组成。如《国务院关于推进海南国际旅游岛建设发展的若干意见》。

（2）由"事由＋文种"组成。如《关于2009年深化经济体制改革工作的意见》。

二、主送机关

如果意见作为独立文种出现，应写明主送机关，可以是上级机关、平行机关或下级机关；如果作为非独立公文，则可以省略。

三、正文

正文包括开头、主体、结尾三部分。

（一）开头

开头要先交代提出"意见"的依据、办法、目的等，有时只提措施、办法，有时提见解又提主张。一般用过渡词语"现提出如下意见"、"特制定本实施意见"等引领下文。

（二）主体

主体部分要写明问题或工作的具体内容，还要写明处理问题的办法及对问题的见解，提出落实的具体措施，有明确的要求和希望。一般应采用分条列项方式，既要讲清道理，又要注意具体措施的可操作性。

（三）结尾

结尾处一般以"以上意见供领导参考"、"以上意见如无不妥，请批转××××执行"等作结束语。也可自然收尾，不加结束语。

四、落款

落款包括发文行政机关和发文时间。发文机关要加盖公章，发文时间写在发文机关下一行。规范性的意见需将发文机关名称和发文时间加括号放在标题正下方。

第三节　意见的分类

一、布置性意见

布置性意见是各级领导机关向下级机关布置某项工作时使用的。它包括决策性、政策性、部署性、指导性的工作意见等，主要用于提出原则性要求、发文机关的见解及处理办法、具体的措施及安排。

［例文1］

国务院关于推进海南国际旅游岛建设发展的若干意见

国发〔2009〕44号

各省、自治区、直辖市人民政府，国务院各部委、各直属机构：

海南是我国最大的经济特区和唯一的热带岛屿省份。建省办经济特区20多年来，经济社会发展取得显著成就。但由于发展起步晚，基础差，目前海南经济社会发展整体水平仍然较低，保护生态环境、调整经济结构、推动科学发展的任务十分艰巨。充分发挥海南的区位和资源优势，建设海南国际旅游岛，打造有国际竞争力的旅游胜地，是海南加快发展现代服务业，实现经济社会又好又快发展的重大举措，对全国调整优化经济结构和转变发展方式具有重要示范作用。为扎实推进海南国际旅游岛建设发展，现提出以下意见。

一、海南国际旅游岛建设发展的总体要求

（一）指导思想。高举中国特色社会主义伟大旗帜，坚持以邓小平理论和"三个代表"重要思想为指导，深入贯彻落实科学发展观，进一步解放思想，深化改革，扩大开放，构建更具活力的体制机制，走生产发展、生活富裕、生态良好的科学发展之路；积极发展服务型经济、开放型经济、生态型经济，形成以旅游业为龙头、现代服务业为主导的特色经济结构；着力提高旅游业发展质量，打造具有海南特色、达到国际先进水平的旅游产业体系；注重保障和改善民生，大力发展社会事业，加快推进城乡和区域协调发展，逐步将海南建设成为生态环境优美、文化魅力独特、社会文明祥和的开放之岛、绿色之岛、文明之岛、和谐之岛。

（二）战略定位。

——我国旅游业改革创新的试验区。

......

——世界一流的海岛休闲度假旅游目的地。

......

——全国生态文明建设示范区。

......

——国际经济合作和文化交流的重要平台。

......

——南海资源开发和服务基地。

......

——国家热带现代农业基地。

......

（三）发展目标。

——到 2015 年，旅游管理、营销、服务和产品开发的市场化、国际化水平显著提升。旅游业增加值占地区生产总值比重达到 8％以上，第三产业增加值占地区生产总值比重达到 47％以上，第三产业从业人数比重达到 45％以上，力争全省人均生产总值、城乡居民收入达到全国中上水平，教育、卫生、文化、社会保障等社会事业发展水平明显提高，综合生态环境质量保持全国领先水平。

——到 2020 年，旅游服务设施、经营管理和服务水平与国际通行的旅游服务标准全面接轨，初步建成世界一流的海岛休闲度假旅游胜地。旅游业增加值占地区生产总值比重达到 12％以上，第三产业增加值占地区生产总值比重达到 60％，第三产业从业人数比重达到 60％，力争全省人均生产总值、城乡居民收入和生活质量达到国内先进水平，综合生态环境质量继续保持全国领先水平，可持续发展能力进一步增强。

二、加强生态文明建设，增强可持续发展能力

（四）严格实行生态环境保护制度。

......

（五）加强生态建设。

......

（六）大力推进节能减排。

......

（七）强化环境污染防治。

......

三、发挥海南特色优势，全面提升旅游业管理服务水平

（八）建设富有海南特色的旅游产品体系。

......

（九）打造精品旅游景区。

......

（十）进一步规范旅游市场秩序。

......

（十一）加强旅游公共服务体系建设。

......

四、大力发展与旅游相关的现代服务业，促进服务业转型升级

（十二）加快发展文化体育及会展产业。

......

（十三）加快发展现代物流业。

......

（十四）保持房地产业平稳健康发展。

......

（十五）加快发展金融保险业。

......

五、积极发展热带现代农业，加快城乡一体化进程

（十六）积极发展热带现代农业。

......

（十七）加快推进城乡一体化。

......

六、加强基础设施建设，增强服务保障能力

（十八）构建安全、方便、快捷的综合交通运输体系。

......

（十九）加强能源、水利等基础设施建设。

......

（二十）加强信息网络设施建设。

......

七、推进以改善民生为重点的社会建设，加快形成人文智力支撑

（二十一）加强人力资源建设。

......

（二十二）加快公共文化服务体系建设。

......

（二十三）完善城乡医疗卫生服务体系。

......

（二十四）营造文明和谐的社会环境。

......

八、充分利用本地优势资源，集约发展新型工业

（二十五）集约发展新型工业。

......

（二十六）鼓励发展高技术产业。

......

（二十七）加快发展海洋经济。

......

九、加强组织协调,落实各项保障措施

(二十八)加大政策支持。

......

——投融资政策。

......

——财税政策。

......

——土地政策。

......

——开放政策。

......

国务院各有关部门要认真贯彻落实本意见提出的各项任务和政策措施,在规划编制、体制创新、政策实施等方面给予积极支持。海南省人民政府要依据本意见抓紧编制《海南国际旅游岛建设发展规划纲要》,报国家发展改革委审批后实施,同时进一步编制好相关专项规划和旅游区建设规划,抓紧制定细化方案和具体措施。在政策实施过程中,要注意研究新情况,解决新问题,定期总结经验,重大问题及时向国务院报告。

国 务 院

二〇〇九年十二月三十一日

二、建议性意见

建议性意见的表达态度是诚恳的,起参谋、参考作用,就是向下级行文也不具有强制性。上行文的建议性意见,应本着"知无不言、言无不尽"的态度。平行文的建议性意见,应尽量用平和的语气提出发文机关的见解和办法,供受文者参考或借鉴。

[例文 2]

农业部关于推进农业经营体制机制创新的意见

农经发〔2009〕11 号

各省、自治区、直辖市及计划单列市农业、农机、畜牧、兽医、农垦、乡镇企业、渔业厅(局、委、办),新疆生产建设兵团农业局:

党的十七届三中全会通过的《中共中央关于推进农村改革发展若干重大问题的决定》(以下简称《决定》),对新形势下农村改革发展工作作出了全面部署,对大力推进改革创新、加强农村制度建设提出了明确要求。各级农业部门要深入贯彻落实党的十七届三中全会精神,采取有力措施,推进农业经营体制机制创新,加快农业经营方式转变,促进现代农业发展和新农村建设。为此,提出如下意见:

一、巩固家庭承包经营基础地位,稳步推进土地承包经营权流转

(一)稳定农村土地承包关系。

......

(二)引导土地承包经营权有序流转。

......

(三)妥善解决土地承包经营纠纷。

......

二、积极探索集体经济有效实现形式,增强集体组织服务功能

(四)增强集体经济组织服务功能。

……

（五）加强农村集体资金资产资源管理。

……

（六）稳步推进农村集体经济组织产权制度改革。

……

三、加快发展农民专业合作社，大力培育新型现代农业经营组织

（七）扶持农民专业合作社加快发展。

……

（八）引导农民专业合作社规范发展。

……

（九）加强对农民专业合作社的服务。

……

四、培育壮大龙头企业，推进农业产业化经营

（十）扶持壮大龙头企业。

……

（十一）完善创新利益联结机制。

……

（十二）加强农业产业链建设。

……

五、大力发展农业生产性服务业，建立新型农业社会化服务体系

（十三）加快培育农业生产性服务组织。

……

（十四）推进农业服务机制创新。

……

六、加强农民负担监管，构建村级公益事业建设新机制

（十五）建立健全农民负担监管长效机制。

……

（十六）构建村级公益事业建设新机制。

……

七、切实加强组织领导，为推进农业经营体制机制创新提供保障

（十七）加强组织领导。

……

（十八）强化工作指导。

……

（十九）加强农经体系建设。

……

农　业　部

二〇〇九年八月十一日

[例文3]

广电总局关于加快广播电视有线网络发展的若干意见

（二〇〇九年七月二十九日）

为适应广播影视改革发展的新形势，推动广播电视有线网络数字化、信息化、规模化、产业化发展，更好地发挥有线网络的功能和作用，现就进一步加快广播电视有线网络发展提出以下意见。

一、充分认识加快有线网络发展的重要性、必要性和紧迫性

1. 广播电视有线网络是传输广播电视节目、开展信息服务的重要基础设施,是国家信息化的重要支撑平台。经过多年的建设发展,我国广播电视有线网络已经形成一定规模,技术水平不断提高,覆盖人口和服务范围不断扩大,影响与作用日益增强,具备了进一步发展的良好基础。但是,在当前广播影视事业不断深化改革的形势下,广播电视有线网络的管理体制、运行机制、技术水平和服务方式还不适应数字化、信息化、规模化和产业化发展的要求,还不能满足人民群众多样化、多层次、多方面的精神文化需求,在国家信息化建设中还没有充分发挥作用。通过推动有线网络的体制创新、技术创新和服务创新,加大有线网络整合和数字化、双向化改造的力度,加快广播电视有线网络发展,对于巩固和拓展党的宣传文化阵地、满足人民群众日益增长的精神文化和信息需求、推动我国广播影视改革和发展、推进三网融合、促进国家信息化建设,具有十分重要的意义。

二、坚持行政推动、市场运作、存量保值、增量分成,加快有线网络整合步伐

2. 推进有线网络整合,必须强化行政推动、市场运作。

……

3. 推进有线网络整合,必须坚持存量保值、增量分成。

……

4. 推进有线网络整合,要认真学习和借鉴好的经验和做法,积极主动争取省级政府及财政部门的政策扶持和资金支持。参与网络整合的省广播电视台(总台、集团)或电视台,应通过增资等方式进行实质性资金投入。

三、大力推进有线网络运营单位转企改制,培育合格市场主体

5. 认真按照中央关于深化文化体制改革的精神,积极推动有线网络从事业体制中剥离出来,转制为企业,进行市场运作,为主业服务。

……

6. 贯彻执行《国务院办公厅关于印发文化体制改革中经营性文化事业单位转制为企业和支持文化企业发展两个规定的通知》(国办发〔2008〕114号)以及《财政部 海关总署 国家税务总局关于支持文化企业发展若干税收政策的通知》(财税〔2009〕31号)、《财政部 国家税务总局关于文化体制改革中经营性文化事业单位转制为企业的若干税收政策的通知》(财税〔2009〕34号)等文件,认真落实好有关优惠政策。各地要结合实际情况,积极争取省级政府出台支持有线网络转制的具体政策措施。

7. 在符合国家和广播影视行政部门有关投融资政策的前提下,支持国有资本参与有线网络建设和数字化改造,大力培育实力雄厚、影响力大、核心竞争力强的大型有线网络运营企业。鼓励和支持有实力的省级有线网络公司跨省联合重组。

四、加快有线电视数字化整体转换和网络双向化改造,积极开发多种业务

8. 认真贯彻《国务院办公厅转发发展改革委等部门关于鼓励数字电视产业发展若干政策的通知》(国办发〔2008〕1号)要求,紧紧抓住国家支持数字电视产业发展的有利契机,加快推进有线电视数字化整体转换工作。

……

9. 加快有线网络向下一代广播电视网的演进,已经完成数字化整体转换的有线网络要加快网络双向化改造,尚未完成整体转换的有线网络,网络建设和改造要直接向双向化过渡。

……

10. 各有线网络运营机构要积极争取政府支持,把有线网络作为信息化服务的重要支撑平台,在确保传输好广播电视节目的同时,积极发展高清晰度电视和视频点播服务,大力开发政务信息、社会教育、生活信息、文化娱乐、电视商务、金融支付以及各种接入服务等多种业务,不断丰富节目内容,拓展服务范围,推进三网融合。

……

五、加强服务和管理体系建设，切实提高有线网络服务水平

11. 各有线网络运营机构要牢固树立以人为本、用户至上的理念，把服务作为立业之本。

……

12. 有线网络运营机构要切实改善服务方式，提高服务质量，降低投诉率。

……

13. 广播电视行政部门要加强对数字化、双向化条件下有线电视运行规律的研究，加强对有线网络运营机构的监督管理，完善相关立法，建立和完善有线网络服务质量管理和监督体系。

……

六、加强领导，积极稳妥地做好有线网络发展的各项工作

14. 加快新时期广播电视有线网络发展，事关广播影视全局和长远发展。要实现由小网向大网、由模拟向数字、由单向向双向、由用户看电视向用电视转变的总体要求和工作目标，任务艰巨、时间紧迫、政策性强、涉及面广，各级广电部门要充分认识这项工作的重要性，统一思想，提高认识，加强领导，精心组织，周密部署，做到组织落实、任务落实、责任落实，积极稳妥地做好各项工作，进一步推动广播电视有线网络又好又快发展。

三、批转性意见

批转性意见的行文目的是为上级机关提供决策参考，或提出一些具体的设想和办法，请领导机关审定后批转有关方面执行。批转性意见有转发上级机关或同级机关的意见和批转下级机关的意见两种方式，其实就是转发通知和批转通知。

[例文 4]

国务院办公厅转发财政部关于加快发展我国注册会计师行业若干意见的通知

国办发〔2009〕56 号

各省、自治区、直辖市人民政府，国务院各部委、各直属机构：

财政部《关于加快发展我国注册会计师行业的若干意见》已经国务院同意，现转发给你们，请认真贯彻执行。

建立和完善社会主义市场经济体制，促进我国经济社会持续健康发展，需要大力发展会计、审计等经济鉴证类中介行业。加快发展我国注册会计师行业，对于提高经济发展质量，维护国家经济信息安全具有重要意义。各地区、各部门要高度重视、加强领导、密切配合、落实责任，根据若干意见提出的要求，创新体制机制，完善政策措施，优化发展环境，加强行业监管，提高自律水平，引导和促进我国注册会计师行业又好又快发展。

国务院办公厅

二〇〇九年十月三日

关于加快发展我国注册会计师行业的若干意见

财 政 部

注册会计师行业是运用专业特长，对企事业单位会计信息进行鉴证，并提供会计、税务、管理咨询等商务服务的中介行业。改革开放以来，我国注册会计师行业经过恢复重建和不断发展，取得了显著成绩。目前，会计师事务所超过 7400 家，执业注册会计师超过 8.5 万人，从业人员近 30 万人，注册会计师执业范围和服务对象日益拓展，执业能力和行业监管水平稳步提高，相关法律制度体系基本健全，社会影响力和国际话语权逐步增强，注册会计师行业已经成为促进经济社会健康发展不可或缺的力量。但是，由于起步较晚、基础薄弱等多种原因，我国注册会计师行业的整体水平与经济社会发展要求和全球会计行业发展水平还有较大差距。为加快我国注册会计师行业健康发展，现提出以下意见：

一、充分认识加快发展注册会计师行业的重要意义

（一）加快发展注册会计师行业，是建立和完善社会主义市场经济体制的必然要求。

……

（二）加快发展注册会计师行业，是贯彻中央"走出去"战略的重要举措。

……

（三）加快发展注册会计师行业，是应对国际金融危机、促进经济平稳较快发展的迫切需要。

……

二、加快发展注册会计师行业的指导思想、基本原则和主要目标

（一）指导思想。

以邓小平理论和"三个代表"重要思想为指导，深入贯彻落实科学发展观，全面总结行业发展经验，针对当前困扰行业发展的突出问题，着力从体制机制上深化改革、开拓创新，加强行业监管，推动诚信建设和组织建设，通过必要的扶持政策和鼓励措施，引导会计师事务所协调发展和走向国际，不断扩大执业领域和执业范围，全面提升执业质量和服务能力，大力改善执业环境和内部治理，促进注册会计师行业又好又快发展。

（二）基本原则。

一是坚持解放思想、开拓创新。

……

二是坚持科学发展、规范管理。

……

三是坚持诚信为本、质量第一。

……

（三）主要目标。

力争通过 5 年左右的时间，努力实现以下主要发展目标：

——会计师事务所的规模结构优化合理。

……

——会计师事务所执业领域大幅度拓展。

……

——会计师事务所执业环境显著改善。切实打破制约会计师事务所发展的行政壁垒、业务限制和地方保护，有效治理指定业务、索取回扣等不当行为，为会计师事务所创造更加公平的执业环境。各地区、各部门、各单位不得人为限制会计师事务所执业，不得干预注册会计师独立发表审计意见。

——会计师事务所组织形式、治理机制和管理制度更加科学。

……

——注册会计师队伍职业道德水平和专业胜任能力显著提高。

……

三、加快形成大中小会计师事务所协调发展的合理布局

（一）重点扶持大型会计师事务所加快发展。

……

（二）积极促进中型会计师事务所健康发展。

……

（三）科学引导小型会计师事务所规范发展。

……

四、切实加大促进注册会计师行业发展的政策扶持和引导力度

（一）完善扶持政策，合力促进发展。

……

(二)坚持统筹兼顾,加强分类指导。

......

五、全面实施注册会计师行业人才战略

(一)重视人才培养,抓好队伍建设。

......

(二)搭建良好平台,创新培养机制。

......

六、严格注册会计师行业行政监管和自律约束

(一)加强行政许可,严格市场准入。

......

(二)加强行政监管,提高监管效能。

......

(三)加强协会建设,严格自律约束。

......

七、不断加强注册会计师行业诚信建设和内部治理

(一)深化诚信建设,铸造诚信精神。

......

(二)狠抓内部治理,建设人合文化。

......

八、进一步强化注册会计师行业加快发展的组织领导

(一)加强行业党建,提供政治保障。

......

(二)强化行政领导,明确职责任务。

......

(三)加大宣传力度,营造良好氛围。

......

[例文 5]

国务院批转发展改革委关于 2009 年深化经济体制改革工作意见的通知

国发〔2009〕26 号

各省、自治区、直辖市人民政府,国务院各部委、各直属机构:

国务院同意发展改革委《关于 2009 年深化经济体制改革工作的意见》,现转发给你们,请认真贯彻执行。

国 务 院

二〇〇九年五月十九日

关于 2009 年深化经济体制改革工作的意见

发展改革委

今年是进入新世纪以来我国经济社会发展最为困难的一年。国际金融危机尚未见底,经济增速明显放缓,长期积累的体制机制矛盾更加突出。复杂严峻的国际国内经济形势要求我们毫不动摇地继续深化改革开放。要通过深化改革破解发展难题,通过扩大开放赢得发展机遇,确保经济平稳较快发展和"十一五"规划确定的各项目标顺利实现,加快完善社会主义市场经济体制。根据党的十七大、十七届三中全会精神和中央经济工作会议要求,按照"十一五"规划和今年政府工作报告关于经济体制改革的总体部署,结合当前的改革发展形势,现就 2009 年深化经济体制改革工作提出以下意见:

一、指导思想和总体要求

指导思想。以邓小平理论和"三个代表"重要思想为指导,深入贯彻落实科学发展观,全面贯彻党的十七大、十七届三中全会和中央经济工作会议精神,把应对危机作为深化改革的契机,围绕扩内需、保增长、调结构、惠民生,切实推进重点领域和关键环节改革,推动形成有利于科学发展与社会和谐的体制机制。

总体要求。把立足当前与着眼长远结合起来,抓住时机消除制约当前经济社会发展的突出矛盾和影响长远发展的深层次体制机制障碍;把加强宏观调控与发挥市场机制作用结合起来,进一步完善市场机制,提高宏观调控水平,增强经济发展的内在活力;把整体部署与局部试点结合起来,充分调动中央、地方和人民群众的积极性与创造性,形成全社会共同推进改革的新局面;把应对挑战与把握机遇结合起来,统筹出台改革措施的时机、力度和节奏。

二、加快转变政府经济管理职能,激发市场投资活力

继续削减和调整行政审批事项,切实把政府职能转到主要为市场主体服务和创造良好发展环境上来(监察部牵头)。结合地方政府机构改革,探索建立有利于促进地方政府职能转变的体制机制(中央编办牵头)。建立财政政策、货币政策、产业政策、投资政策协调配合机制,完善宏观调控政策体系(发展改革委、财政部、人民银行负责)。

……

三、深化垄断行业改革,拓宽民间投资的领域和渠道

加快研究鼓励民间资本进入石油、铁路、电力、电信、市政公用设施等重要领域的相关政策,带动社会投资(发展改革委、工业和信息化部、住房和城乡建设部、铁道部、商务部、电监会负责)。抓紧研究制订铁路体制改革方案,加快推进铁路投融资体制改革(铁道部、发展改革委、财政部负责)。

……

四、大力推进资源性产品价格和节能环保体制改革,努力转变发展方式

继续深化电价改革,建立与发电环节适度竞争相适应的上网电价形成机制;推进输配电价改革;调整销售电价分类结构,减少各类用户电价间交叉补贴;适时理顺煤电价格关系;研究制订农村电力普遍服务政策(发展改革委牵头)。推进大用户直接购电和双边交易试点(电监会、发展改革委负责)。完善煤炭成本构成,反映开采、经营过程中的资源、环境和安全成本(财政部牵头)。

……

五、着力优化产业结构与所有制结构,推动服务业和非公有制经济发展

继续推进国有企业公司制股份制改革,健全公司治理结构,完善现代企业制度;继续推进国有资本结构优化和战略性调整;完善国有资产监督管理体制和制度(国资委、财政部负责)。完善鼓励支持和引导个体私营等非公有制经济发展的政策措施(工业和信息化部牵头)。

……

六、加快推进民生领域改革,提高居民消费能力和意愿

加强公共就业服务体系建设,加大政策支持力度,建立灵活多样的就业和创业促进机制,进一步完善以创业带动就业的政策措施(人力资源和社会保障部牵头)。研究出台关于收入分配调节的指导意见(发展改革委牵头)。规范国有企业负责人薪酬管理制度,合理控制收入分配差距(人力资源和社会保障部、财政部、国资委负责)。研究制订事业单位实施绩效工资的意见(人力资源和社会保障部、财政部负责)。

……

七、深化科技、教育、文化、卫生体制改革,加快社会事业发展

以加强企业为主体、市场为导向、产学研相结合的技术创新体系建设为突破口,加快推进国家创新体系建设,促进科技资源的整合与开放共享,动员广大科技人员深入基层服务企业,大力提高企业自主创新能力,充分发挥科技创新在促进经济结构调整和发展方式转变中的重要作用(科技部、发展改革委、教育部、国资委负责)。

......

八、继续深化农村改革,建立健全统筹城乡发展的体制机制

深化农村综合改革,着力增强乡镇政府社会管理和公共服务职能(国务院农村综合改革工作小组牵头)。推进农村集体建设用地管理制度改革,研究制订流转管理办法,探索建立统一规范的城乡建设用地市场;深入推进土地有偿使用制度改革,严格限定划拨用地范围(国土资源部牵头)。

......

九、加快推进财税体制改革,建立有利于科学发展的财税体制

围绕推进基本公共服务均等化和主体功能区建设,健全中央政府和地方政府财力与事权相匹配的体制;推进省直管县财政管理方式改革,逐步建立县级基本财力保障机制;提高一般性转移支付的规模和比例,加快完善统一规范透明的财政转移支付制度;健全公共财政职能,优化财政支出结构(财政部牵头)。

......

十、深化金融体制改革,构建现代金融体系

深化国有控股商业银行改革;继续推进政策性银行改革(人民银行牵头)。推进金融资产管理公司改革(财政部牵头)。稳步发展各种所有制中小金融企业和新型农村金融机构;推进农村信贷担保机构发展(银监会牵头)。

......

十一、深化涉外经济体制改革,健全开放型经济体系

尽快建立服务贸易促进体系,研究制订服务贸易促进条例,制定并实施加快服务外包产业发展的政策措施;建立先进技术、设备和战略性资源进口的协调、管理机制;建立健全有效应对国际贸易摩擦和争端的工作协调机制;积极稳妥实施自由贸易区战略,进一步推进区域和次区域经济合作,推进边境经济合作区建设;着力推进对外劳务合作管理体制改革,加快相关立法进程(商务部牵头)。

......

十二、积极推进综合配套改革试点,为全国改革提供示范和借鉴

上海浦东新区、天津滨海新区等国家综合配套改革试验区要按照完善社会主义市场经济体制的方向,针对制约当地经济社会发展的体制机制问题,根据统筹城乡发展、建设资源节约型和环境友好型社会、加快开发开放、促进发展方式转变等发展战略的要求,在行政管理、财政、金融、土地等重点领域和关键环节改革方面积极探索,勇于创新。

......

十三、加强统筹协调,认真落实改革任务

发展改革委要加强对重点领域改革的统筹规划和综合设计,建立健全部门间统筹协调推进改革的工作机制,加强对经济体制改革的指导推进和综合协调,督促检查各项改革进展和落实情况,及时向国务院报告。各地区、各部门要结合本意见,提出符合自身实际、操作性强的年度改革意见或实施办法。对年内能够完成的改革任务,要集中力量,确保完成;对跨年度的改革任务,要积极推动,尽快取得突破。各项改革的牵头负责部门要会同相关部门科学制订方案,明确实施步骤和时限要求,落实工作责任。相关部门要结合自身职能,积极配合牵头负责部门做好有关工作。

第四节　意见写作的基本要求

意见是灵活性强、应用广泛的一种公文,要写好意见必须掌握以下基本要求。

(一)明确意见使用的情境

为了准确使用意见,就要把握意见的含义,把它与其近似的请示、指示性的通知及函严格区别开来。

向上行文,凡属要钱、要物、要机构、要编制、要干部、要出境出国等问题时,要用请示而不能使用意见。意见与请示的本质差别在于它向上级要的不是人、财、物等“硬件”,而是政策、办法等“软件”。

向下行文,部署的工作任务虽是工作中的重要问题,但不需作较多理论分析,且对下级规定性较强、要求性很具体的,应用“指示性通知”而不用“意见”。

不相隶属机关之间相互行文,对涉及某一重要问题所提的见解和处理办法,如属供对方参考而不需要回复时,应用“意见”,反之,则要用“函”。

(二) 注意意见与其他文种的区别

意见不同于决定。一般来说,决议具有决策性,决定具有指挥性,而意见只具有指导性。决定所形成的决策、指令等,下级行政机关必须不折不扣地无条件执行;而意见则不同,它要求下级行政机关结合本部门、本地区的实际参照执行。决定重在宏观指挥,意见则重在微观指导,它是对某项具体工作的实施安排和处理办法。

意见不同于“通知”。意见和通知在行政公文中使用频率极高,但通知具有很强的指导性、决定性、不可更改性,其内容要求办理和执行。意见则带有弹性,往往是出现了新情况、新问题而经验尚不足、条件尚不成熟,故其内容具有指导性、选择性、灵活性。通知必须执行、办理,而意见则可以根据实际情况和政策允许,独立自主、灵活机动地加以运用。

意见不同于“请示”、“报告”。请示必须一文一事,一事一中心,而意见则可以用于涉及面广、关系到方方面面需要解决的问题或需要向有关部门、单位请求配合、协调。请示的请求性较强,有些请示主要就是交代请示的理由和请示的事项,而意见则主观能动性较强,它可以针对具体事项、问题提出具体的看法或主导意见,留有让上级选择的余地。

报告尽管也可以向上级行政机关汇报情况、提出建议,但其提出的建议一般是原则的、参谋性的,而意见所提出的建议则是具体的、实在的、可施行的。报告中尽管也有建议的内容,但其主体是向上级汇报工作或反映情况,而意见中建议则是其主要内容,是写作中的重点。

(三) 意见用语要恰当

由于“意见”的行文方向不同,其用语也截然不同。上行的“意见”,要使用下级对上级汇报见解、陈述办法的语气,如“我们考虑”、“我们认为”、“我们建议”、“我们要求”及“请”、“敬”、“望”等。下行的“意见”,则较多使用一些带有祈使语气表示肯定或带有禁止语气以示否定的指令性语气。平行的“意见”,要使用平等协商的语气,多用商量、谦恭的语句,以征得对方的理解与支持。

(四) 行文要及时、具体

意见多属根据实际情况为解决现实工作中亟待解决的问题而提出来的,因此,意见行文的及时性对意见的价值具有重要的影响。错过了时机,再好、再恰如其分的意见也会失去其应有的作用和意义。

所谓具体,就是结合实际,切实可行。从实际出发,实事求是。要恰如其分,意见的提出既要根据实际需要,又要考虑可能。

(五) 把握意见内在结构

写“意见”不同于写“请示”、“情况报告”、“周知性通知”与“函”,这几个文种在内在结构上,并不要求首先要"提出问题"、随即"分析问题"、然后要"解决问题"。因为有的"请示"和"通知",基本是"提出—解决问题"的单一内在结构形式;一些"情况报告",往往是"提出与分析问题",而不存在什么"解决问题"的内容。但"意见"不同,特别是下行的"意见",不仅要"提出问题",而且要对问题做出深刻的分析,并在分析的基础上,有针对性地提出解决问题的完整想法。也就是说"意见"的内在结构必须是"提出—分析—解决"三个"问题"的"珠联璧合",缺少其中任何一个"问题"都不符合"意见"写作的内在规律。因此,意见写作要层层深入、环环相扣、脉络清晰、表达清楚。

思　考　题

1. 意见的含义与特点是什么?
2. 意见的格式包括哪些内容?
3. 意见的分类有哪些?
4. 意见写作要注意哪些基本要求?

第十六章　函

第一节　函的概述

一、函的含义

函是不相隶属机关之间相互商洽工作、询问和答复问题,向有关主管部门请求批准和答复审批事项的行政公文。

这里所说的"不相隶属机关"的概念,除了机关之间不属于同一组织系统,没有管辖与被管辖的隶属关系外,如××市人民政府与××省商业厅、××市环保局与××大学,还包括同级机关。所谓同级机关,是指同一组织系统的同层级的机关,如××市人民政府各办、局、委之间,一个企业的各科之间,它们的关系是平等关系,平等关系不是隶属关系,不存在管辖与被管辖。不相隶属机关(包括同级机关)之间商洽工作、询问和答复问题,应用"函"。

另外,"向有关主管部门请求批准",用"函"。这里的"有关主管部门",是指主管某项业务的同级机关、不相隶属机关。如××市交通局要对公交线路票价重新定价,需经主管部门××市物价局批准,就不要用"请示"而要用"函",因为"交通局"与"物价局"是同级关系。如主管部门是本机关业务的直接主管,应以上级对待,则要用"请示"。当前有些机关向同级的主管部门请求批准时,为求"好办事"不用"函"而改用"请示",显然有违"函"的适用范围的规定性,并导致文种使用错乱,应当加以纠正。

二、函的特点

(一) 使用简便轻捷

函的特点是公文格式比较灵活,限制不严,所以函的使用范围非常广泛,机关之间的日常公务联系,不便使用其他公文文种时,都可以用"函"行文。除了较为郑重的"公函"外,较多使用的是公务"便函",这种"便函"在纯事务性工作联系时使用。"便函"不太受公文规定的严格限制,可用机关信笺缮写,也可不编列发文字号,不归档。使用起来极为简便,使用过后即自行失效。为了反对文牍主义,精减文件,提高工作效率,国家提倡凡是能用函来解决的问题,就不要用有固定规格的正式文件。当然有些要求较严格的公文如涉及重大政策法律问题、重大工作部署、重大措施办法的贯彻落实及保密制度等,一定要郑重其事符合有关规范制度,不能随便使用函,更不能用"便函",以免削弱或失去公文的权威性和行政约束力。由于函的内容大多简约直截,形式精短,因而在商洽工作、联系有关事项时十分简便和迅速快捷。在公文中,"函"可说是最轻型快捷的一种文种。

(二) 行文多向灵活

函用于不相隶属机关之间,是平行文中的主要文种,它不像行文方向单行的上行文或下行文。函的主向是平行,但有时也用于上行和下行,可见它上下左右皆可行文,不受行文方向的限制,显示出行文自由灵活的特点,这是其他公文所不具备的。

(三)内容单一性

函作为沟通上下、联系左右的文种,所反映的内容一般为一事一函,用来交流信息、沟通联系,请求帮助、商洽工作、询问或答复事项。

(四)语言质朴自然

函的语言大多是陈述性、说明性的,质朴无华,平易、明白、晓畅,语气恳切平和,不像法规性、指挥性公文那样带有强制性。

第二节 函的格式

函的格式,一般包括标题、主送机关、正文、落款四部分。

一、标题

函的标题,一般由发文单位、事由、文种等三个因素构成。

(1)由"发文机关＋事由＋文种"组成的标准式标题。如果是发函,标题上只需写明××单位关于什么的函即可,如《福建省国土资源厅关于申请省水利厅雨量数据共享的函》(闽国土资函〔2007〕39号);如果是复函,标题上则要写明来函单位要求答复什么问题的复函,如《国务院办公厅关于同意成立广州2010年亚洲残疾人运动会组委会的复函》(国办函〔2009〕80号)。正式的函,不管是发函还是复函,均应标注发文字号。发文字号应按单位代号、年份、序号依次而写。

(2)由"事由＋文种"组成。如《关于核定世博会期间临时公交线路票价及临时专用停车场(库)收费的复函》(沪价管(2010)5号)。

(3)只用文种"函"。

二、主送机关

函的主送机关应写全称或规范化简称,顶格写。复函的主送单位即为来函机关,可以是平行机关、下级机关,还可以是上级机关。

三、正文

函的正文一般由开头、主体、结尾等三部分组成。

(一)开头

开头,如是发函,开头简述发函的缘由和目的;如是复函,应以引述来函日期、函件名称或发文字号作起首语,一般行文格式可采用"××××年×月×日(关于××××的函)收悉"或"你部〔××××〕×号来函收悉"。

(二)主体

主体,是函的事项部分。如是发函,要写清楚商洽、询问或请求批准的主要事项;如是复函,要针对来函事项逐一郑重作答,答复时要求具体、明确,不能不置可否或答非所问。

(三)结尾

结尾是函的结语。结语要干净利落,或重申致函目的,或要求对方有所行动。常用的结语多种多样。发函告知对方,多用"特此函告"、"专此函达";去函要求对方回复的,可用"盼复"、"即请回复"、"请予支持,并盼复"、"请研究回复"、"以上意见,请予函复"、"希见复为盼"、"特此函达,请复"、"当否,请予函复"等。复函一般用"此复"、"专此函复"等。有的函自然收尾,不用结尾语。函的结语不宜像书信那样用"此致敬礼"之类的话。

四、落款

落款要标注发文单位(印章)和日期。"发函"的落款,写发文单位和日期,并加盖公章,"复函"写复函单位名称、日期并加盖公章。有的函还写明抄送单位名称。

第三节　函 的 分 类

函按照不同的标准,可以分成不同的种类。

一、按应用范围分,有商洽函、答询函、请批函与告知函

(一) 商洽函

这类函在平行机关或不相隶属机关之间相互协商或联系工作时使用。商洽性函较多地用在商调人员、联系工作或处理有关业务性、事务性事项等时使用。这类函的正文通常由商洽缘由(发函的原因)和商洽事项两个部分组成。商洽事项有时还特别写清对受文的要求与希望。

[例文 1]

福建省国土资源厅关于申请省水利厅雨量数据共享的函

闽国土资函〔2007〕39 号

省水利厅:

我厅正在开展福建省地质灾害信息与预警系统建设,该项目属"数字福建"工程,旨在利用信息化手段提升我省地质灾害防治水平。系统的运行需要以全省各地实时雨量数据为支撑,据悉,贵厅已在全省各地建有雨量站点并实现数据的统一采集和存储,我厅希望能通过省政务信息网或专用网络实现对你厅雨量数据的自动获取和访问应用。

地质灾害防治管理是自然灾害防灾工作的重要组成部分,地质灾害信息与预警系统的建设和运行对我省地质灾害防治工作意义重大,请贵厅给予大力支持。

联系部门:省国土资源厅信息中心

联系人:×××(0591—87665781)

二〇〇七年二月十三日

(二) 答询函

答询函包括"询问函"和"答复函",用于机关(部门)之间相互询问和答复问题。有些不明确问题向有关机关(部门)询问,用"询问函";对有关机关(部门)所询问的问题作出解释答复,用"答复函"。"询问函"不包括以商洽工作、请求主管部门批准为主而附带有要求回答的函。否则,"询问函"与商洽函、请批函就会混淆起来。另外,下级机关答复上级机关的询问,如涉及的内容重大,应以"报告"行文,不宜用"函"。询问函的正文一般包括询问缘由和询问内容两部分组成,询问的缘由可以是原因,也可以是目的。有的便函还可以连询问的缘由都不必写明,只要求有关机关就某方面规定答复即可。

[例文 2]

海南省人民政府办公厅关于要求解决省海防与口岸办公室公务车定编的函

琼府办函〔2006〕51 号

省小汽车定编办公室:

根据《海南省机构编制委员会关于成立海南省海防与口岸办公室的通知》(琼编〔2005〕22 号),省口岸办公室与省海防办公室合并,成立省海防与口岸办公室,同时挂省打击走私领导小组办公室牌子,为我厅副厅级机构。省海防与口岸办公室内设海防管理处(打私管理处)、海港口岸管理处和空港口岸管理处;设主任(副厅级)1 名,副主任 2 名,编制人员 21 名(含 4 名过渡事业编制),离退休干部 23 人。根据《中共海南省委办公厅海南省人民政府办公厅印发〈关于进一步规范全省机关事业单位公务车辆定编管理的规定〉的通知》(琼办发〔2004〕23 号),省海防与口岸办公室应定编小汽车 6 辆,其中公务用车 4 辆(主任 1 人 1 辆、副主任 2 人 1 辆、其余工作人员 2 辆)、特殊用车 2 辆(主要用于海港口岸管理处和空港口岸管理处分别赴美兰机场和秀英港值班)。请予核定。

二〇〇六年四月七日

[例文 3]

关于核定世博会期间临时公交线路票价及临时专用停车场(库)收费的复函

沪价管〔2010〕5 号

市交通港口局:

你局《关于商请核定世博会期间世博临时公交票价、世博临时专用停车场收费的函》(沪交财〔2010〕107 号)收悉。根据本市现行价格管理有关规定,经研究,核定世博会期间临时公交专线线路票价、世博专用停车场机动车停放服务收费标准如下:

一、临时公交专线线路票价

1. 世博 1 路~16 路为直达专线,实行单一制票价。具体线路票价详见附件 1。

2. 世博 17 路~36 路为大站线,参照所覆现行公交主线线路票价执行。

3. 世博 37 路~42 路为郊区接驳专线。按照现行公交专线线路中的空调车费率下限标准,每人公里 0.20 元执行。

二、临时专用停车场机动车停车收费标准

世博会期间开设的临时专用停车场(库),不分车型,实行按次收费。世博园区外围各临时停车场和临时换乘停车场的具体收费标准详见附件 2。

请你局督促相关经营企业做好票价和收费的明码标价工作。

专此函复。

附件:1. 世博会期间临时公交直达专线线路票价
       2. 世博期间临时专用停车场机动车停放服务收费标准

上海市物价局

二〇一〇年三月十七日

附件 1:世博会期间临时公交直达专线线路票价(略)
附件 2:世博期间临时专用停车场机动车停放服务收费标准(略)

(三) 请批函

用于向有关主管部门请求批准事项。请批函与请求有所区别:向上级机关请求批准,用请示;向不相隶属机关(包括同级机关)的有关主管部门请求批准,用请批函。

[例文 4]

关于请求批准梅东片主干道路等基础设施项目的函

市发展和改革委员会:

为实现度假区发展总体构想,完善度假区基础设施建设,经研究决定,拟建梅东片主干道路等基础设施项目。现将该项目建议书报贵委,主要内容如下:

一、项目名称:梅东片主干道路等基础设施项目。

二、项目投资者:湖州南太湖投资发展有限公司。

三、项目拟选址:湖州太湖旅游度假区小梅港东地块和娱乐城西侧、太湖路东侧、丘城遗址南侧地块。

四、项目建设内容及规模:

1. 梅东主干道 1 号路段拟用地面积 132 亩,长约 2200 米,宽约 30 米,两侧绿化带各 5 米;

2. 停车场拟用地面积 84 亩,可容纳大车 57 辆,小车 450 辆。

五、项目总投资:5300 万元人民币。

六、资金来源:由湖州南太湖投资发展有限公司自筹解决。

特此函达,请复。

湖州太湖旅游度假区管理委员会

二〇〇六年五月十五日

(四) 告知函

"告知函"亦称"通报函",是将某一活动或事项告知对方。这种函,类似于知照性通知,由于没有隶属关系,用"通知"不妥,所以宜用"函"。另外,告知函不要求对方回复。

[例文 5]

江西省人民政府办公厅关于省政府办公厅部分内设机构职责及名称调整的函

赣府厅字〔2008〕236 号

各市、县(区)人民政府,省政府各部门:

为了深入贯彻落实科学发展观,进一步理顺工作关系,形成高效、快捷、有序、集中的工作机制,切实提高工作效率,更好发挥运转枢纽和参谋助手作用,经省编委办公室赣编办文〔2008〕208 号文批复,我厅对部分处室的职责和名称进行了调整,现将有关情况函告如下:

秘书处:增加厅办公室工作职责。

综合处:对口发展与改革、财税、人事、编制、统计、能源、交通、重点工程、社会稳定、信访方面的工作。

调研处:增加对口监察、审计方面的工作。

督察处:增加与各民主党派省委会的联系工作。

秘书一处:原农业处。对口"三农"等方面的工作,即农业、林业、水利、农垦、国土资源、粮食、供销、物资、农业开发、老区和扶贫建设、气象、人口和计划生育、省农科院、人防方面的工作,以及与军队、武警的联系工作。

秘书二处:原工交处。对口工业与开放等方面的工作,即工业(包括国防工业、信息产业、邮政、通信、电力)、国有资产管理、外经贸、海关、检验检疫、台办、经济技术合作、中小企业、工业园区、省国际经济技术合作公司、生产安全、交通安全、防火安全方面的工作,以及与省总工会、省工商联的联系工作。

秘书三处:原市场流通处。对口市场流通与社会保障等方面的工作,即劳动保障、民政、老龄、残联、民族宗教、内贸、工商行政管理、省社科院方面的工作,以及与省社联的联系工作。

秘书四处:原涉外处。对口文教与环保等方面的工作,即环保、教育、文化、广播电视、出版、外事侨务、个私民营经济、省政府驻外办事处方面的工作,以及与团省委、省文联、省侨联的联系工作。

秘书五处:原政法处。对口政法与城建、旅游等方面的工作,即公安、国家安全、司法、城乡建设、旅游、质量技术监督、信息化、经济研究、决策咨询、档案、保密、地方志方面的工作,以及与省法院、省检察院的联系工作。

秘书六处:原科教处。对口科卫体等方面的工作,即科学技术、卫生、食品药品监督、体育、地震方面的工作,以及与省科协、省妇联、省红十字会的联系工作。

政策法规处:新增设。负责起草或组织起草有关重要的省政府规范性文件;负责省政府各部门代拟的省政府规范性文件合法性审查工作;承担省政府规范性文件报送省人大常委会备案工作;负责省政府办公厅行政复议、行政诉讼等涉法工作;对口联系法制方面的工作。

其他处室职责和名称不变。

特此函告。

江西省人民政府办公厅
二〇〇八年十二月二十三日

二、按行文方向分,有发函与复函

(1) 发函。也称去函、问函,是本机关主动向对方去函的。

(2) 复函。也称回函,是指回复询问或批准事项等的函。复函既回复对方的询问,也回复对方来函所商洽的事项,还回复对方请批函中所提出的回复请求。

复函与批复不同,批复是下行文,是对下级机关的请示表明态度;复函是平行文,只是对不相隶属机关的来函作出回复。

[例文 6]

福建省交通厅关于拟对你司采取行政处理措施的函

××××××有限公司:

2005 年审计署广州特派办对三福高速公路进行了审计,审计中发现你司中标承建的三明段 SA9 合同段,与 31 个外单位施工队签订了 38 份分包合同,其中有 14 个无资质施工队和 4 个无相应资质的单位。

根据《公路建设监督管理办法》(交通部令 2000 年第 8 号)第四十一条规定,我厅拟对你司进行通报批评处理,并暂停你司在福建省交通建设市场一年的市场准入资格。你司在收到本函之日起三日内,有权提出书面陈述或申辩意见。

联系部门:福建省交通厅建设处

联系人:×××

联系电话:0591—87077121,87500866(传真)

福建省交通厅
二〇〇六年七月二十八日

[例文 7]

国务院办公厅关于同意成立广州 2010 年亚洲残疾人运动会组委会的复函

国办函〔2009〕80 号

广东省人民政府、体育总局、中国残疾人联合会:

你们报来的《关于成立广州 2010 年亚洲残疾人运动会组织委员会的请示》(粤府〔2009〕75 号)收悉。经国务院领导同志批准,现函复如下:

一、同意成立广州 2010 年亚洲残疾人运动会组织委员会(以下简称组委会)。组委会名誉主席由全国政协副主席、中国残联名誉主席邓朴方担任,组委会主席由体育总局局长刘鹏担任,执行主席由广东省省长黄华华、中国残联理事长王新宪担任。

二、组委会内设机构由组委会根据工作需要自行确定。

国务院办公厅
二〇〇九年八月二十一日

三、按内容的轻重分,有公函与便函

（1）公函。公函的内容比较重要,行文郑重,具有完整的公文格式。

（2）便函。大多用于一般的事务性工作,没有完整的公文格式,只有上款和下款;可以用公用信笺,不使用版头,不列函件标题与发文字号;可以加盖公章,也可以个人署名。便函一般不归档,但是便函仍用于公务,不是用于私事的私函。

事实上,公函与便函之间只是内容重要程度以及格式完整与否的差异,并没有实质上的差异,所以《公文处理办法》中已不分公函、便函,统称为"函"。

[例文 8]

关于报送 2009 年度施工图审查情况的函

建质质函〔2010〕15 号

各省、自治区住房和城乡建设厅,直辖市建委(建设交通委、规划委):

为做好 2009 年度全国施工图审查工作总结,请组织本地区施工图审查机构,通过"全国施工图审查统计报表信息系统"(从网站 http://www.ccir.com.cn 的"软件下载"栏中下载)上报施工图审查情况。请各省级住房和城乡建设主管部门使用我司以前配发的用户名和密码登录"勘察设计质量管理业务系统"(登录网址:http://www.jzaq.net/QMI),对各审查机构上报数据进行审核,并于 2010 年 4 月 15 日前将汇总情况报我司(纸质汇总表另寄)。

联系人:工程质量安全监管司　×××

联系电话:010—58933293

技术支持:×××

联系电话:010—88018260 转 841/845

附件:房屋建筑和市政基础设施工程施工图设计文件审查统计报表(审查机构用)

中华人民共和国住房和城乡建设部工程质量安全监管司

二〇一〇年三月八日

[例文 9]

医疗保险关系转移函

有关社会保险经办机构:

_____同志(身份证号_____)已在我局参加医疗保险,同意将其医疗保险关系转入。

一、办理转移时,只转移医疗保险关系,无须转移医疗保险个人账户金额。

二、请详细填写《医疗保险关系转移证明》见(附件)或按此样式提供医疗保险关系转移证明。

三、请提供医疗保险个人账户清单。

海南省社会保险事业局

年　　月　　日

第四节　函写作的基本要求

函应用便利、灵活,有利于提高工作效率。因此,函的写作要掌握以下基本要求。

(一) 请注意与其他文种的区别

函属于平行文,主要用于平级机关,或不相隶属的机关之间的公务。但是,在上下级机关的公务活动中,也并非绝对不用。与使用其他公文的区别在于:一是下级机关向上级机关请示重大事项时用请示,而问询一般事宜则用函;二是上级机关向下级机关部署重要

工作时一般用指示、决定、通知等,答复请示的问题时用批复,而答复一般问题或查询、查办、催办有关事宜时则用函或复函;三是上级机关召开重要会议时一般都发会议通知,而召开一般性会议或要求下级机关报送一些统计数字、单项材料之类的较小事项时则用函。

(二)内容要单一明确

函要一函一事,内容单一集中,无任何骈枝和不分轻重主次的现象。这样,受函单位便于处理,有助于提高工作效率。同时,要把商洽、询问、请求的事项写明确,切忌模糊、笼统,以免误解或往来查询,延时误事。

(三)态度要诚恳,用语要得体

发函一般要求对方关照、支持,因此写作时态度要诚恳,语气要平和,讲究平等协商,文明礼貌,不露虚套和媚态。即使是上级机关向下级机关的发函,也不要居高临下,盛气凌人,应以平等商洽的口吻来写,以免引起下级的反感。复函用语要明快,以诚待人,不要显出冷漠和生硬。总之,语言要得体,恰到好处。

思 考 题

1. 函的含义与特点是什么?
2. 函的格式包括哪些内容?
3. 函的分类有哪些?
4. 函写作要注意哪些基本要求?

第十七章　会议纪要

第一节　会议纪要概述

一、会议纪要的含义

会议纪要是记载、传达会议情况和议定事项的行政公文。

会议纪要这一文种在各级机关使用频繁。平行机关或不相隶属机关遇到共同需要解决的问题,往往举行一个联席会议,把问题摆到桌面上,共同协商,各抒己见,找到解决的办法,把会议议定的办法、规定等写成会议纪要,要求与会各单位共同遵守执行,会议纪要作为日后检查、督促和约束各与会单位的法规性公文,具有规范性意义。有时上级机关召集所属下级单位共同就某项事情进行商谈,会议结束后,将会议决定整理成会议纪要,以公文的形式肯定会议议定的内容事项要点,赋予其权威性和约束力,以便于下属机关、部门和有关单位执行贯彻,同时作为以后遇到有关问题、纠纷时的处理依据。会议纪要的发布者一般是会议的召集单位,有时也用所有或几个主要参加会议单位的名义联合发布。

会议纪要一般都不列专门的主送单位,而是分送所有有关单位。会议纪要可以上传下达,而且通常都需要抄报各自的上级主管部门,主要传达到各自所属的下级机关、部门。所以,会议纪要的行文关系不是很明确,但是对与会单位和有关单位有一定的指导性、规范性和宣传教育、交流情况的作用。《办法》已赋予会议纪要法定公文的权威性和独立地位,可直接作为正式的公文文种向外发布。但实际上,一些行政机关(部门)发文时,仍会把"会议纪要"以公文附件的形式公布,如《国务院中央军委批转全国拥军优属拥政爱民工作领导小组民政部总政治部全国拥军优属拥政爱民工作会议纪要的通知》(国发〔2004〕15号)、《江西省人民政府办公厅关于印发2010年度全省新农村建设资金协调会议纪要的通知》(赣府厅字〔2010〕1号)。

二、会议纪要的特点

会议纪要是在会议过程中产生的,因而,会议纪要具有不同于其他公文种类的特点。

(一) 指导性

会议纪要集中地反映了会议的精神实质,是与会者的看法和意见,对工作有一定的指导作用,要求与会单位和相关部门以此为据开展工作。

(二) 纪实性

会议纪要是根据会议的宗旨、议程、决议等会议材料整理出来的,是会议基本情况的纪实,如会议存在分歧意见,也要真实地反映,不能擅自增减有关内容,更不能随意改动会议上达成的共识和形成的决定。

(三) 纪要性

会议纪要的纪要性,具体体现为择要性、提要性和显要性。择要性是说会议纪要只选择重要会议撰写,一般性会议是不需要写会议纪要的。提要性是说会议纪要是在会议记录的基础上,通过分析综合,摘其要点,舍其芜杂,按一定逻辑顺序整理而成。不是事无大小,有闻必录。显要性是说会议纪要对会议内容的表述,要突出一个"要"字,显现会议的主要精神和重点内容。

(四) 周知性

会议纪要有的要求传达并贯彻执行,有的虽不要求贯彻执行,但也要求将会议情况、议决事项和主要精神作为信息,传达或通报给有关领导、有关人员及一定范围的群众,因而具有明显的周知性特点。

第二节　会议纪要的格式

会议纪要的格式包括标题、时间、正文三部分组成。

一、标题

会议纪要的标题一般由机关名称、会议名称、文种(纪要)三因素构成。具体格式如下。

(1) 由"机关名称＋会议名称＋文种"组成。如《四川省物价局建立联合应急机制维护抗震救灾和灾后重建市场经济秩序的会议纪要》,这一类标题的写法多为例行会议纪要常用的标题形式。

(2) 由"会议名称＋文种"组成。如《全国拥军优属拥政爱民工作会议纪要》。

(3) 新闻式标题,即正副标题。正标题反映会议的主要精神和内容,副标题反映会议名称和文种。如《以科学发展观指导新农村建设——全省新农村建设工作总结会议纪要》。

二、时间

会议纪要的时间一般是会议纪要通过的时间,或领导人签发的时间。成文时间一般标注在标题的下方,年月日齐全,居中,用圆括号括住。

三、正文

会议纪要的正文,一般包括前言、主体和结尾三部分。

(一) 前言

前言,也称导语。这一部分概述会议的基本情况,主要交代会议的召开单位、时间、地点、参加人员及主要议程。有的还要交代召开会议的动因和目的,主要领导同志的活动情况及会议产生的意义和作用等。

(二) 主体

这一部分讲述会议的主要内容,是会议纪要的核心,要求准确简明地写出会议讨论的问题及结果、会议议决的事项、今后工作的指导思想、工作步骤、采取的措施等。这一部分的写作一般采用以下三种方式。

(1) 概述式。即把会议讨论的内容、发言的情况综合到一起,概括地叙述出来。一般日常行政工作会议,讨论的问题比较集中,意见较为一致,概括地把会议的主要内容叙述出来即可。此类会议纪要常采用这种写法。

（2）归纳式。有些会议比较重要,规模比较大,讨论问题比较多,需要把会议讨论的许多问题和意见,按内在逻辑顺序,归纳为几个方面或者几个问题,比较完整系统地写出来,以突出会议的中心和主旨。较大型的会议多采用这种写法。

（3）发言摘要式。即按会议发言的顺序,将每个人发言的主要意见归纳整理出来,以反映会议讨论的过程和会议结论的产生过程。这种写法能如实地反映各人的不同看法。一些讨论会、座谈会、研讨会的会议纪要常常采用这种写法。

（三）结尾

结尾处有的提出希望和要求,发出号召,要求有关单位认真贯彻会议精神,努力完成会议提出的各项任务。有的则不写结尾,会议的主要内容分述完了,全文也就自然结束。

第三节　会议纪要的分类

会议纪要因会而异,种类较多,可以从形式、性质、内容等方面进行划分。

一、从形式上可以分为例行会议纪要、工作会议纪要和协调会议纪要

（1）例行会议纪要。主要是为了加强集体领导,各级各部门领导班子通常召开的一些例行会议,对不宜由个人决定的事项进行集体讨论研究,如市长办公会、市政府常务会议、联席会议等。对会上商讨的问题和决定的事项形成会议纪要,以利于有关部门贯彻执行和检查督办。

（2）工作会议纪要。各级行政机关及其业务部门,为了总结工作,沟通情况,交流经验,分析问题,明确下一步工作任务,研究确保各项工作任务完成的措施,往往要专门召开一些工作会议,并整理出会议纪要上报下发。

（3）协调会议纪要。两个或两个以上不相隶属的行政机关单位,为协调工作、磋商意见,常常召开一些协调工作会议,会后也要形成会议纪要备考,并按照协调意见统一思想认识,协调工作进度。

[例文1]

涪陵区水上交通 2010 年第一次安全工作联席会议纪要

重庆市涪陵区交通委员会

（二〇一〇年三月二十日）

2010 年 3 月 18 日,涪陵区交委组织召开了 2010 年第一次水上交通安全工作联席会,会议在涪陵区港航局召开。参加联席会的单位有区安监局、区经信委、区水务局、区旅游局、区港航局、涪陵海事处、区渡口管理所、长航重庆公安局涪陵派出所、渔政站、区防洪办、李渡办事处、江北办事处、珍溪镇安办、义和镇安办、蔺市镇政府等部门的分管领导或部门负责人。

会议就如何进一步加强辖区内长江水域砂石船（包括运砂船和采砂船）的安全监管进行了专题研究,通过认真分析研究,达成如下意见:

一、涪陵海事处、区港航局一是要严格按照重庆市政府渝办发 2009 年 355 号文件"凡航行长江、乌江和嘉陵江的砂石运输船舶必须于 2009 年 12 月 31 日前安装 GPS 船载终端,并由船舶检验机构纳入检验项目"的要求,坚决执行砂石船安装 GPS 和 600 吨以下砂石船舶不允许夜航,对至今未安装 GPS 的砂

石船坚决停止运行;二是砂石运输船舶 GPS 船载终端不能正常运行的,海事机构不得签证放行;三是要加强对砂石船的执法监察,加大对违法人员的处罚力度,要大力运用 GPS 的监控手段,推广科技兴安,对砂石船实施 24 小时监控,要思考对不开 GPS 监控系统船舶查处方式,并尽快拿出方案;四是要加强砂石运输船舶航行监督管理,严禁船舶在无灯标航段夜航,严禁不具备夜航条件的船舶夜航,严禁 600 总吨以下砂石运输船舶夜间航行;五是严格执行运砂船员航行时船员必须穿戴救生衣等相关规定;六是要充分利用交通技校这一平台,加强对砂石船作业人员安全培训的力度;七是由区港航局牵头,研究如何对砂石船公司化、规模化经营的管理问题。

二、区水务局一是要进一步规范砂石船采砂点的确定工作和采砂船作业船舶数量的控制工作,要加强采砂点的安全管理,严查超水域范围采砂;二是要建立砂石船黑名单制度;三是要考虑对砂石船拍卖工作进行"阳光招投标",从源头管理控制,逐步淘汰小型采砂船;四是要从严审查采砂船的资质,严禁超额装载;五是加强对采砂船船员培训管理,提高安全技能,严禁搬运工随船航行;六是配合海事港航部门,研究如何对采砂船公司化、规模化经营的问题。

三、各乡镇要加强日常安全管理,坚持属地管理原则;要进一步加强砂石船违规违章信息沟通,发现砂石船违规违章作业,要主动报告海事执法部门。

四、各有关单位和长航重庆公安涪陵派出所要积极配合海事、港航、水务部门,严厉打击砂石船违规违章行为。

参加人员:(略)

(分送:市交委,区委办、区府办、区安委会、区经信委、区水务局、区旅游局、区港航局、区渡管所,涪陵海事处、长航水派,江北办事处、李渡办事处,珍溪镇政府、蔺市镇政府、义和镇政府。)

[例文 2]

国务院中央军委批转全国拥军优属拥政爱民工作领导小组、民政部、总政治部
全国拥军优属拥政爱民工作会议纪要的通知

国发〔2004〕15 号

各省、自治区、直辖市人民政府,国务院各部委、各直属机构,各军区、省军区、各军,各军兵种、各总部、军事科学院、国防大学、国防科学技术大学,武警部队(军级以上单位):

现将全国拥军优属拥政爱民工作领导小组、民政部、总政治部《全国拥军优属拥政爱民工作会议纪要》批转给你们,请结合实际,认真贯彻执行。

拥军优属、拥政爱民是我党我军我国人民的优良传统和特有的政治优势,军政军民团结是中国革命和建设事业取得胜利的重要保证。进一步做好新形势下的双拥工作,加强军政军民团结,对于维护国家安全、统一和社会政治稳定,保证改革开放和社会主义现代化建设的顺利进行,实现全面建设小康社会的宏伟目标,推进国防和军队建设,具有重大而深远的意义。《全国拥军优属拥政爱民工作会议纪要》系统总结了十多年来双拥工作的经验,对新形势下开展双拥工作的指导思想、基本任务、创新发展和组织领导提出了明确要求,是当前和今后一个时期开展双拥工作的基本依据。地方各级人民政府和全军各部队,要以邓小平理论和"三个代表"重要思想为指导,站在国家长治久安和民族兴旺发达的高度,把双拥工作作为事关全局的战略任务来抓,不断巩固和发展军政军民同呼吸、共命运、心连心的大好局面,为促进国家改革发展稳定和军队现代化建设作出新的贡献。

国 务 院

中 央 军 委

二○○四年五月十一日

全国拥军优属拥政爱民工作会议纪要

全国拥军优属拥政爱民工作领导小组　民政部　总政治部

(二○○四年一月九日)

经国务院、中央军委批准,全国拥军优属拥政爱民工作领导小组(以下简称全国双拥工作领导小组)、民政部、总政治部于 2004 年 1 月,在北京召开了全国拥军优属拥政爱民工作会议。会议以邓小平理论和"三个代表"重要思想为指导,认真贯彻党的十六大精神,总结交流了 1991 年全国双拥工作会议以来的经验,研究部署了当前和今后一个时期的双拥工作任务,命名表彰了双拥模范城(县)、双拥模范单位和个人。中共中央政治局常委、国务院总理温家宝代表党中央、国务院、中央军委作了重要讲话。中共中央政治局委员、国务院副总理、全国双拥工作领导小组组长回良玉作了拥军优属拥政爱民工作报告。北京市人民政府、山东省人民政府、南京军区、空军等军地单位在会上介绍了做好新形势下双拥工作的经验。全国双拥工作领导小组全体成员,各省、自治区、直辖市双拥工作领导小组负责同志,解放军四总部和各大单位、武警部队领导,双拥模范城(县)、双拥模范单位和个人代表等 600 余人出席了会议。

会议指出,拥军优属、拥政爱民,是在中国共产党领导下我国亿万军民的伟大创造,是我党我军我国人民的优良传统和特有的政治优势。党的三代领导核心始终高度重视双拥工作。毛泽东同志作出了"兵民是胜利之本"的精辟论断,亲自倡导和推动了双拥运动。邓小平同志提出军民一致的原则不能变,亲自倡导了军民共建社会主义精神文明和创建双拥模范城(县)活动。江泽民同志强调,要像爱护眼睛一样爱护军政军民团结,巩固和发展同呼吸、共命运、心连心的新型军政军民关系。党的十六大以来,以胡锦涛同志为总书记的党中央明确提出,要加强国防教育,增强全民国防观念,广泛深入开展双拥共建活动,加强军政军民团结,形成国防建设和经济建设相互促进、协调发展的机制。

……

会议强调,进入新世纪新阶段,我们正在全面建设小康社会,完善社会主义市场经济体制,推进中国特色军事变革,现代化建设的任务更加光荣而艰巨。这既为双拥工作提供了新的发展机遇,也对双拥工作提出了更高的标准和要求。

……

一、充分认识新形势下加强军政军民团结的极端重要性

我党我军我国发展的历史充分证明,无论是战争年代还是和平建设时期,双拥工作都是一项带有全局性、战略性的工作,军政军民团结始终是我们战胜困难、夺取胜利的重要法宝。当前,国际局势仍处在深刻复杂的变化之中,局部动荡和地区冲突时有发生,恐怖主义、霸权主义、国际犯罪活动对人类和平与发展构成严重威胁,以综合国力为标志的国际竞争日趋激烈。国内改革发展进入关键时期,面临不少突出的矛盾和问题。

……

二、深入进行以爱国主义为核心的国防教育和双拥宣传教育

国防观念和双拥意识,是建设和巩固国防、增强军政军民团结的思想基础。要认真贯彻《国防教育法》,广泛开展以爱国主义为核心,以拥军优属、拥政爱民光荣传统为重要内容的宣传教育,引导广大人民群众牢固树立"没有一个人民的军队,便没有人民的一切"的思想,把支持国防和军队建设作为义不容辞的责任;引导部队官兵牢固树立"军队打胜仗,人民是靠山"的思想,充分认识人民军队源于人民、服务人民的本质,不断强化广大军民的国防观念和双拥意识,自觉为双拥工作尽一份责任、出一份力量。

……

三、围绕实现全面建设小康社会目标加强军地协作

实现全面建设小康社会的宏伟目标,需要党政军民的共同努力。全军和武警部队要按照中央军委的部署要求,围绕实现国家全面、协调和可持续发展,研究制定参加和支持全面建设小康社会的规划。集中力量援建国家重点工程,主动承担急难险重任务。

……

四、适应中国特色军事变革做好支持军队建设工作

建立强大的军队和巩固的国防,是全党全军全国人民的共同责任。各地区、各有关部门要围绕推进中国特色军事变革,积极配合部队搞好体制编制调整改革,协助做好军事设施保护和人员安置等工作。

……

五、切实把维护社会稳定作为双拥工作重要任务

完成改革发展的各项任务,必须保持社会稳定。要教育广大军民充分认清保持社会稳定的极端重要性,倍加顾全大局,倍加珍视团结,倍加维护稳定。

······

六、认真抓好拥军优抚安置政策的落实

拥军优抚安置工作,涉及部队官兵和优抚对象的切身利益,直接关系到军队稳定、国防巩固和社会发展。各地区、各有关部门要采取有力措施,切实抓好落实。坚持计划分配和自主择业相结合,做好军队转业干部安置工作。

······

七、以改革创新的精神推进双拥工作深入开展

双拥工作要永葆生机与活力,必须适应新形势,发扬老传统,开创新局面。要认真分析新形势下双拥工作出现的新情况、新问题,研究加强军政军民团结的新思路、新办法。积极探索新型经济组织和新的社会阶层开展拥军活动的途径和办法,扩大双拥工作的群众基础。

······

八、进一步加强双拥工作的组织领导

双拥工作是一项社会工程,各地区、各有关部门和部队领导机关要高度重视,把双拥工作纳入经济社会发展和部队建设总体规划,摆上重要议事日程,经常分析形势,研究解决重大问题;主要领导对双拥工作要常议常抓,并带头参加双拥活动。各级双拥工作领导小组要认真履行组织、协调、指导双拥工作的职责,领导小组成员单位要结合担负的双拥任务,完善政策规定,抓好工作落实。建立领导小组成员单位报告工作制度,增强履行双拥工作职责的意识。关心、重视和支持各级双拥办建设,配齐配强干部,落实办公经费,完善军地合署办公制度。军地双拥工作职能部门要积极为党政军领导当好参谋,积极主动做好双拥工作。省军区系统要组织协调当地驻军同政府、人民群众之间的联系,做好驻军拥政爱民活动的协调工作。要发扬求真务实的精神,加强对基层双拥工作的指导,建立领导干部双拥联系点制度,推动双拥工作广泛开展和各项任务的落实。

[例文 3]

江西省人民政府办公厅关于印发 2010 年度全省新农村建设资金协调会议纪要的通知

赣府厅字〔2010〕1 号

各市、县(区)人民政府,省发改委,省农业厅,省水利厅,省交通运输厅,省财政厅,省人力资源和社会保障厅,省住房和城乡建设厅,省林业厅,省农业综合开发办:

《2010 年度全省新农村建设资金协调会议纪要》已经省政府同意,现印发给你们,请认真遵照执行。

江西省人民政府办公厅

二○一○年一月四日

2010 年度全省新农村建设资金协调会议纪要

(二○○九年十二月十六日)

2009 年 12 月 16 日,省委常委、副省长陈达恒主持召开会议,研究协调 2010 年全省新农村建设资金落实事宜。省委副秘书长、省委农工部部长、省新农村建设领导小组副组长兼办公室主任吕滨,省农业厅厅长毛惠忠,省水利厅厅长孙晓山,省委农工部巡视员晏苏节,省交通运输厅巡视员席芳柏,省发改委副主任王水平,省财政厅副厅长毛祖逊,省新农村建设办公室专职副主任王志,省人力资源和社会保障厅副厅长裴菲,省住房和城乡建设厅副厅长欧阳泉华,省林业厅副厅长罗勤,省农业综合开发办主任章康华等有关负责同志参加会议。会议讨论了《2010 年度全省新农村建设点工作方案》,着重就 2010 年度全省新农村建设工作内容和资金筹措进行了研究和协调。现纪要如下:

会议指出,全省开展新农村建设四年来,已有近 4 万个村庄、170 余万户农户、720 多万农民从中受益,村点的生产生活条件得到明显改善,村容村貌发生深刻变化,社会和谐稳定的局面日益形成,赢得了

广大农民群众的衷心拥护和社会各界的普遍赞誉。我省新农村建设投入的资金之多、农村农民受益面之广、典型意义之大，已在全国产生较大影响。这一成绩的取得，是各个成员单位共同努力、合力推动的结果。

会议要求，在今后的工作中，各成员单位要再接再厉，继续把新农村建设融入本单位、本系统的日常工作，继续作为一项重要的民生工程项目进行部署和推动。

会议研究确定了以下事项：

一、省新农村建设办公室要进一步加强与领导小组各成员单位的工作沟通和衔接，根据各成员单位提出的意见和建议，抓紧对《2010 年度全省新农村建设点工作方案》进行修改完善，及时按程序呈批，确保 12 月底之前下发各地。

二、省发改委、省财政厅、省交通运输厅要按照既定的工作程序，在规定时间内与省新农村建设办公室联合下文，将省级直接统筹资金落实到位。

三、省发改委、省住房和城乡建设厅、省农业厅、省林业厅、省水利厅、省农业综合开发办、省外专局、省农村综合改革办要尽快会同省新农村建设办公室下发相关配套文件，明确项目资金使用渠道、管理方式及操作选点办法。按照往年做法，各类衔接统筹资金不改变使用渠道和管理方式，不按村点个数平均分配，2010 年 6 月底国家有关部委资金未下达到省的，先由省财政垫付到县，待国家资金到省后再如数归还省财政，从而使市县争取时间，加快各类衔接统筹项目的建设进度。

四、2010 年，全省共筹集 17.98 亿元资金，对新安排的 8000 个新农村建设村点予以扶持。其中：省市县三级新农村建设办公室直接统筹资金 12.94 亿元，其构成为：省级直接统筹资金 7.5 亿元（包括省财政 5 亿元专项资金、省交通运输厅 2 亿元村级道路建设资金、省发改委 0.5 亿元以工代赈资金）、市级直接统筹 1.32 亿元、县级直接统筹 4.12 亿元；衔接统筹资金由 2009 年的 4.04 亿元增加到 5.04 亿元，新增省农村综合改革办村级公益事业一事一议财政奖补资金 0.4 亿元，省住房和城乡建设厅农村危房改造资金 0.6 亿元，省发改委、省农业厅、省林业厅、省水利厅、省农业综合开发办、省外专局等 6 个单位的衔接资金继续维持原统筹额度。

二、从性质上可以分为决议型会议纪要、情况型会议纪要和消息型会议纪要

（1）决议型会议纪要。类似会议的决定、决议。这类会议纪要以会议的决定和决议为重点，只反映与会者经过讨论或协商而形成的一致意见，作为有关部门、单位或个人在会后遵照执行和贯彻实施的依据。

（2）情况型会议纪要。这种会议纪要是将会议的主要议题、各项内容、讨论情况和结果介绍给大家，起到传递信息、交流情况的作用，一般多用于讨论会或座谈会。

（3）消息型会议纪要。这是一种带有新闻指导性质的会议纪要，多用于学术性、研讨性会议，目的只是让人们知道，最近开了一个什么会，商讨了一些什么问题，提出了哪些意见，实际上只起消息报道作用，但比消息报道郑重。

[例文 4]

省物价局关于下发《建立联合应急机制维护抗震救灾和灾后重建市场经济秩序的会议纪要》的通知

川价发〔2008〕105 号

各市、州物价局：

为确保我省抗震救灾和灾后重建的市场经济秩序，进一步加强联合执法工作力度，严厉查处扰乱灾区市场经济秩序的价格违法行为及犯罪行为，切实维护广大灾区人民的合法权益和社会稳定，6 月 3 日，经省公安厅、省工商局、省质监局、省物价局、省食品药品监督管理局的执法单位负责人共同商议，决定建立联合维护抗震救灾和灾后重建市场经济秩序的应急机制。现将《建立联合应急机制维护抗震救灾和灾后重建市场经济秩序的会议纪要》下发你们，请各地认真贯彻执行，主动积极加强与本地公安、工

商、质监、药监等行政执法部门的联系,建立相应的联合执法机制,强化工作措施,切实维护抗震救灾和灾后重建正常的市场经济秩序。各地的工作情况和在执行中遇到的问题,要及时上报省局(检查分局)。

附件:1. 建立联合应急机制维护抗震救灾和灾后重建市场经济秩序的会议纪要

2. 维护抗震救灾和灾后重建市场经济秩序联合应急联络小组成员名单

四川省物价局

二〇〇八年七月十五日

附件1:　　　　**建立联合应急机制维护抗震救灾和灾后重建市场经济秩序的会议纪要**

(二〇〇八年六月五日)

2008年6月3日,省公安厅经侦总队,省工商局经检总队、公平交易处,省质监局稽查总队,省物价局检查分局,省食品药品监督管理局稽查总队相关负责人在省公安厅经侦总队会议室召开会议,专题研究建立联合应急机制,维护抗震救灾和灾后重建市场经济秩序工作。

会议认为:我省2008年5月12日发生的里氏8.0级特大地震灾害,不仅夺去了数以万计群众的生命,也给我省的经济建设带来巨大损失。面对地震灾害,我们不仅要全力以赴抗震救灾,还面临着重建家园、振兴经济的长期艰巨任务。为确保抗震救灾和灾后重建的市场经济秩序,进一步加强联合执法力度,严厉查处和打击抗震救灾和灾后重建中扰乱市场经济秩序的各类违法犯罪行为,切实维护广大灾区人民的合法权益和社会稳定,经商议,决定建立联合维护抗震救灾和灾后重建市场经济秩序的应急机制,并形成如下会议纪要:

一、建立应急联络小组,加强信息沟通和工作指导

……

二、确定专门力量,加强联合执法力度

……

三、畅通移送渠道,及时打击涉灾犯罪

……

四、收集研判信息,加强公共预警

……

会议参加人员有:省公安厅经侦总队黄建华总队长、柯庆副总队长及总队相关处室负责人,省工商局经检总队杨键副总队长、省工商局公平交易处陈永红副处长,省质监局稽查总队车猛副总队长,省食品药品监督管理局稽查总队李元荣副处长,省物价局检查分局张昌贵副局长等。

附件2:维护抗震救灾和灾后重建市场经济秩序联合应急联络小组成员名单(略)

[例文5]

关于印发省科技创新"六个一"工程领导小组第二次会议纪要的通知

赣府厅字〔2009〕185号

各市、县(区)人民政府,省政府各部门:

《省科技创新"六个一"工程领导小组第二次会议纪要》已经省政府同意,现印发给你们,请认真贯彻执行。

江西省人民政府办公厅

二〇〇九年九月十八

省科技创新"六个一"工程领导小组第二次会议纪要

江西省科技创新"六个一"工程领导小组

(二〇〇九年八月三十一日)

8月31日下午,省科技创新"六个一"工程领导小组召开第二次会议,省委副书记、省长吴新雄作重要讲话,省委常委、省纪委书记尚勇主持会议,省委常委、常务副省长凌成兴,副省长谢茹,省长助理胡幼桃出席会议。参加人员有:省政府副秘书长晏驹腾,省科技厅王海,省发改委姚木根,省工信委涂勤华,

省中小企业局谢碧联,省人力资源和社会保障厅揭赣元,省国资委李键,省地税局邓保生,省国税局汤志水,省国防科工办李贤书,省农业厅马岩波,省林业厅刘礼祖,省国土资源厅刘定明,省环保厅何纪力,省教育厅虞国庆,省卫生厅关晏民,省文化厅汪天行,省广播电影电视局杨文英,省商务厅李文尧,省投资集团公司刘钢,省国际信托投资股份有限公司裘强,省行政事业资产集团有限公司温治明,国家开发银行江西省分行蒋树瑛,以及省委宣传部、省财政厅、省新闻出版局、人行南昌中心支行等单位同志。

会议听取了省科技创新"六个一"工程近期工作、2009 年度重大高新技术成果产业化项目情况汇报,讨论了《省十大优势高新技术产业规划》、《省创新型企业建设规划》、《省国家科技创新研发平台建设规划》、《省高新技术产业特色基地建设规划》、《省优势科技创新团队建设规划》,审议了 2009 年度重大科技专项。

会议认为,今年以来,面对国际金融危机的冲击和影响,全省经济社会保持了平稳较快发展的良好态势,呈现出"一个大幅增长、六个位次前移"的鲜明特点,成绩来之不易,必须继续把"保增长、保民生、保稳定"与"调结构、上水平、增后劲"紧密结合,以大力推进"六个一"工程为抓手,努力构筑江西经济社会发展的竞争新优势,进一步化危机为生机,乘势而上,积极应对国际金融危机,推动江西在新起点实现新跨越。

会议指出,领导小组第一次会议召开以来,在省委、省政府的领导下,省科技厅、省发改委、省工信委等部门共同努力,"六个一"工程各项工作进展顺利,取得了明显成效。

……

会议确定:

一、原则同意五个规划。《省十大优势高新技术产业发展规划》是省科技创新"六个一"工程各项规划的龙头,要在明确产业产品定位、技术路线和技术方向定位、市场规模定位、关键政策定位、人才战略定位的基础上,做到五个"突出":一是突出应用产品抢市场、上规模,二是突出创新技术标准化、成熟化,三是突出产业集群抓招商、抓集聚,四是突出关键政策抓重点、抓落实,五是突出加强调度解难题、见成效,使各项措施更加务实,更具指导性、操作性、实效性,更经得起市场检验。

……

二、同意将《太阳能光伏产业科技创新关键技术研究与示范》、《半导体照明及显示技术创新关键技术研究》、《江西省油茶产业升级关键技术研究与示范》列为 2009 年度重大科技专项。

三、抓紧抓好"六个围绕"。一是要围绕优势高新技术产业招商引资。二是要围绕优势高新技术产业进行研发和创新。三是要围绕优势高新技术产业培育和壮大创新型企业。四是要围绕优势高新技术产业吸引各类人才。五是要围绕优势高新技术产业积极融资、集聚资本。六是要围绕优势高新技术产业,进一步创优发展环境。

四、切实强化工作举措。一是坚决实行项目化管理。要把各项工作任务细化分解为一个个具体项目,实行项目化管理。二是进一步明确工作分工。……三是建立和落实责任体系。要按照项目化管理的具体要求,建立评价和考核体系,实行目标管理责任制。四是加大统筹协调力度。对于涉及多个部门的工作任务,领导小组办公室要加大协调力度,避免出现相互扯皮的现象。

五、规范评定创新型企业。创新型企业是"六个一"工程的实施主体,要坚持按照是否拥有创新产品、创新技术、创新工艺,是否在全国同行业中"四率"领先,是否具有核心竞争力的标准和条件来进行评定。对被评定为创新型的企业实行期限制,到期后重新审核。

六、会议同意增加省国税局为领导小组成员单位。

[例文 6]

海南省农业科技 110 联合会会议纪要

(二○○八年十月三十一日)

2008 年 10 月 29 日,省农业科技 110 联合会召开第三次会长会议,听取农业技术服务、农资服务和农产品销售服务等三个工作委员会的近期工作汇报,研究讨论联合会近期工作计划和明年工作设想。

会议议定如下：

一、决定成立省农业科技110联合会农业技术服务工作委员会、农资服务工作委员会与农产品销售服务工作委员会。三个工作委员会分别由何凡、李正翔、符劲牵头负责。

二、从11月开始分别在海口、文昌、琼海、万宁、乐东、澄迈、五指山、三亚、陵水、保亭举办龙眼反季节栽培、荔枝控梢促花栽培、菠萝栽培、莲雾栽培、香蕉栽培、胆木栽培、哈密瓜栽培、西瓜栽培、芒果栽培、福橙栽培、橡胶栽培、槟榔栽培等技术培训。

三、11月—12月配合热科院组织实施农业科技110专项培训计划行动。

四、在服务站设立农业科技110"推荐产品专柜"，与国内外各大厂家和代理商签订海南省内购销协议，在各类产品中精选优质、价廉的产品作为农资专柜销售的产品。并对准入"推荐产品专柜"的产品进行技术推广，举办技术讲座。

五、通过全省农业科技110服务站收集农产品信息(包括价格信息)，将收集到的农产品信息，利用电话、邮件、短信、户外电子显示屏等方式为收购商和农户提供各项免费服务。于11月在陵水英州服务站、三亚田独服务站、乐东佛罗服务站举办农产品展销日，为收购商及运销商提供农产品信息服务，实现产销对接，畅通流通渠道，使海南省农业科技110联合会在农产品销售服务中起纽带作用，给农户和收购商提供有效服务。

六、联合会近期工作计划

(一)11月组织赴台湾开展热带农业科技考察工作，与台湾农协进行新品种、新技术的交流。

(二)11月下旬召开第二次理事会议。

(三)12月举办金融机构对接会，推动与省农发行、省农村信用社联合社科技小额贷款等事宜。

(四)12月在冬交会举办农业科技110农产品展销活动。

七、联合会明年工作计划

1. 举办海南省农业科技110新技术新产品推介会。

2. 邀请台湾农业协会及台湾农业企业来琼开展琼台热带农业科技合作。

3. 组织农业科技110联合会技术培训，主要开展良种良法、测土配方施肥、病虫害防治等技术培训，与热科院开展农业科技110技术培训专项行动。

4. 开展农产品展销服务日活动，推销和展销各服务站示范基地和农民生产的农产品。

5. 加强与国内外农资专家和代销商的沟通和联系，继续推进农业科技110推荐产品活动，扩大农业科技110在农资市场的销售份额。

6. 举办与省农发行、省农村信用社联合社等金融对接活动，帮助科技示范户担保解决小额贷款，探索农业科技信用担保机制。

7. 召开农业科技110联合会第二次会员大会，研究通过联合会明年工作计划。

出席人员：(略)

三、从内容上可以分为综合性会议纪要和专题性会议纪要

(1)综合性会议纪要。这种会议纪要要求全面概括会议的议程、议题、讨论情况、讨论结果及基本精神。对会议的基本概况、全面内容和主要议题及决议加以全面综合介绍，既可归纳经过讨论取得一致的意见，也可概述各种不同的分歧意见。这种纪要多用于一揽子的综合性会议。

(2)专题性会议纪要。这是专门为研究、解决某一项或某一方面工作、内容比较集中、议程比较单一的工作会议纪要，一般只会把会议概况、会议宗旨、讨论和决议事项加以概括和说明，多用于专业会议。

[例文7]

陕西省人民政府关于印发全省能源工作暨第七次陕北能源化工基地建设座谈会纪要的通知

陕政发〔2009〕41号

各设区市人民政府,省人民政府各工作部门、各直属机构:

现将《全省能源工作暨第七次陕北能源化工基地建设座谈会纪要》印发给你们,请结合实际,认真贯彻落实。

二〇〇九年六月八日

陕西省能源工作暨第七次陕北能源化工基地建设座谈会纪要

(二〇〇九年四月三十日)

2009年4月27日至30日,省委、省政府在陕北召开全省能源工作暨第七次陕北能源化工基地建设座谈会。省委书记赵乐际、省长袁纯清出席会议并作重要讲话,省委常委、常务副省长赵正永主持会议,省委常委、延安市委书记李希出席会议,省委常委、副省长洪峰出席有关项目开工仪式,省委常委、省委秘书长魏民洲出席会议。省级有关部门和各设区市负责同志,延安、榆林两市县区和有关企业负责人参加会议。会议期间,举行了府谷清水川煤电一体化二期项目、华能段寨煤电一体化项目、府谷庙沟门煤电一体化二期项目、神木锦界煤电一体化三期项目、神华煤化工产业园、神华西湾煤化工一体化项目、延长石油集团榆林醋酸二期项目、陕西有色榆林新材料循环经济产业园暨30万吨镁合金项目、中石油安塞天然气液化项目、延长石油集团杨庄河炼化二期项目等重点园区和重大项目的开园、开工和奠基仪式;举行了我省与华电集团战略合作框架协议签署暨华电集团陕西能源公司成立揭牌仪式、延安—广州航线首航仪式;检查了北元化工集团100万吨聚氯乙烯、榆横煤化工铁路专用线和延长石油集团榆横醋酸一期项目建设情况。会议全面总结了2008年全省能源产业发展和陕北能源化工基地建设工作,分析研究了在国际金融危机持续蔓延、经济下行压力加大的形势下,我省能源产业发展及陕北能源化工基地建设面临的新情况、新问题和新机遇,明确提出了进一步贯彻落实科学发展观和胡锦涛总书记等中央领导同志视察陕北时的重要讲话精神、推动全省能源产业健康发展和陕北能源化工基地建设有序跨越的工作措施。

一、陕北能源化工基地建设取得重要成就,全省能源产业实现突破发展

会议认为,2008年,在省委、省政府正确领导下,全省各级各方面围绕建设"国内一流、国际知名"能源化工基地这一目标,按照立足于大、着眼于强、落脚于好的要求,以改革创新为主线,以项目建设为依托,以煤化工产业为主攻方向,以扩大对内对外开放为途径,以统筹城乡生态环境和经济社会协调发展为主要特征,优化资源配置,创新发展方式,全省能源化工产业实现突破发展,特别是陕北能源化工基地步入加快发展、科学发展和跨越发展的阶段,发展速度越来越快,形势越来越好,影响越来越大。

一是"三个转化"战略深入推进。

……

二是重大项目建设进展顺利。

……

三是重点工业园区建设取得突破。

……

四是科学发展水平全面提升。

……

五是基础配套设施建设得到加强。

……

六是规划体系进一步完善。

……

七是管理体制机制不断创新。

……

八是产业带动作用日益突显。

……

会议认为,陕北经济的快速崛起和全省能源产业的健康发展,主要得益于思想的解放、观念的更新和认识的飞跃。

……

实践证明,在全省能源化工产业发展和陕北能源化工基地建设上,我省的思路和做法是符合胡锦涛总书记"珍惜资源、深度转化"要求的,是完全正确和十分有效的,必须坚定不移地沿着这条道路走下去。

在肯定成绩的同时,与会同志认为我省能源化工产业发展中还存在一些问题:部分重大项目推进不够理想;基础设施配套建设仍较滞后;节能降耗和环境保护工作面临较大压力;体制机制仍须进一步深入探索,如何发挥中省大型企业作用、带动地方经济发展,如何凸现大项目引领作用、增强在行业发展中的话语权,如何更好地利用资源、保护环境和保障群众应得利益等,都须认真研究和加以解决。

二、积极有效应对国际金融危机,重点实施能源化工产业六大工程

会议指出,去年下半年以来,能源化工产业受到国际金融危机严重影响,能源产品价格下跌,能源企业效益下滑,陕北能源化工基地建设遇到新的困难,发展进入关键时期。要全面辩证积极地认识和把握当前形势,坚定不移地把加快能源产业发展和基地建设作为重中之重来抓,从世界能源紧缺的长期性和能源产业发展的规律性来认识当前困难的暂时性,必须看到经济危机孕育着经济更快发展的新机遇,充分认识到加快能源化工产业发展,并不意味着必然会增加节能减排的压力,坚定信心,提高认识,重点实施六大工程。

(一)煤油气"以产补价"工程。

……

(二)电力新建千万瓦装机工程。

……

(三)煤化工扩能和达产达效工程。

……

(四)特色产业升级改造工程。

……

(五)基础设施和产业配套工程。

……

(六)生态环境保护治理工程。

……

三、紧紧抓住第一要务,大力推进能源化工产业和陕北能源化工基地又好又快发展

会议明确指出,今后一段时期,我省能源化工产业发展和陕北能源化工基地建设,必须认真贯彻落实胡锦涛总书记"珍惜资源、深入转化"的重要指示,以国家建设陕北大型煤炭示范基地为契机,大力推进能源化工产业发展一体化,大力推进城乡统筹发展一体化,大力推进资源开发与环境保护一体化,把能源化工产业发展与带动县域经济腾飞有机结合,把陕北能源化工基地建设与富裕老区人民群众有机结合,把资源富集区与贫瘠区发展有机结合,大力推进能源化工产业和陕北能源化工基地又好又快发展。

(一)把深度转化作为能源化工产业发展的主攻方向。

……

(二)把结构调整作为能源化工产业发展的主线。

……

(三)把"两大两化"作为能源化工产业发展基本模式。

……

（四）把基础设施和配套服务作为能源化工产业发展的重要保证。

……

（五）把节能减排作为能源化工产业发展的根本要求。

……

（六）把发展县域经济作为重要目标任务。

……

四、坚持统筹兼顾，进一步落实能源化工产业发展保障措施

会议强调，要自觉用科学发展观审视基地建设，既加强资源要素动态组合，促进经济快速发展，又抓住牵动基地建设全局的主要工作和关系群众利益的突出问题，实现全面协调可持续发展。要坚持改革创新精神，用改革的办法破解发展难题，用创新的思路拓展发展途径，用开放的措施聚集发展力量。要强化各项保障措施，不断完善体制机制。

一要科学规划和配置资源。

……

二要创新园区管理体制。

……

三要强化科技人才建设。

……

四要加强能源产业管理。

……

五要实现和谐发展。

……

六要下决心改善投资环境。要狠抓投资环境不松懈，树立开放共赢的理念，以招大引强的举措，扩大开放不停步，特别要抓几个标志性的项目，与国际国内一流的能化工企业建成战略性合作伙伴。要形成高效的政务环境，减少审批环节，提高办事效率，降低交易成本。要营造和谐的社会环境，既维护好群众的正当权益，又维护好投资人的合法权益，建立企业与群众的利益连接组织，实现企地互利共赢。要尊重企业的市场主体定位，多扶持、多关心、多帮助，简政放权，兑现政策，多予少取。

[例文 8]

昭通市人民政府电力抢修专题办公会议纪要

（二〇〇八年二月十三日）

2008 年 2 月 11 日，市委常委、常务副市长锁飞主持召开办公会议，专题研究雪凌灾害电力抢修工作。市委常委、市委秘书长张××出席会议，昭阳区、镇雄县、彝良县、威信县、盐津县、大关县、永善县党委、政府领导及市直有关部门负责人参加会议。会议听取了昭通供电局局长刘××关于昭通电网遭受雪凌灾害情况及抗冰抢险工作汇报，与会同志作会议发言，锁飞常务副市长、张××秘书长作重要讲话。纪要如下：

会议认为，2008 年 1 月 12 日以来，受强冷空气影响，昭通电网遭遇了历史上罕见的冰凌灾害，220 千伏、110 千伏、35 千伏及 10 千伏以下各个电压等级的输电线路和设施遭到严重破坏，部分县区、乡镇一度电力中断，群众生产生活及工矿企业用电受到严重影响，内昆铁路等重要设施用电受到严重威胁。

……

会议指出，灾害发生后，在省委、省政府的高度重视和南方电网公司的关心支持下，市、县区迅速启动大面积停电事件应急预案和电网事故应急一级响应，党委、政府加强领导、精心组织，部门协作配合、齐抓共管，按照优先确保居民生活用电、内昆电铁和医院、通信、新闻媒体、重点工程、党政机关等重要用户供电的要求，全力开展保供电和抗冰抢险工作，基本保证了春节期间乡集镇以上居民生活和重点部位的用电供应，电力抢险抢修工作取得阶段性成效。

会议强调,按照中央领导关于抓紧灾后电力抢修的重要指示精神和南方电网公司、云南电网公司所作工作部署,确保3月5日前全面完成受损电网的修复,实现"光明"送达千家万户,需要各级党委、政府加强组织协调,各有关部门认真履职,社会各方力量共同参与,全力以赴打好电力抢修大会战。各级各部门要紧紧围绕保道路通畅、保燃油供应、保通信正常和劳动力供给及林地占用矛盾化解、灾情核实等方面的重点,全力做好各项协调服务工作。

……

会议要求,打好为期近一个月的电力抢修大会战,须强化以下工作措施:

一是要深化认识,加强领导,增强打好电力抢修大会战的责任感和紧迫感。

……

二是要精心组织,真抓实干,落实阶段性工作目标和职责任务。

……

三是要搞好服务,加强协调,齐心协力做工作。电力抢险修复中遇到的困难和问题,各县区、乡镇和相关部门要全力配合做好协调服务工作,对工作推诿、任务不落实以及群众工作不力影响工程进度的,按有关规定严肃追究单位和领导责任。同时,县区间、部门间要加强联系沟通,强化协作配合,务实高效做好各项工作。新闻舆论部门对抗寒救灾工作中涌现出的先进典型要作全方位、广覆盖的宣传报道,形成强大的正面舆论宣传氛围,鼓舞人心,凝集力量,为夺取电力抢修大会战的胜利提供精神支撑。

县区、部门工作落实情况,2月15日前上报市政府办公室。

参会人员:(略)

第四节　会议纪要写作的基本要求

(一) 注意与其他文种的区别

会议纪要在使用中的主要问题是文种混淆。与之相似或相关的文书主要有会议记录、会议简报、会议决议、会谈纪要等,为了不致误用文种,应认真加以辨析,防止发生混淆。

"会议纪要"与"会议记录",虽然都要求如实地反映会议活动的情况和结果,但"会议记录"无论是详记还是简记、摘记,都是原始记录,与会者怎么说就怎么记,不能人为增减。"会议纪要"则是在"会议记录"基础上,通过执笔人(依据会议宗旨)的分析综合,去芜取精,按一定的逻辑顺序加工而成,一般来说已形成文章。

"会议纪要"与"会议决议",虽然都能反映会议议决事项,但决议通常只反映多数人的一致意见和观点,有人有不同意见,在决议里一般不反映。"会议纪要"则要求将会议上有代表性的各种观点和意见,都一一如实反映出来,特别是情况型和消息型纪要更是如此。

"会议纪要"和"会议简报",虽然都是反映会议情况的,但"会议简报"只反映会议某个阶段或某个方面的情况,"会议纪要"则要全面系统地反映会议情况和会议精神。简报可以定期不定期编发,纪要则一次会议一般只能产生一份。

"会议纪要"和"会谈纪要",虽只一字之差,且都是反映会议情况的,但"会议纪要"是根据会议宗旨和讨论内容,参照"会议记录",扼要记述会议情况,重点阐明会议基本精神,而"会谈纪要"常常需要通过会谈双方或诸方反复磋商以后才能述诸文字。这种把会谈结果以书面形式载录定约的文件,对与会的各方在一定范围、一定时间内具有凭据效力。"会议纪要"通常由会议主办单位拟就,目的是议后有文,贵在"行"(即遵守和执行),而"会谈纪要"一般由各方共同草签,用意在笃诚不二,重在"信"(即凭信)。况且"会谈纪要"一般都是各方必要准备,常常是过渡性的文件,这一点也与会议纪要不同。

(二)明确会议宗旨,突出中心

一次工作会议,涉及问题很多。在写会议纪要时,必须抓住会议所集中解决的几个主要问题,形成纪要的中心,切不可面面俱到。

一次工作会议,在具体讨论中必然会产生几种不同意见,不能把这些意见都纳入会议纪要,而应根据会议的宗旨,分析综合各种意见,集中反映符合会议中心要求的多数人一致意见,同时,也要注意吸收少数人正确的意见。对反映会议中心议题的正确意见,可采用"会议听取了"、"会议讨论了"、"会议研究了"、"会议认为"、"会议决定"等提法,加以集中概括、简明扼要地反映出来;对有分歧的意见,研讨性质的会议可写进会议纪要中去。

(三)讲究用语,注意条理

要按照会议纪要的不同用途,恰当地使用不同的用语。上报的会议纪要,就应使用对上的语气,如"会议讨论了以下几个问题"、"会议考虑"等。下发的会议纪要,则可用"会议决定"、"会议要求"、"会议强调"、"会议号召"等。

要注意条理化、理论化。这是会议纪要与会议记录的一个主要区别。会议记录一般要把每个人的发言尽量客观、详细地记录下来,而会议纪要则需要有一个对会议讨论意见的综合、分析、整理加工的过程,这个过程也就是条理化、理论化的过程。所谓条理化,就是要对会议讨论的意见,分类归纳,层次清晰;所谓理论化,就是要对会议讨论意见,尽力给予理论上的概括,提纲挈领,画龙点睛。当然条理化、理论化,并不是脱离会议实际,搞虚假的"粉饰"和"拔高"。

(四)忠实于会议精神,做好记录

会议记录必须依据会议的实际内容,不能随心所欲地增减或更改内容,不能添枝加叶。在书写当中,感到有的地方必须有所增减时,要经主要领导同志同意,必要时还应在一定范围内征求有关人员的意见。

会议记录是产生会议纪要的基础,也是整理会议纪要的原始性主要素材之一。只有认真做好会议记录,才有利于会议纪要的整理,并保证纪要的质量,做到准确无误。

思　考　题

1. 会议纪要的含义与特点是什么?
2. 会议纪要的格式包括哪些内容?
3. 会议纪要的分类有哪些?
4. 会议纪要写作要注意哪些基本要求?

第三编　事务性行政公文写作

　　事务性行政公文又称通用非规范性公文,或称通用性行政公文,或普通事务文书,是指党政机关、社会团体和企事业单位在日常事务活动中形成和经常使用的,其制发程序、行文格式无严格规定,约束力较小,实用性和事务性很强的文书。

　　在公务活动中,由于其使用频率较高,使用范围也比较广泛,而且常以行政公文中的某一文种作为载体正式发布。但事务性行政公文一般不具有规范性行政公文那样的权威性和效力,也没有其固定的格式,它只是处理机关单位日常事务的工具,内容一般比较具体,语言比较通俗、质朴,形式灵活多样。事务性行政公文写作一般是出于实际工作的需要,有目的性的写作,因此,首要的是把握好主题,选用恰当的材料和素材,采用合适的形式,进行明确而具体的阐述,才能便于机关事务的处理和落实。

　　事务性行政公文种类繁多,本篇根据行政机关、企事业单位和社会团体在实际工作中对事务性行政公文的使用情况,依次对讲话稿、计划、总结、会议记录、调查报告、简报、述职报告、公示、启事、感谢信、慰问信(电)和贺信(电)等常用公文分别从含义、特点、种类、格式及其写作方法等方面进行了讲解,每种公文都配套例文加以分析,便于读者了解和掌握公文的格式和公文的写作方法与技巧。

第十八章　讲　话　稿

　　讲话稿是机关文稿中使用频率较高的事务性文种中的一种,是机关单位负责人代表本机关单位在会议上所作的讲话的文字底稿,属于议论文。

第一节　讲话稿概述

一、讲话稿的概念

　　讲话稿也称"发言稿",是讲话人在各种会议、集会、仪式上发表讲话而准备的发言文稿。它能帮助讲话人准确表达意思,避免讲话的随意性。

　　讲话稿一般由机关工作人员(如秘书)代为草拟,最后经讲话人审阅定稿。有些讲话稿也可由讲话人自己设计拟定。

二、讲话稿的特点

(一) 贴近性

　　拟制讲话稿一定要先弄清讲话的场合、对象,做到有的放矢,抓住受众最关心的问题,予以切合实际的解答。说真话,说实话,切忌空话、套话、大话、假话、过头话,切忌打官腔。讲话稿一般使用第一人称,这样便于阐述自己的观点,使听众感到贴近和亲切,容易使听众与讲话者产生共鸣,情不自禁地与讲话者站在一起,信服讲话的内容,接受讲话的观点。

(二) 鼓动性

讲话的目的一般是宣传和发表个人的观点,或是借个人名义发表国家、集体的意见,因此常采用富有鼓动性的语言去煽情,让听众信服真理和正义就在讲话者一边,甘心情愿地听从他的安排和调动。批驳错误时,要有理有据、论证严密,让人无懈可击、口服心服。

(三) 通俗性

为了最大限度地适应受众的听觉需要,讲话稿要尽可能少采用书面语,而要突出口语色彩。讲到激动时,可适当辅以某些动作,但不宜过多。成功的讲话,无不是靠精彩的语言(口语)打动听众的。适当地运用一点典故、成语、俗语,可以增强语言效果。

(四) 政论性

讲话稿是机关领导班子或领导针对具体的某个问题所作的发言的蓝本,它的内容,或者阐述党和国家的路线方针政策,或者申明领导核心的主张、决策,或者分析形势以统一认识,或者总结成绩阐述经验教训以鼓舞士气,都有较强的政治色彩。

三、讲话稿的分类

讲话稿的应用范围非常广泛,种类非常丰富。从事务性公文的角度可以将讲话稿分为两类:一类是致辞类讲话稿,包括开幕词、闭幕词、欢迎词、答谢词、悼词等;另一类是报告类讲话稿,包括大会报告、讲话、发言、工作汇报等。尽管每一类讲话稿应用的场合不同,形式也多种多样,但总体来说都具有讲话稿的一般特点和格式。

第二节 讲话稿的格式

讲话稿的格式包括标题、称谓和正文三部分。

一、标题

讲话稿的标题一般包括讲话人的姓名、职务、事由、机关名称和文种等要素。不同要素组合构成不同的标题形式。常见的标题形式有以下三种。

(1) 公文式标题,即"机关名称+事由+文种"。如《某某市 2010 年度工作报告》,有时还可以省略机关名称,如《政府工作报告》。

(2) 标题由"会议名称+事由+文种"组成,有的还在标题前加上报告人的姓名。如《温家宝在 2010 年春节团拜会上的讲话》(二○一○年二月十二日)。

(3) 新闻式双标题,正题突出报告内容,副题说明会议名称、文种,有的还写明报告人和时间。如《推动合作创新 实现互利共赢——在中瑞企业合作与创新论坛上的演讲》(2010 年 3 月 29 日,斯德哥尔摩;中华人民共和国副主席 习近平)。

二、称谓

讲话是面对听众的,所以要根据对象选择用何种称谓,如"各位代表"、"同志们"、"朋友们"等。如有外国人士参加,要称"女士们"、"先生们";如有重要来宾到会时,也可加上专指性称呼,以示礼貌、尊重,如中华人民共和国副主席习近平《在中瑞企业合作与创新论坛上的演讲》中的称谓"尊敬的奥洛夫松副首相,各位企业家朋友,女士们,先生们"。使用称谓要注意周密得体,不能遗漏一部分与会者,以免引起这些人的不快。

三、正文

正文包括开头、主体和结尾三部分。

(一) 开头

开头也称"导语",是指讲话稿的导入部分。开头要先把重点提出来,以引起听众的兴趣,把握好开头就会容易把听众的注意力吸引过来,这是讲话成功的关键。因此,要根据不同的讲话场合、讲话地点、讲话对象,以及讲话者自己的身份来设计,可以因时、因地、因人而异,总的原则是能立刻吸引听众的注意。

(二) 主体

主体部分是讲话稿的核心内容,要紧接开头的话题从各方面加以阐述和论证,做到突出重点,分清层次。结构上要有张有弛,有起有伏,不能平铺直叙,像流水账一样,否则听众会产生厌恶感,达不到预期的效果。

(三) 结尾

结尾是讲话稿最精彩部分的展现,有一个妙趣横生、令人难忘的讲话结尾,就会使听众欢欣鼓舞或心服口服地对讲话人产生信赖感,留下深刻的印象并按他说的去做。有的讲话稿可以用"谢谢大家"等平实的词语结尾,表示对听众的尊重。

第三节　讲话稿的写作

俗话说文无定式,讲话稿的写作也没有特定的写作模式。一般来说,要首先确定主题,根据主题筛选材料;其次拟定标题;再根据讲话场合和对象确定合适的称谓;最后进入正文的写作。正文是讲话稿的核心部分,其内容好坏直接关系到讲话的成败。因此,掌握正文的写作方法及要求尤为重要。

一、正文开头与结尾的写作

(一) 开头的写作

开头的方式多种多样。有的开篇入题,又叫开门见山,开篇点题;有的介绍内容,又叫论题;有的阐明意义,借题发挥,说明依据,或用表示感情等的话来开头。总的来说,开头语要平直、概括、简短。

(二) 结尾的写作

结尾不是对开头和正文的重复,而是对整个讲话的总结。结尾的方式同样是多种多样的,常见的写法有概括式、希望式、憧憬式、哲理式、抒情式和宣布式等几种。

(1) 概括式,即概括要点,强调或揭示主题,对全文进行回顾和总结。

(2) 希望式,即向听众提出一些希望和要求。

(3) 憧憬式,即展望未来,指出美好前景,鼓舞斗志。

（4）哲理式，即饱含哲理，发人深省。

（5）抒情式，即表示感情、祝愿，求得情感上的共鸣。

（6）宣布式，即宣布会议的某个决定、某一事项的开始或结束。

二、正文主体的写作

主体部分应根据讲话内容的不同而选择不同的写法。如：报告，主体就是要阐述会议性质、任务意义，总结前段工作，提出今后任务，提请讨论任务；讲话，主体多是专题性质的，围绕一个话题展开；致词，主体是表达祝贺、敬意等，要给听众阐明意义并给予评价。主体部分的内容确定之后，就必须对主体的结构进行谋篇布局。一般来说，主体结构有以下几种方式。

（一）并列式

并列式，即各层次平起平坐，不存在谁主谁次、谁轻谁重的问题，各层次都是直接对主题负责。如布置经济工作的讲话，第一部分谈农业，第二部分谈工业，第三部分谈服务业，三个方面的问题是一种并列关系。

（二）递进式

递进式，即各层次之间存在相互作用的逻辑关系，循序渐进式铺展开来，这是比较常用的写作形式。通常的形式是第一部分谈意义，谈做好这项工作有哪些方面的重要性和必要性，或者谈认识，要克服工作中的几种片面认识，树立几种新的正确观念，把认识统一到什么方面来。第二部分谈措施或办法，第三部分谈加强领导，狠抓落实。如习近平同志在中央党校 2010 年春季学期第二批入学学员开学典礼上的讲话《努力克服不良文风　积极倡导优良文风》，第一部分讲为什么要大力改进文风，第二部分讲应该提倡什么样的文风，第三部分讲怎样大力改进文风，三者之间就是递进关系。

（三）交互式

交互式，是并列式和递进式的补助排列形式，当遇到各层次内容有所交叉或重复的时，应把各层次并列部分的共性问题都抽出来，集中成为另外的层次，而这一层次只是并列层次的递进，是为前面几个层次服务的。如农业、工业、服务业三个层次的问题，都涉及加强领导、强化责任、改进作风、做好服务等内容，把它抽出来集中写，这样既为实现主要层次目标任务提供了保障和支持，又避免了重复累赘。

（四）总分式

总分式有两类形式。一类是先集中说，提出纲领性、覆盖性的层次，然后再分开来说，提出具体方法、步骤。如一篇部署国有企业改革的讲话，先提出改革的指导思想、目标任务和基本原则，再提出具体的步骤、方法、要求。另一类是主体部分并列起来说，然后再围绕主体部分分开来说，一般这一类文体多数用于对过去工作进行总结评价，对今后工作进行布置。如：第一部分谈 2009 年某项工作的回顾，它包括基本情况、主要做法和特征、基本经验和存在问题；第二部分谈 2010 年工作要求，它包括总的工作思路、工作目标，具体的工作任务和要求，完成任务的主要措施。

（五）附带式

附带式，把主要问题和附带问题结合起来讲，先讲主要内容，然后讲补充部分。如一篇布置新一年经济工作的讲话，先把全年度经济工作的要求讲完之后，接着再补充当前经济工作的几个具体问题。如:第一,抓好春耕生产;第二,抓财政收入,创"开门红";第三,关心群众生活,帮助灾民度过春荒;第四,做好春节期间稳定工作。这些问题都很重要,但又不是今年工作重点,所以列在后面讲。

(六)叙议结合方式

叙议结合方式,即在传达客观事实时,同时发表讲话者的感受和认识,将客观的材料与主观的体验结合起来,夹叙夹议。

三、写作要求

写讲话稿除了要满足观点正确、中心突出、结构合理、逻辑严密、语言规范等基本写作要求外,还要把握好以下几个问题。

(一)要准确领会领导意图

准确领会领导意图就是了解上级机关的精神,掌握全局的工作重心,把讲话稿写成显示领导人在认识上的深刻并使观点得到升华。

(二)要体现领导个人特色

要体现领导者个人的特色,就是要考虑领导人的具体身份和平时讲话的特点,写成领导人想讲、愿讲的讲话稿。

(三)要弄清不同种类的讲话在语言等方面的差异

讲话的种类不同,语气、内容结构等方面也就各不相同。起草之前一定要有清楚的认识。如:报告类讲话稿一般要求内容客观、全面,格式比较固定,语气平缓、严肃;致词类讲话稿则要求语气热烈、感情充溢,格式活泼,内容恰切主题。

(四)要善于搞好前后衔接

要善于搞好前后衔接就是要求讲话稿的内容(精神)要与上级精神、全局工作、以往工作、其他领导的工作相兼顾,辩证地分析阐述问题,不能肯定一切,也不能否定一切。

(五)重要的讲话稿要由领导人亲自动手或主持起草

《中共中央关于各级领导干部要亲自动手起草重要文件,不要一切由秘书代劳的指示》文件中指出:"领导干部必须亲自动手准备自己的重要讲话、报告,亲自指导、主持自己领导范围的重要文件的起草,否则他对自己所领导的主要工作就不能担负政治责任。"

第四节 例 文

[例文1]

温家宝在 2010 年春节团拜会上的讲话
(二○一○年二月十二日)

同志们,朋友们:

牛年即将过去,虎年就要到来。我向大家致以节日的良好祝愿!向全国各族人民拜年!

过去的一年,极不平凡。世界遭遇历史罕见的国际金融危机,我国经济受到严重冲击。我们紧紧依靠全国各族人民,坚定信心,沉着应对,果断采取一系列政策措施,迅速扭转经济增速下滑趋势,在世界率先实现经济回升向好。中国人民以坚定的信心、非凡的勇气和坚忍不拔的意志,战胜了一个又一个困难。历史又一次证明,任何艰难险阻都挡不住中国人民前进的步伐。

过去的一年,令人振奋。我们隆重庆祝新中国成立 60 周年。伟大祖国的辉煌成就,极大地激发了全国人民的自信心和自豪感,极大地增强了中华民族的凝聚力,极大地提升了我国的国际地位和影响力。

2010年是国内外形势更加错综复杂的一年。"胜非为难,持之为难。"我们一定要保持清醒头脑,增强忧患意识,坚持以经济建设为中心,大力推进改革开放,着力转变经济发展方式,加快调整经济结构,做好应对国际金融危机的各项工作,保持经济平稳较快发展。

新的一年,我们要更加努力工作,切实解决好民生问题。千方百计创造更多就业机会,持续提高城乡居民的收入水平,让每个劳动者各尽所能、各得其所。加快完善社会保障体系,使人民群众老有所养、病有所医、住有所居,努力解除他们的后顾之忧。大力发展教育事业,促进教育公平,提高教育质量,让每个孩子都能上学、上好学。我们所做的一切,都是为了让人民生活得更加幸福、更有尊严。

春节是中华民族的传统节日。此时此刻,普天之下的中华儿女都更加缅怀祖先、思念故土,更加珍惜血浓于水的骨肉情谊。在这万家团圆的时刻,我衷心祝愿香港特别行政区同胞、澳门特别行政区同胞、台湾同胞、海外侨胞生活幸福,事业发达,万事如意!

让我们在以胡锦涛同志为总书记的党中央领导下,同心同德,奋发图强,为实现中华民族伟大复兴而努力奋斗!

祝大家新春愉快,身体健康!祝全国各族人民阖家欢乐,幸福吉祥!

[例文 2]

推动合作创新 实现互利共赢
——在中瑞企业合作与创新论坛上的演讲
(2010年3月29日,斯德哥尔摩)
中华人民共和国副主席 习近平

尊敬的奥洛夫松副首相,各位企业家朋友,女士们,先生们:

在中瑞建交60周年之际,有机会出席中瑞企业合作与创新论坛,同各位工商界朋友见面,我深感荣幸。在此,我谨向长期以来为促进中瑞经贸关系发展作出积极贡献的各位企业家表示诚挚的问候和由衷的敬意!

中瑞两国远隔千山万水,但两国人民友好交往源远流长。早在1739年,瑞典"哥德堡号"古商船就满载瑞典人民的友谊远航中国,开启了中瑞经贸往来的大门。中华人民共和国成立后,瑞典是同新中国最早建交的西方国家。中国实行改革开放以来,瑞典又是最早同中国签订贸易协定和投资保护协定的国家。历经60年风雨考验,中瑞友好互利合作关系不断加强,双方在政治、经贸、科技、教育、文化、环境保护等领域的交流合作不断扩大。

经贸关系是中瑞关系的重要支柱。在两国政府和企业界共同努力下,中瑞经贸合作实现了量的扩大和质的飞跃。在发生国际金融危机的2009年,中瑞贸易额仍高达96亿美元,其中机电和高新技术产品所占比重达六成,中国自瑞典的进口同比增长8.3%。

……

过去的一年是新世纪以来中国经济发展最为困难的一年。面对国际金融危机严重冲击,中国政府实施积极的财政政策和适度宽松的货币政策,推出大规模增加政府支出和结构性减税、大范围实施重点产业调整和振兴规划、大力度推动科技进步和创新、大幅度提高社会保障水平和扩大城乡就业的一揽子计划,成效非常明显。

……

此次中瑞经贸论坛以"合作与创新"为主题,有很强的现实针对性。我们认为,合作与创新是最终战胜国际金融危机的强大武器,是推动经济全球化继续朝着均衡、普惠、共赢方向发展的必由之路,是实现世界持久和平、共同繁荣的不竭动力。中国政府审时度势、下最大决心加快经济发展方式转变和经济结构调整……中国的发展对世界经济复苏和可持续发展作出更大贡献。

转变世界经济发展方式和全球贸易发展方式,需要世界各国携手努力。这里,我对中瑞经贸合作提出 5 点建议。

第一,密切贸易合作,共同反对保护主义。

……

第二,深化投资合作,促进经济社会协调发展。

……

第三,加强创新合作,实现优势互补。

……

第四,推动低碳合作,携手应对气候变化。

……

第五,完善中小企业合作,夯实双边经贸关系的基础。

……

女士们、先生们!

中华民族是热爱和平的民族,拥有 13 亿人口的中国是维护世界和平的坚定力量。中国对内坚持科学发展、和谐发展,对外坚持和平发展、合作发展。一个月后将在上海黄浦江畔开幕的 2010 年上海世博会,是促进中国同世界各国交流合作、促进科技创新和文明进步、促进人类和平发展的盛会,也是展示中国科学发展、和谐发展、和平发展、合作发展理念和成效的重要平台。我们非常感谢瑞典政府和各界人士对上海世博会筹办工作的大力支持,我们愿同各方一道,共同把上海世博会办成一届成功、精彩、难忘的盛会。热诚欢迎瑞典各界朋友届时到上海参与和参观世博会。

最后,祝中瑞经贸论坛取得圆满成功。让我们加强交流、增进互信,携手共创中瑞经贸合作的美好未来。

谢谢大家!

[例文 3]

努力克服不良文风　积极倡导优良文风
——在中央党校 2010 年春季学期第二批入学学员开学典礼上的讲话
(2010 年 5 月 12 日)
习近平

中央党校 2010 年春季学期第二批入学学员今天正式开学了。我代表中央党校校委,对全体新学员表示热烈欢迎。

党的十七届四中全会明确提出:"从领导机关做起,大力整治文风会风,提倡开短会、讲短话、讲管用的话,力戒空话套话。"中央党校作为学习、研究和宣传马克思主义的重要阵地,在贯彻落实四中全会精神、树立和倡导马克思主义文风方面负有重要责任。到中央党校来学习的同志,大都是党的中高级干部,有些是思想理论战线的骨干,讲话、写文章、参与文件起草,工作中都会遇到文风问题。因此,今天我就改进文风问题谈一些体会和认识。

一、为什么要大力改进文风

文风不是小事。毛泽东同志指出:"学风和文风也都是党的作风,都是党风。"党风决定着文风,文风体现出党风。人们从文风状况中可以判断党的作风,评价党的形象,进而观察党的宗旨的贯彻落实情况。

我们党是一个郑重的马克思主义政党,特别是延安整风以来,一直为培育和弘扬马克思主义文风而努力。延安整风的一个重要内容,就是整顿文风。毛泽东同志对党八股进行了淋漓尽致的批判,号召全党抛弃党八股,采取生动活泼新鲜有力的马克思主义文风。在这方面,他为我们树立了榜样。翻开《毛泽东选集》,鲜明朴实的文风扑面而来,生动活泼的语言引人入胜,深入浅出的论述让人茅塞顿开。邓小平同志历来注重务实,反对不实风气,粉碎"四人帮"以后他带头恢复党的实事求是的思想路线,针对党的优良文风在"文化大革命"中遭到严重破坏的现状,大力倡导并率先垂范开短会,讲短话、讲实话、讲新话。他反复强调："我们开会,作报告,作决议,以及做任何工作,都为的是解决问题。"江泽民同志在党的作风建设上明确提出了"八个坚持、八个反对"的重要思想,一再强调要纠正不良文风。他指出,有些文章翻来覆去老是那么几句套话,也有的哗众取宠,乱造概念,词句离奇,使人看不懂,这种不良文风应加以纠正。党的十六大以来,胡锦涛同志同样重视文风建设,多次强调各级领导干部要发扬求真务实精神、大兴求真务实之风,下决心从文山会海中摆脱出来,把心思用在干事业上,把精力投到抓落实中。他在党的十七大报告中明确指出,要"改进学风和文风,精简会议和文件,反对形式主义、官僚主义,反对弄虚作假"。

在党中央的大力倡导下,全党抓文风建设取得很大成绩。改革开放30多年来,党的优良文风逐渐得到恢复,并在新的历史条件下有新的发展。文风与党风同社会风气是紧密相连的,弘扬优良文风、纠正不良文风是一项长期任务,不可能一蹴而就、一劳永逸。当前,在一些党政机关文件、一些领导干部讲话、一些理论文章中,文风上存在的问题仍然很突出,主要表现为长、空、假。

长,就是有意无意地将文章、讲话添枝加叶,短话长说,看似面面俱到,实则离题万里。群众形容说:这样的讲话有数量无质量,有长度无力度;这样的讲话汇集的书,有价格无价值,有厚度无深度。

空,就是空话、套话多。照抄照搬、移花接木,面孔大同小异,语言上下雷同,没有针对性,既不触及实际问题,也不回答群众关切,如同镜中之花,没味、没用。

假,就是夸大其词,言不由衷,虚与委蛇,文过饰非。不顾客观情况,刻意掩盖存在的问题,夸大其词,歌功颂德。堆砌辞藻,词语生涩,让人听不懂、看不懂。

党的历史经验证明,文风不正,危害极大。它严重影响真抓实干、影响执政成效,耗费大量时间和精力,耽误实际矛盾和问题的研究解决。不良文风蔓延开来,不仅损害讲话者、为文者自身形象,也降低党的威信,导致干部脱离群众,群众疏远干部,使党的理论和路线方针政策在群众中失去吸引力、感召力、亲和力。可以说,一切不良文风都是不符合党的性质、宗旨的,都是同党肩负的历史使命相背离的。大力纠正不良文风,积极倡导优良文风,已成为新形势下加强和改进党的作风建设一项重要任务。

二、应该提倡什么样的文风

提倡什么,反对什么,是改进文风的首要问题。针对上面所说的不良文风的三个字,我想另外提出三个字,就是短、实、新。

一是短。就是要力求简短精练、直截了当,要言不烦、意尽言止,观点鲜明、重点突出。能够三言两语说清楚的事绝不拖泥带水,能够用短小篇幅阐明的道理绝不绕弯子。古人说"删繁就简三秋树",讲的就是这个意思。毛泽东同志为人民英雄纪念碑起草的碑文,只有114个字,却反映了一部中国近代史。1975年,邓小平同志负责起草周恩来总理在四届全国人大一次会议上的报告,只用了五千字。后来谈到这件事的时候,邓小平同志说:"毛主席指定我负责起草,要求不得超过五千字,我完成了任务。五千字,不是也很管用吗?"江泽民同志和胡锦涛同志也有许多短小精悍、言简意赅、思想深刻的文章、讲话。鲁迅先生说过,文章写完至少看两遍,竭力将可有可无的字、句、段删去,毫不可惜。现在,不少地方和部门按照中央改进文风会风的要求,提出以"能少则少、能短则短、能精则精、能简则简"为原则,尽可能开短会、讲短话、发短文。这"三短",就是我们应当大力倡导的风气。

当然,也不是说长文章一概不好。有内容、有见解的长文章,人们也是喜欢读的。文章长短要视具体情况而定,宜短则短,宜长则长。要坚持内容决定形式,有些非长不可、篇幅短说不明白的事情则可以长些。《庄子》上有这样几句话:"长者不为有余,短者不为不足。是故凫胫虽短,续之则忧;鹤胫虽长,断之则悲。"意思是说,野鸭子的腿虽然很短,给它接上一截它就要发愁;仙鹤的腿虽然很长,给它截去一段它就要悲伤。这个道理同样适用于写文章。就今天来说,把"野鸭子的腿加长"的文章太多了,提倡短文章、短讲话、短文件是当前改进文风的主要任务。

二是实。就是要讲符合实际的话不讲脱离实际的话,讲管用的话不讲虚话,讲有感而发的话不讲无病呻吟的话,讲反映自己判断的话不讲照本宣科的话,讲明白通俗的话不讲故作高深的话。这就要求我们的文件、讲话和文章,力求反映事物的本来面目,分析问题要客观、全面,既要指出现象,更要弄清本质;阐述对策要具体、实在，要有针对性和可操作性。要实事求是，有一说一、有二说二，是则是、非则非，不夸大成绩，不掩饰问题。要深入浅出，用朴实的语言阐述深刻的理论。要有感而发，情真意切。毛泽东同志笔下的愚公、白求恩、张思德，我们今天记忆犹新，就是因为这些人在他的心灵深处产生过激烈震荡，所以讲出的话饱含深情、富于哲理，能深深植入人民心里，引起共鸣。

这里需要说明，一些关于党和国家工作的总体性要求，事关全局，事关党和国家前进方向及政策连续性，事关党的团结和社会稳定，需要在重要文件和重要讲话中反复强调。这和形式主义的套话、穿靴戴帽是两回事。

三是新。就是力求思想深刻、富有新意，正所谓"领异标新二月花"。如果一个文件、一篇讲话毫无新意，那么制定这样的文件、作这样的讲话还有多少意义呢？可以说，能不能讲出新意，反映一个领导干部的思想水平、理论水平、经验水平以及语言表达能力。这里所说的新意，既包括在探索规律、认识真理上有新发现、前人没有讲过的话，又包括把中央精神和上级要求与本地区本部门本单位实际结合起来，在解决问题上有新理念、新思路、新举措的话；既包括角度新、材料新、语言表达新的话，又包括富有个性、特色鲜明、生动活泼的话。需要指出的是，讲出新意，并不是要去刻意求新，甚至搞文字游戏。更不能背离马克思主义立场观点方法，背离党的路线方针政策去标新立异。

三、怎样大力改进文风

文风不正是多种原因造成的。克服不良文风、提倡优良文风，真正使讲短话、讲实话、讲新话蔚然成风，需要多管齐下，标本兼治。这里强调三条。

第一，各级领导机关和领导干部要起带头作用。文风问题上下都有，但文风改不改，领导是关键。从领导干部自身说，文风不正是不是主要由这样几个因素、几种情况所导致的。一是有的干部由于知识、经验都不够，功底、能力达不到，故而难以讲出新话、管用的话来。二是有的干部思想懒惰，不愿去下深入调查研究和独立思考的苦功夫，只会在现成的文件、书本上讨生活、照抄照讲。三是有的干部认为只有照讲文件上的话、报刊上的话，才是同上级和中央在思想上政治上"保持一致"。这完全是一种误解。四是有的干部认为讲长话就是对工作重视和认真的表现，给哪个部门讲的话长就是重视那个部门。这也是一种误解。五是有的干部不负责任，别人写什么念什么，写多长念多长。明明知道用处不大，但照念不误。六是还有的干部认为讲大话、空话、套话、歌功颂德的话最保险，不会犯错误。其实这是个人患得患失的思想在作怪，本身就是错误的。

这些因素和情况，都与领导干部的素质能力有关。文如其人。作文与做人，与人的素质是紧密联系的。领导干部改进文风，需要在两个方面努力。一要学习。学习什么？学习党的基本理论，掌握马克思主义立场观点方法，以此作为政治上的望远镜和显微镜；学习新知识，了解新事物，不断拓宽视野，提高自己的综合素质；学习古人语言中有生命力的东西，充分合理地继承和运用。理论功底扎实了，知识积累厚实了，肚子里装的东西多了，才能厚积薄发，言之有物，深入浅出地讲话、写文章。二要增强党性修养。坚持以德修身，努力成为高尚人格的模范。只有自己的境界高了，没有私心杂念，才能做到言行一致、表里如一，讲出的话、写出的文章人们才愿意听、愿意看。如果言行不一、表里不一，台上台下两个形象，圈内圈外两种表现，即使讲得天花乱坠，也不会有人相信你。

各级领导干部要把改进文风作为一项工作要求，带头讲短话、讲实话、讲新话，通过自己以身作则带出好文风来。这里很重要的是自己要亲自参与重要文稿的起草。邓小平同志说过，拿笔杆是实行领导的主要方法，领导同志要学会拿笔杆。现在各级领导干部的理论素养和知识素养在不断提高，如果时间和条件允许，还是要尽可能自己动手。一些重要讲话和文章应当全程参与，出思想、谈看法、拿主意，在大的方面把好关。

第二，把改进文风同改进干部工作作风结合起来，尤其要加强调查研究、深入了解群众呼声。文风不实，反映出思想作风不纯、工作作风不实。没有调查就没有发言权。写文件、作报告、发表文章，都是为了解决问题。办法从哪里来？只能从调查研究中来，从群众的实践和创造中来。胸有成竹才能出口成章，找准症结才能对症下药，源于实践才能指导实践。领导干部改进文风，应当走出机关，深入基层，在实际生活中"望闻问切",在充分占有和分析第一手材料的基础上概括出新思想、新观点、新论断、新举措,把群众的创造吸收到文件、讲话、文章中来,使我们的思想和文字体现时代要求,符合实际情况,能够解决问题。

群众是真正的英雄,是创造历史的动力。不能和群众谈心,你说的话群众听不懂,怎么会有感召力?怎么指导实践、推动工作?一些地方开展作风整顿年活动,不少干部住村蹲点后感慨地说:"在老乡家拉家常与在办公室接待群众来访不一样,睡在农家硬板床上考虑问题与坐在办公室沙发上考虑问题不一样,能够发现平时在办公室看不到、听不到的问题,学到在办公室学不到的新思想、新话语,拿出在办公室想不到的新思路、新举措。"这些体会给我们许多启示。改进文风,必须从思想和感情深处把人民群众当主人、当先生。群众的思想最鲜活、语言最生动。深入群众,你就来到了智慧的大课堂、语言的大课堂,我们的文件、讲话、文章就可以有的放矢,体现群众意愿,让群众愿意看、看得懂,愿意听、听得进。

第三,把改进文风同改进党风统一起来,特别要大力改进会风。不良文风的总根源,主要在于形式主义和官僚主义。形式主义和官僚主义的一个重要表现,就是会议太多,会风不正。现在以会议落实会议、以文件落实文件、以讲话落实讲话的现象依然存在,这对文风不正起了推波助澜的作用。要改进会风,能不开的会尽可能不开,没准备好的会坚决不开,能合并的会最好合并开,必须开的会也要能短则短,对会议的时限、数量、质量、规格等加以规范,提出明确要求。条件具备,会议可以直接开到基层,多利用现代通信和技术手段召开电视电话会议或者网络会议。改进文风会风,要努力活跃党内生活,扩大党内民主,大力倡导独立思考的风气,创造鼓励讲真话、提倡讲新话的宽松环境。

围绕文风问题就讲这些看法,与大家探讨和交流。让我们按照党的十七大和十七届四中全会关于改进文风的要求,身体力行、勉力而为,在弘扬优良文风上不断取得新进步。

最后,祝全体学员在党校期间学习进步、身体健康、生活愉快!

思 考 题

1. 讲话稿的含义及特点是什么?
2. 讲话稿的格式包括哪些内容?
3. 讲话稿的写作应该注意什么?

第十九章 计 划

计划是计划类文书的统称,也是各种计划最常用的名称。这类文书应用范围广泛,大至国家,小至一个企业,都要做计划。由于时限不等,详略有别,成熟程度不同,计划还使用规划、方案、要点、设想、打算、安排等名称。不管名称如何,计划基本的意思都是对一定时期的工作事先做出筹划和安排,便于顺利完成有关工作的一种事务性公文。

第一节 计 划 概 述

一、计划的含义

计划是指为了实现一定时期的目标而制订出总体和阶段的任务及其实施方法、步骤和措施的事务性公文。通俗地说就是规划、方案、要点、设想、打算、安排。

计划适用于党政机关、群众团体和企事业单位。任何单位有了计划,就有了明确的奋斗目标,有了具体的工作、活动程序,也有了检查的依据;可使各项工作有所遵循,减少盲目性,增加自觉性,从而合理地安排人力、物力、财力、时间,使工作有条不紊地进行。因此,为了卓有成效地工作,制订计划是必不可少的程序和措施。

二、计划的特点

(一) 预见性

计划是对未来一段时间工作的设想和安排,因此,具有很强的预见性。它不仅要对将来一段时间内所要达到的目标做出预测,同时还要对实现这一目标所要做的工作、方法与步骤做出详尽的安排与部署,使这一目标得以顺利及时地完成。由于计划都是在事前制订的,因此,在计划写作前要进行正确的评估、分析和论证,充分考虑到可能发生或出现的问题,对事物的规律性应有清楚的认识与准确的判断。

(二) 指导性

计划一般是根据党和国家的路线方针政策、上级的指示精神及本单位的实际情况制订的,因此,计划对本机关、本部门工作如何开展,问题怎样解决,政策如何执行等都具有鲜明的指导作用,是行动的方向和工作的依据,有关方面都应严格遵照执行,实际上也成为指导今后工作的依据所在。

(三) 可行性

计划是科学的预见和判断。因此,一个好的计划应该是目标具体明确、方法与步骤切实可行。目标不能定得太高,太高了无法达到,会影响工作积极性的发挥;目标也不能定得太低,太低了无法达到计划的激励作用。因此,计划的步骤、措施、方法与要求都要经过科学的预测与论证,尽量做到切实可行,充分起到计划统筹工作、调动员工积极性的作用。

(四) 可变性

由于预测的局限性,计划在实施过程中,有时会遇到不可预料的事情发生,会影响到目标的实现。这时就要考虑对计划进行部分或局部的变通、调整和修改。但是计划这种局部甚至全部的变通、调整和修改,依赖于对事物发展规律的正确认识,并且要经过一定的手续审批。

三、计划的分类

计划有很多划分标准,因此,根据不同的标准,可以分成不同的类别。一般来说,计划有以下几种。

(1) 按内容分,可分成工作计划、生产计划、军事计划、教学计划、科研计划、学习计划等。

(2) 按时间分,可分成月计划、季度计划、年计划、跨年度计划等;又可以把它们归并为短期计划、中期计划和长期计划等。

(3) 按性质分,可分成综合计划、单项计划、专题计划等。

(4) 按效力分,可分成指令性计划、指导性计划等。

(5) 按范围分,可分成国家计划、省(市)计划、部门计划、单位计划等。

(6) 按形式分,可分成文件式计划、表格式计划、文件与表格相结合的计划等。

(7) 按名称分,可分成规划、方案、要点、设想、打算、安排等。

第二节　计划的格式

计划的格式包括标题、正文和落款三部分。

一、标题

标题是计划的名称,一般包括机关名称、时间、事由和文种等要素,不同要素组合构成了不同的标题。常见的标题形式有以下三种。

(1) 由"机关名称+时间+事由+文种"组成。如《国务院 2008 年工作要点》。

(2) 由"时间+事由+文种"组成。如《2010 年食品安全整顿工作安排》。

(3) 由"事由+文种"组成。如《国家技术创新工程总体实施方案》。

以上三种形式又可统称为公文式标题。

二、正文

正文是一份计划的核心部分,它一般包括前言、主体和结尾三个部分。

(一) 前言

前言是计划的纲领性内容,主要是用来说明制订计划的指导思想、依据等,也就是说明为什么要制订计划、根据什么制订计划等,为制订计划提供前提和基础。

(二) 主体

主体部分是计划的基本内容。它包括任务目标、办法措施和步骤三个要素。

(1) 任务目标。任务目标是指完成的任务和应达到的具体目标,即"做什么",是计划的核心内容,应分清任务的主次和目标的远近,确定任务的数量及要达到的目标。

(2) 办法措施。办法措施是指为完成任务和达到目标所要采取的具体办法,也就是

"怎样做",是完成任务的保证,关系到计划目标能否实现,一般包括组织领导、任务分工、物质条件、政策保障、相应的手段等内容。这部分越具体,就越有利于计划的执行。

(3)步骤。步骤是指完成任务和达到目标的程序安排,即分几步走、先做什么、后做什么、主抓什么、次抓什么及每一步的时间安排。这些程序安排要顺序合理,环环相扣,切实可行,使有关人员知道在一定时间内和一定条件下,把工作做到什么程度,以便他们争取主动,协调进行。

(三)结尾

结尾是计划的辅助、补充部分。一份计划是否要结尾,计划制订者要根据实际情况灵活掌握,不必强求一致。

三、落款

落款包括计划制订单位的名称和制订日期。有的落款后面还要写出报送的单位及有关人员。如属上报或下达的计划,则还需要盖公章。一些与计划有关的材料,如数字、图表或文字说明等,在正文中表述不便,往往以附件的形式列出,这也是计划的一部分。

第三节 计划的写作

计划种类繁多,运用普遍,并在计划制订单位所辖范围内具有一定的权威性,因而其写作必须规范。从计划写作的一般规律来看,关键是要遵循计划的格式,掌握标题、正文和落款三个方面的写作方法。

一、标题和落款的写作

(一)标题的写作

标题的写作要简单明了。因此,采用何种标题形式,要根据计划的性质、内容和范围等方面确定。正式计划要填写发文编号。另外,"计划"的不同名称,如规划、安排、要点、设想等,在标题中使用时具有不同的意义。一般而言,"计划"的适用性最广,"规划"用于比较长的时间的、内容较广的工作计划,"安排"则适用于短时间内的工作计划,"设想"则适用于粗线条的预测——还不是很具体的工作计划,"要点"则是对工作重点的概括。

(二)落款的写作

落款要写明具体的制作者和制定时间。如在标题中出现了制作者(机关名称),则只写日期(年、月、日)。如在标题中两者都出现,则不必重复。

二、正文的写作

正文的写作包括前言、主体和结尾三个部分的写作。

(一)前言的写作

前言要对基本情况进行分析和对计划作概括性的说明,它是制订计划的基础,要讲清楚根据什么制订计划、制订什么样的计划。前言的字数没有什么限制,一般应与整个计划规模相适应。前言的结构可以用一段式、两段式或多段式。有的大型计划,前言又常以"绪论"形式出现,而"绪论"中又另有自己的"前言"。

（二）主体的写作

主体部分一般要写清任务目标、办法措施和步骤三个方面的内容。

任务目标的描述要真实，要写明总任务是什么，达到什么样的目标；接下来再写明具体分几项任务，分别达到什么样的具体目标。

办法措施要具体可行，合乎情理，经得起论证。要写明怎样利用优势，依靠哪些力量，采取何种方法，创造什么条件，克服哪些困难；由此对各下属部门、人员提出要求，提供工作方法；各下属部门如何分工合作，各方职责分明；必要时要写明奖惩条例，具体而明确。

步骤要清晰，写明什么时间完成什么任务，达到什么要求。一般是把计划的整个过程分成几个阶段，确定每个阶段的起止，达到什么程度，做到什么程度，人力物力如何变化、调配，各阶段如何配合衔接。安排必须切实、合理，环环相扣，步步落实，这是实现计划的保证。

（三）结尾的写作

结尾的写作比较灵活，一般不写总结性的话，有的可以写些表示希望、号召性的话。

三、写作要求

好的计划不仅形式规范，而且内容全面、客观、合理、合情和合法。因此，计划的制订还要注意以下要求。

（一）指导方针与实际情况相结合

制订计划既不能违反国家的方针政策，又要从本单位实际情况出发，要吃透有关政策和法规，吃透本单位现实条件，这是制订计划的基础，否则，凭空想象、脱离实际的"计划"只会带来"劳民伤财"的后果。因此，在制订计划时，要处理好两个方面的问题：一是处理好国家长远利益与集体、个人的短期利益之间的关系，集体、个人的利益要服从国家的长远利益；二是要处理好整体与局部的关系。同时，重视调查研究，从本单位的实现情况出发，把党和国家的政策与上级精神和本单位的实际情况结合起来，这样制订的计划才不会偏离正确的方向，对实践具有指导意义并切实可行。

（二）领导意图与群众意见相结合

工作计划是领导班子的意图，但又要注意虚心倾听群众的意见，注意调查研究，走群众路线，集思广益。任何脱离群众的计划，不会是成功的计划。因此，计划制订前和制订后，都应该把计划拿到群众中去，诚恳地征询群众的意见，然后做必要的修改和补充。这样做，一方面可使群众对计划心中有数，便于群众在执行计划的过程中更积极主动地去完成，另一方面也有利于发挥群众的主人翁精神，避免官僚主义作风而使计划的制订变成闭门造车的行为。

（三）开拓创新与留有余地相结合

改革开放的时期，要求计划具有创新精神，符合时代发展的方向。同时，因受多方面因素的限制，制订计划时又要留有充分的余地，以便在执行中做必要的修改和完善。因此，计划的任务目标要与时俱进，始终代表时代、社会的前进方向；计划的办法措施和步骤又要从实际出发，脚踏实地，时时考虑它的可能性和可行性。只有这样，才能发挥计划的指导作用。

(四)明确性与灵活性相结合

计划的任务目标、办法措施和步骤一定要明确具体,同时要用简明实用、通俗易懂的语言,有条理地清楚地表述出来。切忌大话套话说了一大堆,但落到实处的话却没有几句,表面看上去蓝图宏伟,实际做起来含混不清,笼而统之。具体到计划的内容中,就要求目标明确具体,要在一定时间内完成什么任务要有一个具体可感的量的标准、方法、措施与步骤,使计划执行起来更方便可行。但又不应死板拘泥,在具体问题上规定得过细过死,以致束缚了人们的手脚,应该在具体做法方面给下属部门和人员留下活动的余地,让他们能有所发明,有所创造,创造性执行计划,并有所突破。

(五)用词的准确性与可读性相结合

计划以说明为主,叙述、议论要少些,更不能抒情和描写。因此,用词要准确朴实,简明扼要,注意条理化,还可以附加图表、数据。但这绝不意味着干巴巴,应该尽量写得通俗清楚,鲜明生动,可以用一些形象的话,开头和结尾更需要一些具有鼓动性的语言,具有可读性,使人能读得下去,甚至爱读。

第四节 例 文

[例文1]

2010 年食品安全整顿工作安排

为切实解决我国食品安全突出问题,全面提升食品安全水平,保障人民群众饮食安全,2009 年 2 月国务院部署用两年左右时间,在全国集中开展食品安全整顿。一年来,各地区、各有关部门认真贯彻落实国务院决策部署,按照《国务院办公厅关于印发食品安全整顿工作方案的通知》(国办发〔2009〕8 号)要求,切实加强领导,精心组织实施,清理和制(修)订食品安全标准,加强各环节食品安全监管,加大违法生产经营食品案件查处力度,推进食品工业企业诚信体系建设,食品安全整顿取得阶段性成效。为巩固前一阶段工作成果,全面落实食品安全整顿各项任务,现就 2010 年食品安全整顿工作作出以下安排:

一、2010 年食品安全整顿工作主要任务

(一)加强违法添加非食用物质和滥用食品添加剂整顿。

……

(二)加强农产品质量安全整顿。

……

(三)加强食品生产加工环节整顿。

……

(四)加强食品进出口环节整顿。

……

(五)加强食品流通环节整顿。

……

(六)加强餐饮消费环节整顿。

……

(七)加强畜禽屠宰整顿。

……

(八)加强保健食品整顿。

……

（九）完善食品安全标准。

……

（十）加强食品安全风险监测和预警。

……

（十一）推进食品生产企业诚信体系建设。

……

二、有关要求

（一）严格落实食品安全整顿工作责任。

……

（二）切实加大食品安全案件查处和责任追究力度。

……

（三）认真做好信息报告和新闻宣传工作。

……

（四）加强督促检查和评估考核。国务院食品安全委员会将组织对食品安全整顿工作进行检查，适时召开全体会议听取整顿工作情况汇报。地方人民政府也要将食品安全整顿工作作为重点督查内容，制定专项督查工作方案，逐级开展督查。国务院食品安全办要制订整顿工作评估考核办法，组织对各地区、各有关部门食品安全整顿工作进行评估考核。

国务院办公厅

二〇一〇年三月二日

[例文 2]

国务院 2008 年工作要点

根据党中央关于 2008 年工作部署和十一届全国人大一次会议精神，今年国务院工作总的要求是：**高举中国特色社会主义伟大旗帜，以邓小平理论和"三个代表"重要思想为指导，深入贯彻落实科学发展观，更加重视加强和改善宏观调控，更加重视推进改革开放和自主创新，更加重视调整经济结构和提高发展质量，更加重视节约资源和保护环境，更加重视改善民生和促进社会和谐，推进社会主义经济建设、政治建设、文化建设、社会建设，加快全面建设小康社会进程。**

一、搞好宏观调控，保持经济平稳较快发展

（一）加强和改善宏观调控。

……

（二）继续实行稳健的财政政策。

……

（三）实行从紧的货币政策。

……

（四）防止价格总水平过快上涨。

……

（五）做好低温雨雪冰冻灾害恢复重建工作。

……

二、加强农业基础建设，促进农业发展和农民增收

（六）大力发展粮食生产和保障农产品供给。

……

（七）加强农业和农村基础设施建设。

……

（八）拓宽农民增收渠道。

......

（九）强化和完善农业支持政策。

......

（十）坚持最严格的耕地保护制度。

......

（十一）完善农业科技推广和服务体系。

......

（十二）全面推进农村改革。

......

三、推进经济结构调整,转变发展方式

（十三）调整投资和消费关系。

......

（十四）推进产业结构优化升级。

......

（十五）认真落实国家中长期科学和技术发展规划纲要。

......

（十六）推进国家创新体系建设。

......

（十七）实施国家知识产权战略。

......

（十八）促进区域协调发展。

......

四、加大节能减排和环境保护力度,做好产品质量安全工作

（十九）加大节能减排和环境保护力度。

......

（二十）大力推进节约集约用地。

......

（二十一）加强产品质量安全工作。

......

五、深化经济体制改革,提高对外开放水平

（二十二）推进国有企业改革。

......

（二十三）深化财税体制改革。

......

（二十四）加快金融体制改革。

......

（二十五）加快转变外贸发展方式。

......

（二十六）进一步做好利用外资工作。

......

（二十七）引导和规范企业发展对外投资合作。

......

六、更加注重社会建设,着力保障和改善民生

（二十八）普遍实行免费义务教育。

……

（二十九）大力发展职业教育。

……

（三十）提高高等教育质量。

……

（三十一）推进教育改革创新。

……

（三十二）加快建设覆盖城乡居民的医疗保障制度。

……

（三十三）完善公共卫生和城乡医疗服务体系。

……

（三十四）加强人口和计划生育工作。

……

（三十五）努力扩大就业。

……

（三十六）增加城乡居民收入。

……

（三十七）完善社会保障体系。

……

（三十八）健全社会救助体系。

……

（三十九）抓紧建立住房保障体系。

……

七、深化文化体制改革,推动文化大发展大繁荣

（四十）推进文化体制改革和文化事业发展。

……

（四十一）积极发展体育事业。

……

八、加强社会主义民主法制建设,促进社会公平正义

（四十二）加强民主制度建设。

……

（四十三）全面推进依法行政。

……

（四十四）完善社会治安防控体系。

……

（四十五）切实维护群众合法权益。

……

（四十六）强化安全生产工作。

……

九、加快行政管理体制改革,加强政府自身建设

（四十七）加快转变政府职能。

……

（四十八）深化政府机构改革。

······

（四十九）完善行政监督制度。

······

（五十）进一步加强应急管理工作。

······

（五十一）加强廉政建设。

······

（五十二）积极推进人事工作和人才队伍建设。

十、加强民族宗教侨务、港澳台、国防外交工作

（五十三）进一步做好民族、宗教、侨务工作。

······

（五十四）积极支持国防和军队建设。

······

（五十五）加强港澳工作。

······

（五十六）推进祖国和平统一进程。

······

（五十七）积极开展全方位外交。

······

国务院各部门和单位要根据本要点抓紧制订本部门和本单位的 2008 年工作要点，并报国务院备案。

二〇〇八年三月二十九日

[**例文 3**]

国家技术创新工程总体实施方案

为全面贯彻党的十七大和全国科技大会精神，落实国务院《关于发挥科技支撑作用促进经济平稳较快发展的意见》（国发〔2009〕9 号），大力支持企业提高自主创新能力，组织实施技术创新工程，特制定本方案。

一、指导思想、原则和目标

国家技术创新工程是在现有工作基础上，进一步创新管理，集成相关科技计划（专项）资源，引导和支持创新要素向企业集聚，加快以企业为主体、市场为导向、产学研相结合的技术创新体系建设的系统工程。实施技术创新工程是促进经济平稳较快发展的迫切要求，是加快建设国家创新体系的重大举措，是建设创新型国家的重要任务。

······

实施技术创新工程的指导思想是：深入贯彻落实党的十七大精神，以科学发展观为指导，围绕提高自主创新能力、建设创新型国家的战略目标，促进科学技术更加主动地为经济社会发展服务，经济社会发展紧紧依靠科学技术和自主创新，以确立企业技术创新主体地位为主线，充分运用市场机制，引导和支持创新要素向企业集聚，增强企业自主创新能力和产业核心竞争力，为推进经济结构战略性调整，加快发展方式转变，建设创新型国家提供有力支撑。

······

二、主要任务

针对技术创新体系建设中存在的薄弱环节和突出问题，从以下方面入手，着力推进产学研紧密结

合,为企业技术创新提供有效的支撑服务,促进企业成为技术创新主体:

（一）推动产业技术创新战略联盟构建和发展。

......

（二）建设和完善技术创新服务平台。

......

（三）推进创新型企业建设。

......

（四）面向企业开放高等学校和科研院所科技资源。

......

（五）促进企业技术创新人才队伍建设。

......

（六）引导企业充分利用国际科技资源。

......

三、保障措施

（一）创新科技计划组织方式。

......

（二）发挥财政科技投入的引导作用。

......

（三）建立健全有利于技术创新的评价、考核与激励机制。

......

（四）落实激励企业技术创新政策。

......

（五）加大对企业技术创新的金融支持。

......

四、组织实施

（一）加强组织领导,统筹推进工程实施。

......

（二）加强部门协同,完善分工负责机制。

......

（三）发挥地方作用,结合实际开拓创新。

......

二〇〇九年六月二日

思 考 题

1. 计划的概念与特点是什么?

2. 计划的格式包括哪些内容?

3. 计划写作要注意些什么?

第二十章 总 结

总结是全面回顾一定时期内完成的工作,系统分析、评价该工作的一种事务性公文。总结使用范围广泛,上至中央,下至基层,无论是党政机关、人民团体、企事业单位,还是工作人员个人,完成工作后一般都要做总结,总结是做好工作必不可少的一环。如何写好总结,对本单位、本部门都有重大影响。

第一节 总 结 概 述

一、总结的含义

总结是对一定时期内的工作进行回顾、分析、研究后,从中找出经验教训,引出规律性的认识,明确今后工作方向的事务性公文。

日常工作中常用的小结、体会,实际上也是总结,只不过它反映的内容较为单纯或经验不成熟、时间较短、范围较小而已。"总结"是总结类文书最常用的名称。

总结是机关、部门或个人改进工作方法的重要途径。通过总结,从以往的工作中寻找成功的经验,把握事物发生发展的规律性,使有益的东西得到推广和扩大;查找以往工作中的失误,分析产生失误的原因,摸清它的危害程度,寻找到"治病"的良方。同时,通过对过去工作的总结,有利于培养人们认识问题和分析问题的能力,帮助人们从"自然王国"逐步走向"自由王国",掌握工作的主动权,提高工作效率和水平。

二、总结的特点

(一) 时间性

总结是对一定时期的工作完成情况进行分析和评价的一个工作环节。"一定时期"实际上就是某项工作的时间周期。在做总结时,就必须对这个时间周期内的工作情况进行全面回顾,进行分析和评价,而不能超出或缩短这个时间周期,因此,总结的时间性很强。

(二) 客观性

总结是人们自身实践活动的真实反映,应当完全忠实于客观事实。总结中的材料必须是实际情况,总结内容要有一说一,有二说二,不能添枝加叶,不能报喜不报忧,更不能无中生有,总结观点必须是从自身实践中抽象概括出来的认识和规律,不允许有任何主观判断。

(三) 理论性

总结要写事实,但不是把已经发生过的事实简单地罗列在一起。它必须对搜集来的事实、数据、材料等进行认真的归类、整理、分析和研究,从感性认识上升到理性认识,即找出规律性的东西,达到理论高度。如果总结不能把感性的事实上升到理性的规律性的高度,那么总结就不可能作为未来行动的向导。

(四) 本体性

总结是对本地区、本部门、本单位的工作情况进行回顾,因此都用第一人称(机关用

"我们",个人用"我"),总结中的材料是自身工作的情况,而不能像论说文那样引用古今中外的材料。总结的本体性,使总结能够真实反映自身工作的独特性和独创性,令人信服。

(五)群众性

任何工作都是依靠群众的力量完成的,因此,总结就应该反映群众的实际工作,分析并研究群众在实践中创造出来的成绩和经验。只有这样,才不会使总结成为标榜领导或个人的"先进事迹"材料,才能更好地团结群众开展今后的工作,才能打开工作的新局面。

三、总结的分类

总结的种类很多,根据不同的标准,可以划分为不同的类别。

（1）按内容分,可分为工作总结、学习总结、生产总结、活动总结、思想总结等。

（2）按时间分,可分为月份总结、季度总结、年度总结、阶段总结等。

（3）按范围分,可分为个人总结、科室总结、单位总结、部门总结、地区总结、全国总结等。

（4）按性质分,可分为全面总结和专题总结。

以上总结的分类都是实际工作中常见的,其中经常使用的总结方式为全面总结、专题总结和个人总结。全面总结也称综合总结,是比较全面地总结一个单位、一个部门的各方面的工作情况,包括情况介绍、成绩和经验、缺点和教训、表扬和批评等。专题总结又叫经验总结,是对某一方面的工作经验进行的单项总结,内容比较集中、单一、针对性较强。个人总结是对个人在工作、学习和思想方面的情况进行分析,突出经验、教训和收获体会,不可仅停留在一般性的优缺点的检查上。

第二节 总结的格式

总结的格式由标题、正文和落款三部分组成。

一、标题

标题是总结的名称,一般包括机关名称、时间、事由和文种等要素,不同要素组合构成了不同的标题。常见的标题形式有以下两种。

(一)公文式标题

公文式标题,由"机关名称＋时间＋事由＋文种"组成,如《海南省国家税务局 2008 年工作总结》;也可省略机关名称或时间,由"时间＋事由＋文种"或"机关名称＋事由＋文种"组成,如《2009 年民政工作总结》、《福建省旅游系统抗击雨雪冰冻灾害工作总结》。

(二)新闻式标题

新闻式标题突出观点、侧重经验总结,又分为单式和双式两种标题格式。

（1）单式。单式标题是用一句话或一两个短语概括总结的主题或提出总结要回答的问题。如《践行科学发展观,机关共产党员先进性教育显实效》。

（2）双式。双式标题是正标题加副标题。正标题概括总结的主题或要回答的问题,副标题标明机关名称、时间、事由和文种。如《社会主义新农村建设带给农(村)民新希望——某某市 2009 年"三农"工作总结》。

二、正文

正文一般由前言、主体和结尾三部分组成。有的总结省略前言和结尾部分,只有主体部分。

(一) 前言

前言是总结的开头部分,又称导言、导语,它概括地交代总结的基本内容,如时间、地点、背景、事件经过等,有的还对主要成绩和经验做出概括。它的格式主要有以下几种。

(1) 概述式。概括介绍基本情况,简要地交代工作的背景、时间、地点、条件等。

(2) 结论式。先明确提出结论,使人了解经验教训的核心所在,然后再引出下文。

(3) 提示式。以工作的主要内容作提示性、概括性的介绍。

(4) 提问式。开头先提出问题,点明总结的重点,以引起人们的注意。

(5) 对比式。采用比较法,将有关情况进行对比,显示优劣,说明成绩。

(二) 主体

主体是总结的主要内容,它的格式主要有以下几种。

(1) 顺序式。按"情况—成绩—经验—问题—意见"的顺序安排结构,这是人们常用的程式化写法。为了使眉目清楚,每部分还可以加用小标题、序号等,分若干问题、若干条。这种结构方式适用于大型的综合性总结。

(2) 阶段式。把工作或过程分成几个阶段,分别说明是每个阶段的成绩、经验和教训。采用这种方法,全文层次清楚、脉络分明,便于看出每个阶段工作开展的进程和每个阶段的特点。这种方式适用于周期较长、阶段性又很明显的工作总结。

(3) 条列式。将总结的内容按性质和主次逐条排列为几部分,每一部分既有相对的独立性,又有密切的联系。分别使用一、二、三……序号,而在同一条里,又把成绩经验、方法措施、问题教训、意见办法等结合在一起进行阐述。采用这种结构方式,各条之间逻辑关系比较清楚,适用于专题性的经验总结。

(4) 标题式。按材料之间的逻辑关系,把正文分成若干大段,分别列出小标题。每个小标题都是对感性材料的归纳总结。各部分共同说出一个主题。这种结构,提纲挈领、中心明确,适合于经验性的总结或内容较多的综合性总结。

(5) 比较式。比较式有两种:一种是先定标准后进行比较,另一种是纵横比较(前后比较、历史与现状比较和同行业比较)。

(6) 总分式。先概括总的情况,然后按照逻辑关系,把要总结的分为若干个小问题,然后逐一进行总结。这种结构方式层次分明、重点突出。

(7) 贯通式。这种结构方式主要考虑时间和空间的逻辑顺序,紧扣主题,抓住主线,前后贯通,一气呵成。采用这种结构方式,不分条款,不用小标题,不分章节,适用于内容比较单一的总结。

(三) 结尾

结尾不是每一篇总结的正文都要具备的,有的总结没有结尾,写完主体部分便结束。需要结尾的总结,其格式有两种:一是总结式,对总结正文的内容用几句概括性的话来做结尾;二是展望式,用简短的语言对未来的工作做一个展望,展示美好的前景。

三、落款

总结的落款包括署名和日期。署名是指总结的机关名称,日期指总结写作的年、月、日。如果在标题中已标明了总结的机关名称,落款中这一部分便可省略。

第三节　总结的写作

总结格式多样,写法比较灵活。作为公文的总结又具有较强的权威性和约束力,因此,总结写作必须遵循一定的格式,掌握写作的一些基本要求。

一、标题与落款的写作

(一)标题的写作

标题的写作与总结的性质或要求有关。全面性总结一般采用公文式标题"机关名称+时间+事由+文种",专题性总结则较为灵活,可省略机关名称、时间甚至文种。如果总结是为了突出重点,常采用新闻式标题,正标题往往用来揭示总结的主题,而副标题则指明总结的内容、单位、时间等。

(二)落款的写作

总结的落款要注明机关名称和写作日期。机关总结的署名不放在落款处,而是写在标题中或标题下。有的总结随文发送,也可不署名。个人总结署名,一般放在正文的右下方。

二、正文的写作

正文的写作主要是指前言、主体和结尾的写作。

(一)前言与结尾的写作

前言与结尾的写作根据总结的需要而定,它们都有自己固定的格式。总的说来,前言要求紧扣中心、简洁精练,有吸引力,这样,读者在读总结之前就会对总结的全貌有一个大致的了解,也能够统领全篇,激发阅读的兴趣,从而引发积极思考。结尾的写作要简明扼要、短小精练,给读者以恰到好处的感觉。

(二)主体的写作

主体是正文的核心部分,主体的写作一般要写明以下问题。

(1)工作情况。即进行了哪些工作,采取了哪些措施、方法和步骤,有哪些效果,取得了什么成绩。

(2)经验和体会。即工作中哪些做法是成功的,取得成绩的主客观因素是什么。这部分是总结的重点,在全文中占主导地位,写作时要注意主次和详略,注意把感性的认识上升到理性认识的高度。

(3)问题和教训。即工作中遇到哪些问题,给工作带来哪些损失和影响,着重分析问题和教训存在及产生的主客观原因。当然,这部分内容可视总结的重点而取舍。如果是着重反映问题的总结,则应该把这一部分当做重点来写。

(4)今后的打算和努力方向。即针对工作中存在的问题,提出切实有效的改进措施,提出一些新的奋斗目标,以表示决心,展望前景,鼓舞斗志。这部分内容要比较简略,因为要制定解决问题的具体方案,这是计划的任务。

三、写作要求

总结写作是严肃、认真而又艰苦的工作,掌握写作的基本要求有利于提高写作水平,提高工作效率。

(一)提高认识,端正态度

要认识总结的重要性,要坚持以党的路线、方针为指导。思想上重视了,才会认真进行总结;有了正确的指导思想,才会保证总结不会出现认识上的问题,不会出现方针政策上的问题。

(二)找出规律,揭示本质

总结的目的,是面向未来,避免今后工作的盲目性。为此就必须总结出有规律性的东西,这样的总结才具有指导今后工作的实际意义。不可为总结而总结,不要浮光掠影、泛泛而谈,不要堆砌材料、不加分析,不要外加观点、强叫人服,因为这样是总结不出什么经验和教训的。

(三)主次分明,重点突出

所谓重点是指事物的主要矛盾和矛盾的主要方面,具体地说,是指主要工作或工作中做得比较出色、有体会的工作,或是具有典型意义的经验教训。进行总结时对这些方面要有所侧重,而且要选用适当的材料,使这些观点和材料统一起来。只有这样,才能达到认识的彼岸。写总结绝不能平铺直叙、面面俱到、不分主次、罗列现象、堆砌材料、玩文字游戏。

(四)有理有据,实事求是

总结要求内容真实,如实反映本单位的实际情况。因此,不能凭想当然地进行总结,不能以偏概全、夸大其词,不能先入为主、主观臆断,不能一叶障目、真假不分,不能张冠李戴、拼凑编造,也不能随意拔高、借题发挥。

(五)写出特色,写出新意

写总结一定要研究新情况、总结新经验,突出特色。不能搞通用化、老一套、一般化,以及观点材料缺少新意的总结。当然,"新"不是标新立异、哗众取宠,必须建立在正确反映客观实际的发展变化的基础之上。

(六)条理分明,结构严谨

综合性总结,内容多,篇幅长,因此,安排结构一定要严谨,层次一定要分明,通篇一定要连贯。要使人看了一目了然,使人听了一清二楚。另外还要注意语言的确切,事实准,不走样;数字准,不笼统;论断准,无漏洞;文风正,不浮夸;同时,还要注意语言的形象和修辞方法的恰当运用。

第四节 例 文

[例文1]

海南省国家税务局 2008 年工作总结

2008 年初,省局党组认真贯彻落实国家税务总局和海南省委、省政府的指示精神,从海南国税实际出发,在深入探讨、反复论证的基础上作出了"强基固本,务实创新,推进税收管理科学化、规范化、现代化,实现海南国税事业跨越式发展"的决策,提出了牢固树立责任、法治、服务、科技、执行、创新"六大理念",明确了 19 项奋斗目标和 9 项全面加强管理的任务……9 月份后,又以开展深入学习实践科学发展观活动为契机,运用科学发展观的立场、观点和方法进一步审视、完善了这个发展思路。一年来,全省国税系统围绕这个战略决策,积极推进"三大工程",全面加强税收管理,创造性地推进各项工作,取得了显著成效。

一、税收职能作用充分发挥。

……

二、税收执法更加规范。

……

三、纳税服务水平显著提升。

……

四、税收管理现代化雏形初步显现。

……

五、队伍建设得到全面加强。

……

六、行政保障能力进一步提升。积极加强与总局,与省、市县党政部门以及金融、海关等部门的沟通协调,营造了良好的外部环境。……加强沟通协调,不仅解决了许多实际问题,而且密切了与领导机关及有关部门的关系,使海南国税"在各部门有位置、在社会上有形象",为促进国税事业跨越式发展提供了有力保障。

二〇〇九年五月五日

[例文 2]

2009 年全省国土资源工作总结和 2010 年工作思路

一、2009 年全省国土资源工作总结

2009 年,全省国土资源系统在省委省政府和国土资源部正确领导下,坚持以科学发展观为指导,积极主动服务,严格规范管理,全面开展"保经济增长、保耕地红线"、"服务企业、服务基层"的双保双服务行动和地质找矿改革发展大讨论,切实履行工作职能,稳妥推进国土资源管理改革,较好地完成了各项工作目标任务,为促进我省经济社会平稳较快发展作出积极贡献。

(一)扎实开展双保双服务行动,保障保护取得新成效

一是保障发展持续有力。

……

二是保护资源扎实有效。

……

三是节约集约用地成效明显。

……

(二)全面开展地质找矿改革发展大讨论,矿产资源保障服务能力得到新提升

一是矿产勘查实现新突破。

……

二是矿产资源勘查开发整合有序推进。

……

三是矿产资源服务保障有效。

……

(三)切实加强维权维稳,群众合法权益得到有效保障

一是有效化解信访矛盾。

……

二是切实加强地质灾害防治工作。

……

三是进一步规范征地补偿安置工作。

……

(四)启动实施部省合作,国土资源改革创新持续推进

一是部省《合作协议》顺利启动实施。

……

二是审批制度改革取得突破。

……

三是国土资源基础全面夯实。

……

(五)深入开展作风行风建设,队伍建设进一步加强

一是"民主评议行风"活动取得较好成效。

……

二是干部教育培训任务圆满完成。

……

三是党风廉政建设进一步加强。

……

二、2010 年国土资源工作思路

2010 年,我省国土资源工作总体要求是:以科学发展观为统领,全面贯彻落实党的十七大、十七届三中、四中全会和中央、省经济工作会议以及全国国土资源工作会议精神,坚持积极主动服务、严格规范管理,更加注重统筹保障发展与保护资源,更加注重利用土地调控来促进经济结构调整和发展方式转变,更加注重国土资源管理改革创新,更加注重新农村建设和民生改善,解放思想,开拓进取,求真务实,着力提升国土资源管理能力和水平,全面促进我省经济社会平稳较快健康发展。

(一)推进发展新平台建设,促进经济平稳较快增长

1. 加快推进新一轮土地利用总体规划修编。

……

2. 全面加强用地计划管理和保障。

……

3. 努力做好国土资源服务。

……

(二)推进土地利用结构调整,促进经济发展方式转变

1. 建立健全土地供应调控机制。

……

2. 完善土地资源市场配置机制。

……

3. 出台土地集约利用引导政策。

……

(三)推进存量建设用地深挖潜精利用,提高资源利用效率

1. 继续推进"365"节约集约用地行动计划。

……

2. 全面加强建设用地批后监管。

……

（四）推进地质找矿和矿产资源整合，提升矿政管理水平

1. 切实加大地质勘查工作力度。

……

2. 深入推进矿产资源整合工作。

……

3. 加强矿业权管理。

……

4. 加强地质遗迹环境保护。

……

（五）推进共同责任机制建设，严守耕地红线

1. 全面实施资源保护"四大"工程。

……

2. 继续完善落实耕地保护责任制。

……

3. 切实加强执法监管。

……

（六）推进重点领域探索改革，增添国土资源工作动力

1. 规范推进农村集体土地管理制度改革。

……

2. 继续深化国有土地使用制度改革。

……

3. 大力推进地质找矿改革发展体制机制创新。

……

4. 深入推进审批制度改革。

……

（七）推进农村土地综合整治，促进城乡统筹发展和民生改善

1. 加快推进农村土地综合整治。

……

2. 全力支持新农村建设。推动土地资源要素向农村配置。

……

3. 切实加强征地补偿管理。

……

4. 进一步加强涉土信访和行政争议化解工作。

……

5. 继续做好地质灾害防治工作。

……

（八）推进信息化建设和基础管理，提升支撑服务能力

1. 全面推进国土资源信息化建设。

……

2. 继续做好农村土地确权登记发证工作。

……

3. 进一步加强矿产资源勘查开发监督管理。

……

（九）推进党风廉政建设和作风建设,加大干部队伍建设力度

1. 全面推进管理职能转变。

……

2. 切实加强作风建设。

……

3. 高度重视干部队伍建设。

……

4. 加大党风廉政建设工作力度。一是推进一批制度建设。……二是推进四项专题活动,即开展以《中国共产党党员领导干部廉洁从政若干准则》为主要内容、以"六严禁"为重点的专题教育活动,开展群众满意国土资源所和公务员评议活动,开展服务新农村建设专项行动,开展"我的岗位,我的风险"预防查找专题活动,全面加强系统反腐倡廉建设。

浙江省国土资源厅

二〇一〇年二月二十六日

［例文 3］

2009 年民政工作总结

北湖区民政局

2009 年,我局在区委、区政府的领导下,在上级民政部门的指导下,深入贯彻党的十七届四中全会和全市民政工作会议精神,以科学发展观为统领,紧紧围绕区委、区政府的中心工作,着力保民生,努力提高三类群体的生活水平,倾力强基础,加快民政民生建设,发挥民政在构建和谐社会中的基础性作用,不断提升服务民生的能力。突出抓好了社会救助体系建设、灾民倒房恢复重建和危房改造工作、全区第七次居委会换届选举、农村社区改革试点,双拥创建及涉军维稳等重点工作,求真务实,开拓创新,各项工作均取得了明显的成效。2009 年 10 月,我局社会福利院被评为全国涉外收养工作先进单位,计生综治工作被市、区评为先进单位,信访、双联、"三民"工作被区委、区政府评为先进单位。局长张×荣获全国低保工作先进个人。现将全年工作总结如下:

一、全年工作回顾

（一）社会保障工作成效显著

1. 进一步完善了救灾体系建设。

一是建立健全灾害紧急救援机制。

……

二是突出抓好了困难群众的生活安排。

……

三是完成救灾物资储备仓库建设工作。

……

2. 进一步完善城乡居民最低生活保障制度。

……

3. 做好老区开发工作。

……

4. 抓好了农保基金整改审计及退保工作。

……

（二）以全区第七次社区居委会换届选举为重点,切实加强基层民主政治建设

1. 抓好了全区第七次居委会换届选举工作。

......

2. 认真搞好村务公开和村民自治工作。

......

3. 积极探索农村社区建设实验活动。

......

4. 启动了我区居家养老服务试点工作。

......

（三）双拥和优抚安置工作取得新的成绩

1. 扎实有效地开展了双拥共建活动。

......

2. 做好了对各类优抚对象实施医疗保障工作。

......

3. 进一步做好了参战涉核人员认定审核工作。

......

4. 退伍安置工作正在有序进行。

......

（四）社会福利事业有了新的进步

1. 彩票销售力争完成任务。

......

2. 加强福利院建设，不断提高服务水平。

......

3. 切实做好了中心站和按摩诊所职工的稳定工作。

......

（五）社会行政事务进一步规范化

1. 婚姻登记严格依法行政。

......

2. 加大了民间组织管理力度。

......

3. 依法加强行政区域界线管理，巩固勘界成果。

......

（六）扎实有效地开展了民政办公规范化建设

......

（七）招商引资工作再上台阶

......

二、存在的困难和问题

1. 社会救助工作压力较大，矛盾比较突出。

......

2. 民政助理员队伍有待于稳定。

......

3. 民政自身建设需要进一步加强。

......

三、2009 年工作安排

（一）以城乡低保工作为重点，进一步完善社会救助体系

1. 做好救灾救济工作。

......

2. 抓好灾民倒房恢复重建和危房改造工作。

......

3. 进一步做好城乡低保工作。

......

4. 抓好农村特困户救助和五保供养工作。

......

5. 抓好慈善总会的管理工作。

......

(二)大力推进基层民主政权建设

1. 抓好居委会规范化管理。

......

2. 继续抓好农村社区改革试点工作。

......

3. 继续加大市属改制企业移交力度,力争完成市属改制企业移交社区管理工作任务。

4. 全面完成居家养老试点工作。加快工作进度,采取有效措施,制定相关政策,以点带面,开展一系列化居家养老服务。

(三)抓好城镇退役士兵安置改革,完善国家、社会、群众相结合的优抚安置体系

......

(四)进一步完善社会福利服务体系

......

(五)严格依法行政,搞好社会事务管理

......

(六)加强学习,不断提高业务素质

......

二〇一〇年三月十一日

[例文4]

福建省旅游系统抗击雨雪冰冻灾害工作总结

2008年年初,我国南方地区遭遇了持续大范围低温、雨雪和冰冻的极端天气,我省闽西北地区部分县市灾情较为严重,由于正值春节黄金周来临之际,省旅游局和省假日旅游协调小组结合黄金周,立即启动旅游突发事件应急预案,各级旅游部门和各相关部门一起,把防灾抗灾工作摆在第一位,全力以赴,整治隐患,加强值班和巡查,适时关闭景区(点),为外来工和学生免费开放景区,保证了冰冻灾害天气下旅游工作的顺利运行,取得了阶段性的胜利和良好的社会效益。

一、部分县市因灾受损

这次雨雪冰冻天气对我省闽西北地区的旅游业带来较大损失,其中据不完全统计,南平市旅游业直接经济损失7319.23万元;三明市泰宁、建宁、宁化等县旅游业因灾损失合计约6150万元。

泰宁8大景区有2个景区封闭、4个景区半封闭、2个景区受到较大影响,景区资源及基础设施冻损造成的直接损失约3026万元;建宁累计损失达1220万元,其中旅游基础设施受损严重,名木古树及景区内受损林木经济损失约704万元;宁化合计损失233万元,景区高压输电杆倒塌、输电线路冻断,景区旅游接待和生活用水管道冻裂,湖村天鹅洞等旅游公路边坡大面积塌方,天鹅洞群风景区等森林植被大面积受损。

......

二、全力以赴超前部署

全省假日旅游协调领导小组工作会议刚结束,就遇上强冷空气袭击我国南方各省,我省西北部也遭遇了历史上罕见的大面积冰灾,省旅游局党组高度重视,超前部署,超前防范。局党组多次召开会议,部署全省旅游系统防抗雨雪冰冻天气会议……省假日办要求各设区市假日办做好应对春节期间雨雪冰冻灾害天气旅游工作。专门下发了《关于做好应对雨雪冰冻灾害天气旅游安全工作的通知》和《关于进一步做好春节黄金周工作的通知》,省局领导分别联系协调相关设区市黄金周旅游安全工作……并要求旅行社、星级饭店增强服务意识,不得随意提价;各设区市假日办必须抽调相关部门机关干部,组成应急工作小组。

三明、南平、宁德的部分县市受灾严重,各受灾县旅游管理部门在当地党委、政府的领导下,按照"规划先行、统筹安排、分清缓急、突出重点"的原则,全力以赴组织抢修供电、供水线路和通讯设施,开通因塌方阻塞的部分旅游公路,确保景区正常的生活、接待用电、用水和道路的畅通。

福州市由市假日办牵头,联合市安监局、市建委、市卫生局、市消防支队、市园林局、市交通局、市质监局等单位成立了防御冰雪灾害天气应急工作小组。漳州市旅游局充分发挥市假日办的协调作用,联合有关部门抗击雨雪冰冻灾害工作。

为让因冰雪灾害天气无法回家的外地务工人员和学生能和全省人民一起过一个温暖祥和的春节,省假日办推出新举措,凡滞留在我省的外来务工人员和学生凭身份证、学生证就可免费游览城市公园景区景点。

……

我省外来工主要聚集地之一泉州市,特别印制了"一路通门票",门票涵盖了中心市区 11 个主要景点(区),免费接待了约 40 万人次滞留人员,占泉州市接待游客总数的 62.2%,免门票 1000 余万元。

……

三、抗击灾害成效显著

一是通过开展抗击灾害工作,假日旅游经济凸显。

……

二是健全管理机制,促进旅游安全应急准备工作。

……

三是雨雪无情人有情。

……

四、灾害过后的反思

一是天气预报要准确,要提前,特别是恶劣天气要重点提示,信息畅通,信息共享,提前告知,让每个旅游企业、旅游者都能提前知道有关信息,可大大降低灾害损失。

二是防灾意识较薄弱,要进一步提高认识。面对突然而至的大面积、长时间、高频率的降雪和低温冻雨天气,缺乏足够的思想准备。

三是继续完善旅游突发事件应急预案,提高旅游抗雨雪冰冻灾害的能力。

四是由于景区分属建设、林业、文化、国土等部门管理,旅游部门协调较难,工作难度很大。各相关部门要加强互动联动,团结协作,提高整体抗击雨雪冰冻灾害的能力。

五是要从物资储备上做好抗击雨雪冰冻灾害天气的准备,做到有备无患。

二〇〇八年三月十四日

思 考 题

1. 总结的含义和特点是什么?
2. 总结的格式有哪些内容?
3. 总结写作有哪些要求?

第二十一章　会　议　记　录

会议记录是实际工作中运用较为普遍的一种事务性公文,因此,掌握它的含义、特点、格式及写作方法,对于提高工作效率意义重大。

第一节　会议记录概述

一、会议记录的含义

会议记录是在开会的过程中由专人如实记录会议基本情况和内容的书面材料,是一种没有正式打印和盖章的特殊文件。

会议记录可作为传达、执行会议决定和贯彻会议精神的依据,也可以作为会后进一步分析、研究、总结工作的重要参考材料,还可以起到备查作用。

二、会议记录的特点

会议记录最突出的特点有以下三点。

(一)原始性

会议记录的原始性,是指按会议发展过程将发言人的讲话内容、研究认定的问题,如实地记录下来,对文字、结构一般不允许加工、整理,更不允许更改重要内容,任何人篡改会议记录都是错误的。

(二)凭据性

会议记录的凭据性,是指会议记录是对会议原始情况的真实记录,也就是说是第一手材料,因此更为可靠。一旦会后对某问题的讨论和决定有争议或需要核实,翻开就可查找,是会后查对情况的真实凭据。

(三)信息性

会议记录的信息性,是指会议记录可以作为文件传达,以使有关人员贯彻执行会议精神和决议。有的会议记录也可以向上汇报,通报信息,使上级机关了解有关决议、批示的执行情况。

三、会议记录的分类

按照会议的不同性质,会议记录可分为党委会议记录、政府机关会议记录、群众团体会议记录、企事业单位行政会议记录、单位会议记录、工作会议记录、座谈会会议记录等。

第二节　会议记录的格式

会议记录的格式包括标题、正文和落款三部分。

一、标题

标题,即会议名称,一般由"机关名称＋会议事由＋记录"构成,如《某某乡关于创建回龙场村生态园区的会议记录》;有的可省略机关名称,由"会议事由＋记录"构成,如《学习实践科学发展观活动动员大会会议记录》。

二、正文

正文分为开头和主体两部分。

开头包括:召开会议的时间、地点;出席人员姓名、职务;列席人员姓名、职务;缺席人员姓名、职务及缺席原因;主持人姓名、职务;记录人姓名、职务。

主体包括:会议的议题;领导人的讲话内容摘要记录;与会者的发言、讨论情况应按先后顺序记录;最后是会议议决的内容。

三、落款

做完会议记录之后,由会议主持人和记录人签名。最后署上年、月、日。

第三节　会议记录的写作

会议记录一般要在会议宣布开始时就写在记录本上。会议记录的写作包括标题、正文和落款的写作。

一、标题和落款的写作

标题和落款的写作都要按照格式,规范记录。标题由"机关名称＋会议事由＋记录"构成,有的也可省略机关名称。落款要由会议主持人和记录人签名,并署上年、月、日。

二、正文的写作

正文的写作是会议记录的重点,包括开头和主体的写作。

(一) 开头的写作

开头的写作要记录以下几个方面。

(1) 会议时间。写清楚年、月、日,会议开始的具体时间,如××××年××月××日××时到××时。

(2) 会议地点。具体是某某机关某某办公室或会议室。

(3) 会议出席者。根据会议重要程度和出席会议的人员多少,要写清楚参加会议人员的具体单位和出席者的姓名、职务,特别是决定重大事项的会议,要清楚地记录下有关出席者。出席会议的单位和人比较多时或不需要一一列出时,只写主要与会人员或总数就可以了。

(4) 缺席者。一般应写清楚缺席者的姓名和缺席原因,但缺席人较多时,也可只写缺席人数。

(5) 列席者。即不属于本次会议的正式成员,但与会议有关的各方面人员,一般应写清楚单位、名称和职务。

（6）主持人。写明主持人的姓名、职务。

（7）记录人。写上记录者的姓名，有几个写几个，必要时注明其职务，以示对所做记录的内容负责。

（二）主体的写作

这部分一般包括会议主题、会议主持人的发言，会上领导人的讲话（报告）或传达了什么事情，讨论了什么问题，做出了什么决议等项目。

记录这些内容有两种方法，一种是简要的记录，一种是详细的记录。一般来说，除重要的会议，对与会者每个人的发言要全部做详细记录外，一般性的会议记录是可以有详有略的。记录人要特别注意，如果讨论的是关键性问题，特别是意见有分歧，一定要详细记录下来；如果大家的看法比较一致，没有什么争论、交叉的意见，可以抓住每个人发言的中心、要点，简要地记录下来。会上如果有讨论决议的事项，要记下表决的情况。有时，还要整理一下讨论、议决的问题，念给与会者听，征求大家的意见，把决议的事项推敲得准确，以便于公布。

三、写作要求

写会议记录的基本要求是会议记录要求准确、真实、清楚、完整。记录人员应当有高度的责任心，以严格认真的态度忠实记录发言人的原意，重要的意思要记录原话。不得任意取舍增删，改变原意，会议的重要情况、发言的主要内容和意见，必须记录完整，不要遗漏，记录字体要规范，不得自己制造简便字符，力求清晰易认。对重要的会议要实行双套记录制，即由两人同时做记录，一人做详细记录，一人做简要记录，或两人都做详细记录，以防止遗漏、误记和差错，保证记录的内容准确、完整。

一般来说，记录的方式有两种。一种是有选择性的记录，即摘要记录，只记会上报告了什么事情，讨论了什么问题，通过了什么决议。另一种是详细记录，要把每个人的发言都记下来，要求尽可能记下每个人发言的原话，不管重要与否，最好还能记下发言时的语气、动作表情及与会者的反应。如果发言者是照稿子念的，可以把稿子收作附件，并记下稿子之外的插话、补充解释的部分。这两种方法各有优点，对哪一种会议采用哪一种记录方法比较合适，要根据会议的性质、目的、要求及讨论的问题来决定。一般的会议，如果讨论的问题比较简单，只摘要记录就行；重要的会议或讨论的问题比较复杂，在讨论过程中有不同意见，甚至有争论，就要详细地记下来。当然，也不是有话必录，只字不漏，而是在真实、准确的前提下记录其要点，与会议主题有直接联系的话要记全、记准确，对与本次会议议题无关的话，则可略记或不记。

会议结束，记录完毕，要另起一行写"散会"二字，如中途休会，要写明"休会"字样。

第四节　例　　文

[例文 1]

某某乡关于创建回龙场村生态园区的会议记录

时　　间：2010 年 6 月 10 日

地　　点:某某乡政府会议室

参加人员:董某某　张某某　李某某　龙　某　刘某某　黄某某　何　某　杜　某　胡　某

　　　　　殷某某　闫某某　王某某　曹某某　徐某某

主　持　人:龙　某(政府乡长)

记　录　人:杜　某(政府办工作人员)

龙某(乡长)讲:

　　今天县环保局领导和乡党委政府召开联欢席会议,就回龙场村创建生态园区有关情况进行座谈。根据县保局总体规划、布置,为加强生态环境建设,改善环境质量。乡党委政府研究决定,拟创建回龙场村生态园区。该村区位势明显,产业结构优化,人居环境舒适,生态环境良好,有尚在建设的 300 多亩农林生态园区,具备生态园区建设的优势条件,希望县环保局领导多给予支持、指导。下面请县环保局领导作指示。

董某某(县环保局局长)讲:

　　某某乡党委政府高度重视环境保护工作,并且取得了一定的成绩。近年来,居民环境保护意识有了较大提高,环境质量也得到了根本改善,我们通过实地查看,回龙场村交通方便,产业结构合理,森林植被覆盖好,特别是该村尚在建设的农业生态园区,特色好、品味高。一是希望乡党委政府成立创建生态园区领导小组;二是完善相关软件资料,编制好规划;三是逐级申报。我们一定给你们做好生态园区创建申报推荐工作。

张某某(股长)讲:

　　我们现在就申报创建工作应注意和要做的几项工作说明一下:一是按照要求乡、党委政府要有领导分管,并成立领导小组;二是做好软件收集归档;三是编制落实可行规划,提出近期和远期规划目标。

何某(股长)讲:

　　回龙场村的生态农业。目前在生态园区建设中是一个新型工程,希望你们加快建设进度,建立健全运行机制,完善各种制度,打造特色新、品味高的生态建设品牌,以点带村,向外辐射,建设某某生态农业片,尽可能发挥最大效益。其次要按照《四川省生态园区建设创建标准》围绕实质性内容搞好各项指标的达标建设。

李某某(乡党委书记)讲:

　　我首先感谢县环保局领导来我乡指导工作,对你们所提出的指导性意见,我们将认真研究落实。结合我乡实际情况。我们目前要做好以下几个方面的工作:

　　1. 成立创建生态园区领导小组,由乡长龙某任组长,分管农业的副乡长刘某某任副组长,抽调办公室杜某、财政所殷某某、农业服务站胡某、林业服务站黄某某、卫生院曹某某等部门负责人为成员;

　　2. 安排专门经费,认真调查研究,精心组织、科学规划,做好编制计划,编制完成后经乡党委政府审定后,逐级上报;

　　3. 加大宣传力度、充分发动广大干部群众积极参与,优化生态农林建设环境;

　　4. 各单位、部门要高度重视,密切配合,为回龙场村创建生态园区建设工作搞好服务、协调,争取申报成功,并积极投身创建工作、争取早日验收达标。

[例文 2]

学习实践科学发展观活动动员大会会议记录

时间:2009 年 9 月 18 日下午 2:30

地点:乡政府四楼会议室

参会人员:乡党政领导、乡村组全体干部及学区、卫生院、某某酒花公司负责人,各村党小组长市活动指

　　　　　导组成员

主持人:乡政府乡长伍某某

记录人:×××

活动主题:学习实践科学发展观活动动员大会

会议内容:

一、乡党委书记、学习实践活动领导小组组长王某某同志作动员讲话

(一)开展科学发展观活动的重大现实意义。

(二)目标任务、基本要求。党员干部受教育、科学发展上水平、人民群众得实惠。

某某乡活动主题是:做大做强项目、调优提升产业、破解增收难题、共建和谐农村

某某乡学习实践活动载体:促农增收项目入户工程

目标是:提高思想认识、解决突出问题、创新体制机制、促进科学发展

(三)力求实现七个方面突破。

1.在深化对乡情、村情的认识上有突破。

2.在理清工作思路上有突破。

3.在谋划发展的问题上有突破。

4.在推动重点难点问题的解决上有突破。

5.在党员干部作风转变上有突破。

6.在维护社会稳定上有突破。

7.在推进当前各项工作上有突破。

二、乡党委副书记李某某同志安排全乡学习实践活动

(一)目标要求。

1.提高思想认识。

2.解决突出问题。

3.加强基层组织。

4.推动科学发展。

(二)基本原则。

1.坚持把学习调研贯穿始终。

2.坚持把征求意见贯穿始终。

3.坚持把解决问题贯穿始终。

4.坚持把总结完善提高贯穿始终。

(三)解决的重点问题。

1.干部思想不解放,发展步伐慢。

2.产业结构不合理,主导产业不突出。

3.基础设施管护不到位,机制体制不健全。

4.招商引资企业运转不正常,效益不明显。

5.党员干部作风不扎实,服务不到位。

(四)方法步骤:从 2009 年 9 月 18 日开始,2010 年 2 月底基本完成,大体上分为三个阶段六个步骤进行。

第一阶段:学习调研。加强理论学习,提高认识,统一思想,转变观念。重点抓好学习讨论和调研走访两项工作。

第二阶段:分析检查。分析检查阶段是把认识成果转化为实践成果的关键阶段,主要任务是征求意见,找准问题,分析原因,明确方向。重点抓好召开专题民主生活会、组织生活会,撰写分析检查报告或分析检查材料两项工作。

第三阶段:整改落实。主要任务是明确目标,落实责任,扎实整改,切实取得推进科学发展的实践成果和制度成果。重点抓好制定整改落实方案、整改落实措施和解决突出问题两项工作。

三、市指导检查组组长代某某作重要讲话

（一）感受。

第一，党委高度重视，行动快、声势大。

第二，主题鲜明，坚持科学发展，突出自身特色，构建和谐。

第三，重点突出，结合实际，突出发展重点。

第四，安排具体。

（二）总体要求。

一是落实相关责任。

二是开展广泛宣传。

三是完善学习方案。

四是筹备调研活动。

五是加强信息反馈。

六是边学边整改。

[例文 3]

市场秩序整顿会议记录

时间：2009 年 4 月 8 日上午

地点：管委会会议室

出席者：杨××（管委会副主任）、周××（管委会副主任管城建）、李××（市建委副主任）、肖××（市工商局副局长）、陈××（市建委城建科科长）及建委、工商局有关科室宣传人员。街道居委会负责人。

列席者：管委会全体干部

主持人：李××（管委会主任）

记录人：邹××（管委会办公室秘书）

讨论议题：1. 如何整顿城市市场秩序。

2. 如何制止违章建筑、维护市容市貌。

杨主任报告城市现状：我区过去在开发区党委领导下，各职能单位同心协力、齐抓共管在创建文明卫生城市方面取得了一定成绩，相应的城市市场秩序有一定进步，市容街道也较可观。可近几个月来，市场秩序倒退了，街道上小商贩逐渐多起来，水果摊、菜担、小百货满街乱摆……一些建筑施工单位沿街违章搭棚。乱堆放材料，搬运泥土撒落大街……这些情况严重地破坏了市容市貌，使大街变得又乱又脏，社会各界反应很强烈。因此今天请大家来研究：如何整顿市场秩序？如何治理违章建筑、违章作业、维护市容……

讨论发言（按发言顺序记录）

肖××：个体商贩不按规定到指定市场经营、管理不得力、处理不坚决，我们有责任。这件事我们坚决抓落实：重新宣传市场有关规定，坐商归店、小贩归市、农民卖蔬菜副食到专门的农贸市场……工商局全面出动主抓，也希望街道居委会配合，具体行动方案我们再考虑。

张××（工商局市管科科长）：市场是到了非整不可的地步了。我们的方针、办法都有了，过去实行过，都是行之有效的，现在的问题是要有人抓、敢于抓，落到实处。只要大家齐心协力，问题是能够解决的。

秦××（居委会主任）：整顿市场纪律我们居委会也有责任。我们一定发动群众配合好，制止乱摆摊、乱叫卖的现象。

李××（建委副主任）：去年上半年创建文明卫生城市时，市里出了个 7 号文件，其中规定施工单位不能乱摆战场。工棚、工场不得临街设置，更不准侵占人行道。沿街面施工要有安全防护措施……今年有的施工单位不顾市里文件，在人行道上搭工棚、堆器材。这些违章作业严重地影响了街道整齐、美观，也影响了行人安全。基建取出的泥土,拖斗车装得过多,外运时沿街散落,到处有泥沙,破坏了街道整洁。希望管委会召集施工单位开一次会,重申市政府 7 号文件,要求他们限期改正。否则按文件规定惩处。态度要明确、坚决。

陈××:对犯规者一是教育,二是处理。我们先宣传教育,如果施工单位仍我行我素,不执行管理规定,那时按文件处理,他们也无话可说。

周××:城市管理我们都有文件、有办法,现在是贵在执行,职能部门是主力军,着重抓,其他部门配合抓。居委会把居民特别是"执勤老人"(退休职工)都发动起来,按 7 号文件办事,我们市区就会文明、清洁,面貌改观……

与会人员经过充分讨论、协商,一致决定:

1. 由工商局牵头,居委会和其他部门配合,第一周宣传、第二周行动,监督实施,做到坐商归店、摊贩归点、农贸归市,彻底改变市场紊乱状况。

2. 由管委会牵头,城建委等单位配合对全区建筑工地进行一次检查。然后召开一次施工单位会议,对违章建筑、违章工场限期改正。一个月内改变面貌。过时不改者,坚决照章处理。

散会。

主持人(签名)

记录人(签名)

思 考 题

1. 会议记录的含义与特点是什么?

2. 会议记录的格式包括哪些内容?

3. 会议记录写作的基本要求是什么?

第二十二章　调查报告

调查报告是根据某一特定的目的,运用辩证唯物论的观点,对某一事物或某一问题进行深入、细致、周密的调查研究和综合分析后,将这些调查和分析的结果系统地、如实地整理而成的书面报告,是党政机关、社会团体、企事业单位经常使用的一种事务性公文,也是了解情况、分析问题、总结经验、推动工作的重要工具。

第一节　调查报告概述

一、调查报告的含义

调查报告是根据某种特定的需要,有计划地对典型事物、社会问题或工作情况等进行认真调查研究后形成的书面报告形式的公文。实际工作中的"调研报告"、"情况调查"、"考察报告"、"调查附记"、"情况综述"等,都属于调查报告的范畴。

调查报告应用范围广泛,凡制定方针政策、解决实际问题、弄清事实真相、扶植新生事物、推广典型经验等都离不开调查报告。

调查研究是调查报告的基础,调查报告是调查研究结果的书面表现形式。所以,调查报告兼具调查和报告两种性质,调查是前提和基础,报告是调查的目的和归宿。调查是对现实生活中的典型事物或工作中急需解决的问题进行深入的了解、系统的解剖,揭示出它的本质和规律,以便指导和推动工作。报告是以平叙的手法,将调查的成果介绍给有关领导和读者,并通过对一些比较典型事例的分析和评价,鲜明地表达作者的态度和观点,从而提出解决问题的意见和方法。

二、调查报告的特点

(一)针对性

调查报告是为了解决工作中急需解决的某些问题而写作的,因此,必须深入了解、系统剖析,根据国家的法律法规和方针政策,有针对性地进行调查和整理信息,应及时反映情况,揭露存在的问题,提出迫切需要解决的问题,回答人们最关心的问题,做到有的放矢。所以说针对性是调查报告的灵魂,针对性越强,调查报告的作用就越大。

(二)用事实揭示事物的本质和规律

调查报告不论是研究新事物、总结新经验,还是揭示问题的真相,都必须反映事物的本质特征和客观规律。这些都需要通过具体的情况、数字、经验和问题等来说明。客观事实是调查报告存在的基础,真实性是调查报告的生命。反映的情况必须绝对真实可靠,不扩大、不缩小、不隐瞒、不歪曲,否则就不能揭示事物的本质和规律。客观事实是调查报告的科学价值的保证,能否揭示事物的本质和规律则是衡量调查报告优劣的基本标准。

(三)指导性

由于调查报告有着明确的针对性,所以它也同时有着很强的指导性。调查报告并不是简单的调查材料的堆砌，而是要通过对调查材料的分析和研究，发现问题，找出对策。调查报告还是下级机关向上级机关及有关部门反映新情况、新问题，以取得上级机关的指导的一种工作方法，或是上级机关向下级机关布置工作、传达精神的工作方式。所以，调查报告对工作具有很强的指导意义。

三、调查报告的分类

根据不同的标准，可以把调查报告分为不同的种类。

（一）按调查的范围、内容分类

（1）综合调查报告。即围绕一个中心问题，从多方面进行普遍调查，对取得的材料进行分析研究，经综合整理而写出的关于这一问题的总体情况的调查报告。

（2）专题调查报告。即对某项工作、某个典型事件、某项业务或某个问题进行系统调查和分析研究后写出的调查报告。调查包括重点调查、典型调查和抽样调查等。这种报告内容单一，范围较小。

（二）按调查的作用分类

（1）反映基本情况的调查报告。这类报告是在深入、系统地研究某一方面基本情况的基础上写成的，其内容比较全面，篇幅也比较长。常常用来对上汇报，或作为领导机关正确制定方针政策和事业发展规划的依据。

（2）介绍新思想、新作风、新事物的调查报告。这类调查报告既要求比较具体而完整地反映新生事物产生的时代背景及自身发生、发展过程与所遇到的各种问题，还要求阐明它在整个现实生活中的意义和作用，揭示它的成长规律和发展方向，以促进新生事物的成长和推广。

（3）总结典型经验的调查报告。典型是指有代表性的个别事物。这类报告要求把一个地区、一个部门、一个单位、一个方面的成功经验，全面地总结、介绍出来，找出其中带有规律性的东西，供有关方面学习借鉴。在写作中，应概括叙述调查对象的基本情况、主要经验、现实意义、具体措施、今后设想等。这类报告要起到示范引路的作用。

（4）揭露问题的调查报告。这类调查报告是针对暴露出来的问题进行深入、细致、全面的调查，弄清问题发生的原因，分析问题的实质、危害，并提出今后如何避免同类问题的发生。它既可作为公正、严肃处理问题的依据，又能起到用典型教育他人的作用，引起人们的警觉，接受教训，少犯或不犯错误。这种调查报告有的公开发表，有的只作为内部公文的附件发至有关单位，促使问题的解决。揭露问题的调查报告有两类：一是对某一情况或问题的综合调查报告，其内容涉及的单位或人员往往较多，重点应放在调查基本情况和基本问题上；二是对某案件的具体调查，重点是调查核实主要情节和主要问题。

（5）考证历史事实的调查报告。这类报告是对某一历史事件进行周密调查后，用确凿的事实反映历史真相。这类调查报告重证据、重史实，观点鲜明，具有很强的说服力。

第二节 调查报告的格式

调查报告的格式包括标题、正文和落款三部分。

一、标题

调查报告的标题格式有以下两种。

（1）公文式标题。公文式标题有两种：一是由"机关名称＋事由＋文种"组成，如《江西省人大教育科学文化卫生委员会关于 2009 年省政府涉及教科文卫方面民生工程实施情况的调研报告》；二是由"事由＋文种"组成，如《关于惠农政策落实情况的调查报告》。

（2）新闻式标题。新闻式标题有两种：一是单式，用一句话或一两个短语概括调查报告的主题或要回答的问题，如《重大事项决定是这样做出的》；二是双式，即正标题加副标题的形式，正标题写明调查的主题或中心，副标题揭示调查的范围、对象及文种，如《规划先导　有效利用　全面促进土地节约集约利用——上海督察局关于宁波市节约集约用地情况调研》。

二、正文

正文包括前言、主体和结尾三部分。

（一）前言

前言没有固定的格式，采用什么样的开头方法可根据主题而定。常见的开头方法有以下几种。

（1）说明调查法。即前言重点说明调查的方法，以显示调查成果的权威性、科学性，使读者信服调查报告的内容。

（2）介绍对象法。即重点介绍调查对象的基本情况，为读者了解调查报告的主体内容打下基础。

（3）概括主题法。即在前言中重点概括调查报告的主题，包括主要经验、主张或结论。

（4）提出问题法。前言提出调查报告要回答的问题，吸引读者看下文。

（5）突出成绩或问题法。推广先进经验的调查报告，前言中介绍调查对象取得的巨大成绩；揭露社会问题的调查报告，前言重点说明问题的严重性。这样的开头都可以起到引人注目的作用。

（二）主体

调查报告的种类不同，主体部分的行文方式也就各不相同。常见的主体格式有以下四种。

（1）横式结构。即紧紧围绕主题，把调查的内容加以综合分析，按照不同的类别分别归纳成几个问题来写，每个问题可加上小标题，而且每个问题里往往还包含着若干个小问题。典型经验性质的调查报告，一般多采用这样的结构。这种结构形式观点鲜明，中心突出，使人一目了然。

（2）纵式结构。纵式结构有两种形式：一种是按调查研究事件的起因、发展和结局先后顺序进行叙述和议论，一般的情况调查报告和揭露问题的调查报告较多使用这种写法，这种结构方式有助于读者对事物发展有深入的、全面的了解；一种是按成绩（变化、特点、效果）、原因（经验、做法、作用）、结论（意见、建议、启示）层层递进的方式安排结构，一般综合分析性质的调查报告多采用这种形式。

（3）纵横式结构。这种结构形式兼有纵式和横式两种特点,互相穿插配合,组织安排材料。采用这种方式,一般是在叙述和议论发展过程时用纵式结构,而写收获、认识和经验教训时采用横式结构。

（4）对比式结构。这种方式是用两种不同事物的对比,来提示问题的本质。这种对比的方式可以更深刻地让读者辨别某种现象的问题所在,也便于突出调查报告的中心旨意。

（三）结尾

结尾是调查报告分析问题、得出结论、解决问题的必然结果。不同的调查报告,结尾的格式各不相同。一般来说,有以下几种。

（1）总结式。对调查报告做归纳说明,总结主要观点,深化主题,以提高人们的认识。

（2）展望式。对事物发展做出展望,提出努力的方向,启发人们进一步去探索。

（3）补充式。补充交代正文中没有涉及而又值得重视的情况或问题。

（4）问题式。写出尚存在的问题或不足,说明有待今后研究解决。

三、落款

落款应署上调查者(单位、调查组织或个人)和调查报告完成的日期(年、月、日)。

第三节　调查报告的写作

调查报告的写作包括标题、正文和落款的写作。

一、标题和落款的写作

（一）标题的写作

标题的写作比较灵活,采用何种格式应根据调查报告的主题来定。有的调查报告为节省标题文字,还可以不用"关于……的"这个介词结构。

（二）落款的写作

调查报告落款的写作内外有别。

内部使用的调查报告正文之后,应署上调查者(单位、调查组织或个人)的名称或名字,并写上完成调查报告的日期。

公开发表的调查报告可以用上述落款的方式,但大多把调查者署在标题之下,正文之后也不写完成日期。

调查报告正文之后一般应标注调查组成员构成和调查报告的执笔人,或只标注调查报告的执笔人。

二、正文的写作

正文的写作包括前言、主体和结尾的写作。

（一）前言的写作

前言是调查报告的开头,用来简要叙述为什么对这个问题进行调查,调查的时间、地点、对象、范围、经过及采用什么方法,调查对象的基本情况、历史背景,以及调查后的结论等。这些方面的侧重点由调查者根据调查的目的来确定,不必面面俱到。开头的方法很多,采用什么方法开头要根据主题来定,没有固定的格式。

(二) 主体的写作

主体是调查报告的主干和核心。这部分主要写明事实真相、收获、经验和教训,即介绍调查的主要内容是什么,为什么是这样的,分析问题所在及主要原因,提出处理意见或结论、办法等。内容较长的,可分列几部分或加上小标题,以求眉目清晰,让人便于阅读。主体部分包含大量的材料,因此,要精心安排调查报告的层次,安排好结构,有步骤、有次序地表现主题。

(三) 结尾的写作

调查报告结尾的写法形式多样,采用何种方式结尾应根据调查报告的内容来确定。不论哪种方式结尾,都应简洁、凝练,不能拖泥带水。有些调查报告的前言和主体部分把话都说完了,就不必另加结尾了。

三、写作要求

一般来讲,要想写出一份有价值的调查报告,应注意以下几点要求。

(一) 深入实际,详尽占有材料

在充分调查的基础上,认真进行科学研究,实现观点与材料的统一,这样的调查报告才有说服力。调查报告的材料是特定的,材料来源只限于调查对象,不能移植或借用。因此,只有全面调查、详尽占有材料,才能形成正确的观点,才能写出有说服力的调查报告。不能满足于走马观花、道听途说、一知半解。

(二) 实事求是,如实反映情况

确切、严密是调查报告的基本特点。确切,是指写入报告的材料必须真实可靠,并具有典型意义。缺乏真实性和典型性、没有普遍意义、不能说明问题本质的材料,要避免使用。严密,是指材料和观点必须一致,结构布局要讲逻辑性,各部分内容之间要有内在联系。在详尽占有材料后要对材料进行认真分析研究。通过分析研究,扬弃表面的枝蔓的东西,分析其内部联系,就可以得出对该事物的正确判断,形成观点,提炼主题。一般来说,材料的分析研究阶段是写作调查报告的关键阶段。

(三) 认真分析,科学概括

写调查报告,占有大量材料不是目的,而是通过对调查所取得的这些材料进行整理分析,去粗取精、去伪存真、由此及彼、由表及里,做出科学的概括总结,分清现象与本质、成绩与缺点,找出带有规律性的、具有普遍意义的东西,让最有说服力的典型事实去说话。因此,要在认真分析和科学概括的基础上,提出问题并解决问题,要防止写那种既不提出问题又不解决问题,无的放矢、空洞无物的调查报告。

(四) 夹叙夹议、叙议结合

调查报告是用事实说话的,而事实又不是罗列杂陈而是由观点统帅的,因此,行文时多用夹叙夹议、叙议结合的表达方式。对材料一定要有所取舍,必须紧扣主题,议论时要言简意赅,文字上力求通俗形象。

<h1 style="text-align:center">第四节 例 文</h1>

[例文 1]

关于惠农政策落实情况的调查报告
丰都县人大常委会调研组

近年来,国家和重庆市相继出台了一批含金量高的惠农、强农、助农政策。这些覆盖农业、农村、农民的惠农政策落实情况如何?产生效应怎么样?最近,丰都县人大常委会对 24 个乡镇、50 个村、52 个村民小组、近 1000 家农户进行了问卷调查,调查对象中群众占 79.4%、中共党员占 15.2%、村社干部占 5.4%。同时,调研组还深入部分乡镇和县级相关部门了解情况,并通过召开村民、村社干部、乡镇部门负责人、县乡人大代表、县级部门领导等座谈会,听取意见和建议。这次调研,所了解的项目多、覆盖面宽、收集的信息量大,较集中地反映了民情民意。

一、惠农政策的主要内容

目前在我县实施的惠农政策有 12 个方面。即:县农业局的农资综合补贴、种粮大户直接补贴、农作物良种补贴、渔船燃油补贴、生态家园建设补助、测土配方施肥补贴;林业局的退耕还林、森林工程大户造林劳务补助和示范林建设补助;畜牧兽医局的能繁母猪补贴、能繁母猪保险、生猪标准化规模养殖补助,重大动物疫病免费免疫,扶持肉牛产业化发展政策;水务局的农村人饮安全民生工程补助、小型农田水利建设补助资金、大中型移民后期扶持政策……此外,有关部门还出台了保障村级组织运转经费政策,贫困老党员、离任村干部生活补贴政策等。

二、实施惠农政策的主要做法及效应

(一)切实加强政策宣传

……

(二)强化保障措施落实

……

(三)狠抓实施过程的监管

……

(四)政策效应显著

……

三、实施惠农政策中存在的主要问题

(一)惠农政策宣传有差距,有的入户率还不够高

……

(二)惠农政策落实有差距,部分政策效应不够明显

……

(三)惠农资金监管有差距,有的项目违纪违规

……

(四)惠农资金兑现有差距,部分资金仍未落实到户

……

(五)落实惠农政策运行成本较大,缺乏相应工作经费

……

四、提高惠农政策到位率的建议

……

(一)进一步强化惠农政策宣传

......

（二）进一步加大监督管理力度

......

（三）及时兑现政策资金

......

（四）加强基层干部队伍建设

......

（五）落实运行经费保障

落实惠农政策已成为县级相关部门、各乡镇和村社的一项主要工作任务。为保障工作有序顺利推进，县政府要把落实惠农政策的相关工作经费纳入财政预算，按其部门工作量适当安排运行经费，有效遏制县相关部门、各乡镇挪用政策资金行为的发生，以确保专款专用，让有限的政策资金发挥最大的综合效应。县政府要督促乡镇和相关部门落实村级组织运转经费，保障基层组织正常运转。

（执笔人：略）

[例文 2]

规划先导　有效利用　全面促进土地节约集约利用
——上海督察局关于宁波市节约集约用地情况调研

按语：土地是城市发展进程中不可或缺的生产要素，其数量的有限性、位置的不可变更性，决定了土地利用必须走节约集约的道路。李克强副总理在视察国土资源部时强调："坚持节约集约用地，不仅是节约资源的重大举措，也是调整经济结构的重要手段。""调结构、促转变"的新形势要求我们把工作重心从"双保"向"双保"、"双促"转移，既要保增长，保红线，又要促进节约集约用地，促进经济发展方式转变。督察发现，宁波市在节约集约用地方面，政策措施有力，工作力度较大，取得了明显成效。为学习推广宁波市节约集约用地方面好的做法，国家土地督察上海局组成调研组，于 2010 年 1 月 25 日至 27 日赴宁波市开展调研。共召开了 4 次市、县级座谈会，实地察看了 6 个用地现场，较为全面地了解和掌握了宁波市节约集约用地的基本情况和主要做法。

一、规划先导，科学配置土地资源

调研发现，"做好规划是最大的节约集约用地"已成为各级政府和国土资源管理部门的普遍共识。宁波市抓住"十一五"规划、土地利用总体规划修编和土地利用总体规划修改试点的契机，合理规划用地空间和结构布局，抓好重点项目的前期规划，切实提高土地利用效益。

......

二、合理安排，确保新增建设用地有效利用

宁波市通过合理配置工业新增建设用地，鼓励节约集约利用土地。对申请增资扩建或异地新建的企业，对其原有建设用地的投资强度、容积率等指标进行审核，达不到规定要求的，限制其新增建设用地。还鼓励和引导企业在扩建和新建时交回或整合原有建设用地。

......

同时，为进一步提高工业新增建设用地的利用效率，宁波市不断引导、规范标准厂房建设，缓解中小企业用地困难的问题。

......

三、深入挖潜，提高存量建设用地利用效率

宁波市除了在"控增"上狠下工夫外，在"逼存"上也毫不含糊，多措施并行，深入挖掘存量建设用地潜力，提高土地利用效率。

一是大力实施低效厂房改造。

......

二是积极推行"零增地"招商。

……

三是重点扶持"技改项目"。

……

四、产业升级，促进土地效益最大化

宁波市严格执行国家产业政策，严把项目准入关，严控建设用地规模，核减不合理用地，积极运用土地供给手段促进产业结构调整和发展方式转变，实现从"招商引资"到"择商选资"的转变。

此外，宁波市还有序推进城区部分城镇功能区工业用地"退二进三"工作，促进产业转型升级。允许和鼓励城镇规划区内原工业企业根据城市规划要求进行改造，在法定土地用途、建设用地使用权人和主体建筑"三不变"的前提下发展工业设计和创意产业。

……

宁波保税区、宁波出口加工区和宁波保税物流园区通过实施项目评估制度，促进园区产业升级，在节约集约用地方面成效较为显著。

……

五、加强监管，保障节约集约用地落到实处

宁波市积极转变"重审批，轻监管"的观念，加强后期监管，加快消化转而未供土地，盘活存量建设用地。2009 年，宁波市共消化历年转而未供土地 23011 亩，盘活存量建设用地 12784 亩。其中，鄞州区消化转而未供土地 4369 亩，盘活利用存量建设用地 3423 亩。

宁波市加大了对闲置土地的处置力度。

……

慈溪市还加强制度建设，形成建设用地批后监管的有力制度保障。

……

六、市场说话，充分挖掘土地价值

宁波市通过市场手段，充分显现土地价值，促进土地节约集约利用。首先，严把"招拍挂出让"范围关，在全面实行经营性用地和工业用地公开出让的基础上，还对物流、仓储用地，非政府投资的科研设计用地和外来人口集中居住用地，以及营利性的公用设施、医疗卫生、文化教育、体育设施等用地实行了"招拍挂出让"，提高了土地资源市场化配置程度。

……

七、任重道远，节约集约用地是永恒主题

调研中，我们感到，国土资源部门在推进节约集约用地方面做了大量工作，进行了很多有益探索。但是，总体而言，节约集约利用土地资源的意识仍有待加强，市场配置土地资源的机制还未充分发挥作用，节约土地与浪费土地并存、集约利用与粗放利用并存、供地紧张与土地闲置并存等现象还比较普遍，真正做好节约集约用地依旧任重道远。

调研期间，宁波市各级国土资源管理部门就如何切实做好节约集约用地提出了一些意见和建议。第一，加强与城市规划的衔接，减少规划的变动，将节约集约用地当做一项系统性的长期工作来做。第二，闲置土地处置有关规定刚性太强，在实际操作中流于形式，亟须寻找可操作性强的处置手段。第三，探索工业用地分阶段出让，如出让年限先定为 5 年，5 年之后达到节约集约用地标准，方可获得其余 45 年土地使用年限。第四，为解决土地批后监管难度大的问题，要进一步加强信息化建设，实现信息共享。特别是对工业区用地，要走精细化管理之路，通过信息系统，时时监控用地与产出的关系，切实将土地有效监管起来，合理利用好每一寸土地。

二〇一〇年五月十四日

[例文3]

江西省人大教育科学文化卫生委员会
关于2009年省政府涉及教科文卫方面民生工程实施情况的调研报告
——2009年11月24日在江西省第十一届人大常委会第十三次会议上
省人大教科文卫委

省人大常委会：

2009年省政府确定了民生工程的60件实事,其中涉及教育、文化、体育和医疗保障、食品药品安全等教科文卫方面的有20件。按照围绕中心、服务大局的总体要求,省人大教科文卫委对这20件实事的实施情况进行了调研,目的是促使这些实事办好办实。9月18日,省人大教科文卫委听取了省政府教科文卫部门关于民生工程实施情况的汇报,省人大常委会党组副书记、副主任蒋如铭出席会议并讲话。10月份,省人大教科文卫委组织3个调研组,分赴全省6个设区市、12个县(区),听取当地政府关于教科文卫民生工程实施情况的汇报,深入乡(镇)、村实地查看民生工程的进展情况。现将有关调研情况报告如下。

一、情况与成效

省政府教科文卫部门高度重视民生工程的实施。总体上看,20件民生工程实事的实施进展顺利,成效显著。

(一)高度重视,大力推进项目实施。

……

一是组织任务落实。

……

二是政策措施落实。

……

三是检查督促落实。

……

(二)加大投入,有效保障项目实施。实施民生工程,投入是关键。今年,省政府在金融危机全球蔓延、经济形势日趋严峻的情况下,继续集中财力实施新一轮民生工程,共安排超过20亿元资金,用于教科文卫方面民生工程建设,使各项民生工程建设获得强有力资金保障。

……

(三)成效显著,人民群众得到实惠。20件民生工程的实施取得了良好成效,解决了一批直接关系人民群众切身利益的问题,更好地满足了人民群众对教科文卫事业发展的需求,受到社会各界广泛好评。

……

二、问题与不足

(一)一些项目配套资金落实不够理想。

……

(二)一些民生工程配套政策有待完善。

……

(三)一些工程性建设项目进度较慢。

……

三、意见与建议

(一)进一步建立健全民生工程的长效机制。

……

(二)进一步保证配套资金的跟进到位。

......

(三)进一步加强组织协调。

......

(四)进一步加大督查督办力度。组织有关部门对民生工程进度情况进行一次全面、细致的检查验收。完善考核奖惩机制,对民生工程落实好的,予以表彰;没有完成的,查明原因,督促限时完成。通过督查,保证民生工程的质量和进度,把民生工程建设成人民群众满意工程。

以上报告,请予审议。

[例文 4]

重大事项决定是这样做出的

云南省人大常委会研究室

重大事项决定权是宪法和法律赋予地方人大及其常委会的一项重要职权,也是人民群众通过人大代表参与管理国家事务的直接体现。近年来,通海县人大及其常委会在工作实践中,紧紧围绕经济建设这个中心,抓住改革和发展中的重大问题和人民群众普遍关心的问题,加强对重大事项决定权的行使作出决议决定,取得了一定的成效,让人民群众感受到了实实在在的监督效果,对促进通海县经济社会的科学和谐发展起到了积极的作用,人大的威望也越来越高。

2006 年 2 月,在通海县第十三届人民代表大会第四次会议上,就城市建设问题部分代表联名分别向大会提出了三件议案,经审议,会议分别作出了秀山文庙风貌协调区、山城湖畅通工程和行政中心迁建等三项决定。三项决定的作出,在通海县乃至玉溪市干部群众中产生了强烈的反响。2006 年 3 月,玉溪市委、市政府在通海县召开现场会;2009 年 4 月,玉溪市城乡建设现场会在通海县召开,充分肯定了通海县的做法。云南省人大常委会对此事也极为关注,专门派人到通海县作专题调研。

一、代表提出建议

通海县城坐落于秀山脚下、杞麓湖畔,因"秀甲南滇"的秀山和省级历史文化名城的美誉而名声远扬。但随着时间的推移,古城承载能力长期处于饱和状态,人口拥挤、街道狭窄、建筑密度大、人居环境差等矛盾和问题日益突出,与经济发展、和谐社会建设极不协调。如何使秀山更秀、历史文化名城更美?针对这些问题,代表们紧紧围绕城市建设方面的内容提出了三条建议。

建议一:代某某等 38 名代表认为,由于历史的原因,中共通海县委、县人大常委会、县人民政府、县政协机关均分布于老县城的中心地段,形成了机关与商贸、城镇公共设施、旅游及社会事业发展争地的局面,阻碍了县城中心作用的发挥。为了高起点地搞好通海县城规划建设,构建"山—城—湖"旅游格局,加快国家级历史文化名城和旅游名镇的建设,树立经营城市的理念,深化市政公共事业市场化改革,发展第三产业,让利于民,让利于社会,充分整合城市资源,实现科学发展,构建和谐通海,打造精品县城,美化城市环境,加快城市化进程,建议县级四大机关办公用房搬迁至县城西边规划建设,以四大机关的搬迁带动新城区的建设和发展。

建议二:代某某等 24 名代表认为,通海县城依山面湖而建,自古就以山—城—湖相连、环境优美、山水灵秀而在云南负有盛名。1970 年大地震后,由于规划及建设过程中没有得到很好的控制等原因,导致今天"通海不通海",使通海失去了原有的优美环境和景观。为了恢复通海古有的自然、和谐、优美的秀城风貌,为通海人民建设一个优良的生活环境,充分发挥城市功能,促进文化旅游产业和商贸业的快速发展,按照秀山创建国家 AAAAA 级旅游景区必备的硬件设施及通海文化旅游产业发展的总体规划,建议以聚奎阁为中心,以南北街为主线,拆除烟草招待所等建筑,打通连接秀山—县城—杞麓湖的主要通道。

建议三:代某某等 23 名代表认为,秀山是云南的四大名山之一,自古以来以秀丽的风景和浓厚的历史文化而著称,是通海人民的历史财富。但是,由于城市规划布局不合理,特别是通海一中女生宿舍楼、党校、工会、进修学校部分现代建筑,影响了秀山、文庙的风貌,对保护历史文化古城,申报国家级历史文化名城,创建国家 AAAAA 级旅游景区形成了障碍。为了恢复秀山的自然秀美景观和文庙的基本风貌,实现景区扩容,带动文化旅游产业和第三产业发展,建议拆除通海一中女生宿舍楼,党校、工会、进修学校部分建筑,并统一规划管理,坚持保护、开发的原则,最大限度地发挥秀山风景区、文庙片区的经济效益和社会效益。

二、大会作出决定

2006 年初,县委作出实施"显山露水建新城"工程的决策后,县人大常委会主动围绕县委决策开展工作,广泛听取各方面的意见和建议,组织人大代表开展会前调查、视察,把解决人民群众比较关注的重点、难点问题放在首位,倾听广大干部群众的呼声,努力使人大及其常委会作出的决定更加贴近实际,符合民意,富有成效。

在县十三届人大四次会议上,根据代表们提出的建议,经大会主席团认真审议,通过全体代表表决后,大会分别作出了《关于〈加快城市化进程,启动通海县四大机关办公用房搬迁建设的建议〉的决定》《关于〈拆除烟草招待所等部分建筑,打通秀山通道的建议〉的决定》《关于〈恢复秀山、文庙风貌协调区,拆除通海一中女生宿舍楼,拆除党校、工会、进修学校部分建筑的建议〉的决定》。把县委决策与广大干部群众的意愿统一起来,以法定程序确定下来,形成了保护古城、建设历史文化名城的合力。

三、加大督办力度

关于《加快城市化进程,启动通海县四大机关办公用房搬迁建设的建议》的决定要求,县人民政府对该建议要高度重视和认真研究,尽快组织实施。一要认真搞好论证和规划;二要依法行政,搞好项目管理;三要统筹老城和新区建设;四要采取切实可行的措施,确保此项目顺利实施。

关于《拆除烟草招待所等部分建筑,打通秀山通道的建议》的决定要求,县人民政府对该建议要认真研究,充分考虑老城区的保护与历史古建筑风格的融合,结合历史源流,立足长远发展,科学合理规划,采取切实有效的措施,多方筹措资金,分步组织实施。

关于《恢复秀山、文庙风貌协调区,拆除通海一中女生宿舍楼,拆除党校、工会、进修学校部分建筑的建议》的决定要求,县人民政府对该建议要认真研究,做好规划、设计,采取切实有效的措施,多方筹措资金,认真组织实施。

三项决定做出后,关键的问题在于落实。县人大常委会把三项决定的落实作为近几年监督工作的重点来抓,连续四年进行不间断的督促检查、跟踪问效,采取听取专题报告、开展调查、组织视察、参与研究等方式,不断加大督办力度,拓宽监督渠道,创新监督方式,增强监督实效,有力地促进了三项决定的落实工作。四年来,县人大常委会会议 5 次听取县政府的专题报告,主任会议 6 次听取县政府的情况汇报,先后 5 次组织代表进行实地视察,多次参与研究,提出意见建议交县人民政府办理,确保三项决定落到实处。老百姓由衷地说:人大既作出决定,又抓监督落实,通海的城市建设将越来越好。

四、决定得到落实

三项决定做出后,全县干部群众形成了搬迁县级四大机关办公用房、拆除部分建筑物,保护秀山和恢复文庙风貌,保护通海省级历史文化名城,加快城市化进程的共识。全县上下群策群力、集中民智,搞调研、抓落实。

在落实三项决定中,通海县充分发挥自身的自然资源和人文资源优势,紧紧围绕发展生态文化旅游产业,盘活城市资产,用活社会资源,改造古城建新区,打造"山、城、湖"生态文化特色旅游区,成功地走出了一条"政府引导、市场运作、群众参与、各方支持"的路子,推进了城乡统筹发展,使历史文化名城绽放出新的光芒。

四年过去了,三项决定已经得到较好落实。目前,通海县古城改造、新区建设累计完成投资 11 亿元,古城文庙街、文星街、东西街、南北街的改造全部完成。共拆除原县政府办公区、滇剧院、烟草招待所、工会办公区等影响秀山风貌、城市风貌建筑物 3.5 万平方米,新建仿古景观建筑物近 6 万平方米,完成街道立面景观改造 2.1 万平方米,铺设青石路面 1.4 万平方米;新区行政中心、园丁小区已经建成。城市环境进一步改善,古城风貌重现异彩。

如今,通海经过四年的旧城改造,古城拂去了岁月的尘埃,展现出"礼乐名邦"的新貌。青石铺地、粉墙碧瓦的文庙街、南北大街和东西大街依然是通海最热闹的商业中心,呈现出一派繁荣而雅致的景象。

五、不负人民重托

国家的一切权力属于人民,人民通过人民代表大会行使管理国家事务的权力。人大及其常委会对人民负责,受人民监督,在连民心、集民智方面具有不可替代的作用。实践证明,只有加强与人大代表和人民群众的联系,把人民群众的根本利益维护好、实现好、发展好,才能最大限度地调动人民群众的积极性和创造性,人大工作才能赢得人民群众的信任和支持。

县十三届人大四次会议就代表联名提出的城市建设方面的建议分别作出的三项决定,既符合通海的实际情况,又符合全县广大人民群众的共同意愿,实现了征地、拆迁、改造工作的"零上访",赢得了群众的拥护与信赖,受到社会各界的广泛关注。这一做法,县人大常委会将形成制度坚持下去。当然,人大常委会是国家权力机关,不是执行机关,不能事无巨细。因此,在行使重大事项决定权的过程中,县人大常委会将始终坚持以人为本,进一步提高决策水平,高度关注人民群众切身利益和社会热点,选择那些事关全局,与国计民生息息相关的、关系到本行政区域内的有关政治、经济、教育、科学、文化、卫生、环境和资源保护、食品药品安全、民政、民族工作的重大事项来做决定,并使县人大及其常委会做出的决定具有较高的质量,产生良好的社会效果。同时,县人大常委会还要坚持民主集中制原则,注重抓好会前调查研究、会中民主决策、会后跟踪落实三个环节,做到决策科学化、审议民主化、落实具体化,不辜负人民的期望和重托。

二〇一〇年四月二十六日

思 考 题

1. 调查报告的含义与特点是什么?
2. 调查报告的格式包括哪些内容?
3. 调查报告写作应注意什么?

第二十三章　简　报

简报，顾名思义就是简要的情况报道，是机关内部用来汇报工作、反映情况、沟通信息、交流经验的一种事务性文书。它篇幅简短，形式灵活，使用方便，起到上情下达、下情上达、左右沟通、交流经验的作用，是机关普遍采用的一种事务文书。

第一节　简报概述

一、简报的含义

简报是机关内部向上级反映情况或向下级、平级机关沟通情况、交流信息、指导工作的一种简短灵活的事务性公文。机关内部常用的"××反映"、"××动态"、"××简讯"、"××信息"、"情况交流"、"送阅材料"等，都属于简报范畴。

最初的简报仅是指向上级领导反映情况、报告工作的简要报告，后来在工作实践中简报的使用范围逐渐扩大，发展成为现在一种具有汇报性、交流性和指导性的简短、灵活的内部刊物。现在简报作为机关内部刊物，既可以用于对上级报告工作和业务情况，便于上级了解下情，及时做出指示，指导工作；也可以用于平级与下级之间沟通情况，交流经验，便于开展与推动工作。

二、简报的特点

无论哪一类简报，其特点都可以归纳为五个字：简、快、新、实、密。

（一）简

所谓"简"，指篇幅短小，内容集中，语言简要。这是简报的固有属性，不简不称其为简报。简报以简取胜，要求篇幅简短，文字简洁，内容简要，意思简明。要做到简，文字就得干净、利索、无套话废话，开门见山，直截了当。冗长而烦琐的简报不仅不能吸引人，反而增加阅读者的负担，难以发挥应有的作用。

（二）快

所谓"快"，指简报要写得快，发得快，强调时效性，尤其是突发性事件，更要讲究争分夺秒。简报反映思想动态要快，报告工作情况要快，慢了就失去了应有的意义和存在的价值。尤其是会议简报，其时限性更强。编写简报要抢时间，可以说"快"是简报的生命。

（三）新

所谓"新"，指简报的内容要新，观点要新。简报的价值，就在于它能迅速及时地把各种新情况、新动态、新经验、新见解、新动向、新措施、新问题等信息汇集输送或反馈给上级机关及领导。如果简报的内容是人所共知、不言而喻的东西,它就失去了存在的价值。

(四)实

所谓"实",指要反映真实可靠的情况。坚持实事求是,是写作简报必须具有的起码要求。简报既要报喜,也要报忧;既要反映正面情况,也要反映反面情况。所采用的材料必须是真实准确、经过调查核实的,不能夸张、虚构和想象。

(五)密

所谓"密",指简报有不同程度的保密性。有的简报发送范围很小,具有高度的保密性。有的虽然不需要保密,但也要注意保存,不能乱丢乱放。

三、简报的分类

简报的种类很多,常见的有以下几种类型。

(一)情况简报

这是最常见的一种简报,也叫工作简报,用于反映本系统、本单位工作的进度、经验及存在的问题,属于按时印发的长期性简报。

(二)动态简报

动态简报用于反映本系统、本机关各方面的动态和收集到的社会动态,属于长期性简报,有比较强的保密性,具有内部参考价值。

(三)专题简报

专题简报也叫中心工作简报,针对的是某项工作的动态或专项问题的解决过程与经验,这项工作一完成,简报就停办,属阶段性简报。

(四)会议简报

会议简报用于报道重要会议的情况,沟通讨论情况,交流会议经验,反映会议形成的决议和基本精神,属临时性简报。

(五)信息简报

信息简报用于传递信息的一种载体,是传播信息、交流情况、反馈信息的工具。信息简报的内容广泛,种类很多,可以说包括了社会生活的各个方面。

(六)综合性简报

综合性简报是在一个主题的贯穿下,综合反映一条战线、一个地区或者一个部门的情况、问题或经验;或者汇总反映某一项全局性工作、重要会议精神的贯彻情况等。这种简报既有全局情况的概述,又有典型材料的介绍,面中有点,点面结合,反映全貌,既有广度,又有一定的深度。

第二节　简报的格式

简报由报头、报体和报尾组成(见图23-1)。

秘密 编号:0001

××简报

第×期(总第××期)

×××××编 　　　　　　　　　　　20××年×月×日

目录

（标题）××××××××××××

编者按:×××××××××××××××××××××××××××
××××××××××××××××××××××××××××××。

（正文）×××××××××××××××××××××××××
××××××××××××××××××××××××××××××
××××××××××××××××××××××××××××××
××××××××××××××××××××××××××××××
××××××××××××××××××××××××××××××
××××××××××××××××××××××××××××××
××××××××××××××××××××××××××××××
×××××××××××××。

　××××××××××××××××××××××××××××
××××××××××××××××××××××××××××××
××××××××××××××××××××××××××××××
××××××××××××××××××××××××××××××
×××××××××××××××××××××××。×××××××
××××××××××××××××××××××××××××××
××××××××××××××××××××××××××××××
××××××××××××××××××××××××××××××
××××××××××××××××××××××××××××××。
××××××××××××××××××××××××××××××
××××××××××××××××××××××××××××××
××××××××××××××××××××××××××××××
××××××××××××××××××××××××××××××。

图 23-1 简报格式图(简报首页)

××××××××××××××××××××××
××××××××××××××××××××××××
××××××××××××××××××。(×××供稿)。

（标题）×××××××××××××

（正文）×××××××××××××××××××
××××××××××××××××××××××××
××××××××××××××××××××。

××××××××××××××××××××××
××××××××××××××××××××××××
××××××××××××××××××××××××
××××××××××××××××××××××××
××××××××××××××××××××××××
××××××××××××××××××××××××
××××××××××××××××××××××××
××××××××××××××××××××××××
××××××××××××××××××××××××
××××××××××××××××××××××××
××××××××××××××××××××××××
××××××××××××××××××××××××
××××××××××××××××××××××××
××××××××××××××××××××××××
××××××××××××××××××。

××××××××××××××××××××××
××××××××××××××××××××××××
××××××××××××××××××。

报：×××、×××××、×××××、×××××××，×××××、××××
×、×××××××××。

送：×××××、×××××，×××××、×××。

发：×××××、×××××，×××××、×××××。

共印×××份

续图 23-1　简报格式图（简报末页）

一、报头

简报都有报头。报头位于简报第一页的上方,占一页的三分之一篇幅,它与正文之间用间隔线分开。报头包括名称、期数、编印单位、印发日期、密级、编号等六个内容。

(1) 名称。位于报头中央,一般用红色大号字,粗体字写出。名称一般为"内容＋文种",如"工作简报"、"情况反映"、"××动态"等。

(2) 期数。在简报名称的正下方,一般按年度依次排列序号,也可以是统编的累计期号,由年度期数加总期数组成,如"第 5 期(总第 102 期)"。也有不标明总期数的。属于"增刊"的简报,期号处注明"增刊"二字,以示区别。

(3) 编印单位。在期数左下侧顶格写,一般写单位全称,如"北京市推进依法行政工作领导小组办公室"。

(4) 印发日期。印发日期包括年、月、日,以领导签发的日期为准,位于期数右下侧,与编印单位相对称。

(5) 密级。根据简报的机密程度,在简报名称左上方,分别标明"绝密"、"机密"、"秘密"或"内部刊物,注意保存"等字样。

(6) 编号。位于简报名称的右上方。保密简报印多少就有多少号,一份一号,以便保存、查找。一般性简报不必编号。

二、报体

报体是简报的中心部分,一般由目录、标题、编者按、正文、署名等五个项目组成。

(一) 目录

一期简报有多篇简报时,为了使整期简报的内容一目了然和方便阅读,应在报头和报体的间隔横线下加"本期目录"的字样,并列出具体目录,包括每篇简报的标题和页码。一般每条前面加黑色实心圈,以示醒目。某篇简报的标题不止一行时,在目录中可只标主题。

(二) 标题

每篇报文必须有标题。标题的格式有新闻式、提问式、概括式和形象式等四种。新闻式标题采用正副标题的形式,正标题揭示文章的思想意义或是中心观点,副标题起补充说明作用,强化标题的含义。提问式标题以提问的方式唤起读者的重视,引导对主题进行深思。概括式标题准确地概括出文章的基本内容,使读者一目了然。形象式标题用比喻或象征性的说法,形象地暗示文章的主题。

(三) 编者按

简报编者或领导认为应该对某篇简报有所说明或评议时,应在标题之下、正文之前加编者按。如无须说明或评议时则无此项目。经常使用的按语分三种类型:一是说明性按语,一般文字很短,常常是对根据什么发此稿件和稿件的现实意义作一简要说明;二是提示性按语,对于一些篇幅较长的稿件,特别是一些阐发观点、介绍经验的稿件,为了便于读者抓住中心,编者常常摘其要点,在按语中提纲挈领地介绍其内容;三是指示性按语,对于一些有典型意义、有示范作用的稿件,"编者按"要表达上级发文机关对简报内容的意见、态度或对下级提出要求。多数按语属于提示性按语。

(四)正文

正文包括开头、主体和结尾三部分。

1. 开头

开头也称导语。常见的开头格式有三种:一是叙述式,用叙述的方式概括简报的主要内容,使读者一目了然;二是结论式,先将简报的结论用一两句话在开头点出,然后在主体部分再作解释和说明;三是提问式,一开头提出问题,目的是引起读者的兴趣和思考,接下来在主体部分再加以具体叙述。

2. 主体

主体的格式有以下三种。一是顺叙式,按事情发生、发展和结局的时间先后顺序安排结构。这种结构方式自然、连贯,适合于情节单一的事件性简报。二是并列式,把所要反映的情况,分析归纳为若干类别,分门别类地加以介绍。这些类别是横向并列关系,所以称为并列式结构,适合于情况较为复杂的综合式简报。三是因果式,先写结果,后写原因。先写结果,容易引人注目,吸引人看原因。结果可以作为正文的开头,也可以在开头加以概括,再在主体的开端具体化,然后进入原因的分析。总结式、评述性简报常采用这种结构方式。

3. 结尾

简报正文的主体内容结束后,不一定都加个结尾部分。但如果有些话还需要说,说了显得更圆满而不留缺憾,便可以加个结尾。结尾常见的内容如下。

(1)归纳全文。如果简报的内容较丰富,开头部分又太概括,可用结尾归纳全文的主题或要点,以便阅者掌握简报内容。

(2)作出评论。对简报所反映情况的意义、性质和影响等作出评论。

(3)提出问题。对简报所写事实加以推及,提出让人深思的问题。

(4)表明希望。如希望引起有关部门注意,希望尽快解决简报中所反映的问题等。

(5)作出预报。如说"此事件正在进一步发展中","这个问题已得到有关领导部门的重视,现正在调查处理中","事情的发展状况将随时通过简报告知",等等。

(五)署名

在正文右下方标明简报的作者姓名。如果作者是编发单位则不必署名。

三、报尾

报尾位于简报末页下端,由两个项目组成。

(1)发送范围。上级机关称"报",不相隶属机关称"送",下级机关称"发"。如果发送机关较多,可用同类型机关的统称。发送范围上下各用一横线为界。

(2)印制份数。在发送范围下界线右下方标明本期简报共印份数。

第三节　简报的写作

简报的写作包括报头、报体和报尾的写作。报头和报尾的写作一般是固定的格式,容易掌握。因此,简报写作的重点主要是报体的写作。报体写作重点又在标题和正文的写作。

一、标题的写作

简报的标题没有固定的写法,但无论什么标题都要力求准确,使读者能见题明义,一眼就能看出简报的主要思想,切忌文题不符;要简练具体,以最少的文字概括出较多的信息;要讲究一点艺术性,增加读者的兴趣。

二、正文的写作

正文写作包括开头、主体和结尾的写作。

(一)开头和结尾的写作

(1)开头的写作。简报开头的写作与新闻一样,总体要求是开门见山,以简短的一段话或一句话概括出简报的主要内容,给人一个总体印象。一般情况下要告诉读者何时、何地、何人、何事、为何、如何。这样的开头既能帮助读者领会简报的主旨,又能引起读者的注意。

(2)结尾的写作。结尾有时是最后一个自然段或最后一句话。好的结尾能使读者加强对全篇的感受,受到更多的启迪。但要注意避免与开头或主体部分重复,如果主体部分已将内容交代清楚,那么,结尾部分一般情况下就可以省略。

(二)主体的写作

主体是简报的主要部分,它承接开头部分提出的观点,起着说明中心观点的作用。它可以反映当前的情况,可以肯定成绩,介绍具体做法,提出存在的问题,还可以对开头介绍的内容加以记叙。总的说来,主体要做到观点明确,事实充分,条理清晰。

三、写作要求

简报写作要注意以下要求。

(一)真实可靠

报道内容必须真实、准确、可靠。要将时间、地点、人物、事件、原因、结果等原原本本交代清楚,有喜报喜,有忧报忧,做到根据充分,分寸适宜,尊重客观事实,各种数据核实无误。对事物的分析解释也应当是科学的、符合实际的,只有这样才能使简报具有信息价值。

(二)实用

简报内容应满足机关决策与管理的需要,应报道对推动当前中心工作具有重要指导、参考作用的动态与经验;应注重反映实质性、规律性的事物与问题,而不限于只报道表面现象;应反映能够揭示事物深度的典型事例、典型人物和典型经验。

(三)内容新颖、及时快速

简报应注重反映在新形势下产生的新情况、新生事物与新鲜经验,以便使领导机关能够迅速了解进而予以重视与推广,为此,简报的编写、印刷以及传递必须及时快捷,讲求时效。

(四)简明扼要

应提倡开门见山、直接表述、主题明确、重点突出,清除一切套语、废话、空话,以最少的文字表达最大的信息量,字数一般控制在 1000 字左右,最多不应超过 2000 字。

(五) 生动活泼

简报应着眼于报道事实与群众反应,应通过具体事实表述观点,因此,不要去讨论空洞道理或引用抽象概念。在文字表述上应生动活泼,注意引用生动事例与群众语言,标题也宜醒目多样,以增强可读性。

(六) 注意保密

简报是内部刊物,是机关内部交流与反映情况的。一定内容的简报,规定了一定的阅读范围。即使是一些经验总结、表扬批评以及贯彻党的方针政策等情况的简报,也要在规定的范围内阅读。尤其是一些专为向领导反映情况,便于领导了解下情、研究工作的简报,一定要按规定送递有关领导部门及负责人,不可超出规定范围发放、传递。

第四节 例 文

[例文1]

政务公开工作简报

第5期(总第102期)

黑龙江省政务公开领导小组办公室 2010年6月4日

推行透明政务 打造阳光政府

近年来,鸡西市紧紧围绕推动经济社会又好又快、更好更快发展,以深入实施《中华人民共和国政府信息公开条例》为主线,以"推行透明政务、打造阳光政府"为目标,强力推进政府信息公开、行政权力运行公开和公共企事业单位办事公开,全面提升政务公开工作水平,进一步提高了行政效能和办事效率,方便了群众办事。

一、强化领导,创新机制,为推进政务公开工作提供保障

全市各级政府和市直各部门都成立了政务公开领导小组,形成了"一把手"负总责、分管领导具体负责、办公部门具体抓、逐级抓落实的工作机制。相继建立和完善了政府信息主动公开制度、依申请公开制度、考核评比制度和责任追究制度。把政务公开工作纳入到对各县(市、区)年度工作目标考核之中,纳入到对市政府各部门的行风测评之中,切实加大了政务公开工作推进力度。

    ……

二、突出重点,活化形式,推进政府信息全面及时公开

一是以电子政务网建设为切入点,全力推进政府信息全面及时公开。为了充分发挥电子政务网高效快捷、覆盖面广的优势,市政府投入资金建设了电子政务城域网,实现了全市电子政务网全覆盖。

    ……

二是以重大决策公开为重点,推进深层次政府信息全面公开。

    ……

三是以满足人民群众需求为出发点,切实做好政府信息依申请公开工作。

    ……

三、把握关键,强化监督,推进行政权力公开透明运行

全市各级政府、各部门始终将推行行政权力公开透明运行作为深化政务公开的关键措施来抓,清理行政权力,细化政务公开目录,强化对权力的监督制约。每年由市政府法制办牵头,组织全市行政执法部门对本部门的行政权力进行一次集中清理,简化行政权力运行程序,优化行政权力运行流程图,并通过政府信息公开目录实行动态公开。

    ……

四、拓展领域、便民利民,推进公共企事业单位办事公开

全市各级政府及各部门紧紧围绕群众关注的热点、难点问题,制定有效措施,大力推进公共企事业单位办事公开。

……

鸡西市通过推行政务公开,增强了政府工作透明度,保障了群众的知情权、参与权、监督权,密切了党和政府同人民群众的联系,为全市经济社会又好又快、更好更快发展创造了优良的发展环境。

[例文2]

北京市推进依法行政工作简报

第 3 期

(总第 72 期)

北京市推进依法行政工作领导小组办公室　　　　　　　　　　　　　　　2008 年 3 月 4 日

海淀区政府进一步深化依法行政学习制度

为不断提高领导干部依法行政的观念和能力,1月22日海淀区政府于第47次常务会议前举办法学知识讲座,专题学习《中华人民共和国行政复议法实施条例》。讲座由区政府法制办主任王某某主讲,区长林某某及其他区领导、18个组成部门领导参加并认真听了讲座。

自 1999 年海淀区建立会前学法制度以来,区政府重点安排学习了全面推进依法行政实施纲要、行政许可法、公务员法、信访条例等内容,区政府领导干部的依法行政意识和素质有了明显提高。为继续做好此项工作,区政府结合行政管理工作实际,安排了 2008 年法学知识学习计划。全年计划组织由区政府部分委办局领导主讲的,涉及政府信息公开、突发事件应对、房屋拆迁等方面的法学知识讲座共 11 期,会前学法制度将更具针对性和实用性。(海淀区政府法制办)

西城区重视开展规范性文件备案审查情况交流

自 1991 年起,西城区政府法制办每月制作一期"行政措施审核情况反映",反映规范性文件的备案审查情况。近几年,随着依法行政工作的不断推进,"情况反映"补充了新的内容:本市新发布的地方性法规、规章和规范性文件的情况;开展相关培训的情况;领导交办的协助审核工作情况以及有关课题的调研情况等。"情况反映"较为全面地反映了规范性文件方面的基本情况以及存在的问题,并提出对策,对相关部门开展规范性文件制定和备案工作具有较强的参考价值。西城区政府法制办十几年来坚持不懈地开展此项工作,有力地推动了本区行政规范性文件备案审查工作。(西城区政府法制办)

[例文3]

安全生产简报

第十七期

石狮市人民政府安全生产委员会办公室　　　　　　　　　　　　　　　2010 年 5 月 24 日

深入开展在建工程检查、督查 积极营造建筑施工安全环境

——全市在建工程检查督查情况通报

为贯彻落实省、泉州市政府安委会《关于立即开展安全生产大检查的通知》通知精神,市规划建设局、安监局联合开展建设工程检查、督查,现将检查督查情况通报如下:

一、开展检查情况

按照《石狮市人民政府安全生产委员会关于立即开展全市安全生产大检查的通知》(狮安委〔2010〕17 号)部署要求,结合"一岗双责"规定,市规划建设部门全面开展在建工程摸底排查,共检查了在建工程 82 幢,发出整改通知书 67 份。从检查中发现部分工程存在建设主体(施工、建设、监理)安全认识不到位,安全责任不落实,安全行为不规范,自查自纠不够认真,开展隐患排查治理工作不积极等情况。

二、开展督查情况

5月13日,市安监局组织市规划建设局联合锦尚镇政府对该镇的在建工程项目进行督查,此次抽查了东店村侯庆民房工程及卢厝许清江民房工程建设情况,发现该项目均未委托有资质的施工队伍施工、未执行TN-S系统配电系统,现场配电线路混乱,且施工安全管理较为混乱,存在采用淘汰的毛竹外架、三角吊机,楼梯、电梯井口无防护等问题。

针对以上存在问题,请规划建设局指定专人跟踪督促整改到位,整改情况于6月5日前抄报市安办。

[例文4]

质量技术监督信息

第22期

福建省质量技术监督局　　　　　　　　　　　　　　　　　　　　　2010年6月17日

【领导工作】

省委书记孙某某、省长黄某某视察厦门国家LED中心

6月7日下午,省委书记孙某某、省长黄某某带领全省各设区市党政主要领导和省直有关部门负责人莅临厦门国家半导体发光器件(LED)应用产品质量监督检验中心视察。孙书记、黄省长一行实地察看了检验中心的显示屏实验室、环境实验室、太阳能光伏实验室和车灯交通灯实验室,充分肯定了该国家中心对厦门光电产业集聚的重要作用,以及对我省LED产业的发展提供重要的技术支撑。(厦门市局)

【监督检查】

全省质监系统开展端午节食品安全检查

端午佳节将至,为使广大人民群众吃上放心安全的节日食品,全省质监系统组织开展了一系列端午节前安全检查行动。

福州市局对5城区5家获得生产许可证的粽子生产企业开展了监督检查,连江县局组织开展端午节前粽子食品专项检查活动;福清市局重点检查了粽子、速冻食品等产品是否标注"QS"标志等。福州市局直属分局、闽侯县局、闽清县局、平潭县局、永泰县局等单位也分别组织开展了一系列保障端午节食品安全的专项检查活动。

三明市局从宣传、检查、抽查三个方面入手,深入开展端午节期间热销的粽子、饮料、饮用水等食品专项检查行动,重点对粽子进行实物质量监督抽检。截至目前,共出动执法人员52人次,检查食品生产企业、经销单位23家,下发整改通知书4份,抽查粽子10批次,合格率100%。

宁德市屏南县局采取了"部门联合、全面排查、重点抽查、严厉打假"四项措施构筑食品安全防线,确保端午节期间辖区群众过上一个祥和的节日。

漳州市云霄局组织人员对辖区内多家超市开展节前粽子专项检查;长泰局加强对节日期间热销食品重点生产企业的巡查力度,规范整治滥用食品添加剂和使用非食品物质生产加工食品违法行为。(办公室综合)

【质监服务】

宁德市局采取三项措施为"电机博览会"保驾护航

为保障6月23日"首届海峡两岸电机电器博览会"顺利召开,宁德市局采取三项措施,积极服务该项工作。一是确保特种设备安全运行。开展安全大检查,全市共出动执法人员367人次,检查公园、宾馆、商场等人密集场所特种设备安全,发出特种设备安全监察指令书4份;召开了18次特种设备宣传培训会,培训948人次,全面提高了操作人员安全意识;开辟了重点企业服务"绿色通道",实现特种设备安装、监检一条龙服务。二是全面保障食品安全。下发《关于加强首届海峡两岸电机电器博览会食品安全工作的通知》,共出动执法人员384人次,巡查139家肉制品、水产品、饮料、食用油等食品企业2遍,抽

检 76 批次,有效保障了食品安全。三是深入开展"诚信计量"。加大对集贸市场、医疗卫生单位、加油站、眼镜店等与民生计量相关的诸多领域的巡查。出动执法人员 235 人次,查处 6 起加油机不合格案件,1 起超市定量包装不合格案件。(宁德市局)

思 考 题

1. 简报的含义与特点是什么?
2. 简报格式包括哪些内容?
3. 简报写作要注意些什么?

第二十四章 述职报告

述职报告是随着我国干部人事制度改革和岗位责任制的实行而逐步得到运用的一种事务性公文,是考核干部的一种重要方式。掌握述职报告的相关知识对于提高干部自身素质,提升干部公共形象具有重要意义。

第一节 述职报告概述

一、述职报告的含义

述职报告是领导干部向选举或任命机构、上级领导机关、主管部门及本单位的群众汇报自己在一定时期内履行职务责任的书面报告,是干部管理考核专用的一种事务性公文。

随着我国人事制度的改革,干部管理的方法也逐步增多,其中述职报告作为直接、高效、公开、透明和参与率高的一种考评方式日益得到广泛运用。现在党政机关和企事业单位普遍把述职报告作为考核干部和工作人员的一种方式。报告的用途也越来越广,选聘干部、晋升职称、竞争上岗都要写述职报告。近年来政府职能部门的负责人向各级人大常委会进行述职报告的日渐增多。

二、述职报告的特点

(一)内容的规定性

根据有关方面的规定,述职报告要从任某一职务以来或某一时段以来本人的德、能、勤、绩四方面来陈述。述职者要根据自己所在岗位的职责和目标,述说做了什么、取得了哪些成绩、工作效率如何、还有哪些地方存在着不足、工作上是否存在失误、工作作风如何等,不能离开自己的工作范围,不能漫无边际地东拉西扯。所以,述职报告的内容是有规定的。

(二)自我评价性

述职报告不仅反映所在单位工作的情况,还要侧重陈述自己在任职中做了什么工作,取得了什么成绩和经验,这些具有自我评价性的特点,要用第一人称来写。对于考核者来说,仅仅根据述职者对工作的陈述,还不足以对述职者的成绩做出客观的考核。因此,由述职者进行自评,就可以为考核者提供参考依据。

(三)公务性

述职是一种十分严肃的公务活动,述职报告作为干部考核、评优、晋升的一个重要依据,要求述职者必须客观地陈述自己履行岗位职责的情形,不允许随意夸大事实,甚至是虚构事实,更不允许刻意掩盖工作中的失误。

三、报告的分类

根据不同的标准,述职报告有不同的类型。

（1）从时间的角度来分,可以分为任期述职报告(对担任某一职务的整个任期内的总体情况予以汇报)、年度述职报告(对某一年度的任职情况予以汇报)、临时性述职报告(对某一临时任职的情况予以汇报)、阶段性述职报告(对任职后的某一阶段情况予以汇报)。

（2）从表达的方式来分,可以分为口头述职报告、书面述职报告。口头述职报告一般面向基层群众。书面述职报告一般也要在一定的范围内口述。

第二节　述职报告的格式

述职报告的格式包括标题、称谓、正文和落款四个部分。

一、标题

述职报告的标题有三种格式:一是只写"述职报告"这一文种名称即可;二是写明任职时间、职务和文种名称;三是用正标题概述报告的主要内容,副标题写明职务和姓名。

二、称谓

述职报告的称谓格式一般可写"×××考评组"、"××领导",一般口头述职报告可以用"各位领导"、"各位同志"等称呼。向人大常委会述职的,称谓格式要按照人大的惯例来写,一般用"主任、副主任、秘书长、各位委员"的称谓。

三、正文

述职报告的正文部分包括前言、主体和结尾三部分。

（一）前言

前言在概括叙述报告人的自然情况后,经常用"现将本人任职期内的情况报告如下"之类的转接语,以引出主体部分。

（二）主体

主体格式大致有以下三种。

（1）工作项目归类法。即把自己所做的工作按性质加以分类,如思想方面、工作方面、作风方面等,每类作为一个层次依次进行阐述。自己主持做的工作和协助别人做的工作要分开写。另外,对自己做出突出成绩的工作,有创造性、开拓性的工作要重点写,即在反映一般成绩时突出重点。一般性的工作、日常事务性工作要简单一点。

（2）时间发展顺序式。即把任期内的时间按先后顺序分成几个阶段来写,这种形式在任期述职报告中经常采用,因为任期时间较长,涉及面广,所做的工作和存在的问题较多,为了便于归纳总结,以展现工作的全貌,所以将一个时期的主要工作按时间分段,这样也便于在各个阶段中详细叙述所取得的成绩和经验。

（3）内容分类集中式。这种形式是最常用的,一般分为主要工作、突出成绩、经验教训、存在问题和对策措施等几部分。

（三）结尾

可以对自己做一个基本的评价,也可以简明扼要地写一下今后的打算。这些内容如果前面已经说过,也可以不写结尾部分。

四、落款

常用"以上述职,请予审议"、"述职完毕,请批评"、"以上是我的述职报告,请指正"等模式化用语作为结束语收束全文。

署上姓名和日期。如姓名已出现在标题下,则不能重复使用。

第三节　述职报告的写作

述职报告的写作包括标题、称谓、正文和落款的写作。标题、称谓和落款的写作一般比较固定,易于掌握。因此,要重点掌握正文的写作。正文的写作要掌握前言、主体和结尾的写作。

一、前言和结尾的写作

前言的写作应首先简明扼要地介绍一下述职者个人的任职时间、负责某项工作、职务责任及工作是否称职等情况,然后再概括性地叙述一下任期内的主要成绩,并做一个自我的总体性评价。

结尾的写作根据主体内容而定。必要时,可以安排一个专门的结尾部分,对自己做一个基本的评价或谈谈自己工作中的体会或提出今后的打算。如果这些内容主体已经说过,也可以不写结尾部分,而直接结束全文。

二、主体的写作

主体是述职报告的核心部分。这部分要写清楚自己做了哪些具体工作,工作的数量是多少;自己的职责是什么,是否能履行职责;办事的效率如何,是否收到了满意的效果;任职期间的目标是什么,是否实现了预定的目标;外部评价如何,是否受到表彰和奖励。具体工作的陈述在述职报告中占据主导地位。存在的问题必须写,它是述职报告必不可少的部分,要客观真实,但也不要小题大做。未来设想也就是努力方向,写这一部分的目的是让他人了解你对以后的工作是否有全面的设想和明确的目标。

三、写作要求

(一) 实事求是,切忌空谈

写述职报告的目的是让别人知道你在任职期间做了什么工作,效果怎样,所以要用真实具体的材料来反映工作实绩,只有这样才能真实地体现出述职者的工作情况,因此,述职要实事求是,不能夸大事实,更不能无中生有、自我吹嘘。

(二) 突出重点,分清主次

述职报告一般要求全面、具体,但也要注意不能把述职报告写成不分主次的"流水账",因此,述职报告要突出重点,分清主次,把主要成绩或问题讲透彻就可以了,不能面面俱到。

(三) 文风朴实,个性鲜明

述职报告要文风朴实,用事实说话,不要追求文字上的华丽,以词害义。同时,述职报告要突出个性特征,有自己的工作特色和工作作风,只有这样才能给听众留下深刻的印象。切忌用套话、空话、大话来敷衍成篇,那样势必影响上级领导和群众对述职者工作实绩的肯定。

第四节　例　　文

[例文1]

述职报告
江苏省发展计划委员会主任　钱某某

主任、副主任、秘书长、各位委员:

我于1996年4月任省计划与经济委员会主任,1998年换届连任,2000年机构改革原计经委分设后,任省发展计划委员会主任至今。7年来,在这个宏观经济的重要岗位上,我深感责任重大,主要是工作范围广、任务重、要求高,事关全省国民经济与社会发展的全局。为此,我全身心投入本职工作,勤勤恳恳,尽责尽力,没有辜负党和人民的期望。遵照省人大常委会的要求,现将1998年以来本届任期内的工作和思想情况作述职报告,不当之处,请各位批评帮助。

一、关于履行职责的情况

(一)抓好发展第一要务

1998年以来,我作为综合经济管理部门的负责人,认真履行职责,在总体安排全省国民经济和社会发展,当好省委、省政府参谋的同时,集中力量抓好发展第一要务,主要抓了以下五个方面的重点工作。

(1)精心编制"十五"规划。"十五"规划是江苏发展全局的大事。从1999年开始,由我负责组织专门班子进行"十五"规划的编制工作,首先开展43个专题的系统调研,为规划提供了翔实资料和决策建议。在省委、省政府领导下,历时两年多,我们提出了《江苏省国民经济和社会发展第十个五年计划纲要》,于2001年初经省九届人大四次会议正式通过。同时配套编制了10个专题规划。

……

(2)制定年度计划提高发展稳定性。制定年度计划是计委的主要职能,每年9月起,我就开始部署下一年度发展计划的制订工作,通过调查研究,分析经济发展形势,综合平衡年度计划预期目标,重点研究新的决策措施,为省委、省政府提供计划安排意见,向每年的省人代会作出报告。

……

(3)抓住机遇调整经济结构。改革开放以来,我省经济发展迅速,经过系统分析,我认为主要是抓住了两次机遇,即80年代发展乡镇企业的机遇和90年代发展外向型经济的机遇。1998年后经济发展进入转型时期,针对买方市场和通货紧缩的出现,我提出要把经济结构调整作为江苏发展的第三次机遇,这一建议得到省领导的肯定,并在全省达成了共识,这几年结构调整已初见成效,对经济稳定增长起到了关键作用。中央在"十五"发展建议中提出要对经济结构进行战略性调整,这是工作的主线,对此江苏是最早提出的省份。

……

(4)大力扩大投资需求。

……

为扩大投资,我着重抓好两个方面:第一,争取国债项目,由于江苏项目前期准备比较充分,1998年至今我省共争取国债项目306个,总投资937.4亿元,其中国债资金155.59亿元,这批项目事关江苏基础设施建设,支持农业、工业、高新技术、城市和社会事业发展,对经济增长起到重要作用。第二,组织重大建设项目,1998年以来我们全力推进高速公路、铁路、长江大桥、机场、港口、核电、城乡电网、通信网络、天然气、重大工业基建和社会事业等数百个大型项目的建设。

......

(5) 积极推进苏北地区发展。

......

去年我先后两次带领计委处室负责人到苏北现场办公,帮助苏北五市解决一批实际问题,将重大建设项目和资金尽可能地向苏北倾斜。今年初我又带领南京的大专院校、科研机构到苏北洽谈科技项目,促进成果转化,有 270 多个项目得到了落实,较好地满足了苏北发展对科技成果的需求。在我的倡导下,省计委扶贫点丰县建立了"中华果都网",通过电子商务远销海外,成效显著,得到了广泛的好评。

(二)切实推进依法行政

我委一直重视依法行政,为规范行政行为,委党组制定了《江苏省发展计划委员会依法行政规定》,使依法行政有了具体的要求和标准。

(1) 加强法制宣传。我委建立了以主要领导为组长的全省计委系统法制宣传教育领导小组,制定了普法五年规划和年度计划,开展形式多样的普法教育活动。

......

(2) 认真立法执法。近几年,我委积极参与立法工作,认真起草了多部地方性法规和政府规章,包括《江苏省企业技术进步条例》、《江苏省机电设备招标、投标管理暂行办法》、《江苏省节约能源条例》等,目前正在起草的《江苏省重大项目稽查办法》拟在今年出台。

......

(3) 积极清理不符合 WTO 规则的规范性文件。

......

(三)认真执行人大决议和办理代表建议

(1) 实施目标管理。

......

(2) 全力办好代表建议。

......

(四)加强机关作风建设

(1) 开展"双创双争"活动。

......

(2) 坚持改革创新。

......

(3) 高度重视党风廉政建设。

......

(五)搞好领导班子自身建设

......

二、工作中存在的问题和努力方向

多年来,省国民经济和社会发展取得了可喜的成就,我本人在工作实践中也有了新的提高,取得了一些经验和成绩。但与时代发展的形势相比,与领导和同志们的要求相比尚存在许多差距和不足,主要的问题是:

第一,对全局性长远性的重大问题系统研究不够深入。

......

第二,宏观经济发展中注重经济增长质量不够。

......

第三,抓行政职能转变力度不够。

......

第四,在推进区域协调发展等方面进展速度不够。

……

第五,机关内部建设尚有薄弱环节。

……

存在上述问题,我作为一把手要负主要责任,主要原因:一是思想解放不够,长期受计划经济思想束缚,习惯于沿袭传统的管理模式和工作方法,缺乏大胆创新的精神。二是深入调查研究不够,在机关忙于事务,参加会议多,活动多,没有用足够的精力对全局性战略性问题进行系统的调查研究,影响了决策和工作的深度。三是党性修养不够,对干部教育和管理失之于宽,特别是对身边的人员监督管理不严,违纪现象仍有发生。所有这些都必须认真对待,切实改进。

为此,我提出新的努力方向:(1)加强学习,不断提高自身素质,以适应新的发展需要;(2)与时俱进,改革创新,加快计委系统的职能转变;(3)深入实际,强化系统研究,在宏观上更好地把握全省经济和社会发展;(4)加大力度,推进重大决策和重点项目的实施,在落实上多花工夫;(5)严格管理,进一步搞好机关和干部队伍的建设。

主任、副主任、秘书长、各位委员,回顾五年来的工作,各位领导和同志们对我和省计委工作的大力指导与支持,我表示由衷感谢! 我将进一步认真反思自己的工作和思想,实事求是地总结经验教训,诚恳听取评议意见,增强履行本职工作的责任感和使命感。我将与时俱进,恪尽职守,竭尽全力完成党和人民交给我的光荣任务!

以上报告,请予审议。

二〇〇五年九月六日

思　考　题

1. 述职报告的含义与特点是什么?

2. 述职报告的格式包括哪些内容?

3. 述职报告的写作要求是什么?

第二十五章 公　　示

2000 年中共中央办公厅下发的《深化干部人事制度改革纲要》中,提出了"地厅级以下领导干部(特殊岗位除外)的选拔任用,普遍实行任前公示制"的要求,继而中共中央组织部下发了《关于推行党政干部任前公示制的意见》,进一步完善、规范了任前公示制。伴随着"公示制"的推行,一种新的文种——"公示"也应运而生了。"公示"既可以看成是一种制度,也可以看成是一种文体。或者说,"公示制"的实践载体就是"公示"这种文种。

第一节　公示概述

一、公示的含义

作为一种应用文体,公示的含义目前还没有统一的说法。

根据"公示"的应用情况分析,"公示"的内容是"适用于在一定范围内公布社会各有关方面有权知晓而且被期望作出相应反馈的事项";"公示"的形式一般采用书面形式,以公文方式张贴在布告栏里,或者发布在网络、报刊、电视等媒体上;"公示"的前提是"拟办的重大事情或者经过领导层讨论后形成了结论";"公示"的目的是"通过把群众应该知晓的事情公开出来,让尽可能多的相关群众直接看到、听到,经过充分地讨论,及时将不同的意见反馈上去"。简言之,公示是向社会或有关单位及人员公开某一信息,以征询公众的意见,接受社会监督的事务性公文。

尽管"公示"是随着干部人事制度改革应运而生的应用公文,但它绝不仅限于党政干部任前公示,其适应范围越来越广泛,使用的频率也比较高。无论是党政机关,还是企事业单位,在作出决策或议事时都会利用"公示"把结果向社会或有关单位及人员公开,广泛征询公众意见,接受群众监督。如党政干部任前公示、选拔后备干部公示、公务员录用公示、评先选优公示、行业收费价格公示、招投标公示、结果公示等。"公示"的实行,保障了群众的知情权和参与权,利于政务公开公平公正,避免了失误,对于政治、经济、文化与社会的和谐发展起到了积极的推动作用。

二、公示的特点

(一) 公开性

公开性是公示的首要特点。公示是向群众公开与其相关事项的一种公开制度,通过报纸、电视、网络,甚至张榜等方式来实现群众的知情权。任前公示制规定"党政领导班子及党政工作部门领导成员的选拔任用应向社会公示;部门内设机构中层领导干部的选拔任用,原则上在其所在的工作部门(单位)或系统内进行公示,也可根据岗位特点在更大范围内公示;易地交流提拔任职的干部,在原工作所在地或单位公示"。

(二) 告知性

告知性是公示的应用性特点。公示就是要把与群众相关的事项让群众了解、知晓,以争取群众支持、赞成其作出的决策或采取的措施;或取得群众谅解,以实现决策或执行单位的目标。任前公示制规定"需向社会公示的,一般通过报纸、电视、广播等新闻媒体发布公告;在部门(单位)或系统内公示的,可采取发公示通知或会议公布、张榜公告等形式进行。无论采取哪种方式,都要让群众及时了解公示内容,并为群众广泛参与创造条件"。

(三)民主性

民主性是公示的本质特点。公示是民主制度的一种实现形式,是民主管理社会事务,实现社会公平公正的重要手段。任前公示制度就是把扩大民主从干部推荐、考察环节延伸到任用决策阶段,把民主参与的范围由部分干部扩展到广大群众,体现了坚持党管干部原则与充分发扬民主、走群众路线的有机结合。

(四)监督性

监督性是公示的显著特点。公示是把一定事项向社会公开,期待社会对公开事项进行讨论并提出各种意见或建议,以实现决策或管理的优化,是群众参与管理的重要形式。任前公示制就是将干部选拔任用工作置于广大群众的监督之下,遏制选人用人上的不正之风和腐败现象。

第二节　公示的格式

公示作为一种新型应用文书,目前在写作形式上还不尽统一。一般而言,以表格形式发布的公示,其格式往往较为简单,而以文件形式发布的公示,其格式则要相对复杂些。但无论是表格式公示还是文件式公示,一般都应包括标题、正文和落款三部分。

一、标题

公示的标题,也就是公示的题目。一般包括发布公示的机关名称、事项和文种等要素,不同要素的组合构成了不同的标题。常见的标题形式有以下三种。

(1)由"机关名称+事项+文种"组成。如《上海市市管干部提任前公示》。

(2)由"事项+文种"组成。如《关于甲级工程造价咨询企业资质延续的公示》。

(3)仅标明文种"公示"。

在通常的情况下,公示的标题应采用前两种形式,以便引起阅者注意,使人一看标题即知其主要内容从而准确迅速地把握公示的主旨。

二、正文

正文是公示的主体和核心部分,要将公示的内容准确明晰地告知受众。正文一般应分为前言、主体和结尾三部分。

(一)前言

前言是公示的"导语",将发布公示的目的、依据等事项清楚、完整地予以说明,让人一目了然。如干部任前公示,公示的前言必须叙述清楚依据什么政策和文件规定,经由怎样的民主推荐和民主测评以及人事考察等必经程序。公示前言反映了公示程序及内容的合法性,合适的前言令人对公示内容确信无疑,从而增强公示的说服力;反之,缺少前言则会损害公示的可信性,从而降低公示的说服力。在干部任前公示应用中,有些单位往往忽视公示前言,只是直接叙述拟任对象的基本情况,不说明公示目的、依据和背景,对其主要政绩或业绩也往往约略表述甚至不提,这是不妥当的。

(二)主体

主体是公示的核心部分,包括公示的具体事项、公示期限及联络方式。

(1)公示的具体事项。公示的具体事项由公示的内容决定,应该保证公示事项的完整性和真实性。如是干部任前公示,则应将拟任对象的基本身份情况包括姓名、性别、年龄、政治面貌、文化程度、工作简历、现任和拟任职务以及主要政绩或业绩等逐项予以说明,尤其是要重点写明其主要政绩或业绩,以便令公众了解和信服。

(2)公示期限。公示中要将公示的有效期限明确载明,一般以 7～15 天为宜,具体时间视实际情况而定。公示期限必须具体写明自何年何月何日起至何年何月何日止。

(3)联系方式。公示中必须载明有关公众反馈意见的致送对象及其地址、邮政编码、联系电话或传真等,要视具体情况如实载明。如公示的范围是本系统或本单位内部,则只写受理部门及联系电话,如公示的范围超出了本单位(系统),则要载明社会及公众普知常用的联系方式。

(三)结尾

结尾可对公示的相关事项做进一步说明。对公示内容可根据单位实际或专业特点作进一步的解释和说明,以便群众能够全面了解公示事项;同时,对公示联系方式也可作进一步的说明,对群众反馈方式或具体事项进一步进行规范和界定;最后,要强调对公示相关活动的法律政策规定,保证公示活动的合法性。也可用"特此公示"或"现予公示"字样结束正文。

三、落款

公示的落款一般应当包括两项内容:一是发布公示的机关或单位名称,要写全称或规范化简称以示庄重、严肃(如以文件形式下发或张榜公布,还要加盖公章);二是发布公示的日期要写明完整的年月日。

第三节 公示的写作

公示是一种应用范围越来越广泛、使用越来越频繁的独立的应用文体,其写作方法与其他公文文种有明显差异。

一、公示的内容不宜用"公告"来发布

公告是国家行政机关向国内外宣布重要事项或法定事项时使用的公文。从发文机关看,公告是国家行政机关按照法律程序发布的,党政机关和企事业单位、人民团体一般无权发布公告;从发文的范围来看,公告告知的范围是"国内外",范围较大;从发文的内容看,公告所公布的内容是"重要事项或法定事项",具有确定性;从发文的目的看,公告重在告知,让国内外都知道,具有公开的告知性,没有征询意见、接受监督的因素。而公示的发布机关没有任何限制,不仅党政机关可以发布,企事业单位、人民团体也可以制发;公示发布的范围具有选择性,限于与公示内容有关的单位及人员,范围较小;公示的内容仅是对被公示对象情况的客观介绍,公示的事项还是未定事项;公示的目的不仅在于公开告知某一事项,更重要的是征询有关人员的意见,接受群众的监督,以便视情况加以调整或变更。因此,将公示的内容以公告的形式发布显然是不合适的,更不能"公示公告"一起用。

二、公示的内容不宜用"通知"来发布

通知是一种知照性公文,通知的事项是经过一定程序而确定了的。尽管在《条例》和《办法》中都明确规定。通知有任免人员的适用内容,但以通知的形式任免人员是已定的事实,而公示的事项是没有确定的,它不仅需要特定范围内的有关人员知晓,更重要的是广泛征询意见,以便上级机关作出定论。用通知发布公示事项,会给人"此事已成定论"的感觉,容易引起误解,这不是公示的目的。因此,公示事项用通知来发布是值得商榷的。

三、公示的内容不宜用"通告"来发布

通告适用于公布社会各有关方面应遵守或周知的事项。在周知事项方面,通告与公示虽然都具有公开告知的特点,但通告有时在一定范围内具有强制性和约束力,而公示在公开告知的基础上,是要达到征询意见、接受监督的目的,不具备强制性和约束力。因此,将公示的内容用"通告"采发布也是不合适的。

公示与公告、通知、通告之间有一致性,但它们之间也有相异性,不应将公示与公告、通知、通告等文种相混淆。公示具有公开性、告知性、民主性及监督性的特点,在公开性、告知性方面与公告、通知、通告有相同的一面,但公告、通知、通告却不具备民主性、监督性的特点,也就说三者都没有征询意见、接受监督的适用内容。因此,公示的内容不宜用公告、通知、通告来发布,而该用公告、通知、通告发布的内容也不能用公示来发布。

第四节　　例　　文

[例文 1]

上海市市管干部提任前公示

为在干部选拔任用工作中进一步扩大民主、广泛听取群众意见、把干部选好、选准,根据《党政领导干部选拔任用工作条例》规定,经市委研究决定,对下列同志进行任职前公示。

毛某某,男,1966 年 3 月出生,籍贯江苏通州,全日制大专,在职大学,法学硕士,工程师,1988 年 7 月参加工作,1987 年 1 月加入中国共产党。现任中共上海市科学技术工作委员会委员、副秘书长,市科教党校校长助理。拟任中共上海市科学技术工作委员会秘书长,试用期一年。

宫某某,男,1959 年 12 月出生,汉族,籍贯江苏扬中,全日制研究生,文学博士,教授,1976 年 2 月参加工作,2002 年 7 月加入中国共产党。现任上海戏剧学院研究生部主任。拟任上海戏剧学院副院长,试用期一年。

公示对象的公示时间为:2010 年 4 月 29 日—2010 年 5 月 10 日。

如对公示对象有情况反映的,可在公示期间向市委组织部反映。联系电话:12380,24021442(传真);联系地址:高安路 19 号市委组织部干部监督室(邮编 200031);网上举报:上海基层党建网 12380,举报网页:http://www.shjcdj.cn。

我们将严格遵守党的纪律,履行保密义务。为便于对反映的问题进行调查核实,请在反映问题时,提供具体事实或线索,并请提供联系方式,以便我们将核实情况作反馈。

中共上海市委组织部
2010 年 4 月 29 日

[例文 2]

广东省政府质量奖获奖初选企业公示

经广东省政府质量奖评审委员会审定,珠海格力电器股份有限公司、广东格兰仕集团有限公司、美的集团有限公司、中兴通讯股份有限公司、宜华企业集团有限公司为首届省政府质量奖获奖初选企业。按照《广东省政府质量奖评审管理办法(试行)》要求,现予以公示,接受社会各界的监督,公示时间为 2009 年 12 月 1 日—10 日。公示期间,省政府质量奖评审委员会秘书处受理单位或个人的申诉(不受理匿名申诉,逾期申诉无效)。以单位名义申诉的,须盖公章并提供联系人姓名和电话;以个人名义申诉的,须提供身份证复印件(传真件),并提供联系电话。对证据确凿、有事实依据的申诉,经过调查核实后,将按有关规定进行处理。

联系地址:广东省广州市海珠区南田路 563 号 509 室

邮政编码:510220

联系电话:020－84237557

邮箱地址:84237557@163.com

联系人:胡某某

广东省政府质量奖评审委员会
二〇〇九年十二月一日

[例文 3]

关于甲级工程造价咨询企业资质延续的公示

根据《工程造价咨询企业管理办法》(建设部令第 149 号)的有关规定,我部组织对甲级工程造价咨询企业资质延续材料进行了审核,为保证审核质量,广泛接受社会监督,现将审核合格的甲级工程造价咨询企业资质的企业名单予以公示(http://www.mohurd.gov.cn),公示时间从 2010 年 6 月 12 日至 2010 年 6 月 28 日。

公示期内,对公示内容有异议的单位及个人,可在公示期间向我部办公厅或标准定额司书面反映情况,举报或反映情况的应实事求是,并有具体事例、内容。单位反映情况要加盖公章,个人反映情况要签署真实姓名,并留下真实的联系电话、地址和邮编;我部对投诉单位或投诉人给予保密。公示企业名称有误的,应与初审资质管理机构取得联系,由初审资质管理机构报我部标准定额司。

任何借公示之名,要求公示企业参加任何公告并收取费用的行为,均与工程造价咨询企业资质延续无关系。

联系电话:标准定额司造价管理处　　　010—58933216

　　　　　办公厅受理办　　　　　　　010—58933774

联系地址:北京市海淀区三里河路 9 号

邮政编码:100835

附件:甲级工程造价咨询企业资质延续名单(略)

住房和城乡建设部办公厅
二〇一〇年六月十二日

[例文 4]

2009 年湖南省地税系统拟录用公务员名单公示

根据湘人发〔2009〕35 号文件的有关规定,经笔试、面试、体检、考察等程序,拟录用朱某等人为省地税系统公务员,现予以公示(名单见附件)。如有异议,请于公示期内(2009 年 11 月 23 日至 29 日)向相关部门反映,受理电话:0731—82219276(省人事厅公务员管理处),0731—88188722(省地税局人教处)。

湖南省地税局
二〇〇九年十一月二十三日

附件:2009 年湖南省地税系统拟录用公务员名单(略)

思　考　题

1. 什么是公示? 公示有什么特点?

2. 公示的格式包括哪些内容?

3. 公示写作要注意什么?

第二十六章　启　　事

启事是机关、企事业单位和社会团体或个人普遍使用的一种事务性文书,它形式多样,格式简便,效率明显,在社会生活中受到广泛的重视。

第一节　启事概述

一、启事的含义

启事是机关、企事业单位、社会团体或个人向社会公众说明情况、告知音讯或请求帮助时使用的一种事务性文书。

二、启事的特点

（一）公开性

启事主要用于向社会各界公开陈述或说明某些事项,目的是吸引和招徕公众参加。因此,常通过报纸、杂志、广播、电视或互联网甚至是张贴等形式发布。

（二）广泛性

启事的内容很广泛,可涉及社会生活的方方面面;使用对象也很广泛,可以是国家行政机关,也可以是企事业单位、社会团体,还可以是个人。

（三）回应性

启事需要接受者的回应,以达到其告之社会的目的。

（四）自主性

启事不具有强制性和约束力,接受者可以自主决定参与或不参与启事告之的事项。

三、启事的分类

根据启事的用途和目的,启事可分为寻人启事、寻物启事、招领启事、征订启事、开业启事、招聘启事、更名启事、庆典启事、租赁启事等。

第二节　启事的格式及写作

启事的格式由标题、正文和落款三部分组成。

一、标题

启事标题的格式有三种:一是由“机关名称＋事由＋启事”构成,如《中共河北省委宣传部招录机关工作人员启事》;二是由“事由＋启事”构成,如“中华颂”全国小戏小品曲艺作品大展征稿启事》;三是只有“启事”二字。

有些启事因时间紧迫或内容重要,一般在“启事”之前标注“紧急”或“重要”二字。启事一般排在最上端,字体大于正文字体。

二、正文

正文因启事所要说明的事项不同而有差异。总的要求是先用简练的文字说明情况,然后提出具体的要求或请求,写明联系地址、联系人,以达到发布启事的目的。

三、落款

在正文的右下方,写上单位或个人的名称,下一行再写明发布的日期。

第三节　例　文

[例文1]

中共河北省委宣传部招录机关工作人员启事

因工作需要,中共河北省委宣传部面向社会招录 15 名机关工作人员,其中宣传业务工作岗位人员 14 名,财务工作岗位人员 1 名。

一、基本条件

(一)宣传业务工作岗位人员报考条件

1. 政治坚定,品德优良,作风扎实,有较强的事业心、责任感和敬业精神;

2. 热爱党的宣传事业,具有一定理论功底和较强的公文写作能力,写作能力突出者优先录用;

3. 中共党员,全日制大学本科以上学历、学士以上学位,正科级以下职务,2 年以上工作经历,1978 年 1 月 1 日以后出生,身体健康;

4. 河北省范围内,具有公务员身份。

(二)财务工作岗位人员报考条件

1. 政治坚定,品德优良,作风扎实,热爱财务工作,有较强的事业心、责任感和敬业精神;

2. 持有会计从业资格证书,5 年以上财务工作经历,目前在财务岗位工作,具有较强财会业务工作能力和一定公文写作能力;

3. 中共党员,财会专业全日制大学本科以上学历、学士以上学位,1975 年 1 月 1 日以后出生,身体健康;

4. 河北省范围内,具有公务员身份。

二、招录考试程序

(一)宣传业务工作岗位人员招录考试程序

1. 报名。在规定时间内,持相关证件到指定地点报名。

2. 笔试。笔试内容为基本理论、时事政治、宣传业务、经济社会管理等方面综合知识和写作,以机关公文写作为重点。

3. 面试。对笔试成绩优秀者进行面试。

(二)财务工作岗位人员招录考试程序

1. 报名。在规定时间内,持相关证件到指定地点报名。

2. 笔试。笔试内容为财务工作知识和公文写作。

3. 面试。对笔试成绩优秀者进行面试。

三、报名要求

3 月 8 日至 3 月 12 日为报名时间。报名者到中国大酒店(石家庄市维明南大街与自强路交口东北角)指定房间报名。报名时需带:① 身份证原件及复印件 1 份;② 工作证原件及复印件 1 份(无工作证的,出具加盖本单位公章的证明);③ 学历、学位证书原件及复印件 1 份,报考财务岗位人员还需带会计从业资格证书;④ 近期 1 寸免冠照片 5 张。(《报名人员登记表》可从长城网 http://www. hebei. com. cn 下载填写)

联系电话:0311—87907720、87907745。

中共河北省委宣传部

二○一○年二月二十五日

[例文 2]

"中华颂"全国小戏小品曲艺作品大展征稿启事

2009 年,中华人民共和国将迎来六十华诞,山河起舞,普天同庆! 广大文艺工作者更是激情涌动,载歌载舞。为此,文化部艺术服务中心和中国剧协艺术发展中心将联合举办"中华颂"全国小戏小品曲艺作品大展,用丰富多彩、群众喜闻乐见的文艺形式,庆祝祖国六十华诞,表达万众心声。有关事项如下:

一、主题:歌颂伟大的祖国、伟大的党和伟大的人民,展现多姿多彩的生活面貌,激发人们对祖国的无比热爱和无私奉献。

二、内容:内容和题材不限,凡符合上述主题的作品均可应征。

三、形式:小戏、小品、曲艺、舞蹈台本等。

四、要求:短小精悍(5000 字以内),情感饱满,富有生活和艺术气息;创作时间不限,发表与否不论。注明工作单位和详细地址、邮编、电话,并附 100 字以内的个人简介(来稿一律不退,请自留底稿)。

五、评奖:由主办单位及有关专家组成评委会,从来稿中评选出等级奖和优秀作品奖 100 名,颁发荣誉证书、奖杯和奖品,并向有关艺术团体推荐演出。

六、活动:2009 年 10 月在北京举办颁奖会和笔会,邀请获奖作者参加,并请专家授课。

七、出版:获奖作品和部分优秀作品将结集出版,并向《剧本》、《曲艺》等杂志推荐发表。

八、时间:自即日起至 2009 年 8 月 31 日止。

来稿请寄:北京市呼家楼邮局 01 信箱·"中华颂"大展办公室

邮编:100020

电话:010—65584278、65583536

E-mail:zhs60@126. com

联系人:杜　某　李某某

文化部艺术服务中心

中国剧协艺术发展中心

二○○九年五月十三日

思　考　题

1. 启事的含义与特点是什么?

2. 启事的格式包括哪些内容?

3. 从实际工作中寻找素材写一则启事。

第二十七章　信件类公文

信件类公文是事务性公文中最不规范的一种。它使用时间短,存档价值小,大多不印刷,往往仅制一件,时过境迁即失去作用。但在社会生活中,信件类公文应用广泛,起着其他公文不可替代的作用。这里仅介绍常用的感谢信、慰问信(电)和贺信(电)三种信件类公文。

第一节　感　谢　信

一、感谢信的含义

感谢信是向帮助、关心和支持过自己的集体(党政机关、企事业单位、社会团体等)或个人表示感谢的信件类公文,有感谢和表扬双重意思。它广泛应用于个人与个人之间、个人与组织之间、组织与组织之间,用以向给予自己帮助、关心和支持的对方表示感谢。写感谢信既要表达出真切的谢意,又要起到表扬先进、弘扬正气的作用。这种信可以直接给对方或对方所在单位,也可以张贴在对方单位内或所在地的公共场所,对影响较大、事迹突出的还可同时将感谢信送交报社刊登或电台广播。

二、感谢信的特点

(一)感谢对象要确指

感谢信要有确切的感谢对象。一篇感谢信只能有一个或一类感谢对象,感谢信的内容也要集中在一个或一类感谢对象身上,以便让大家都清楚是在感谢谁。

(二)叙述事实要具体

感谢信中叙述感谢对象的事迹要真实、具体、明确,这种事实(迹)给自己带来的帮助或影响也要在感谢信中有具体的叙述,否则就会显得抽象空洞。

(三)感情色彩要鲜明

感谢信的致谢色彩强烈鲜明,言语里充满感激之情。感谢信中提及的事实不仅令自己感动,而且使看到感谢信的人也能受到感动和激励。

三、感谢信的格式

感谢信的格式一般包括标题、称谓、正文、结尾、致敬语和落款等六部分。

(一)标题

第一行正中写"感谢信"或"致×××××的感谢信"或"×××××致×××××的感谢信",字号要大于正文的 3 至 5 倍,如《中共玉树州委州人民政府致社会各界的感谢信》。

(二)称谓

第二行顶格写明"受信人"的名称并加冒号。"受信人"为个人的,要在名字前加"尊敬的"之类的敬语,名字后可加"先生"、"女士"或职务等,以示尊重。如"尊敬的抗震救灾志愿者朋友们"。

（三）正文

第三行空两格之后是正文部分。正文内容一般按照"理由—事实—意义"的三段论结构进行写作。"理由"部分一般叙述写感谢信的原因。"事实"部分一般叙述被感谢方的先进事迹和得到被感谢方的帮助或关怀所带来的客观影响及社会效果。"意义"部分在表达感激之情的同时称颂对方的品德和行为,顺便谈到今后如何以对方为榜样,以实际行动答谢对方、答谢社会。

（四）结尾

结尾处写一句感谢、敬意的话。如果正文中已有类似的话或相同的情感表达,可省略。

（五）致敬语

如果是个人发出的感谢信,最后要写上"此致……敬礼"、"致以……最诚挚的敬意"等致敬语。一般是致敬语前半截"此致"连接正文或另起一行空两格,后半截"敬礼"另起一行顶格写。

（六）落款

在右下方署上致谢单位名称或个人姓名,下一行写上发信的年、月、日。如果标题中已有致谢单位名称,也可不写致谢单位名称,但发信时间(年月日)不能省略。

四、感谢信的种类

感谢信依据不同的划分标准有不同的分法。

（一）按感谢对象的特点来分

(1) 写给集体的感谢信。这类感谢信,一般是某一个人或某个地区(单位)处于困境时,得到了集体的帮助,并在集体的关心和支持下,自己最终克服了困难,渡过了难关,摆脱了困境,所以要用感谢信的方式表达自己的感激之情。

(2) 写给个人的感谢信。这类感谢信,一般是某个人或某单位(集体)为了感谢某个人曾经给予的帮助、关心和支持而写的。

（二）按感谢信的存在形式来分

(1) 公开张贴的感谢信。这类感谢信可以张贴在对方单位内或所在地的公共场所,对影响较大、事迹突出的还可同时将感谢信送交报社刊登或电台广播。

(2) 寄给单位、集体或个人的感谢信。这类感谢信直接寄给单位、集体或个人。

五、感谢信的写作要求

（一）内容要真实,评誉要恰当

感谢信的内容要真实而具体,人物、时间、地点、事件、结果等要素齐全准确,让人感觉到事实的确如此,合乎逻辑、合情合理;表达谢意,给对方的评价,语言要中肯、平实,不能使人感到言过其实和虚伪造作。

（二）语气要亲切,感情要真挚

感谢信的语气要亲切、诚挚,充满感情,用语应符合双方的身份和社会交往的习惯。

在叙述事实的过程中,除了要突出对方的善举义行和表示谢意外,行文还要始终饱含着感情,这感情要真挚、热烈,使所有看到信的人都受到感染。

(三)篇幅要适度,叙事要精练

感谢信的内容以主要事迹为主,详略得当,篇幅不能太长,点到为止。感谢信的语言要精练、简洁,遣词造句要把握好一个度,不可过分雕饰,否则会给人一种不真实、虚伪的感觉。

六、例文

[例文1]

中共玉树州委州人民政府致社会各界的感谢信

支援玉树抗震救灾的广大救援人员、志愿者和社会各界人士、港澳台同胞、海外侨胞及国际友人:

2010年4月14日7时49分,玉树藏族自治州玉树县发生7.1级地震,造成重大人员伤亡和财产损失。"地震无情,人间有爱。"在全州抗震救灾的紧急关头,党中央、国务院、全国各族人民及社会各界心系灾区,情牵藏族同胞,及时从大江南北、长城内外伸出援助之手,送来真挚的爱。千里驰援、生死营救,创造了战天斗地的奇迹,谱写了民族团结的壮歌。各方各界的无私帮助,慷慨支援,使我们倍感温暖,极大地鼓舞了灾区人民战胜灾难的斗志和勇气。抗震救灾斗争使我们更加深切地感受到:祖国大家庭最温暖,民族大团结最有力,人民子弟兵最可爱,赤子之心最宝贵,匹夫之责最可敬。在此,我们谨代表地震灾区和三江源头的35万各族人民群众,向支援玉树抗震救灾的广大救援人员、志愿者和社会各界人士、港澳台同胞、海外侨胞及国际友人表示最衷心的感谢并致以最崇高的敬意。

当前,正值玉树抗震救灾的关键时期,任务艰巨,困难很多,压力很大。但我们坚信,有党中央、国务院的亲切关怀,有青海省委、省政府的坚强领导,有全国各族人民及社会各界的大力支持,有全州各族干部群众的共同努力,我们一定能够战胜这场地震灾害,夺取抗震救灾的全面胜利,重建美好家园——新玉树!

中共玉树州委　玉树州人民政府
2010年4月20日

[例文2]

感谢,因为有您!
——致全体抗震救灾志愿者的感谢信

尊敬的抗震救灾志愿者朋友们:

2008年5月12日14时28分,汶川特大地震突然袭来,地动山摇,举国震惊,给人民生命财产造成巨大损失。

在抗震救灾的关键时刻,广大志愿者积极奔赴一线,不顾个人安危,不计个人得失,全力投入救灾。你们始终与灾区人民心相通、情相连、难同担,深刻诠释了"一方有难、八方支援"的同胞情谊,全面展示了"团结、奉献、互助、友爱"的志愿精神,你们的义举也极大地鼓舞了我们战胜特大地震灾害的信心和勇气。

在灾难发生已整整一个月的特殊时刻,尽管一句简单的"谢谢"根本无法表达我们的感激之情,我们还是想用这种质朴的方式来表达深深的谢意。

感谢,因为有您……

这三十天,是如此漫长而又分秒必争,是如此困难而又充满希望。是你们,在最危险的抗震救灾一线,连夜奋战,拼死搜救幸存者;是你们,在最紧张的临时伤员治疗点,救死扶伤,精心照顾着灾区群众;是你们,开来自己的挖掘机、大吊车、出租车、私家车,默默奉献;是你们,在灾民集中安置点搬运物资、搭建帐篷板房、安抚灾民,传递着爱心和温暖……因为有您,灾区群众看到生活的希望;因为有您,灾区群

众树起重建家园、恢复生产的信心。

感谢,因为有您……

这三十天,充满着泪水和伤痛,也凝结着祝福和感动。因为有你,一次次分秒必争的生死营救,彰显出生命至上的人间大义;一个个忙碌的志愿者身影,表达着血浓于水的无限情谊;一句句真切的鼓励,铸就成战胜灾害的坚定信念。你们的壮行义举,我们不会忘记! 你们的深情厚谊,四川将永远铭记!

感谢,因为有您……

这三十天,虽人间有难,但大爱无疆。你们的勇敢与顽强,你们的执著与忠诚,你们对灾区无私无畏的付出,终将让满目疮痍的灾区绽放出美好的生命之花。

灾难可以摧毁我们的家园,却摧毁不了我们的意志,因为有你们和我们在一起! 我们将振作精神,抛弃畏惧;我们将擦干泪水,选择坚强! 我们坚信,在党中央、国务院、中央军委的坚强领导下,有全国人民的强大支援,我们将团结一心、众志成城,自力更生,艰苦奋斗,共同夺取抗震救灾的最后胜利,重建社会主义美好新家园!

四川青年志愿者协会

2008 年 6 月 12 日

第二节　慰问信(电)

一、慰问信(电)的含义

慰问信(电)是以组织或个人的名义向成绩突出或受到困难、挫折的地区、单位或个人表示关怀、问候、慰劳、致意和安慰的信件类公文。

二、慰问信(电)的格式

慰问信(电)的格式一般包括标题、称谓、正文、结尾和落款等五部分。

(一)标题

第一行正中写"慰问信(电)"或"×××慰问信(电)"或"致×××的慰问信(电)"或"×××致×××的慰问信(电)",如《中共四川省委省人民政府致中共广西区委区人民政府的慰问电》。

(二)称谓

第二行顶格写"受信人"名称并加冒号。如果"受信人"是个人,个人姓名之前可加"敬爱的"、"尊敬的"等字样,之后可加"同志"、"先生"、"女士"等,以示尊重,如"驻粤中国人民解放军和中国人民武装警察部队全体官兵,全省红军老战士,军队离退休干部,烈军属,残疾军人,转业、复员、退伍军人"。

(三)正文

第三行空两格起,写慰问的主要内容。要先用简练的文字交代慰问的原因,然后具体叙述对方的感人事迹或遇到的困难或挫折,对取得成绩的要充分肯定,对遇到困难和挫折的要鼓励和安慰。

(四)结尾

结尾处一般用一句勉励与祝愿的话结束全文。如果正文中已有类似的话或相同的情感表达,可省略。

（五）落款

在右下方署上发信（电）人的名称或个人姓名，下一行署上发信（电）的年、月、日。

三、慰问信（电）的种类

慰问信（电）适用范围比感谢信广，主要有以下三种类型。

（一）表彰慰问

慰问在社会主义现代化建设中或在突发事件或自然灾害中作出重要贡献的单位或个人，并表彰其先进事迹。

（二）遇灾慰问

慰问在某种原因（如事故、灾害、疾病）中遭受损失、受打击的广大群众或个人及单位，鼓励他们迎接挑战、战胜困难。

（三）节日慰问

逢年过节，向有关人员表示慰问，祝贺他们节日快乐。

慰问信（电）的内容应根据时间、事件和对象不同有所区别。如上面三种情况，由于各自的对象和目的不同，有的赞扬在现代化建设中的有功之臣，有的慰藉勉励受灾群众，有的慰问各条战线中的无名英雄。写法要因慰问对象而变化，不能千篇一律。

四、慰问信的写作要求

（一）对象要明确

慰问信的内容要根据写信的目的和收信的对象来确定。如一地方政府慰问另一地方政府，可以说："向你们并通过你们向受灾地区和群众表示亲切的慰问！"

（二）感情要真挚

应以高度的政治热情，赞颂、关怀或慰勉对方，使人受到鼓舞。

（三）期待要殷切

如"望多休息，并注意以后在工作中节劳为盼"。

（四）语言要亲切

慰问信（电）的主题是向对方表示慰问，语言要精练、朴实、亲切、诚恳。可适当运用抒情的表达方式，切忌用公式化、概念化的词语，也不宜套用刻板的行政公文语言。

五、例文

［例文1］

慰　问　电

烟台打捞局：

　　经过20余天的艰苦作业，你局于今年5月28日圆满完成了"SEA SUCCESS"轮的应急抢险工作，有力地维护了南北航线的通航安全及成山头海域的环境安全，为船东挽回了巨大经济损失，更是向世人展现了国家应急专业打捞队伍"关键时刻，冲得上去，捞得起来"的非凡能力和水平。在此，部救捞局向你们表示亲切的慰问并致以崇高的敬意。

　　险情发生后，你局根据部救捞局的要求和有关部门的请求，想国家之所想，急船东之所急，立即调集技术精湛的专业人员、精良的打捞装备赶赴现场，组织对其进行应急清障打捞作业。在作业过程中，你们克服了现场风浪大、作业环境复杂、卸货作业艰难等困难，通过制定科学打捞方案、合理调派专业人员,利用国际上先进的救捞专用软件技术,在较短的时间内完成了"SEA SUCCESS"轮的应急抢险工作,为交通运输部和救捞系统挣了光,添了彩。

近年来,你局先后完成了"奋威"轮、"畅通"轮和"SEA SUCCESS"轮等大型应急抢险打捞任务。这些任务的圆满完成,不仅为救捞系统赢得了荣誉,也为救捞系统可持续发展培养了一批应急抢险打捞人才。希望你局认真总结经验,勿忘使命,继续发扬吃苦耐劳、不畏艰苦的优良作风,紧紧围绕"加强应急救助、发展抢险打捞"这一中心工作,加快转变发展方式,为保障海上生命安全、环境安全、财产安全发挥应有的作用,为创建一个和谐安全的海上交通环境再建新功。

交通运输部救助打捞局

二〇一〇年六月一日

[例文 2]

中共四川省委省人民政府致中共广西区委区人民政府的慰问电

中共广西壮族自治区党委、广西壮族自治区人民政府:

近日,广西出现了大面积强降雨过程,强降雨导致部分地区发生严重洪涝灾害和地质灾害,给人民生命财产造成严重损失。在此,我们谨代表四川各族人民,向你们并通过你们向受灾地区和群众表示亲切的慰问!

灾情发生后,广西广大干部群众和解放军、武警官兵、民兵预备役人员全力以赴投入抗洪抢险救灾斗争,目前各项工作正有力、有序、有效开展。我们坚信,在党中央、国务院的亲切关怀下,在广西壮族自治区党委、政府的坚强领导下,通过广大军民的团结奋战,广西人民一定能够夺取抗洪抢险救灾斗争的全面胜利!

中共四川省委　四川省人民政府

2010 年 6 月 4 日

[例文 3]

中共广东省委广东省人民政府春节慰问信

驻粤中国人民解放军和中国人民武装警察部队全体官兵,全省红军老战士,军队离退休干部,烈军属,残疾军人,转业、复员、退伍军人:

值此 2010 年新春佳节即将来临之际,我们谨代表全省人民向你们致以节日的祝贺和亲切的慰问!

刚刚过去的一年,是很不平凡的一年。在党中央、国务院的正确领导下,广东省委、省政府认真贯彻党的十七大和十七届三中、四中全会精神,贯彻落实胡锦涛总书记在参加十一届全国人大二次会议广东代表团审议时和视察广东时的重要讲话精神,深入贯彻落实科学发展观,全力做好保增长、保民生、保稳定的各项工作,大力实施《珠江三角洲地区改革发展规划纲要(2008—2020 年)》,坚定不移实施"三促进一保持",努力使应对国际金融危机冲击的过程成为推动发展上水平的过程,成为为更长时期又好又快发展打基础的过程,推动各项工作取得新成效,在科学发展进程中迈出了新的步伐。这些成绩的取得,离不开驻粤部队的积极参与和大力支持。在此,我们代表全省人民向你们表示衷心的感谢和崇高的敬意!

在过去的一年里,驻粤部队贯彻党中央、国务院、中央军委的战略部署,高举旗帜、听党指挥、履行使命,军队革命化现代化正规化水平不断提高,履行使命的能力不断增强,实现了军队全面建设新跨越。驻粤部队始终牢记全心全意为人民服务的宗旨,大力弘扬听党指挥、服务人民、英勇善战的优良传统,积极支持我省经济社会建设,在地方重点工程建设、公益事业、抢险救灾、扶贫帮困、维护社会稳定大局、社会主义新农村建设和军民共建、创建双拥模范城(县)等方面做了大量卓有成效的工作。特别是在抗击洪涝、台风等自然灾害中,广大官兵冲锋在前,勇挑重担,充分发挥了先锋队和突击队的作用,为保卫国家和人民群众的生命财产安全作出了重要贡献,深受广大人民群众的拥护和爱戴。全省红军老战士、军队离退休干部、烈军属、残疾军人、转业复员退伍军人,保持革命本色,在各自的岗位上为我省经济社会发展作出了积极的贡献。

2010 年,是我省巩固应对国际金融危机阶段性成果、保持经济平稳较快发展的关键一年,也是科学发展由探索实践向全面深化转变的关键一年。我们要全面贯彻落实党的十七届四中全会、中央经济工作会议和胡锦涛总书记视察广东重要讲话精神,坚持"五个更加注重",落实"五个扎实推进",坚定不移调结构、脚踏实地促转变,切实加强党的领导,实现经济社会又好又快发展。我们将一如既往地支持国防和军队现代化建设,广泛开展科技拥军、智力拥军、文化拥军、法律拥军活动,帮助部队解决战备训练、执勤等方面遇到的实际问题;进一步落实拥军优抚安置政策,不断提高重点优抚对象的生活保障水平,继续推进退役士兵安置改革,妥善安置转业、复员、退伍军人,大力做好随军家属就业和军人子女入学入托工作;广泛开展创建双拥模范城(县)和军(警)民共建社会主义精神文明活动,进一步巩固和发展我省军政军民同呼吸、共命运、心连心的大好局面。

同志们,让我们更加紧密地团结在以胡锦涛同志为总书记的党中央周围,高举中国特色社会主义伟大旗帜,以邓小平理论和"三个代表"重要思想为指导,深入贯彻落实科学发展观,继续解放思想,坚持改革开放,发扬拥军优属、拥政爱民的光荣传统,同心同德,开拓进取,团结奋斗,扎实工作,为促进经济社会又好又快发展,全面实现"十一五"时期经济社会发展目标,努力当好推动科学发展、促进社会和谐的排头兵而不懈奋斗!

祝同志们节日快乐,身体健康,工作顺利,家庭幸福!

中共广东省委

广东省人民政府

2010 年 1 月 27 日

第三节　贺信(电)

一、贺信(电)的含义

表示祝贺、赞颂的书信(电报)叫做贺信(电)。它是行政机关、社会团体、企事业单位向作出杰出贡献、取得重大成就的组织或个人表示祝贺,或对某一重大会议的召开、某一重大工程的完成表示祝贺而写作的信件类公文。当今,贺信(电)已成为表彰、赞扬、庆贺对方在某个方面所作贡献的一种常用形式,它兼有表示慰问和赞扬的功能。

二、贺信(电)的格式与写作

贺信(电)的格式一般包括标题、称谓、正文、结尾和落款等五部分。

(一)标题

在第一行正中写上"贺信(电)"或"致 ××××的贺信(电)"或"×××× 致 ×××× 的贺信(电)",如《胡锦涛总书记致中国少年先锋队建队六十周年的贺信》。

(二)称谓

在标题的下行顶格写接受贺信(电)的单位或个人名称,并加冒号。如果受信人是个人,个人姓名之前可加"敬爱的"、"尊敬的"等字样,之后可加"同志"、"先生"、"女士"等,以示尊重。如"全国少先队员和广大少先队工作者"。

(三)正文

第三行空两格之后是正文部分。正文内容一般按照"背景—事件—祝贺"的三段论结构进行写作。"背景"的叙述要结合当前形势,说明对方取得成绩或大会召开的背景或条件。"事件"是发贺信(电)的原因,因此,要简略叙述对方取得的成绩及原因,充分肯定和热情赞扬对方取得的成绩及重要意义，还要有简要的评价性语言。祝贺会议的，要写出会议的重要性，祝贺寿辰的，要说明被贺者的贡献及优秀品质。"祝贺"的叙述要写出自己祝贺的心情，由衷地表达自己真诚的慰问和祝福，并要写一些鼓励的话，提出希望和共同理想。

（四）结尾

结尾处写表示祝愿的话，要求简洁有力。如对某某大会召开可用"表示热烈祝贺"、"祝大会圆满成功"等用语表示祝贺。如果正文中已有类似的话或表达过相同的情感，可省略。

（五）落款

在右下方署上发信单位名称或个人姓名，下一行写上发贺信（电）的年、月、日。如果标题中已有发信单位名称，落款也可不写发信单位名称，但发信时间（年月日）不能省略。

三、例文

［例文 1］

胡锦涛总书记致中国少年先锋队建队六十周年的贺信

全国少先队员和广大少先队工作者：

在中国少年先锋队建队 60 周年的时候，我代表党中央，向全国少先队员表示热烈的祝贺！向为红领巾事业付出心血和汗水的广大少先队工作者表示诚挚的问候！

少先队是我们党在新中国成立伊始创立的少年儿童群众组织。60 年来，在党的领导下，在共青团的带领下，少先队主动适应时代要求，充分发挥自身优势，广泛开展一系列适合少年儿童特点的活动，为促进少年儿童健康成长发挥了不可替代的重要作用。60 年来，在党的阳光雨露哺育下，在星星火炬照耀下，一代又一代少先队员开启了人生的奋斗航程，逐步成长为党和人民需要的合格建设者和可靠接班人，为推进我国社会主义革命、建设、改革事业作出了突出贡献。

经过 60 年的奋斗，中国特色社会主义事业取得了举世瞩目的巨大成就。要实现中华民族伟大复兴的宏伟目标，还需要一代又一代人长期艰苦奋斗。今天的预备队必将成为明天的生力军。希望全国少先队员牢记党和人民的重托，在德、智、体、美等方面全面发展，争当热爱祖国、理想远大的好少年，争当勤奋学习、追求上进的好少年，争当品德优良、团结友爱的好少年，争当体魄强健、活泼开朗的好少年，时刻准备着为建设富强民主文明和谐的社会主义现代化国家贡献智慧和力量。

少先队组织和少先队工作者要大力发扬优良传统，积极探索当代少年儿童成长规律，不断开创少先队工作的新局面。共青团组织要切实履行全团带队的光荣职责，更好地发挥少先队团结、教育、引导少年儿童的重要作用。

我相信，有党和政府的高度重视，有全社会的热情关爱，有全国少先队员的共同努力，星星火炬在发展中国特色社会主义的伟大进程中一定能够放射出更加灿烂的光芒！

2009 年 10 月 13 日

［例文 2］

北京奥组委致火炬接力珠峰传递登山队的贺信

2008 年北京奥运火炬接力珠峰传递登山队：

今天，你们成功登上珠穆朗玛峰，将奥运圣火高擎在世界最高峰峰顶，将五星红旗和奥运五环旗共同飘展在地球之巅，将奥林匹克精神带到了一个新的高度，为祖国赢得了荣誉，为奥林匹克运动增添了光彩！北京奥组委谨向中国登山队全体登山火炬手和教练员表示热烈的祝贺和诚挚的慰问！

你们在全国人民和世界人民的瞩目之下，发扬不怕艰险、团结协作、勇攀高峰的优良传统，克服了种种险阻,完成了奥运圣火珠峰传递的神圣使命,实现了北京在申办奥运会时的庄严承诺!

奥运圣火成功登顶珠峰的壮举为现代奥林匹克运动的历史写下浓墨重彩的一笔,将极大地鼓舞我们进一步振奋精神,扎实工作,全力以赴做好各项筹办工作,为实现有特色高水平奥运会贡献力量。

我们期待着登山英雄们的凯旋!

2008 年 5 月 8 日

[例文 3]

中共中央　国务院　中央军委贺电

总装备部、工业和信息化部、中国科学院、国家国防科技工业局、中国航天科技集团公司、中国电子科技集团公司并参加神舟七号载人航天飞行任务的全体同志:

在中华人民共和国成立 59 周年到来之际,神舟七号载人航天飞行获得圆满成功,中共中央、国务院和中央军委向圆满完成这次飞行任务的英雄航天员,向所有参加这次任务的广大科技工作者、干部职工和部队官兵表示热烈的祝贺和亲切的慰问!

神舟七号载人航天飞行圆满成功,实现了我国空间技术发展具有里程碑意义的重大跨越,标志着我国成为世界上第三个独立掌握空间出舱关键技术的国家。这是我国航天科技领域的又一重大胜利,是中国人民在建设中国特色社会主义伟大进程中取得的重大成果,对于增强我国经济实力、科技实力、国防实力和民族凝聚力,鼓舞全党全国各族人民夺取全面建设小康社会的新胜利、开创中国特色社会主义新局面具有重大而深远的意义,祖国和人民将永远铭记你们的历史功勋!

发展载人航天技术,和平开发利用太空,始终是中国人民的不懈追求,希望你们在以胡锦涛同志为总书记的党中央领导下,高举中国特色社会主义伟大旗帜,坚持以邓小平理论和"三个代表"重要思想为指导,深入贯彻落实科学发展观,大力弘扬"两弹一星"精神和载人航天精神,自力更生、艰苦奋斗、团结协作、拼搏进取,为继续推动我国航天事业发展,为实现中华民族伟大复兴不断作出新的更大贡献!

中共中央　国务院　中央军委
2008 年 9 月 28 日

思　考　题

1. 信件类公文主要包括哪几种? 它们的格式有什么规定?
2. 联系工作实际或假设某种情景,分别写一封感谢信、慰问信和贺信。

第四编 公 文 处 理

该编是本书的最后部分,包括第二十八章"公文处理"。

本编(章)对公文处理的概念、作用、任务、原则及机构进行了论述。对发文处理程序中的拟稿、会商、审核、签发、复核、缮印、用印、登记、分发等九个环节,对收文办理程序中的签收、登记、审核、摘编、拟办、批办、承办、催办、查办、注办等十个环节,进行了阐述。同时,对公文办毕处置过程中的清退、销毁、暂存、立卷、归档等内容也进行了详细的说明。

通过本编(章)的学习,能使秘书部门及秘书人员掌握公文处理的基本知识和技巧,增强公文处理的责任心,保证公文处理过程准确无误,进而提高办事效率。

第二十八章   公 文 处 理

第一节   公文处理概述

一、公文处理的概念

《条例》第三条规定:"公文处理是包括公文拟制、办理、管理、立卷、归档在内的一系列衔接有序的工作。"《办法》第三条规定:"公文处理指公文的办理、管理、整理(立卷)、归档等一系列相互关联、衔接有序的工作。"这些说明公文处理实际上就是围绕公文的收进与发出进行的一系列衔接有序的工作,是对公文从撰写制作、传递管理到最终归档或销毁的全部活动,或者说是一个完整的过程。

公文处理的步骤,从整体上说,是指在一个机关内部,由依次衔接、相互联系并彼此制约的一系列工作环节构成的公文处理体系,它揭示了机关内部公文运转处理的全过程。公文处理程序,具有确定性、连续性与规范性的特点。

公文处理是公文活动中非常重要的一环,并且是有特殊地位的一环,如果处理不好或出了问题,就会给工作带来很大的被动。因此,各级党政机关负责人要加强对公文处理的领导,确保公文处理工作顺利进行。《办法》第六条规定:"各级行政机关的负责人应当高度重视公文处理工作,模范遵守本办法并加强对本机关公文处理工作的领导和检查。"同时,各级党政领导还要身体力行地学习和执行《办法》,从思想上、组织上、制度上、物质上关心本机关的公文处理工作,加强对这一工作的督促检查与领导,使之不断发展完善。

二、公文处理的作用

行政公文处理是行政机关一项经常性的重要工作。它对于贯彻执行党和国家的有关方针政策,落实和实施重大决策,以及公文的正常运行,上情下达,下情上传,沟通左右关系,协调各项工作的进行,提高行政机关的职能作用,具有十分重要的作用。

(一)公文处理是各级党政机关实现管理职能的前提和基本方式

党政机关履行自己的管理职能,离不开大量有效的信息支持,因此,就需要直接地表现在对公文的依赖上。公文处理是沟通机关之间的纵向与横向联系,沟通机关与广大群众之间联系的有效形式,是机关实现管理职能的必要条件。

(二)公文处理是国家档案事业的基础

今天的公文就是明天的档案。档案的来源主要靠各级党政机关使用过的公文,公文的内容、格式、字迹等处理得规范与否,会直接影响到档案的质量。从这个意义上说,公文处理是国家档案事业的基础,公文处理的水平会制约或促进档案事业的发展。

(三)公文处理是机关联系的纽带

机关与机关的联系、沟通,公文具有不可替代的作用。通过公文处理:上级机关可以表达意图,行使职权,发号施令;下级机关可以下情上达,请示汇报,报喜报忧;平行机关可以联系业务、商洽工作,互通信息。

三、公文处理的任务

行政公文处理的主要任务包括拟制、传递、办理、管理。

(一)行政公文的拟制

行政公文的拟制,是任何行政机关、社会团体和企事业单位处理公务的必须工作,也是领导决策过程中的一项重要工作。因为公文是集体意图和领导思想的体现,直接反映一个单位和机关领导的政策水平、管理能力、领导艺术和工作作风。所以,行政公文的拟制,必须严肃认真,不可轻率马虎。

拟制行政公文,首先,拟制者要认真学习和深刻领会党和国家的方针政策。无论是拟制关乎全局性工作的公文,还是局部性工作的公文,都应与党和国家的方针政策相吻合而不能相抵触。这是保证公文质量的基本原则。其次,拟制者要熟悉本地区、本部门的客观实际情况,将党和国家的方针政策与本地区、本部门的实际结合起来。要认真做好调查研究工作,深入实际,实事求是地反映情况,使起草的公文有的放矢,切实可行,发挥应有的效用。再次,拟制者要熟练地掌握公文写作的基本知识。要符合规定的文种格式,不能随意标新立异,自搞一套;要完整、确切地表述内容,做到重点突出,结构严谨,文字简练,便于理解和贯彻执行,有效地处理公务。

拟制公文是一项艰苦的创造性的脑力劳动,拟制者只有不断提高自己的政治素质和业务水平,不断总结经验,才能充分发挥聪明才智,保证公文的质量。

(二)行政公文的传递

行政公文的传递,是行政公文处理中的一个重要环节。因为任何公文只有通过传递这一环节,才能送达受文机关,发挥公文的效用。

传递公文的要求,一要准确,就是准确无误地送达受文机关,不要误送、漏送和多送。二要快速,就是要讲求时效,及时传送,不遗失,不积压,不误时;要根据公文的缓急程度,急件急送,平件限时传送,切忌延宕时间;在传递传阅文件时要加快周转速度。三要保密,就是要严格遵守保密制度,确保公文传递的保密安全,根据公文的密级,在传递过程中都有相应的措施,杜绝一切泄密、窃密现象。

传递公文的方法，一般采用外邮、内传和电传三种。外邮即通过邮局渠道传递，多为非机密的普通公文。内传即通过机关内部机要交通传递，多属秘密文件和重要文件。电传即通过电讯手段传递。电传包括：电话传递（普通电话、保密电话、专线电话、无线电话等），电报传递（明码电报、密码电报），汉字电传（传真系统），电视传递（电视电话、闭路电视、电视传真）。电传时，要加强对有关工作人员的管理和保密工作的教育。《办法》规定："密码电报不得翻印、复制，不得密电明复、明电密电混用。""利用计算机、传真机等传输秘密公文，必须采用加密装置，绝密级公文不得利用计算机、传真机传输。"

（三）行政公文的办理

行政公文的办理，是保证公文正常运行、提高公文质量和效用的关键。根据《办法》的相关规定，公文办理分为收文和发文。收文办理一般包括传递、签收、登记、分发、拟办、承办、催办、查办、立卷、归档、销毁等程序；发文办理一般包括拟稿、审核、签发、缮印、校对、用印、登记、分发、立卷、归档、销毁等程序。

行政公文办理时，应注意以下几点。

（1）需要办理的公文，文秘部门应当及时提出拟办意见送领导人批示，或者交有关部门办理。对于紧急公文应当提出办理时限。

（2）承办单位应当抓紧办理，不得延误、推诿。对不属于本单位职权范围或者不适宜本单位办理的，应当迅速退回交办的文秘部门并说明理由。

（3）凡涉及其他部门或者地区的问题，主办机关应当主动与有关部门或者地区协商、会签。上报的公文，如有关方面意见不一致，应当如实反映。

（4）属于部门职权范围的事项，应当由部门自行发文或者几个部门联合发文。须经政府审批的事项，经政府同意后，也可以由部门发文，文中可以注明政府同意。属于要求解决的具体问题，应当按照部门职权范围直接报送有关主管部门处理。

（5）送请领导人指示或者交有关部门办理的公文，文秘部门要负责催办、查办，做到紧急公文跟踪催办、查办，重要公文重点催办、查办，一般公文定期催办、查办。对下发的重要公文，应当及时了解和反馈执行情况。

（四）行政公文的管理

行政公文都要严格管理。通过严格管理，使公文正常运行和合理利用，并确保安全。

公文管理的主要内容包括以下四个方面。

1. 分发与阅读

分发的公文，要经过严格的登记手续，一般只发组织，不发个人。要注意时限与密级。时限性强的公文，要及时分送；密级高的公文，要控制发送机关，并编号备查。

公文的阅读有一定的范围。要按有关规定办事，不得自行扩大阅读和传达范围。对传阅的公文要随时了解公文去向，加强催阅、清退制度。

2. 翻印与复制

行政机关的文件，未经制发机关的批准或授权，不得自行翻印与复制。经批准翻印或复制时，要注明翻印或复制机关的名称、翻印或复制的时间及份数，并向原发文机关备案。秘密文件的复制，须按规定履行批准手续，并建立严格的登记管理制度。复制的文件要有复制机关的标记，并按原本文件样子和要求管理。

汇编行政公文，须经制发机关的批准或授权。但上级机关汇编下级机关公文不受此限制。

3. 利用与保管

加强公文的管理,其根本目的是为了利用,充分发挥公文的效用,而公文的利用又对公文保管工作提出了更高的要求。文秘人员要对本机关现有公文、存档公文、余存和准备销毁的公文,分门别类地妥加保管,不断健全保管制度。机关撤、并,干部和文秘人员调动时,有关公文都应按规定保管和移交。

4. 清退和销毁

行政机关文秘部门,都应定期对收进和发出的公文列出清单进行清理和清退,并将清理和清退情况向上级机关报告。应清退的文件,要按规定和有关手续清退,不得自行处理。凡是不需要立卷和超过保管期限的文件,要定期销毁,不得散失。销毁秘密文件,必须履行登记手续,报经主管领导人批准,并由两人以上监销。

四、公文处理的原则

行政公文具有很强的政治性、政策性和实用性,因此在公文处理中要遵循以下几条原则。

(一) 执行政策

公文处理,要以党和国家的方针政策以及各项法令法规为依据,联系工作实际,正确贯彻执行有关政策和规定。在改革开放不断深化的新形势下,情况复杂多变,工作难度越来越大,公文处理的任务也越来越重,要求越来越高,这就要求文秘人员站在全局的高度观察形势,分析新情况研究新问题,在公文处理中更加自觉地执行政策。

(二) 实事求是

实事求是是我们党的优良传统,也是公文处理的基本思想原则。它要求公文处理时尊重客观事实,不搞主观臆断,不张冠李戴、移花接木、添枝加叶,一切从实际出发,如实反映客观事物的本来面目,讲求办文的实际效果。

公文处理坚持实事求是的原则,主要包括以下三个方面。

1. 加强调查研究,掌握全面而真实的情况

这是拟制公文的事实依据,是处理公文的基础和前提。任何虚假伪装和片面性,都会失去公文的效用。

2. 有的放矢,切实解决问题

任何公文的拟制和处理,要针对实际问题,实事求是地提出意见、措施和办法,加强公文的指导性和现实针对性,切忌空泛和不着边际的空文。

3. 公文的材料及有关信息要确凿可靠

有关单位和人名、时间、地点、事例与数据、成绩与缺点,都要有案可查,有证可对,经得起核实;各种信息资料,包括宏观信息与微观信息、上级信息与单位内信息、社会信息与国际信息,以及兄弟单位信息,都要来源可靠,言必有据。否则,材料与有关信息不准确、不可靠,就会造成工作的失误。

(三) 集中统一

集中统一是公文处理的组织管理原则。根据《办法》第三、四、五、六条的规定,集中统一的原则体现在以下三个方面。

1. 公文管理统一

各级行政机关的公文除承办单位外,其他环节都集中在办公厅(室)统一处理,并由办公厅(室)主任具体负责和统一领导,管理本机关并负责指导下级机关的公文处理工作。

2. 公文制度统一

各级行政机关的办公厅(室),根据《办法》的有关规定,结合本地本单位实际情况,统一制定公文处理工作制度,如文件登记制度、批办制度、催办制度、保密制度等,使本机关、单位的公文处理纳入制度化,有条不紊地统一处理。

3. 公文处理渠道统一

各级行政机关办公厅(室)应当设立专门机构或者配备专职人员负责公文处理工作,由他们统一掌管文件的收发、分办、传递、用印、立卷、归档、销毁。机关其他部门或其他人员不得擅自收拆、分发、用印或销毁文件。本机关其他部门代收的文件或代拟的文稿,都应统一由文秘部门登记处理。

(四) 优质精简

优质精简,改进文风,是公文处理的又一项重要原则。任何公文的处理,都要注意质量,控制发文量,有的放矢地解决实际问题。反对华而不实、空话连篇的不良文风,反对官僚主义、形式主义和文牍主义。

五、公文处理的管理机构

公文处理工作是机关日常工作的重要组成部分,是机关行使职权、开展工作的一种重要手段,涉及机关的上下左右、方方面面,以至从机关的领导到各个职能部门,都要参与公文的处理工作。为加强对公文处理工作的指导和协调,必须明确公文处理的管理机构及其职能,以提高部门的权威性。

为此,《办法》第七条规定:"各级行政机关的办公厅(室)是公文处理的管理机构,主管本机关公文处理工作并指导下级机关的公文处理工作。"由此可见,行政机关的办公厅(室)是本机关公文处理的管理机构,其基本职责包括:一是对本单位的公文处理工作实现领导;二是对下一级组织的公文处理工作实施指导。

在具体做法上,一般是由秘书长或办公厅(室)主任负责,主要侧重于方针、政策领导,需要根据党和国家或部门的中心工作,对公文处理提出原则要求或意见,并负责督促检查,组织协调。至于公文的起草、核收、分转、承办,即所谓公文的"出"和"进"则由办公厅(室)下设的文秘部门或专职人员负责处理。《办法》第八条规定:"各级行政机关的办公厅(室)应当设立文秘部门或者配备专职人员负责公文处理工作。"

所谓"文秘部门",通常是指在各级办公厅(室)专设的从事文件收发、传递、审核、制作等文件管理工作,也就是担负机关公文处理工作的专职机构。一些大中型机关大都在办公厅(室)下设专职文秘机构,如秘书、文电、机要、文印、收发、通信、档案值班处(室)等。这些机构的层次划分一般不超过两层,它们既可以是并列关系,也可在秘书或文电处下设几个室。实行分散型或复合型组织形式的一部分机关,在职能部门下的办公室内设置专职文秘机构,至少是配备专职文秘工作人员。小型机关特别是一些基层单位由于机构简单,一般不设文秘部门,而是由综合办公部门直接兼管,安排一两名专职人员负责日常的文秘工作。

《办法》第四十四条规定:"公文由文秘部门或专职人员统一收发、审核、用印、归档和销毁。"其主要职责是在办公厅(室)的领导下,承担机关日常的公文处理即收文办理、发文办理、公文管理等工作,为机关的整个工作和领导决策服务。为此,要求文秘部门及文秘工作人员必须以良好的心态及素质、以饱满的工作热情及强烈的工作责任感投入工作,与机关领导和职能部门保持密切联系,承上启下,沟通各方,熟悉情况,努力争取各个方面的大力支持,共同搞好机关的文秘工作。

第二节　发文处理程序

发文处理指在机关内部为制发公文所进行的拟制、处置与管理活动过程。

发文处理是发文机关履行法定职责,表达自身意志和愿望,收集、加工、记录、传递有用信息,由众多工作人员共同参与的集体创造性活动过程。主要包括拟稿、会商、审核、签发、注发、缮印、用印、登记、分发等过程。

一、拟稿

拟稿又称撰写、起草,是公文形成的第一道环节,拟稿的意图来自领导交办起草、办文终结起草和议定事项起草等三个方面。一般经过准备阶段、写作阶段和修改阶段。拟稿人员,或者是秘书,或者是领导同志自己亲自动笔。根据《办法》第二十五条的规定,草拟公文应当注意以下几点要求。

(1) 符合国家的法律、法规及其他有关规定。如提出新的政策、规定等,要切实可行并加以说明。

(2) 情况确实,观点明确,表达准确,结构严谨,条理清楚,直述不曲,字词规范,标点正确,篇幅力求简短。

(3) 公文的文种应当根据行文目的、发文机关的职权和与主送机关的行文关系确定。

(4) 拟制紧急公文,应当体现紧急的原因,并根据实际需要确定紧急程度。

(5) 人名、地名、数字、引文准确。引用公文应当先引标题,后引发文字号。引用外文应当注明中文含义。日期应当写明具体的年、月、日。

(6) 结构层次序数,第一层为"一",第二层为"(一)",第三层为"1.",第四层为"(1)"。

(7) 应当使用国家法定计量单位。

(8) 文内使用非规范化简称,应当先用全称并注明简称。使用国际组织外文名或其缩写形式,应当在第一次出现时注明准确的中文译名。

(9) 公文中的数字,除成文日期、部分结构层次序数和在词、词组、惯用词、缩略词、具有修辞色彩语句中作为词素的数字必须使用汉字外,应当使用阿拉伯数字。

二、会商

会商是指公文内容涉及有关机关(部门)的职权范围,须征得其同意和配合时所进行的协商活动。它有利于维护公文的合法性、有效性,维护政令的一致。会商由发文部门主动组织,应注意协商的对象齐全没有遗漏,可采取"跑会"、"函会"及召集会议等多种方式会商。如未就有关问题取得一致意见,应及时向上级机关反映,而不得擅自按照自己意见对外行文。

三、审核

审核又称核稿,指在拟定的公文文稿送交有关领导签发或会议讨论之前,由部门负责人或有经验的秘书对文稿所作的全面审核与修正。这项工作是对机关发文数量与质量的控制,有利于提高发文的质量。

审核的重点如下。

(1)控制发文的数量,审核是否需要行文,发文的名义是否恰当。

(2)控制发文的方向,检查文种是否正确,有无多头主送、滥抄滥报、随意越级行文的现象。

(3)审核文稿内容是否符合法律、法规与方针政策,是否真实准确、符合实际、界限清楚、前后一致、切实可行。

(4)语言表述是否准确、简明、得体。是否符合语法、逻辑;人名、地名、时间、数字、引文是否准确,标点是否正确,字迹是否工整规范,字迹材料是否耐久等。

(5)文体、文件格式是否正确、规范;结构是否齐全完整,是否层次清楚、详略得当。

(6)是否经过会商或履行了必要的讨论、审批手续。

以上诸项,都需要仔细审核,使公文符合规范要求,以维护公文的权威性和严肃性。

审核中发现的问题,一般是对原稿做具体的修改,最后返回作者征求意见,或者提出原则性的修改意见后退回由撰稿人自己修改。在实践中,以上活动常常是改后审、审后再改,是反复进行的,直至消除一切差错为止。

四、签发

签发即指由机关领导人对发文稿批注核准发出的意见并签署姓名及日期的活动。一般公文的文稿,一经履行签发手续即为定稿,具有正式文件的效用。

签发是责任人依法行使职权的表现,具有严肃性和权威性。做好签发工作,应注意以下几点要求。

根据国家规定,以机关名义制发的公文,由机关领导人签发。其中内容重要或涉及面广的公文由主要负责人或主持工作的负责人签发;有些公文可由主要负责人授权其他负责人代签。以机关内设部门名义发文时,由部门领导人签发。会议决议、会议纪要等,由会议主持人签发。

签发人审阅后,认为可以发布的公文,应在"签发栏"内签批"发"字并签上姓名和时间,姓名要写全名,时间应年月日俱全。如是代别人签的,要标注"代签"或"代"等字样。

联合行文时,要做好会签工作,让各机关或部门负责人均履行签发手续,不能有遗漏。

根据签发人的身份、地位及工作程序的不同,签发可划分为正签、代签、核签、会签几种。正签是指签发人在法定权限内签发公文;代签是根据授权代替他人签发公文;核签(又称加签)指上级负责人签发下级机关或部门的重要公文;会签指两个或两个以上机关联合行文时,由各机关的负责人共同签发公文。

五、注发

注发即指在定稿形成后批注制发要求的活动。其作用是使签发意见进一步具体化。

注发包括：一是明确文件的发授范围、阅读范围,标注文件的紧急程度、保密等级,规定印刷份数、印刷和发出时限;二是明确公文的制作与发送方式;三是编制发文字号;四是进行版式设计等。

六、缮印

缮印指文稿的缮写与印刷。为了保证公文的质量,在缮印过程中必须建立严格的检查、校对与复核制度。

对付印前的文稿,要审查签批手续、公文格式、时限与印刷数量要求、书写字迹等是否齐备、准确和规范。在印刷过程中,要以定稿为基准,对正本(或校样)进行从文字、格式、标点符号到编排技术等全面的校对工作;对于缮印完毕的公文,要经过复核后才能发出。

七、用印

用印是对将要发出的公文加盖公章,这是公文生效的凭证和标志。用印前要经领导批准,原则上是以谁的名义发布公文就用谁的印章,不能出现落款名与印章不同的现象。印章须由文书部门专人保管,用印时由其监印,用毕迅速退回,并履行用印登记手续。印迹须清晰、端正,要"骑年压月",使用质量较好的红色印泥。

八、登记

明确公文的具体发放范围,明确阅读范围和级别,标注密级和缓急程度,确定印制份数,标明印刷和发出时间。明确公文的制作方式(缮写、印刷)与发送方式,赋予发文字号。

九、分发

清点核对公文印数;根据主送、抄送机关分别封装;正确填写封套封面,有密级的或急件,应加盖印戳;核对封面与封装公文一致后严密封缄;填写《发文登记簿》。完成上述工作后,要将准备发出的公文交给对外发送人员,机要公文须交机要通讯员,双方点清、交接并由接受者在《发文登记簿》上签名,然后由他们负责送达。最后,把应该归档的公文正本(有发文机关公章或有关负责人的签署),一式两份或三份连同定稿和有价值的修改稿一起立卷存档。

第三节 收文办理程序

收文办理是指对各自本机关外部的公文所实施的处置与管理活动。收文办理是收受公文并从中提取有关信息,处理有关公务的过程,是收文机关履行其法定职能,使公文产生实际效用的过程。

收文办理包括签收、登记、审核、公文摘编、拟办、批办、承办、催办、查办、注办等程序。

一、签收

签收是公文发送方与接收方的交接手续。公文发送一般以信件形式套封送达。送出文件时,应在公文送达簿上填写以下项目:发文单位、送达日期(月、日,急件需具体到时、分)、收件人(单位)、收文号、件数、密级等。签收人应在《公文送达簿》上签收。

签收人应首先核对收到的公文信件与《公文送达簿》上填写的内容是否相同,如有差异,要弄清楚再签收。绝密件、特急件要由指定的机要人员或行政机关领导人签收、亲启。作为公文处理的第一步,签收时应注意以下几点:一是仔细查看收文单位名称,避免外单位的信件混在其中;二是核对收文日期,特别是签收急件时,更要核实准确,以便明确责任;三是注意信件与签收编号保持一致,以便做日后查询的依据;四是签收簿或有关单据要保存好,以备查询时参考。

二、登记

收文登记是公文进入收文处理过程的重要环节。收到的公文经过拆封、清点、分类后,应立即登记在《收文登记簿》上(用微机处理的公文也不例外)。登记的内容包括收文日期(月、日,急件需具体到时、分)、来文字号、收文号(即顺序号)、来文单位、来文标题、份数、密级、紧急程度、处理过程及结果等,还要在登记完毕文件首页的固定位置(一般在右上方)盖上本机关的收文章。收文章包括机关名称、收文号和收文年月日三项内容。一份文件在《收文登记簿》上和收文章上的收文顺序号、日期要一致,以便日后查找。来文字号的登记,可以全登(包括机关代字、年份和序号),也可以只登序号。收文号为本机关收文登记的顺序号,不应有漏号或重号。收文号须同时登记在文件加盖的收文章之内。

来文登记注意的事项如下。一是随到随登,应于收文当日进行登记。所以,收文日期应是收到文件登记的日期,不要把公文的成文日期当成收文日期。二是准确无误,要防止随意简化或省略,特别是使用计算机管理公文时,这一点尤为重要。三是几个部门联合发的公文,可只登记主要部门和联合发文的机关数。四是对没有标题的来文,可根据公文内容自拟标题,不应只登记"通知"、"函",这样日后查找困难。对标题太长的,可做摘要式登记或使用主题词。机密以上密级的公文,应注明密级,保密期可不注。

登记以上内容,应做到及时、准确,用语简明扼要。

三、审核

审核是受文机关对公文内容和处理情况进行审核,决定是否接受办理的关键环节。按规定,对下级机关报上来的公文应由文秘部门负责审核。

审核的重点有以下几点。一是先审核来文是否应由本机关办理,对不应由本机关办理的公文要选出,待下一步做退办件处理。二是审核来文是否符合行文规则,如发现有越级请示、一文多事、报告中夹带请示内容的,视为违背规则,要予以指出。三是审核来文是否符合国家法律、法规及其他有关规定,这项工作是审核中的重点和难点,应十分谨慎。它要求审核者有较高的思想、政策法规和业务素质,有一双"火眼金睛"和对工作高度负责的精神,否则是发挥不好领导的参谋和助手作用的。四是涉及其他部门和地区的事项是否经过了协商和会签。这是因为凡涉及其他部门、地区的公文必须就有关事项协商一致,才能行文。五是文种使用、公文格式是否规范。审核重点一般是"请示"、"意见"文种使用是否准确恰当,格式上注意"签发人"、"附注"等是否标注齐全。

审核的结果是将收到的公文分为两类,一类进入下一个流转程序——拟办,另一类的出路——退办。对符合规定的公文,文秘部门应及时提出拟办意见送负责人批示或交有关部门办理。对实行退办的,要填写《收文审核退办单》并经过负责人批准。退回来文时,还应附上退回的原因,以便来文单位明白。

四、公文摘编

摘编是对重要公文在办理前做的加工处理,目的是为节省办理公文的时间提供便利条件。

文摘是公文内容的摘要,它对篇幅较长、内容较复杂的公文,做了简单而精确的再表达。文摘应该准确地反映出原文的精神,不遗漏重要内容,不能做补充解释或评论,力求简要而明确,要使读者不须看原文就能知道公文的重点内容与概貌。

提要是公文的内容提要,对公文内容有简要介绍和评价,作用是向读者概要提示公文内容。编写提要时对内容做出的分析和评价,要言之有据,客观而准确,篇幅简短。

综述是针对某一问题,对一段时间内收到的有关公文进行全面系统的归纳、整理、分析后编成的综合材料。它一般不须要评论和提建议,只是客观地综合叙述各份公文中涉及的情况和问题即可。

数据资料汇集是根据一定的需要和题目,对分散在多份公文中的有关基础数据资料加以汇编集合而成的系统材料。它的内容可以是针对某一地区、系统、机关单位的全面情况,也可以是集中反映一个方面或一个具体问题。其形式有文章式的、报表式的等多种。

文摘、提要可以附在公文上供有关人员阅处,还可刊登在《公文信》、《来文摘报》、《今日来文摘要》等刊物上。综述、数据资料汇集一般是单独成文,也可刊登在《信息快报》、《大事纪要》等刊物上。

五、拟办

拟办是公文的处理人员在对公文认真阅读和分析之后,提出自己的见解和建设性意见,供领导人审核决策。拟办意见提得如何,直接关系到公文办理的质量和效率。一份公文在审核之后,公文处理人员要根据来文的内容提出拟办意见,并写在《文件办理批办单》"拟办意见"一栏内。具体内容如下。

(一)摘写"内容提要"

对篇幅长、内容较复杂的公文,要用准确、简练的文字表达出来,为领导阅文提供便利。做好此点,首先要细读全文,然后把核心内容提炼出来加以"压缩",做到"言简意赅"。

(二)提出具体的处理意见(也称办文预案)

这是秘书人员在办文中根据文件内容和要求,预先为领导提出的办理意见或设想的方案,并附上有关的背景材料,供领导人审批时选择、参考,如果所提的方案有两个或两个以上时,应将倾向性意见放在最前面。如果对公文中的问题处理认为有把握时,可以草拟出复文文稿一并供领导审核。

(三)传阅

传阅是公文拟办的一部分。在多种传阅活动中若想取得好的效果,应做到以下几点。一是科学合理地安排传阅路线。一般情况下,参与办理者在先,单纯知情者在后;主管领导、主管部门、主管人员在先,其他人员在后;涉及先决条件者在先,利用条件者在后。二是适当分流。一份公文的阅读者有既阅又办的,也有只阅不需要办的。可以采用多种形式使"阅"、"办"分流,以提高传阅的效率。三是创新传阅方式。如开辟阅文室、设置内部阅文栏窗、利用有关会议集中传达文件,特别要注意利用现代办公手段,如传真机、计算机网络等传阅公文,更是方便快捷。四是要有一套严格而又简便的传阅登记管理制度,既使阅文者便于阅读,又能严格管理。

六、批办

批办是将公文批交承办部门办理。这是由法定责任者履行事务处置权的活动,它规定了公文的具体处置办法、程序、承办原则和具体责任,对公文实现实质性的落实、办理有决定性的影响。

对上级来文需要遵照办理和长期执行的,要明确主办部门,转请办理。需发文贯彻的,按发文程序运转。对不相隶属单位及兄弟地区、单位来文,内容涉及有关部门的,转请有关部门按其职责阅处、办理或办复。对下级的请示件需有关部门提出意见的,请主办部门会同协办部门研究办理,并要限定返回办理意见的时间。

批办意见要明确,不能只阅不批。请承办部门如何办理,是经研究后提出意见还是遵照执行或是综合协调,是正常办还是限时急办,都应该有明确的意见,不能模棱两可。涉及两个以上部门共同承办的,要确定主办部门,这是为了明确承办中的责任。

在批办时,如果发现公文所涉及的问题是自己无权或无力办理的,要将批办改为拟办,实事求是地提出建设性意见,供上级领导参考。

应该注意的是,在公文送批时,文秘人员要严格按照程序办理,那就是先将公文送分管领导阅批,然后才能送主要领导阅批。如果把送批程序弄颠倒了,会带来很多麻烦,甚至影响到工作。

七、承办

公文批办后到达承办部门,即进入了承办过程。承办部门收到交办的公文后应及时处理,不得延误或推诿。紧急公文应按时限要求办理,确有困难的,要及时说明情况。对不属本单位或不宜本单位办理的,要及时退回交办部门并说明理由。

公文办理中遇到涉及其他部门职权的事项,主办部门应当主动与有关部门协商。协商中如有分歧,应该报请上级机关协调或裁定。协同办理的部门如参加主办部门召集的会议,研讨办文事项,应由负责人参加。

承办单位的文秘部门应及时了解文件运转和办理的情况并做好记录。如需负责人协调的,要在事前备好相关材料,提出参谋意见供负责人参考。按时限要求向交办机关报告办理进度及有关情况,接到电话催办或催办单时,要如实回复和填写,确保向交办机关报出的是本部门的意见,而不能是某个人或本部门某单位的意见。上报的办理意见应经过本部门负责人的审签。要定期催办、查询和统计本部门所属单位承办公文的办理情况,向分管负责人报告,消除"死角"和"梗阻",防止文件压误,提高办文效率。

八、催办

催办是对交办公文的办理情况进行督促检查,防止漏办和延误。公文处理必须建立严格的催办制度,执行这项制度的是文秘部门。

催办的方式有以下几种。一是电话催办,这也是最为常用的一种方式。用电话询问公文办理的情况方便快捷,可以反复使用多次,有利于随时掌握新情况、新进展。二是发催办函(单、件),此时需要对方按要求填写催办内容,这样便于催办方掌握日后有可查的资料。三是会议催办,召开专门会议催促和了解承办方的办理进度及有关情况。对牵涉到诸多部门的事项,适宜采用会议催办的方式。四是上门催办,针对十分紧迫的重要事项,有关人员到承办事项所在地现场催办。这种方式较前几种效果要好得多,但除非情况紧急时不宜过多使用上门催办方式。

催办中还要注意以下两点:一是要建立科学的登记制度,有完备的催办手续,将催办的情况以"文件催办单"等形式记录在案,作为催办的依据和资料;二是要注意信息反馈,验收办毕公文,综合反映承办工作实际情况与结果,及时注销已办结的公文。

九、查办

查办是公文处理的管理机关或其他专门组织对一些重要公文实际执行情况所进行的核查协办工作。查办与催办都带有监督性质,但又有明显区别:催办是对承办公文过程的监督控制,重点在于使公文"按时"完毕,查办不仅监控公文的承办过程,还要重点管公文产生实效的全部过程,按时、按质、按量地将有关事务办毕;催办是以一份公文展开活动,查办则是以一类事情展开活动。在若干份公文都反映同一类事情的情况下,查办往往针对这类情况展开活动。

查办工作的过程一般为:确定查办对象,决定对哪些公文的办理结果进行检核;向有关部门布置查办任务,履行登记手续,落实查办人员和查办要求等,询问核查办理结果;由查办人员将查办情况和结果上报领导;最后注销已有结果的承办事项,对办毕公文做出处置。

十、注办

由公文的承办人在承办公文的过程中,将承办活动中的情况记录在《文件处理单》上,其主要内容有:是否办复,复文号和日期,召开会议的名称和与会人员,决议和结果,电话联系时受话人姓名和通话内容,现场办公的人员、解决问题的方法和结果,主要阅卷人,签注日期等。

第四节　办毕公文处置活动

无论是收文办理,还是发文处理过程,都有一个处置办理完毕公文的活动。办毕公文活动主要包括清退、销毁、暂存、立卷归档等几项内容。

一、清退

清退即经过清理将有关办毕的收文按期退归原发文机关或由其指定的有关单位。需要清退的公文包括:绝密公文、有重大错漏的公文,被明令撤销的公文,仅供征求意见或审阅的公文,一些未经领导本人审阅的讲话稿,其他发文机关指定需要清退的公文。清退公文的办法,或按规定成批定期进行,或随时清退。但不论以何种方式清退,都应该办理一定的手续。对要清退的公文,任何人不允许私自摘录或复制。

二、销毁

销毁即对没有保存价值和可能性的办毕公文所做的毁灭性处理。需要销毁的公文主要包括:所有没有留存价值的公文,没有留存必要的重份公文,不立即销毁有可能造成失密或样子损坏的公文,一般性的没有保存价值的草稿,印制公文中形成的校样、印版等。销毁的方式有焚毁、变成纸浆、粉碎、清洗消磁等。但对要销毁的文件必须按照规定履行有关手续,个人不得私自销毁文件。

三、暂存

暂存是指对不属于上述范围的公文暂时予以妥善保存。

四、立卷与归档

《办法》第三十八条、三十九条规定:"公文办理完毕后,应当根据《中华人民共和国档案法》和其他有关规定,及时整理(立卷)、归档。个人不得保存应当归档的公文。""归档范围的公文,应当根据其相互联系、特征和保存价值等整理(立卷),要保证归档公文的齐全、完整,能正确反映本机关的主要工作情况,便于保管和利用。"这就指明了公文立卷、归档的基本方法。

(一) 立卷

立卷归档是根据公文的特征、联系,从已办毕的公文中,将有价值的部分挑选出来,按照有关规定进行加工整理,组成一个案卷,供日后查考和利用。

1. 公文的特征

一份完整的文件,一般具有四个基本特征,即文件的作者、文件内容所反映的主要问题、文件名称及文件形成的时间,还有一些文件具有通讯者特征或地区特征。概括起来,就是公文立卷的"六个特征"。

(1)作者特征。指撰制文件的机关、单位或个人。例如,《中共中央办公厅关于印发〈中国共产党机关公文处理条例〉的通知》,中共中央办公厅是文件的作者。

(2)问题特征。指文件内容反映的主要问题或工作。例如,前例中"中国共产党机关公文处理"就是文件的问题特征。

(3)名称特征。指文件种类。例如,指示、决议、请示、通知、条例、办法等都是文件的名称。

(4)时间特征。指文件形成的时间或文件内容所涉及的时间。所有的文件材料都是在一定的时间产生的,因而都具有时间特征。

(5)通讯者特征。有些文件是由不相隶属机关之间通过公文往来而共同形成的,通常称做通讯者特征。这个特征只属个别文件所持有。

(6)地区特征。指文件所涉及的地区,如某省、地、市、县、乡等。

2. 公文立卷的基本方法

灵活地运用"六个特征"和按文件的保存价值组卷,是公文立卷的基本方法。文件的"六个特征",从不同的方面反映了文件的特点,要根据实际情况,灵活地运用"六个特征",

结合文件的保存价值,科学地进行组卷。

(1) 要选择最能体现文件之间紧密联系的共同特征组卷。从一份文件看,都是同时具有几个特征,如作者、问题、名称、时间等。每个案卷到底采用什么特征作为组卷的主要依据,必须从实际出发,认真分析文件的各种情况,选择最能体现它们之间本质联系的共同特征立卷。这就要求立卷人员在组合案卷时,不要只看文件的某一特征是否相同来组卷,而应认真分析文件之间的内在联系。比方说,围绕某一个问题的处理而形成的文件,它们之间有着紧密的联系,就不要拆开分别立卷。例如,评定技术职务职称工作,对上级下达的指示性、政策性文件和本单位形成的实施办法和细则,要根据它们之间联系最紧的共同特征(都是关于评定技术职务职称问题)进行组卷。对于有关同一个问题的发文与复文、请示与批复、报告与批转等,也不应该强调作者和名称的不同而分别立卷。对于一些同类问题(如农业问题或工业问题)、同类名称(如都是指示或请示)或同类作者(如均属某一些机关、单位形成的文件),虽然它们之间的联系并不十分紧密,但有一定规律可循,为便于查找和利用,也可酌情考虑一起组卷。

(2) 灵活地结合运用文件的几个特征组卷。对于文件的几个特征,不能机械地分割使用,应根据实际情况,结合采用两个以上特征组卷。因为立卷不是分类,分类必然要根据统一的标准去划分所有的分类对象,而组卷并不要求在每个案卷之内只有一个同一的特征。实际上,只用一个特征、一个标准进行组卷也是不可能的,因为每一份文件都同时具有几个特征,而一个特征只能反映卷内文件在某一方面具有共同点和联系。如果结合运用几个特征组卷,就可以使卷内文件具有几个方面的共同点,它们之间的联系就必然更为紧密,就能更系统、准确地反映卷内文件的内涵和外延,检索利用时就更为方便。如果与之相反,单纯按照一个特征组合案卷,卷内文件之间的联系一定不会紧密,并且造成卷内文件的庞杂混乱。例如,一律只按作者立卷,以一个县为例,就要将以县人民政府名义对上级机关发出的请示、报告、各种报表,对下级机关发出的各种文件,以及通知、函件等,统统组合在一起,不仅案卷杂乱无章,检索利用也很不方便。又如,只按文件名称立卷,将本机关一年内所发出的通知合立一卷,或者是把所有的请示合立一卷,案卷内就会包括工业、农业、商业、文教事业等各种业务性质不同的文件组合在一起,这样的案卷也必然是十分杂乱的。

(3) 根据文件的主要特征,兼顾其他特征组卷。文件的"六个特征",在组卷时使用频率是不相同的。在通常情况下,作者、问题、名称三个特征使用较多,而地区特征和通讯者特征则很少使用。至于时间特征,除按年度立卷之外,针对特定时间立卷的文件并不多见。所以一个机关或单位,在立卷时,应从所形成的文件的实际情况出发,首先抓住文件的主要特征,同时照顾到其他特征、保存价值、文件之间的联系,以及文件数量的多少,经过认真分析,组成若干个案卷。例如,第一,属于综合性文件,如计划、总结等。以党委或行政名义发出的综合性文件,可按作者结合名称、时间等特征组卷。第二,属于具体业务问题的文件,如党务方面的组织、宣传、统战工作,政府方面的人事、工业、农业、商业、文教、卫生、体育等业务工作。可以根据实际情况适当划分为若干问题,然后结合作者、文件名称或形成时间等特征进行组卷。第三,也可以按照文件的名称,兼顾文件所反映的问题、文件的作者、文件之间的联系等,进行组卷,如请示、指示、决议、通报,以及法规、规章等,分别组卷。第四,也可以按时间特征立卷,就是把属于同一个年度的文件,按文件形成的时间先后排列,集中组卷。但在文件较多的情况下,仍须按文件的问题特征、作者特征,参照文件之间的联系和保存价值来分别立卷。文件很少的单位,可以不再细分,只按年度立卷即可。按时间特征立卷,要解决好以下几个具体问题。针对性很强的文件,如年度计划、工作总结、预算、决算等,放在针对年度立卷,两年以上的长期规划、计划,放在针对时期的第一年立卷。跨年度形成的文件或跨年度办完的文件,按文件涉及的主要年度或办完年度立卷。跨年度的总结,放在针对的最后一年立卷。跨年度的请示与批复,放在批复年立卷;没有批复的请示,放在请示年立卷。跨年度的会议文件放在会议开幕年立卷。非诉讼案件放在结束年立卷。

(4) 按文件保存价值组卷。一个机关或单位,在一年内形成许多文件,保存价值是不相同的。文秘工作者在组卷时,要正确分析和鉴别文件材料内容的现实作用和历史作用,根据本机关工作的需要和为国家积累历史文化财富的需要,确定文件材料的保存价值,区别不同保存期限分别立卷。否则,将具有重要历史查考价值和科学研究价值而需要长久保存的文件与一些只有短期参考价值的文件混杂在一起立卷,久而久之势必造成档案体积庞大,也给档案管理带来麻烦。若干年后,要剔除已失去保存价值的文件,就必须重新鉴定,拆卷整理,造成人力、物力的浪费。根据国家档案局有关文件规定,档案的保管期限分为永久、长期、短期三种。长期为 16 年至 50 年左右,短期为 3 年至 15 年。

文秘工作者在立卷时,应参照国家档案局关于机关档案保管期限的规定,准确地判定文件材料的保管期限。

① 永久保存。凡是反映本机关的主要职能活动和基本历史面貌,对本机关、国家建设和历史研究有长远利用价值的文件材料,应按永久保存立卷。永久保存的文件主要包括两部分。一部分是本机关制定的属于法规性、政策性的文件,处理重要问题形成的文件材料,召开重要会议的主要文件材料,本机关党委(党组)和行政办公会议的记录、纪要和讨论通过的文件,重要的请示、报告、总结、综合统计报表,本机关机构设置、演变、人员编制、职工和党员名册,本机关领导人与本机关对直属单位领导人任免的文件材料等。另一部分是直属上级机关颁发的属于本机关主管业务并要贯彻执行的重要的文件材料;非直属上级机关颁发的针对本机关主管业务并要执行的重要的文件材料;党和国家领导人、上级机关视察、检查本地区、本机关工作时形成的题词、讲话、声像等重要文件材料等。

② 长期保管。凡是反映本机关一般工作活动,在较长时间内对机关工作有查考利用价值的文件材料,应列为长期保管。列入长期保管的文件材料也包括两部分。一是本机关一般工作问题的文件材料,如半年的、季度的一般专题的工作总结、报告等;本级或本机关各种重要代表大会的贺信、贺电、讨论未通过的文件,本机关召开的工作会议和重要专业会议的典型材料、代表发言、简报;人事管理工作形成的一般文件材料,如本机关内部机构负责人的任免材料,干部职工录用、转正、调资、定级材料,调动工作的行政、工资、党团组织关系的介绍信及存根等。二是直属上级机关颁发的属于本机关主管业务并需要贯彻执行的一般文件材料;下级机关报送的年度和年度以上的总结、统计报表;重大问题的专题报告等文件材料。

③ 短期保管。凡是在较短时间内对本机关有参考利用价值的文件材料,应列为短期保管。例如,本机关制发的一般事物性的文件材料,一般专业会议文件材料;上级机关颁发的非本机关主管业务但要贯彻执行的文件材料;不相隶属机关制发的非本机关主管业

务但要参照执行的文件材料；下级机关报送的一般工作总结、报告和统计报表等文件材料。

文秘工作者在进行组卷时，对难以判定保存价值的文件材料，要和有关同志商量，请示有关领导，特别是要征求档案部门同志的意见，以求较为准确判定。

（二）归档

为保证文件材料的齐全完整，全面反映和维护机关主要职能活动的历史面貌，有效地为机关工作服务和为国家积累档案史料，必须建立完善的立卷归档制度。国家档案局于1981年12月制发的《机关档案工作业务建设规范》第九条第一款规定："立卷归档制度，主要包括归档范围、归档时间和归档要求。"

1. 归档范围

指文秘部门在立卷归档时，经过对机关文件材料的鉴别与筛选所确定的应该归档和不需要归档的界限。

按照《档案法》及相关法规的要求，立卷归档的范围是：一是本机关产生撰写的指示、决议、请示、报告、计划、总结等；二是本机关收到的重要文件、电报、内部事项、电话记录、会议纪要等；三是下级报来的请示、报告，上级对本机关工作的指示、批示、批复等；四是本机关编印的出版物、图表、账簿等；五是反映本机关活动的照片、录音、录像、影片等声像资料。

2. 归档时间

指文秘部门所组成的公文案卷交付机关档案室的时限。《机关档案工作业务建设规范》要求，文书档案要在次年6月底以前，将前一年的文件材料立卷移交机关档案室。这个时限规定是符合实际情况的，也是科学的。首先，公文立卷是按年度进行的。上一年的有些文件往往在下一年还要继续执行或经常查阅。为了文秘部门和机关开展工作对文件材料的使用方便，也为了减少案卷移交档案室后又经常调阅的麻烦，所以，上一年文件在文秘部门存放一段时间，对各方面的工作是有利的。其次，有些文件于次年初仍在承办过程中，文件的办结和清退需要一定的时间，为使文件材料收集齐全、完整，也需要一定的时间。再次，文秘部门在一年当中形成的文件材料很多，文秘工作人员整理立卷也要有一定的时间。但是归档时限不能无限期的延长，规定半年的归档时限比较合适。

3. 归档要求

主要是指归档的质量要求。归档质量总的要求是：遵循文件材料形成的规律和特点，保持文件之间的有机联系，区别不同保存价值，便于保管和利用，按照《机关档案工作业务建设规范》关于立卷归档的规格、归档时间、立卷归档的步骤等各项要求，高质量完成立卷归档工作。

4. 立卷归档步骤

立卷归档步骤，也就是立卷归档程序，包括以下几个方面。

（1）对立卷归档的文件材料进行全面检查并组立成卷。主要是要求承办人对归档文件材料的种类、份数，以及每份文件的页数进行全面检查，做到文件材料齐全、完整；要检查每份文件的正件与附件、印件与定稿、请示与批复、转发文件与原件、多种文字形成的同一文件，是否做到按它们之间的紧密联系组立在一起，发现不符合要求的要及时进行调整;电报随同文件一起立卷;不同保存期限的文件,一定要按保存期限分别立卷,不得混杂。

所有文件材料都要以年度立卷,不同年度的文件一般不得放在一起立卷。但也有特殊情况,要根据具体情况进行立卷。在组立案卷时要全面检查是否符合立卷原则和按文件特征、保存期限立卷的要求。经过检查和调整,便组成了年度案卷。

(2)对卷内文件材料进行排列和编号。卷内文件材料,应按其形成规律、特点以及立卷原则依序进行排列。进行文件排列时,要注意对联系紧密的文件材料依次排列在一起,如批复在前、请示在后,正件在前、附件在后,印件在前、定稿在后,重要法规性文件的历次稿本依序排列在定稿之后,非诉讼案件卷,结论、决定、判决性文件材料在前,依据材料等在后,等等。

文件材料排列定卷后,即可依次编写页、号和件号。对装订的案卷,应统一在有文字的每页材料正面的右上角,背面的左上角填写页号,不装订的案卷,应在案卷内每份文件材料的右上方加盖档案号章,并逐件编写件号;图表和声像盘片材料等,应在装具的背面或背脊处逐件编号。

(3)填写卷内文件目录和备考。凡需归档的案卷,无论永久、长期或短期,都必须按规定的格式逐件填写"卷内文件目录"。填写目录时,对文件的标题不要随意更改和简化;没有标题的文件,应根据其主要内容拟写一个标题,或者是虽有标题但无实质内容,也应该重新拟写标题。属于会议记录类文件材料,填写卷内文件目录时,应填写每次会议的时间和主要内容。文件作者,即发文机关。有的文件材料没有作者,或者没有文件形成的年、月、日,应该考证清楚,填入有关项内。顺序号即件号,以每份文件为单位,按卷内文件的排列顺序填写。正文和附件编一个号,但附件名称可别行填写。问文和复文各编一个号。一份文件的存本和定稿只编一个号。两种文字的文本编一个号。文件所在页码,按顺序填写每份文件在卷内的起始页号,最末一份文件要填写起始和终止页码。卷内文件目录所列各项都必须认真填写,字迹要工整。卷内文件目录放在卷首。

卷内备考表是案卷内一个不可缺少的组成部分,必须认真填写。凡有关卷内文件材料的情况说明,都应逐项填写在备考表内,若无情况可说明,也应将立卷人、检查人的姓名和时间填上,以示负责。备考表应置卷尾。

(4)填写案卷封皮与拟制案卷题名。案卷封皮上的各个项目都应按规定逐项填写清楚,为了醒目和便于长期保存,应用毛笔或钢笔书写,字迹要工整,清晰。机关名称应写全称,如机关有变更应在现名后面用括号注明原名。机关名称通常在印制封皮时即已印好,如××省人民政府办公厅、××县人民政府等。案卷类别,本机关公文立卷采用什么分类方法,就按什么类别填写类名。如果是按问题分类,则填问题类名,如综合类、会议类、政法类、工业类、农业类、财贸类等。如果是按组织机构分类,应填写组织机构的全称,如××局、××处等。机构有变动时,将原机构名称加括号写在现机构名称后面。案卷起止日期,是指本卷内最早一份文件和最末一份文件的形成日期。卷内件数、页数、保管期限,都要一一填写清楚。全宗号、目录号、案卷号等,由档案部门填写。

案卷题名,也叫案卷标题,是填写案卷封皮的核心都分。据《机关档案工作业务建设规范》要求:所拟制的案卷题名,要能够确切地反映卷内文件材料的内容,一般包括责任者(作者)、内容和名称等,体式一致、文字简练,使用简称要规范易懂。具体要求如下。

首先,案卷题名对卷内文件材料内容的概括要准确。这是因为案卷题名是直接引导和帮助利用者查阅档案的向导,也是案卷科学分类、系统编目以及编制档案检索工具的主要依据。所以,拟写的案卷题名决不能含混不清,令人费解,更不能歪曲卷内文件的原意。

其次,文字表达要简练通顺。也就是用最简练的文字,全面地提示出卷内文件材料的成分与内容。例如下面的案卷题名,文字表达就不简练:"中共中央批转共青团中央关于干部子弟学生情况、中学生生活与健康状况,全国共青团积极分子大会情况,当前少年儿童读物缺少问题,培养青年共产主义道德,青少年教育,在职青年业余文化、业务学习问题的报告。"这是由若干份批转文件组成的案卷,拟写案卷题名时对文件的内容未作概括,而是罗列了许多份文件的事由,使案卷题名长达九十余字,既不精练又不醒目。可以改拟为:中共中央批转共青团中央关于青少年学习、生活、健康、思想教育等问题的报告。这个改写后的题名,既全面概括了卷内文件的内容,也标明了文件的作者和名称,文字比较简练。如果将内容概括为"青少年问题",则又显得太笼统。

最后,案卷题名格式要规范。一个完整的案卷题名至少应包括三部分:责任者—内容—名称。例如,"中共中央批转共青团中央"就是责任者(作者),"青少年学习、生活、健康、思想教育等问题"是卷内文件内容(问题),"报告"是名称。卷内文件都是在一定时间形成的,所以案卷题名在必要时应标明卷内文件的针对时间,如"××县一九八七年关于经济体制改革的试点计划……"。就是说是"一九八七年"的经济体制改革计划,而不是其他年份的。在立卷时,往往照顾到文件的问题特征和内容的紧密联系,而卷内文件却有不同的名称,在拟写案卷题名时,应予以标明。例如,"××关于经济体制改革的试点计划、情况报告、经验总结",这里的"计划"、"报告"、"总结"都是卷内文件的名称。如果案卷是以通讯者特征组成,那么,在拟写案卷题名时,还应标明卷内文件的通讯者这一特点。一般写法为"××(本机关名称)与××(对方机关名称)关于××问题的往来公文",或者写成"本机关(如局、县、厂、校)关于××问题与××、××等往来文书"。有时案卷题名还要标明卷内文件涉及的地区。

(5)案卷装订。以上四个步骤完毕后,即可进行案卷装订。案卷装订是为了固定卷内文件之间的排列顺序,保护文件在搬运和借阅时不受损坏或散失。凡是需要归档的案卷一般都要装订,对于极少量特别珍贵的文件、手稿或其他不适于装订的文件材料,要使用卷盒或卷袋保管。案卷装订时,根据文件书写情况和纸型大小,确定案卷装订线。文件上的金属物,如订书钉、大头针等都要去掉,以防日久生锈,腐蚀文件。对未留装订线或装订线上有字迹的文件,要加边装订,对破损的文件材料,应按装裱技术要求托裱。对字迹已扩散的文件,应复制并与原件一起保存。文件纸型大小不一的要折叠理齐,不可刀割。案卷装订应采用三孔一线的方法。三个孔眼之间的距离为 6 厘米(以案卷封皮上下二分之一处为中),用线绳装订,结头打在背面。装订要牢固、整齐、不压字迹,不损坏文件,不掉页、不倒页,不妨碍阅读。不装订的案卷,卷中文件应逐件用细线装订。

(6)编目归档。完成上述一系列程序后,即可编制案卷目录,移交归档。案卷在移交机关档案室时,公文处理部门要填写案卷目录,作为办理案卷移交手续的清单。案卷目录由档案部门汇总后,它又可视为档案的"名册"。编制案卷目录,可以由机关档案室通盘组织,指导各部门的公文立卷人员统一分类,直接填写案卷目录。实行集中立卷的机关,可以采用直接编制案卷目录的方法。

案卷目录填写好以后,移交案卷时,移交人和接收人要对案卷清点检查,然后双方履行签字手续。案卷目录和备考表一式二份,公文处理部门和机关档案室各执一份。至此,公文处理部门完成了公文办理的最后程序,案卷归档保管,公文转化为档案。

思 考 题

1. 公文处理的概念、作用、任务及原则各是什么?
2. 发文处理包括哪些程序?
3. 收文办理包括哪些程序?
4. 公文立卷的方法有哪些?
5. 公文立卷归档的步骤有哪些?

附录 A

中国共产党机关公文处理条例

(1996 年 5 月 3 日中共中央办公厅发布)

第一章 总 则

第一条 为适应中国共产党机关(以下简称党的机关)工作的需要,实现党的机关公文处理工作的科学化、制度化、规范化,制定本条例。

第二条 党的机关公文,是党的机关实施领导、处理公务的具有特定效力和规范格式的文书,是传达党的路线、方针、政策,指导、布置和商洽工作,请示和答复问题,报告和交流情况的工具。

第三条 公文处理是包括公文拟制、办理、管理、立卷、归档在内的一系列衔接有序的工作。

第四条 公文处理应当坚持实事求是、按照行文机关要求和公文处理规定进行的原则,做到准确、及时、安全、保密。

第五条 党的机关的办公厅(室)主管本机关的公文处理工作,并对下级机关的公文处理工作进行业务指导。

第六条 党的机关的办公厅(室)应当设立秘书部门或者配备秘书人员具体负责公文处理工作,并逐步改善办公手段,努力提高工作效率和质量。秘书人员应当具有较高的政治和业务素质,工作积极,作风严谨,遵守纪律,恪尽职守。

第二章 公 文 种 类

第七条 党的机关公文种类主要有:

(一)决议 用于经会议讨论通过的重要决策事项。

(二)决定 用于对重要事项做出决策和安排。

(三)指示 用于对下级机关布置工作,提出开展工作的原则和要求。

(四)意见 用于对重要问题提出见解和处理办法。

(五)通知 用于发布党内法规、任免干部、传达上级机关的指示、转发上级机关和不相隶属机关的公文、批转下级机关的公文、发布要求下级机关办理和有关单位共同执行或者周知的事项。

(六)通报 用于表彰先进、批评错误、传达重要精神、沟通重要情况。

(七)公报 用于公开发布重要决定或者重大事件。

(八)报告 用于向上级机关汇报工作、反映情况、提出建议、答复上级机关的询问。

(九)请示 用于向上级机关请求指示、批准。

(十)批复 用于答复下级机关的请示。

（十一）条例　用于党的中央组织制定规范党组织的工作、活动和党员行为的规章制度。

（十二）规定　用于对特定范围内的工作和事务制定具有约束力的行为规范。

（十三）函　用于机关之间商洽工作、询问和答复问题，向无隶属关系的有关主管部门请求批准。

（十四）会议纪要　用于记载会议主要精神和议定事项。

第三章　公 文 格 式

第八条　党的机关公文由版头、份号、密级、紧急程度、发文字号、签发人、标题、主送机关、正文、附件、发文机关署名、成文日期、印章、印发传达范围、主题词、抄送机关、印制版记组成。

（一）版头　由发文机关全称或者规范化简称加"文件"二字或者加括号注明文种组成，用套红大字居中印在公文首页上部。联合行文，版头可以用主办机关名称，也可以并用联署机关名称。在民族自治地方，发文机关名称可以并用自治民族的文字和汉字印制。

（二）份号　公文印制份数的顺序号，标注于公文首页左上角。秘密公文应当标明份号。

（三）密级　公文的秘密等级，标注于份号下方。

（四）紧急程度　对公文送达和办理的时间要求。紧急文件应当分别标明"特急"、"加急"，紧急电报应当分别标明"特提"、"特急"、"加急"、"平急"。

（五）发文字号　由发文机关代字、发文年度和发文顺序号组成，标注于版头下方居中或者左下方。联合行文，一般只标明主办机关的发文字号。

（六）签发人　上报公文应当在发文字号右侧标注"签发人"，"签发人"后面标注签发人姓名。

（七）标题　由发文机关名称、公文主题和文种组成，位于发文字号下方。

（八）主送机关　主要受理公文的机关。主送机关名称应当用全称或者规范化简称或者同类型机关的统称，位于正文上方，顶格排印。

（九）正文　公文的主体，用来表达公文的内容，位于标题或者主送机关下方。

（十）附件　公文附件，应当置于主件之后，与主件装订在一起，并在正文之后、发文机关署名之前标明附件的名称。

（十一）发文机关署名　应当用全称或者规范化简称，位于正文的右下方。

（十二）成文日期　一般署会议通过或者领导人签发日期；联合行文，署最后签发机关领导人的签发日期；特殊情况署印发日期。成文日期应当写明年、月、日，位于发文机关署名右下方。决议、决定、条例、规定等不标明主送机关的公文，成文日期加括号标注于标题下方居中位置。

（十三）印章　除会议纪要和印制的有特定版头的普发性公文外，公文应当加盖发文机关印章。

（十四）印发传达范围　加括号标注于成文日期左下方。

（十五）主题词　按上级机关的要求和《公文主题词表》标注，位于抄送机关上方。

（十六）抄送机关　指除主送机关以外的其他需要告知公文内容的上级、下级和不相隶属机关。抄送机关名称标注于印制版记上方。

（十七）印制版记　由公文印发机关名称、印发日期和份数组成，位于公文末页下端。

第九条　公文的汉字从左至右横排，少数民族文字按其书写习惯排印。公文用纸幅面规格可采用 16 开型（长 260 毫米，宽 184 毫米），也可采用国际标准 A4 型（长 297 毫米，宽 210 毫米）。左侧装订。

第十条　党的机关公文版头的主要形式及适用范围：

（一）《中共××文件》用于各级党委发布、传达贯彻党的方针、政策，作出重要工作部署，转发上级机关的文件，批转下级机关的重要报告、请示。

（二）《中国共产党××委员会（××）》用于各级党委通知重要事项、任免干部、批复下级机关的请示，向上级机关报告、请示工作。

（三）《中共××办公厅（室）文件》、《中共××办公厅（室）（××）》用于各级党委办公厅（室）根据授权，传达党委的指示，答复下级党委的请示，转发上级机关的文件，批转下级机关的报告、请示，发布有关事项，向上级机关报告、请示工作。

（四）《中共××部文件》、《中共××部（××）》用于除办公厅（室）以外的党委各部门发布本部门职权范围内的事项，向上级机关报告、请示工作。

第四章　行 文 规 则

第十一条　行文应当确有需要，注重实效，坚持少而精。可发可不发的公文不发，可长可短的公文要短。

第十二条　党的机关的行文关系，根据各自的隶属关系和职权范围确定。

（一）向上级机关行文，应当主送一个上级机关；如需其他相关的上级机关阅知，可以抄送。不得越级向上级机关行文，尤其不得越级请示问题；因特殊情况必须越级行文时，应当同时抄送被越过的上级机关。

（二）向下级机关的重要行文，应当同时抄送发文机关的直接上级机关。

（三）党委各部门在各自职权范围内可以向下级党委的相关部门行文。党委办公厅（室）根据党委授权，可以向下级党委行文；党委的其他部门，不得对下级党委发布指示性公文。部门对有关问题未经协商一致，不得各自向下行文。

（四）同级党的机关、党的机关与其他同级机关之间必要时可以联合行文。

（五）不相隶属机关之间一般用函行文。

第十三条　受双重领导的机关向上级机关行文，应当写明主送机关和抄送机关，由主送机关负责答复其请示事项。上级机关向受双重领导的下级机关行文，应当抄送其另一上级机关。

第十四条　向上级机关请示问题，应当一文一事，不应当在非请示公文中夹带请示事项。请示事项涉及其他部门业务范围时，应当经过协商并取得一致意见后上报；经过协商未能取得一致意见时，应当在请示中写明。除特殊情况外，请示应当送上级机关的办公厅（室）按规定程序处理，不应直接送领导者个人。

党委各部门应当向本级党委请示问题。未经本级党委同意或授权，不得越过本级党委向上级党委主管部门请示重大问题。

第十五条 对不符合行文规则的上报公文,上级机关的秘书部门可退回下级呈报机关。

第五章 公 文 起 草

第十六条 起草公文时应当做到:

(一)符合党的路线、方针、政策和国家的法律、法规及上级机关的指示,完整、准确地体现发文机关意图,并同现行有关公文相衔接。

(二)全面、准确地反映客观实际情况,提出的政策、措施切实可行。

(三)观点明确,条理清晰,内容充实,结构严谨,表述准确。

(四)开门见山,文字精练,用语精确,篇幅简短,文风端正。

(五)人名、地名、时间、数字、引文准确。公文中汉字和标点符号的用法符合国家发布的标准方案,计量单位和数字用法符合国家主管部门的规定。

(六)文种、格式使用正确。

(七)杜绝形式主义的烦琐哲学。

第十七条 起草重要公文应当由领导人亲自动手或亲自主持、指导,进行调查研究和充分论证,征求有关部门意见。

第六章 公 文 校 核

第十八条 公文文稿送领导人审批之前,应当由办公厅(室)进行校核。公文校核的基本任务是协助机关领导人保证公文的质量。公文校核的内容是:

(一)报批程序是否符合规定;

(二)是否确需行文;

(三)内容是否符合党的路线、方针、政策和国家法律、法规及上级机关的指示精神,是否完整、准确地体现发文机关的意图,并同现行有关公文相衔接;

(四)涉及有关部门业务的事项是否经过协调并取得一致意见;

(五)所提措施和办法是否切实可行;

(六)人名、地名、时间、数字、引文和文字表述、密级、印发传达范围、主题词是否准确、恰当,汉字、标点符号、计量单位、数字用法及文种使用、公文格式是否符合本条例的规定。

第十九条 文稿如需作较大修改,应当与原起草部门协商或请其修改。

第二十条 已经领导人审批过的文稿,在印发之前应再作校核。校核的内容同第十八条(六)款。经校核如需作涉及内容的实质性改动,须报原审批领导人复审。

第七章 公 文 签 发

第二十一条 公文经过本机关领导人审批签发。重要公文应当由机关主要领导人签发。联合发文,须经所有联署机关的领导人会签。党委办公厅(室)根据党委授权发布的公文,由被授权者签发或者按照有关规定签发。领导人签发公文,应当明确签署意见,并写上姓名和时间。若圈阅,则视为同意。

第八章 公文办理和传递

第二十二条 公文办理为收文办理和发文办理。收文办理包括公文的签收、登记、拟办、请办、分发、传阅、承办和催办等程序。公文经起草、校核和领导审批签发后转入发文办理,发文办理包括公文的核发、登记、印制和分发等程序。

(一)签收 收到有关公文并以签字或盖章的方式给发文方以凭据。签收公文应当逐件清点,如发现问题,应当及时向发文机关查询,并采取相应的处理措施。急件应注意签收的具体时间。

(二)登记 公文办理过程中就公文的特征和办理情况进行记载。登记应当将公文标题、密级、发文字号、发文机关、成文日期、主送机关、份数、收发文日期及办理情况逐项填写清楚。

(三)拟办 秘书部门对需要办理的公文提出办理意见,并提供必要的背景材料,送领导人指示。

(四)请办 办公厅(室)根据授权或有关规定将需要办理的公文报请主管领导人批示或者主管部门研办。对需要有两个以上部门办理的,应当指明主办部门。

(五)分发 秘书部门根据有关规定或者领导人指示将公文分送有关领导人和部门。

(六)传阅 秘书部门根据领导人批示或者授权,按照一定的程序将公文送有关领导人阅知或者批示。办理公文传阅应当随时掌握公文去向,避免漏传、误传和延误。

(七)承办 主管部门对需要办理的公文进行办理。凡属承办部门职权范围内可以答复的事项,承办部门应当直接答复呈文机关;凡涉及其他部门业务范围的事项,承办部门应当主动与有关部门协商办理;几项报请上级机关审批的事项承办部门应当提出处理意见并代拟文稿,一并送请上级机关审批。

(八)催办 秘书部门对公文的承办情况进行督促检查。催办贯穿于公文处理的各个环节。对紧急或者重要公文应当及时催办,对一般公文应当定期催办,并随时或者定期向领导人反馈办理的情况。

(九)核发 秘书部门在公文正式印发前,对公文的审批手续、文种、格式等进行复核,确定发文字号、分送单位和印制份数。

(十)印制 应当做到准确、及时、规范、安全、保密。秘密公文应由机要印刷厂(一般印刷厂的保密车间)印制。

第二十三条 公文处理过程中,应当使用符合存档要求的书写材料,需要送请领导人阅批的传真件,应当复制后办理。

第二十四条 秘密公文应当通过机要交通(或机要通信)传递、密电传输或者计算机网络加密传输,不得密电明传、明电密电混用。

第九章 公文管理

第二十五条 党的机关公文应当发给组织,由秘书部门统一管理,一般不发给个人。秘书部门应当切实做好公文的管理工作,既发挥公文效用,又有利于公文保密。

第二十六条 党的机关秘密公文的印发传达范围应当按照发文机关的要求执行,下级机关、不相隶属机关如需变更,须经发文机关批准。

第二十七条 公开发布党的机关公文,须经发文机关批准。经批准公开发布的公文,同发文机关正式印发的公文具有同等效力。

第二十八条 复制上级党的机关的秘密公文,须经发文机关批准或者授权。翻印件应当注明翻印机关名称、翻印日期和份数;复印件应当加盖复印机关戳记,复制的公文应当与正式印发的公文同样管理。

第二十九条 汇编上级党的机关的秘密公文,须经发文机关批准或者授权。公文汇编本的密级按照编入公文的最高密级标注并进行管理。

第三十条 绝密级公文应当由秘书部门指定专人管理,并采用严格的保密措施。

第三十一条 秘书部门应当按照规定对秘密公文进行清理、清退和销毁,并向主管机关报告公文管理情况。销毁秘密公文,必须严格履行登记手续,经主管领导人批准后,由二人监销,保证不丢失、不漏销。个人不得擅自销毁公文。

第三十二条 机关合并时,全部公文应当随之合并管理。机关撤销时,需要归档的公文立卷后按照有关规定移交档案部门,其他公文按照有关规定登记销毁。工作人员调离工作岗位时,应当将本人保管、借用的公文按照有关规定移交、清退。

第十章 公文立卷归档

第三十三条 公文办理完毕后,秘书部门应当按照有关规定将公文的定稿、正本和有关材料收集齐全,进行立卷归档。个人不得保存应当归档的公文。

第三十四条 两个以上机关联合办理的公文,原件由主办机关立卷归档,相关机关保存复制件。机关领导人兼任其他机关职务的,在履行其所兼职务过程中形成的公文,由其兼职的机关立卷归档。

第十一章 公文保密

第三十五条 公文处理必须严格遵守《中华人民共和国保守国家秘密法》及有关保密法规,遵守党的保密纪律,确保党和国家秘密的安全。

凡泄露或出卖党和国家秘密公文的,依照有关法律、法规的规定进行处理。

第三十六条 党内秘密公文的密级按其内容及如泄露可能对党和国家利益造成危害的程度划分为"绝密"、"机密"、"秘密"。不公开发表又未标注密级的公文,按内部公文管理。

第三十七条 发文机关在拟制公文时,应当根据公文的内容和工作需要,严格划分密级与非密级的界限;对于需要保密的公文,要准确标注其密级。公文密级的变更和解除由发文机关或其上级机关决定。

第十二章　附　　则

第三十八条　本条例适用于中国共产党各级机关。

第三十九条　本条例由中共中央办公厅负责解释。

第四十条　本条例自发布之日起施行。

附录 B

国家行政机关公文处理办法
（国务院 2000 年 8 月 24 日发布）

第一章　总　则

第一条　为使国家行政机关（以下简称行政机关）的公文处理工作规范化、制度化、科学化，制定本办法。

第二条　行政机关的公文（包括电报，下同）是行政机关在行政管理过程中形成的具有法定效力和规范体式的文书，是依法行政和进行公务活动的重要工具。

第三条　公文处理指公文的办理、管理、整理（立卷）、归档等一系列相互关联、衔接有序的工作。

第四条　公文处理应坚持实事求是、精简、高效的原则，做到及时、准确、安全。

第五条　公文处理必须严格执行国家保密法律、法规和其他有关规定，确保国家秘密的安全。

第六条　各级行政机关的负责人应当高度重视公文处理工作，模范遵守本办法并加强对本机关公文处理工作的领导和检查。

第七条　各级行政机关的办公厅（室）是公文处理的管理机构，主管本机关的公文处理工作并指导下级机关的公文处理工作。

第八条　各级行政机关的办公厅（室）应当设立文秘部门或者配备专职人员负责公文处理工作。

第二章　公文种类

第九条　行政机关的公文种类主要有：

（一）命令（令）

适用于依照有关法律公布行政法规和规章；宣布施行重大强制性行政措施，嘉奖有关单位及人员。

（二）决定

适用于对重要事项或者重大行动做出安排，奖惩有关单位及人员，变更或者撤销下级机关不适当的决定事项。

（三）公告

适用于向国内外宣布重要事项或者法定事项。

（四）通告

适用于公布社会各有关方面应当遵守或者周知的事项。

（五）通知

适用于批转下级机关的公文,转发上级机关和不相隶属机关的公文,传达要求下级机关办理和需要有关单位周知或者执行的事项,任免人员。

（六）通报

适用于表彰先进,批评错误,传达重要精神或者情况。

（七）议案

适用于各级人民政府按照法律程序向同级人民代表大会或人民代表大会常务委员会提请审议事项。

（八）报告

适用于向上级机关汇报工作,反映情况,答复上级机关的询问。

（九）请示

适用于向上级机关请求指示、批准。

（十）批复

适用于答复下级机关的请示事项。

（十一）意见

适用于对重要问题提出见解和处理办法。

（十二）函

适用于不相隶属机关之间商洽工作,询问和答复问题,请求批准和答复审批事项。

（十三）会议纪要

适用于记载、传达会议情况和议定事项。

第三章　公　文　格　式

第十条　公文一般由秘密等级和保密期限、紧急程度、发文机关标识、发文字号、签发人、标题、主送机关、正文、附件说明、成文日期、印章、附注、附件、主题词、抄送机关、印发机关和印发日期等部分组成。

（一）涉及国家秘密的公文应当标明密级和保密期限,其中,"绝密"、"机密"级公文还应当标明份数序号。

（二）紧急公文应当根据紧急程度分别标明"特急"、"急件"。其中电报应当分别标明"特提"、"特急"、"加急"、"平急"。

（三）发文机关标识应当使用发文机关全称或者规范化简称;联合行文,主办机关排列在前。

（四）发文字号应当包括机关代字、年份、序号。联合行文,只标明主办机关发文字号。

（五）上行文应当注明签发人、会签人姓名。其中,"请示"应当在附注注明联系人的姓名和电话。

（六）公文标题应当准确简要地概括公文的主要内容并标明公文种类,一般应当标明发文机关。公文标题中除法规、规章名称加书名号外,一般不用标点符号。

（七）主送机关指公文的主要受理机关;应当使用全称或者规范化简称、统称。

（八）公文如有附件，应当注明附件顺序和名称。

（九）公文除"会议纪要"和以电报形式发出的以外，应当加盖印章。联合上报的公文，由主办机关加盖印章；联合下发的公文，发文机关都应当加盖印章。

（十）成文日期以负责人签发的日期为准，联合行文以最后签发机关负责人的签发日期为准。电报以发出日期为准。

（十一）公文如有附注（需要说明的其他事项），应当加括号标注。

（十二）公文应当标注主题词。上行文按照上级机关的要求标注主题词。

（十三）抄送机关指除主送机关需要执行或知晓公文的其他机关，应当使用全称或者规范化简称、统称。

（十四）文字从左至右横写、横排。在民族自治地方，可以并用汉字和通用的少数民族文字（按其习惯书写、排版）。

第十一条 公文中各组成部分的标识规则，参照《国家行政机关公文格式》国家标准执行。

第十二条 公文用纸一般采用国际标准 A4 型(210 mm×297 mm)，左侧装订。张贴的公文用纸大小，根据实际需要确定。

第四章 行 文 规 则

第十三条 行文应当确有必要，注重效用。

第十四条 行文关系根据隶属关系和职权范围确定，一般不得越级请示和报告。

第十五条 政府各部门依据部门职权可以相互行文和向下一级政府的相关业务部门行文；除以函的形式商洽工作、询问和答复问题、审批事项外，一般不得向下一级政府正式行文。部门内设机构除办公厅（室）外不得对外正式行文。

第十六条 同级政府、同级政府各部门、下级政府部门与下一级政府可以联合行文；政府与同级党委和军队机关可以联合行文；政府部门与相应的党组织和军队机关可以联合行文；政府部门与同级人民团体和具有行政职能的事业单位也可以联合行文。

第十七条 属于部门职权范围内的事务，应当由部门自行行文或联合行文。联合行文应当明确主办部门。须经政府审批的事项，经政府同意也可以由部门行文，文中应当注明经政府同意。

第十八条 属于主管部门职权范围内的具体问题，应当直接报送主管部门处理。

第十九条 部门之间对有关问题未经协商一致，不得各自向下行文。如擅自行文，上级机关应当责令纠正或撤销。

第二十条 向下级机关或者本系统的重要行文，应当同时抄送直接上级机关。

第二十一条 "请示"应当一文一事；一般只写一个主送机关，需要同时送其他机关的，应当用抄送形式，但不得抄送其下级机关。"报告"不得夹带请示事项。

第二十二条 除上级机关负责人直接交办的事项外，不得以机关名义向上级机关负责人报送"请示"、"意见"和"报告"。

第二十三条 受双重领导的机关向上级机关行文，应当写明主送机关和抄送机关。上级机关向受双重领导的下级机关行文，必要时应当抄送其另一上级机关。

第五章　发 文 处 理

第二十四条　发文处理指以本机关名义制发公文的过程,包括草拟、审核、签发、复核、缮印、用印、登记、分发等程序。

第二十五条　草拟公文应当做到:

(一)符合国家的法律、法规及其他有关规定。如提出新的政策、规定等,要切实可行并加以说明。

(二)情况确实,观点明确,表达准确,结构严谨,条理清楚,直述不曲,字词规范,标点正确,篇幅力求简短。

(三)公文的文种应当根据行文目的、发文机关的职权和与主送机关的行文关系确定。

(四)拟制紧急公文,应当体现紧急的原因,并根据实际需要确定紧急程度。

(五)人名、地名、数字、引文准确。引用公文应当先引标题,后引发文字号。引用外文应当注明中文含义。日期应当写明具体的年、月、日。

(六)结构层次序数,第一层为"一",第二层为"(一)",第三层为"1.",第四层为"(1)"。

(七)应当使用国家法定计量单位。

(八)文内使用非规范化简称,应当先用全称并注明简称。使用国际组织外文名或其缩写形式,应当在第一次出现时注明准确的中文译名。

(九)公文中的数字,除成文日期、部分结构层次序数和在词、词组、惯用词、缩略词、具有修辞色彩语句中作为词素的数字必须使用汉字外,应当使用阿拉伯数字。

第二十六条　拟制公文,对涉及其他部门职权范围内的事项,主办部门应当主动与有关部门协商,取得一致意见后方可行文;如有分歧,主办部门的主要负责人应当出面协调,仍不能取得一致时,主办部门可以列明各方理据,提出建议性意见,并与有关部门会签后报请上级机关协调和裁定。

第二十七条　公文送负责人签发前,应当由办公厅(室)进行审核。审核的重点是:是否确需行文,行文方式是否妥当,是否符合行文规则和拟制公文的有关要求,公文格式是否符合本办法的规定等。

第二十八条　以本机关名义制发的上行文,由主要负责人或者主持工作的负责人签发;以本机关名义制发的下行文或平行文,由主要负责人或者由主要负责人授权的其他负责人签发。

第二十九条　公文正式印制前,文秘部门应当进行复核,重点是:审批、签发手续是否完备,附件材料是否齐全,格式是否统一、规范等。经复核需要对文稿进行实质性修改的,应按程序复审。

第六章　收 文 办 理

第三十条　收文办理指对收到公文的办理过程,包括签收、登记、审核、拟办、批办、承办、催办等程序。

第三十一条 收到下级机关上报的需要办理的公文,文秘部门应当进行审核。审核的重点是:是否应由本机关办理;是否符合行文规则,内容是否符合国家法律、法规及其他有关规定;涉及其他部门或地区职权的事项是否已协商、会签;文种使用、公文格式是否规范。

第三十二条 经审核,对符合本办法规定的公文,文秘部门应当及时提出拟办意见送负责人批示或者交有关部门办理,需要两个以上部门办理的应当明确主办部门。紧急公文,应当明确办理时限。对不符合本办法规定的公文,经办公厅(室)负责人批准的,可以退回呈报单位并说明理由。

第三十三条 承办部门收到交办的公文后应当及时办理,不得延误、推诿。紧急公文应当按时限要求办理,确有困难的,应当及时予以说明。对不属于本单位职权范围或者不宜由本单位办理的,应当及时退回交办的文秘部门并说明理由。

第三十四条 收到上级机关下发或交办的公文,由文秘部门提出拟办意见,送负责人批示后办理。

第三十五条 公文办理中遇有涉及其他部门职权的事项,主办部门应当主动与有关部门协商;如有分歧,主办部门主要负责人要出面协调,如仍不能取得一致,可以报请上级机关协调或裁定。

第三十六条 审批公文时,对有具体请示事项的,主批人应当明确签署意见、姓名和审批日期,其他审批人圈阅视为同意;没有请示事项的,圈阅表示已阅知。

第三十七条 送负责人批示或者交有关部门办理的公文,文秘部门要负责催办,做到紧急公文跟踪催办,重要公文重点催办,一般公文定期催办。

第七章 公 文 归 档

第三十八条 公文办理完毕后,应当根据《中华人民共和国档案法》和其他有关规定,及时整理(立卷)、归档。个人不得保存应当归档的公文。

第三十九条 归档范围内的公文,应当根据其相互联系、特征和保存价值等整理(立卷),要保证归档公文的齐全、完整,能正确反映本机关的主要工作情况,便于保管和利用。

第四十条 联合办理的公文,原件由主办机关整理(立卷)、归档,其他机关保存复制件或其他形式的公文副本。

第四十一条 本机关负责人兼任其他机关职务,在履行所兼职职责过程中形成的公文,由其兼职机关整理(立卷)、归档。

第四十二条 归档范围内的公文应当确定保管期限,按照有关规定定期向档案部门移交。

第四十三条 拟制修改和签批公文,书写及所用纸张和字迹材料必须符合存档要求。

第八章 公 文 管 理

第四十四条 公文由文秘部门或专职人员统一收发、审核、用印、归档和销毁。

第四十五条　文秘部门应当建立健全本机关公文处理的有关制度。

第四十六条　上级机关的公文,除绝密级和注明不准翻印的以外,下一级机关负责人或者办公厅(室)主任批准,可以翻印。翻印时,应当注明翻印的机关、日期、份数和印发范围。

第四十七条　公开发布行政机关公文,必须经发文机关批准。经批准公开发布的公文,同发文机关正式印发的公文具有同等效力。

第四十八条　公文复印件作为正式公文使用时,应当加盖复印机关证明章。

第四十九条　公文被撤销,视作自始不产生效力;公文被废止,视作自废止之日不产生效力。

第五十条　不具备归档和存查价值的公文,经过鉴别并经办公厅(室)负责人批准,可以销毁。

第五十一条　销毁秘密公文应当到指定场所由二人以上监销,保证不丢失、不漏销。其中,销毁绝密公文(含密码电报)应当进行登记。

第五十二条　机关合并时,全部公文应当随之合并管理。机关撤销时,需要归档的公文整理(立卷)后按有关规定移交档案部门。工作人员调离工作岗位时,应当将本人暂存、借用的公文按照有关规定移交、清退。

第五十三条　密码电报的使用和管理,按照有关规定执行。

第九章　附　　则

第五十四条　行政法规、规章方面的公文,依照有关规定处理。外事方面的公文,按照外交部的有关规定处理。

第五十五条　公文处理中涉及电子文件的有关规定另行制定。统一规定发布之前,各级行政机关可以制定本机关或者本地区、本系统的试行规定。

第五十六条　各级行政机关的办公厅(室)对上级机关和本机关下发公文的贯彻落实情况应当进行督促检查并建立督察制度。有关规定另行制定。

第五十七条　本办法自 2001 年 1 月 1 日施行。1993 年 11 月 21 日国务院办公厅发布,1994 年 1 月 1 日起施行的《国家行政机关公文处理办法》同时废止。

附录 C

国务院公文主题词表

(1997 年 12 月修订)

使 用 说 明

为适应办公现代化的要求,便于计算机检索和管理文件,特编制《国务院公文主题词表》(以下简称词表)。词表主要用于标引国务院、国务院办公厅印发的文件和各地区、各部门上报国务院及其办公厅的文件。

一、编制原则

(一)词表结构务求合乎逻辑,具有较宽的涵盖面,便于使用。

(二)词表体现文档管理一体化的原则,即词表中主题词的区域分类和类别可分别作为档案分类中的大类和属类。

二、体系结构

(一)词表共由 15 类 1049 个主题词组成,分为主表和附表两大部分,主表有 13 类 751 个主题词,附表有 2 类 298 个主题词。词表分为三个层次。第一层是对主题词区域的分类,如"综合经济"、"财政、金融"类等。第二层是类别词,即对主题词的具体分类,如"工交、能源、邮电"类中的"工业"、"交通"、"能源"和"邮电"等。第三层是类属词。如"体制"、"职能"、"编制"等。第二层和第三层统称为主题词,用于文件的标引。

(二)1988 年 12 月和 1994 年 4 月修订的词表中曾列入本词表中不再继续作标引的主题词,用黑体单列在区域分类的最后部分。

三、标引方法

(一)一份文件的标引,除类别词外最多不超过 5 个主题词。主题词标在文件的抄送栏之上,顶格写。

(二)标引顺序是先标类别词,再标类属词。在标类属词时,先标反映文件内容的词,最后标反映文件形式的词。如《国务院关于加强水土保持工作的通知》,先标类别词"农业"再标类属词"水土保持",最后标上"通知"。

(三)一份文件如有两个以上的主题内容,先集中对一个主题内容进行标引,再对第二个主题内容进行标引。如《国务院关于在若干城市试行国有修理业兼并破产和职工再就业有关问题的通知》,先标反映第一个主题内容的类别词"经济管理",再标类属词"企业"、"破产";然后标反映第二个主题内容的类别词"劳动",再标类属词"就业",最后标"通知"。

(四)根据需要,可将不同类的主题词进行组配标引。如《国务院关于"九五"期间深化科学技术体制改革的决定》,可标"科技、体制、改革、决定"。

(五)当词表中找不出准确反映文件主题内容的类属词时,可以在类别词中选择适当的词标引。同时将能够准确反映文件内容的词标在类别词的后面,并在该词的后面加

"△"以便区别。

（六）列在区域分类最后，用黑体标出的主题词只供检索用，不再用作标引。

（七）附表中的主题词与主表中的主题词具有同等效力，标引方法相同，不同的是，如果附表中所列的国家、地区的实际名称发生了变化，使用本表的各单位可先按照变化后的标准名称进行修改和使用。国务院办公厅秘书局将定期修订附表。

四、词表管理

（一）本词表由国务院办公厅秘书局负责管理和解释，具体工作由档案数据处承办。

（二）本词表自 1998 年 2 月 1 日起执行，1994 年 4 月修订的词表同时废止。

国务院公文主题词表

01　综合经济(77 个)

01A　计划

规划	统计	指标	分配	统配	调拨

01B　经济管理

经济	管理	调整	调控	控制	结构
制度	所有制	股份制	责任制	流通	产业
行业	改革	改造	竞争	兼并	开放
开发	协作	资源	土地	资产	资料
产权	物价	价格	投资	投标	经营
生产	转产	项目	产品	质量	承包
租赁	合同	包干	国有	国营	私营
集体	个体	企业	公司	集团	合作社
普查	工商	商标	注册	广告	监督
增产	效益	节约	浪费	破产	亏损
特区	开发区	保税区	展销	展览	
商品化	**横向联系**	**第三产业**	**生产资料**		

02　工交、能源、邮电(69 个)

02A　工业

冶金	钢铁	地矿	机械	汽车	电子
电器	仪器	仪表	化工	航空	核工
船舶	兵器	军工	轻工	有色金属	盐业
食品	印刷	包装	手工业	纺织	服装
丝绸	设备	原料	材料	加工	

02B　交通

铁路	公路	桥梁	民航	机场	航线
航道	空中	管制	飞机	港口	码头
口岸	车站	车辆	运输	旅客	

02C　能源

石油	煤炭	电力	燃料	天然气	煤气
沼气					

02D 邮电

通信	电信	邮政	网络	数据	
民品	**厂矿**	**空运**	**三线**	**通讯**	**水运**
运费					

03 旅游、城乡建设、环保(42个)

03A 旅游

03B 服务业

饮食业   宾馆

03C 城乡建设

城市	乡镇	基建	建设	建筑	建材
勘察	测绘	设计	市政	公用事业	监理
环卫	征地	工程	房地产	房屋	住宅
装修	设施	出让	转让	风景	名胜
园林	岛屿				

03D 环保

保护区	植物	动物	污染	生态	生物
风景	**饭店**	**城乡**	**国土**	**沿海**	

04 农业、林业、水利、气象(56个)

04A 农业

农村	农民	农民负担	农场	农垦	粮食
棉花	油料	生猪	蔬菜	糖料	烟草
水产	渔业	经济	作物	农副产品	副业
畜牧业	乡镇企业	农膜	种子	化肥	农药
饲料	灾害	以工代赈	扶贫		

04B 林业

绿化	木材	森林	草原	防沙治沙	

04C 水利

河流	湖泊	滩涂	水库	水域	流域
水土保持	节水	防汛	抗旱	三峡	

04D 气象

气候	预报	预测			
烟酒	**土特产**	**有机肥**	**多种经营**	**牧业**	

05 财政、金融(57个)

05A 财政

预算	决策	核算	收支	财务	会计
税务	税率	审计	债务	积累	经费
集资	收费	资金	基金	租金	拨款

利润	补贴	折旧费	附加费	固定资产	

05B 金融

银行	货币	黄金	白银	存款	贷款
信贷	贴现	通货膨胀	交易	期货	利率利息
贴息	外汇	外币	汇率	债券	证券
股票	彩票	信托	保险	赔偿	信用社
现金	**留成**	**流动**	**资金**	**储蓄**	**费用**
侨汇	**折旧率**				

06　贸易(52个)

06A 商业

商品	物资	收购	定购	购置	市场
集贸	酒类	副食品	日用品	销售	消费
批发	供应	零售	拍卖	专卖	订货
营业	仓库	储备	储运	货物	

06B 外贸

对外援助	军贸	进口	出口	引进	海关
缉私	仲裁	商检	外商	外资	合资
合作	关贸	许可证	驻外企业		
贸易	**倒卖**	**外向型**	**议购**	**议售**	**垄断**
经贸	**贩运**	**票证**	**外经**	**交易会**	

07　外事(42个)

07A 外交

对外政策	对外关系	领土	领空	领海	外交人员
建交	公约	大使	领事	条约	协定
协议	议定书	备忘录	照会	国际	涉外事务
抗议					

07B 外事

国际会议	国际组织	对外宣传	出访	出国	出入境
签证	护照	邀请	来访	谈判	会谈
会见	接见	招待会	宴会	外国人	外宾
对外友协	外国专家	涉外			

08　公安、司法、监察(46个)

08A 公安

警察	武警	警衔	治安	非法组织	安全
保卫	禁毒	消防	防火	检查	扫黄
案件	处罚	户口	证件	事件	危险品
游行	海防	边防	边界	边境	

08B 司法

政法	法制	法律	法院	律师	检察

程序	公证	劳改	劳教	监狱

08C　监察

廉政建设	审查	纪检	执法	行贿	受贿
贪污	处分	侦破			

09　民政、劳动人事(85 个)

09A　民政

基层政权	选举	行政区划	地名	人口	双拥工作
社会保障	社团	救灾	救济	募捐	婚姻
移民	抚恤	慰问	调解	老龄问题	烈士
纠纷	残疾人	墓地	殡葬	社区服务	

09B　机构

驻外机构	体制	职能	编制	精简	更名

09C　人事

行政人员	干部	公务员	考核	录用	职工
家属	子女	知识分子	专家	参事	院士
文史馆员	履历	聘任	任免	辞退	退职
职称	待遇	离休	退休	交流	安置
调配	模范	表彰	奖励		

09D　劳动

就业	失业	招聘	合同制	工人	保护
劳务	第二职业	事故			

09E　工资

津贴	奖金	福利	收入		
老年	**简历**	**劳资**	**人才**	**招工**	**待业**
补助	**拥军优属**	**丧葬**	**奖惩**		

10　科、教、文、卫、体(73 个)

10A　科技

科学	技术	科普	科研	鉴定	标准
计量	专利	发明	实验	情报	计算机
自动化	信息	卫星	地震	海洋	

10B　教育

学校	教师	招生	学生	培训	毕业
学位	留学	教材	校办企业		

10C　文化

文字	文史	文学	语言	艺术	古籍
图书	宣传	广播	电视	电影	出版
版权	报刊	新闻	音像	文物	古迹
纪念物	电子出版物				

10D　卫生

	医院	中医	医疗	医药	药材	防疫
	疾病	计划生育	妇幼保健	检验	检疫	
10E	**体育**					
	运动员	教练员	运动会	比赛		
	馆所	**院校**	**校舍**	**地方志**	**软科学**	**社科**

11　国防(24 个)

11A　军事

军队	国防	空军	海军	征兵	服役
转业	民兵	预备役	军衔	复员	文职
后勤	装备	战备	作战	训练	防空
军需	武器	弹药	人武	退伍	

12　秘书、行政(74 个)

12A　文秘工作

机关	国旗	国徽	机要	印章	信访
督查	保密	公文	档案	会议	文件
秘书	电报	提案	议案	谈话	讲话
总结	批示	汇报	建议	意见	文章
题词	章程	条例	办法	细则	规定
方案	布告	决议	命令	决定	指示
公告	通告	通知	通报	报告	请示
批复	函	会议纪要			

12B　行政事务

行政	工作制度	纪念活动	庆典活动	休假	节假日
着装	参观	接待	措施	调查	视察
考察	礼品	馈赠	服务		
出席	**发言**	**转发**	**名单**	**批准**	**审批**
信函	**事务**	**活动**	**纪要**	**督察**	

13　综合党团(54 个)

13A　党派团体

共产党	民主党派	共青团	团体	工会	协会
学会	民间组织	文联	学联	妇女	儿童
基金会					

13B　统战

政协	民主人士	爱国人士

13C　民族

民族区域自治	民族事务

13D　宗教

寺庙

13E　侨务

	外籍华人	归侨	侨乡

13F 港澳台

香港问题	澳门问题	台湾问题

13G 综合

整顿	形势	社会	精神文明	法人	发展
其他	试点				
推广	**青年**	**政治**	**范围**	**党派**	**组织**
领导	**方针**	**政策**	**党风**	**事业**	**咨询**
中心	**清除**				

附表

01 中国行政区域(54个)

01A 华北地区

北京	天津	河北	山西	内蒙古

01B 东北地区

辽宁	吉林	黑龙江

01C 华东地区

上海	江苏	浙江	安徽	福建	江西
山东					

01D 中南地区

河南	湖北	湖南	广东	广西	海南

01E 西南地区

四川	贵州	云南	西藏	重庆

01F 西北地区

陕西	甘肃	青海	宁夏	新疆

01G 台湾

01H 香港

01I 澳门

哈尔滨	沈阳	大连	青岛	厦门	宁波
武汉	广州	深圳	海南岛	西安	单列市
省市	自治区				

02 世界行政区域(244个)

02A 亚洲

中国	蒙古	朝鲜	韩国	日本
越南	老挝	柬埔寨	缅甸	泰国
马来西亚	新加坡	文莱	菲律宾	印度尼西亚
东帝汶	尼泊尔	锡金	不丹	孟加拉国
印度	斯里兰卡	马尔代夫	哈萨克斯坦	吉尔吉斯斯坦
塔吉克斯坦	乌兹别克斯坦	土库曼斯坦	格鲁吉亚	阿塞拜疆

亚美尼亚	巴基斯坦	阿富汗	伊朗	科威特
沙特阿拉伯	巴林	卡塔尔	阿联酋	阿曼
也门	伊拉克	叙利亚	黎巴嫩	约旦
巴勒斯坦	以色列	塞浦路斯	土耳其	

02B　欧洲

冰岛	法罗群岛	丹麦	挪威	瑞典
芬兰	爱沙尼亚	拉脱维亚	立陶宛	俄罗斯
白俄罗斯	乌克兰	摩尔多瓦	波兰	捷克
斯洛伐克	匈牙利	德国	奥地利	列支敦士登
瑞士	比利时	卢森堡	英国	荷兰
爱尔兰	法国	摩纳哥	道尔	西班牙
葡萄牙	意大利	梵蒂冈	圣马力诺	马耳他
南斯拉夫	斯洛文尼亚	克罗地亚	波黑	马其顿
罗马尼亚	保加利亚	阿尔巴尼亚	希腊	

02C　非洲

埃及	利比亚	突尼斯	阿尔及利亚
摩洛哥	西撒哈拉	毛里塔尼亚	塞内加尔
冈比亚	马里	布基纳法索	佛得角
几内亚比绍	几内亚	塞拉利昂	利比里亚
科特迪瓦	加纳	多哥	贝宁
尼日尔	尼日利亚	喀麦隆	赤道几内亚
乍得	中非	苏丹	埃塞俄比亚
吉布提	索马里	肯尼亚	乌干达
坦桑尼亚	卢旺达	布隆迪	刚果民主共和国
刚果	加蓬	厄立特里亚	圣多美和普林西比
安哥拉	赞比亚	马拉维	莫桑比克
科摩罗	马达加斯加	塞舌尔	毛里求斯
留尼汪	津巴布韦	博茨瓦纳	纳米比亚
南非	斯威士兰	莱索托	圣赫勒拿

02D　大洋洲

澳大利亚	新西兰
巴布亚新几内亚	所罗亚群岛
瓦努阿图	新喀里多尼亚
斐济	基里巴斯
瑙鲁	密克罗尼西亚联邦
马绍尔群岛共和国	帕劳
北马里亚纳群岛自由联邦	关岛
图瓦卢	瓦利斯群岛和富图纳群岛
西萨摩亚	美属萨摩亚

纽埃	托克劳
库克群岛	汤加
法属波利尼西亚	皮特凯恩群岛

02E　美洲

格陵兰	加拿大
圣皮埃尔和密克隆	美国
百慕大	墨西哥
危地马拉	伯利兹
萨尔瓦多	洪都拉斯
尼加拉瓜	哥斯达黎加
巴拿马	巴哈马
特克斯群岛和凯科斯群岛	古巴
开曼群岛	牙买加
海地	多米尼加
波多黎各	美属维尔京群岛
英属维尔京群岛	圣基茨和尼维斯
安圭拉	安提瓜和巴布达
蒙特塞拉特	瓜德罗普
多米尼克	马提尼克
圣卢西亚	圣文森特和格林纳丁斯
巴巴多斯	格林纳达
特立尼达和多巴哥	荷属安的列斯
阿鲁巴	哥伦比亚
委内瑞拉	圭亚那
苏里南	法属圭亚那
厄瓜多尔	秘鲁
巴西	玻利维亚
智利	阿根廷
巴拉圭	乌拉圭
苏联	**民主德国**
联邦德国	**捷克斯洛伐克**
扎伊尔	**留尼汪岛**
圣赫勒拿岛和阿森松岛等	**贝劳**
马绍尔群岛	**北马里亚纳群岛**
东萨摩亚	**圣皮埃尔和密克隆群岛**
百慕大群岛	**多米尼加共和国**
多米尼加联邦	**荷属安的列斯群岛**

附录 D

校对符号及其用法
(中华人民共和国国家标准 GB/T 14706—1993)

1 主题内容与适用范围

本标准规定了校对各种排版校样的专用符号及其用法。

本标准适用于中文(包括少数民族文字)各类校样的校对工作。

2 引用标准

GB 9851 印刷技术术语

3 术语

3.1 校对符号 proofreader's mark

以特定图形为主要特征的、表达校对要求的符号。

4 校对符号及其用法示例

参见附录表 D-1。

附录表 D-1 校对符号及其用法示例

编号	符号形态	符号作用	符号在文中和页边用法示例	说　　明
			一、字符的改动	
1		改正	增高出版物质量。 提　改革开放 放	改正的字符较多,圈起来有困难时,可用线在页边画清改正的范围　必须更换的损、坏、污字也用改正符号画出
2		删除	提高出版物物质质量。	
3		增补	要搞好校工作。 对	增补的字符较多,圈起来有困难时,可用线在页边画清增补的范围
4		改正上下角	$16=4^2$　H_2SO_4　尼古拉费欣　$0.25+0.25=0.5$　举例:$2\times3=6$　$X:Y=1:2$	
5		转正	字符颠率要转正。	
6		对调	认真经验总结。 认真验结经总。	用于相邻的字词 用于隔开的字词

编号	符号形态	符号作用	符号在文中和页边用法示例	说　明
二、字符方向位置的移动				
7		接排	要重视校对工作， 提高出版物质量。	
8		另起段	完成了任务。明年……	
9		转移	校对工作，提高出 版物质量要重视。 "。以上引文均见中文新版《 列宁全集》。 编者　年　月 …… 各位编委：	用于行间附近的转移 用于相邻行首末衔接字符的 推移 用于相邻页首末衔接行段的 推移
10	或	上下移	序号　名　称　数量 01　显微镜　2	字符上移到缺口左右水平线处 字符下移到箭头所指的短线处
11	或	左右移	要重视校对工 作，提高出版物质量。 3 4　5 6　5 欢呼　歌　唱	字符左移到箭头所指的短线处 字符左移到缺口上下垂直线处 符号画得太小时，要在页边 重标
12		排齐	校对工作非常重要。 必须提高印刷 质量，缩短印制周 期。　国家标准	
13		排阶梯形	RH_2	

编号	符号形态	符号作用	符号在文中和页边用法示例	说　　明
14	↑	正图		符号横线表示水平位置，竖线表示垂直位置，箭头表示上方
			三、字符间空距的移动	
15	∨　＞	加大空距	←一、校对程序→　∨ 校对胶印读物、影印书刊的注意事项：　＞	表示在一定范围内适当加大空距 横式文字画在字头和行头之间
16	∧　＜	减小空距	二、校对程　序　∧ 校对胶印读物、影印书刊的注意事项：　＜	表示不空或在一定范围内适当减小空距 横式文字画在字头和行头之间
17	♯ 空 1 字距 ♯ 空 1/2 字距 ♯ 空 1/3 字距 ♯ 空 1/4 字距		第一章校对职责和方法　♯ 1. 责任校对	多个空距相同的，可用引线连出，只标示一个符号
18	Y	分开	Goodmorning!　Y	用于外文
19	△	保留	认真搞好校对工作。	除在原删除的字符下画△外，并在原删除符号上画两竖线
20	○ =	代替	兰色的程度不同，从淡兰色到深兰色具有多种层次，如天兰色、湖兰色、海兰色、宝兰色……　○=蓝	同页内有两个或多个相同的字符需要改正的，可用符号代替，并在页边注明
21	○○○	说明	改黑体　第一章（校对的职责）	说明或指令性文字不要圈起来，在其字下画圈，表示不作为改正的文字。如说明文字较多时，可在首末各三字下画圈

5 使用要求

5.1 校对校样,必须用色笔(墨水笔、圆珠笔等)书写校对符号和示意改正的字符,但是不能用灰色铅笔书写。

5.2 校样上改正的字符要书写清楚。校改外文,要用印刷体。

5.3 校样中的校对引线要从行间画出。墨色相同的校对引线不可交叉。

参 考 文 献

[1] 裴传永,李晓波.现代公文写作与公文处理新编[M].2 版.北京:中共中央党校出版社,2002.

[2] 柳新华.实用行政公文写作与处理[M].北京:中国人事出版社,2002.

[3] 陈功伟.最新公文写作[M].广州:广东人民出版社,2001.

[4] 刘配书,李若瑜.行政机关公文写作与处理[M].北京:研究出版社,2004.

[5] 刘春生.公务文书写作教程[M].2 版.上海:复旦大学出版社,2001.

[6] 谈青.公务文书写作实务[M].上海:上海人民出版社,2002.

[7] 王援农.申论与行政公文写作基础知识读本[M].北京:中国人事出版社,2002.

[8] 王桂森.现代公文格式[M].2 版.济南:山东人民出版社,2000.